LE LEADERSHIP CHRÉTIEN EN AFRIQUE

LE LEADERSHIP CHRÉTIEN EN AFRIQUE

Réalités, possibilités et impact

Sous la direction de
Robert J. Priest et Kirimi Barine

© Tyndale House Foundation, 2024

Publié en 2024 par Langham Global Library,
Une marque éditoriale de Langham Publishing
www.langhampublishing.org

Les éditions Langham Publishing sont un ministère de Langham Partnership.

Langham Partnership
PO Box 296, Carlisle, Cumbria, CA3 9WZ, UK
www.langham.org

Cet ouvrage a été publié à l'origine en anglais sous le titre *African Christian Leadership* (Carlisle, Langham Global Library, 2019). Les citations qui figurent dans ce livre et sont tirées d'ouvrages en anglais ont toutes été traduites par le traducteur.

Pour des ressources complémentaires, consulter : https://www.africaleadershipstudy.org/findings/african-christian-leadership/

Numéros ISBN :
978-1-83973-438-0 Format papier
978-1-78641-028-3 Format ePub
978-1-78641-029-0 Format PDF

Robert Priest et Kirimi Barine déclarent à l'éditeur et aux cessionnaires, aux preneurs de licences et aux successeurs nommés de l'éditeur leur droit moral d'être reconnus comme les auteurs des parties écrites par les directeurs d'ouvrage dans la présente œuvre, conformément aux sections 77 et 78 du « Copyright, Designs and Patents Act, 1988 ».

Tous droits réservés. La reproduction, la transmission ou la saisie informatique du présent ouvrage, en totalité ou en partie, sous quelque forme ou par quelque procédé que ce soit, électronique, méca-nique, photographique, est interdite sans l'autorisation préalable de l'éditeur ou de la Copyright Li-censing Agency. Pour toute demande d'autorisation de réutilisation du contenu publié par Langham Publishing, veuillez écrire à publishing@langham.org.

Sauf indication contraire, les citations bibliques sont tirées de la Bible version Segond 21 Copyright ©2007 Société Biblique de Genève. Reproduit avec aimable autorisation. Tous droits réservés.

Traduit de l'anglais par Yolande Sandoua.

British Library Cataloguing in Publication Data
A catalogue record for this book is available from the British Library

ISBN : 978-1-83973-438-0

Mise en page et couverture : projectluz.com

Langham Partnership soutient activement le dialogue théologique et le droit pour un auteur de publier. Toutefois, elle ne partage pas nécessairement les opinions et avis avancés ni les travaux référencés dans cette publication et ne garantit pas son exactitude grammaticale et technique. Langham Partnership se dégage de toute responsabilité envers les personnes ou biens en ce qui concerne la lecture, l'utilisation ou l'interprétation du contenu publié.

*Aux dirigeants chrétiens africains d'hier,
d'aujourd'hui et de demain
qui ont fait preuve d'un leadership exemplaire,
en les remerciant pour leurs efforts
en vue de faire du continent africain
un endroit plus agréable pour ses habitants.*

Que ton activité soit visible pour tes serviteurs,
et ta splendeur pour leurs enfants !
Que la grâce de l'Eternel, notre
Dieu, soit sur nous !
Affermis l'œuvre de nos mains !
Oui, affermis l'œuvre de nos mains !
— Psaume 90.16-17 (S21)

Sommaire

Remerciements ix

Les acronymes xi

Préface xiii
   Tite Tiénou

Liste des auteurs xv

1. Genèse et croissance de l'étude sur le leadership chrétien en Afrique   1
   Robert J. Priest

2. Les caractéristiques des leaders africains chrétiens influents   33
   David K. Ngaruiya

3. La formation des dirigeants chrétiens africains : Tendances des données de l'Étude sur le Leadership Africain   53
   Wanjiru M. Gitau

4. Le rôle du capital social pour les leaders qui ont de l'impact   71
   Steven D. H. Rasmussen

5. Les réponses des dirigeants aux conflits armés   93
   Elisabet le Roux et Yolande Sandoua

6. Paroles et actes : Modèles d'organisations chrétiennes africaines influentes   111
   Nupanga Weanzana

7. Les organisations chrétiennes africaines et le développement socioéconomique   123
   Michael Bowen

8. Le leadership des femmes en Afrique :
   Réalités et possibilités 147
   Truphosa Kwaka-Sumba et Elisabet le Roux

9. Renforcer le leadership : Une nouvelle aube pour le
   leadership chrétien africain 169
   H. Jurgens Hendriks

10. Lire et diriger : Défis pour les dirigeants chrétiens africains 187
    Robert J. Priest, Kirimi Barine et Alberto Lucamba Salombongo

11. Développer des leaders transformateurs : Implications des
    résultats de l'Étude sur le Leadership en Afrique pour les
    programmes d'études 213
    John Jusu

12. Engager l'Afrique : L'histoire de la Tyndale House
    Foundation 231
    Mary Kleine Yehling

Conclusion : Leçons apprises grâce à l'Étude sur le Leadership
   en Afrique 249

Annexe A : Déclarations d'objectifs de l'Étude sur le
   Leadership en Afrique 259

Annexe B : Résultats de l'enquête sur le Leadership
   en Afrique 261

Annexe C : Étude sur le Leadership en Afrique :
   Une ressource de base 293

Remerciements

Les directeurs d'ouvrage souhaitent remercier toutes les personnes impliquées dans ce projet, en particulier les auteurs des chapitres et tous ceux qui ont contribué à l'encadrement et à l'analyse de la recherche, notamment José Paulo Bunga, Adelaide Thomas Manuel et Kalemba Mwambazambi. Plus de huit mille personnes ont répondu à notre enquête, des dizaines nous ont accordé des entretiens approfondis et des dizaines d'étudiants de troisième cycle et de premier cycle ont participé à la recherche. Sans leur contribution, ce livre n'aurait pas vu le jour.

De nombreuses personnes ont fait des suggestions concernant la recherche, ses résultats, et/ou ont fait des commentaires sur des chapitres du livre, notamment Miriam Adeney, J. Kwabena Asamoah-Gyadu, Dwight Baker, Johan Boekhout, Daniel Bourdanné, Edward Elliott, Matthew Elliott, Casely Essamuah, Zachs-Toro Gaiya, Evan Hunter, Joanna Ilboudo, Wambura Kimunyu, Samuel Kunhiyop, Gerald Macharia, John Maust, Paul Mouw, Esther Mombo, Peter Ngure, Beverly Nuthu, Timothy Nyasulu, Gregg Okesson, Uma Onwunta, Kersten Priest, Jack Robinson, Theo Robinson, Ian Shaw, Michelle Sigg, Tite Tiénou, Enyidiya Uma-Onwunta, Timothy Wachira, David Waweru et Darrell Whiteman. Nous les remercions de leur précieuse contribution.

Des établissements d'enseignement de l'Angola, de la République centrafricaine, du Kenya, de l'Afrique du Sud et des États-Unis ont soutenu ce projet de livre. Ces institutions sont mentionnées dans le chapitre 1. Sans le financement de la Tyndale House Foundation et sans la vision, le soutien et l'engagement de ses dirigeants (Mark Taylor, C. Douglas McConnell, Mary Kleine Yehling, Edward Elliott et Bob Reekie), ce projet ambitieux n'aurait pas été possible. L'équipe administrative a travaillé sans relâche sur tous les détails et la logistique pour soutenir et rendre possible le travail du groupe.

Nous remercions Jim Keane et l'équipe éditoriale d'Orbis Books ; Jon Hirst et Scott Todd de Global Mapping International, qui ont conçu les cartes ; et Rob Huff d'Image Studios pour la conception du site internet de l'Étude sur le Leadership en Afrique, où nous mentionnons également les contributions de nombreuses autres personnes. Nous sommes très reconnaissants à tous ceux qui ont contribué à ce projet.

Les acronymes

ACATBA	Association Centrafricaine pour la Traduction de la Bible et l'Alphabétisation
AEA	Association des Évangéliques en Afrique
ATS	Association of Theological Schools (États-Unis)
BWA	Bomaregwa Welfare Association (Kenya)
CBO	*community-based organizations* [organisation communautaire]
CICA	Conselho de Igrejas Cristãs em Angola [Conseil des Églises chrétiennes d'Angola]
CITAM	Christ Is the Answer Ministries
COE	Conseil œcuménique des Églises
CPDA	Christian Partners Development Agency
DASEP	Departamento de Assistência Social Estudos e Projectos
ELA	Étude sur le Leadership en Afrique [ALS : Africa Leadership Study]
FATEB	Faculté de Théologie Évangélique de Bangui
FMI	Fonds monétaire international
IBK-MU	Instituto Bíblico de Kaluquembe–Missão Urgente
IERA	Igreja Evangélica Reformada de Angola
IFES	International Fellowship of Evangelical Students
ISTEL	Instituto Superior de Teologia Evangélica no Lubango
ITIERA	Instituto Teológico da Igreja Evangélica Reformada de Angola
KSCF	Kenya Students Christian Fellowship
MIERA	Mulher da Igreja Evangélica Reformada de Angola
NCCK	National Council of Churches of Kenya
NEGST	Nariobi Evangelical Graduate School of Theology
NetACT	Network for African Congregational Theology
OIF	Organisation Internationale de la Francophonie

OIR	Organisation d'inspiration religieuse (*faith-based organizations*)
ONG	Organisation non gouvernementale
PACLA	Pan-African Christian Leadership Assembly
PIP	Programme d'instruction pastoral (*Pastoral Instruction Program*)
RCA	République centrafricaine
SED	Seminario Emanuel do Dôndi
STB	Seminario Teológico Baptista
TCHD	Tenwek Community Health and Development
THF	Tyndale House Foundation
TIC	Technologies de l'information et de la communication
UFEB	Union Fraternelle des Églises Baptistes
WCD	World Christian Database
WHO	World Health Organization [OMS : Organisation mondiale de la santé]

Préface

Tite Tiénou

Les Africains ont reconnu l'importance du leadership pour leur bien-être et pour la vitalité sociale, économique, politique et spirituelle du continent. Ils ont organisé des conférences sur le leadership, produit des livres et diverses publications sur le sujet et créé des organisations telles que l'Africa Leadership Forum (www.africaleadership.org) et l'Africa Biblical Leadership Initiative (www.abliforum.org) dans le but de promouvoir le leadership sur le continent. Les chrétiens ont examiné divers aspects du leadership dans des réunions continentales telles que l'Assemblée panafricaine du leadership chrétien (PACLA I, Nairobi, Kenya, décembre 1976 ; et PACLA II, Nairobi, Kenya, novembre 1994). Certains des Actes de ces assemblées ont fourni de la matière pour la recherche sur le leadership chrétien en Afrique, comme par exemple l'ouvrage de Hans-Martin Wilhelm intitulé *African Christian Leadership : Cultures and Theologies in Dialogue*, un mémoire de maîtrise en théologie rédigé en 1998 pour l'Université d'Afrique du Sud.

En gardant à l'esprit ce qui précède, les lecteurs de ce livre peuvent se demander : en quoi cette étude sur le leadership chrétien en Afrique diffère-t-elle des autres ? Contrairement à d'autres travaux sur le sujet, ce livre est le fruit de plusieurs années de recherches qualitatives et quantitatives solides menées dans trois pays et à travers un large éventail de confessions et d'ethnies. Cette caractéristique à elle seule distingue ce livre des autres et constitue la base de nouvelles contributions importantes à la compréhension des réalités du leadership chrétien dans les sociétés africaines contemporaines.

L'accent mis sur l'Afrique contemporaine, que ce soit dans les habitudes de lecture ou dans les questions de leadership, qui est évident tout au long de l'ouvrage, récompense le lecteur avec des découvertes surprenantes telles que « si les chrétiens africains lisent moins de livres que les Américains, la différence est moins importante que ce à quoi on pourrait s'attendre. Les pasteurs africains lisent plus que la population adulte américaine dans son ensemble » (chapitre 10).

L'étude a été menée dans trois pays : l'Angola, la République centrafricaine et le Kenya. En tenant compte de la réalité linguistique actuelle du continent, cette étude s'est concentrée sur un pays lusophone, un pays francophone et un pays anglophone. Cela apporte une nuance et un correctif nécessaire aux études sur le christianisme en Afrique qui ne tiennent généralement pas compte des différences possibles entre ces trois zones linguistiques. On peut néanmoins se demander si les trois pays où l'étude a été menée sont représentatifs de l'ensemble du continent à d'autres égards. Par exemple, la composition religieuse de la population de chacun des trois pays est majoritairement chrétienne. Quels seraient les résultats de l'étude pour un pays comme le Nigeria, par exemple, dont le paysage religieux est différent et complexe ? Cette remarque ne vise pas à diminuer l'importance de cette étude ou sa valeur, mais plutôt à attirer l'attention sur la nécessité de mener des études de même qualité dans d'autres pays encore.

Dans ma préface au livre de Gottfried Osei-Mensah, *Wanted : Servant-Leaders* (1990), j'écrivais : « Si beaucoup insistent sur la nécessité d'avoir des dirigeants plus nombreux et mieux préparés pour les Églises africaines, rares sont ceux qui ont réfléchi à la nature même du leadership chrétien. Plus rares encore sont ceux qui ont écrit sur les qualités requises chez les dirigeants chrétiens africains. » Au fil des années, le livre d'Osei-Mensah a joué un rôle important pour les dirigeants. Ce qui manquait jusqu'à présent, c'était une étude des opportunités, des défis et de l'impact du leadership chrétien en Afrique. Ce livre comble cette lacune.

Je félicite les auteurs de l'étude et l'organisation qui l'a financée pour la recherche conçue, menée et rapportée de manière cohérente et collaborative. J'espère sincèrement que l'approche globale adoptée pour la recherche et la rédaction du livre stimulera des entreprises similaires dans les années à venir. Vous trouverez ici de nombreux trésors qui vous permettront de mieux comprendre et d'explorer le leadership chrétien africain.

Liste des auteurs

Kirimi Barine est auteur, formateur, éditeur et consultant. Il a occupé et continue d'occuper diverses fonctions de direction au sein d'organisations en Afrique et dans le monde entier. Il est le directeur fondateur du Publishing Institute of Africa, une organisation basée à Nairobi qui forme, développe et publie des auteurs. Il est l'auteur et le coauteur de plusieurs ouvrages, dont *Transformational Corporate Leadership* (2010). Barine se passionne pour la formation et l'animation d'expériences d'apprentissage, ainsi que pour le conseil en matière de leadership, d'édition et d'écriture. Il est titulaire d'un doctorat en administration des affaires (avec une spécialisation en leadership et gouvernance) proposés conjointement et dans le cadre d'un programme à double diplôme par l'université SMC, en Suisse, et l'Universidad Central de Nicaragua.

Michael Bowen est professeur agrégé d'économie de l'environnement et principal du Nairobi Campus de l'université Daystar. Il est titulaire d'un doctorat en économie de l'environnement. Outre des présentations lors de conférences internationales, il est l'auteur de nombreux articles et chapitres d'ouvrages. Il s'intéresse aux domaines suivants : le mariage et la famille chrétiens ; l'importance de la vision et de la mission dans une université chrétienne ; la contribution socioéconomique de l'Église ; le rôle de l'Église dans la protection de l'environnement ; les petites entreprises et la croissance, entre autres. Il a été rédacteur invité pour des revues scientifiques internationales et a encadré des mémoires de maîtrise et de doctorat.

Jurgens Hendriks a été pasteur pendant dix ans avant d'être appelé en 1985 à enseigner la théologie pratique à l'université de Stellenbosch, où il a été professeur d'études sur les congrégations. L'encadrement des congrégations pendant la période de transition de l'apartheid a été l'objet initial de son travail et de ses recherches. En réponse à l'augmentation, après 1994, du nombre d'étudiants de troisième cycle originaires d'autres pays africains, il a réorienté son attention vers les réalités des congrégations à travers l'Afrique. Son ouvrage *Studying Congregations in Africa* (2004) a été la première publication du Network for African Congregational Theology (NetACT). Il a par la suite contribué à la direction de l'ouvrage *African Public Theology* (HippoBooks, 2020), un ouvrage qui s'appuie sur les données du présent ouvrage. Il a également été traduit en français sous le titre *Théologie publique africaine* (LivresHippo, 2022).

John Jusu est directeur régional de l'Overseas Council International pour l'Afrique et est actuellement en congé de son poste de professeur de sciences de l'éducation et de doyen de l'École des études professionnelles de l'Université internationale d'Afrique. Ministre ordonné de l'Église des Frères unis en Christ de Sierra Leone et missionnaire de l'Association des évangéliques en Afrique, John porte son attention sur le développement de programmes d'études transformationnels. Il est consultant en développement de programmes d'études pour More than a Mile Deep-Global, supervise l'édition de l'Africa Study Bible et est membre des Global Associates for Transformational Education (Associés mondiaux pour l'éducation transformationnelle). John est également impliqué dans le développement du corps professoral pour de nombreuses initiatives éducatives en Afrique.

Truphosa Kwaka-Sumba est directrice du campus de Nairobi de l'Université Saint-Paul au Kenya. Elle est titulaire d'une maîtrise en économie de l'Université de Manchester (Royaume-Uni). Elle est rédactrice invitée et chroniqueuse pour *Leadership Today in Africa* et pour le blog her-leadership.com. Elle est membre non exécutif du conseil d'administration de l'International Leadership Foundation-Kenya et de Longhorn Publishers Ltd. Elle est également animatrice, formatrice et conférencière sur le leadership, avec un accent particulier sur les femmes dans le leadership, ainsi que sur le leadership en Afrique.

David K. Ngaruiya est professeur associé et vice-chancelier adjoint pour la recherche et le développement à l'International Leadership University de Nairobi, au Kenya. Il est titulaire d'un doctorat en études interculturelles de la Trinity Evangelical Divinity School. Il a été président de l'Africa Society of Evangelical Theology (2015-16). Il est l'auteur de plusieurs articles et livres et il a contribué à la rédaction de l'ouvrage *Communities of Faith in Africa and African Diaspora* (Pickwick Publications, 2013). Ses recherches portent sur le leadership, la contextualisation, l'Église en Afrique et l'utilisation des ressources numériques dans l'éducation. Il a encadré des travaux de recherche de troisième cycle à différents niveaux.

Robert J. Priest est professeur d'études internationales G. W. Aldeen et professeur de mission et d'anthropologie à la Trinity Evangelical Divinity School. Il est titulaire d'un doctorat en anthropologie de l'Université de Californie, Berkeley. Il a été président de l'American Society of Missiology (2013-14) et de l'Evangelical Missiological Society (2015-17). Ses recherches et ses écrits portent notamment sur la race et l'ethnicité, la sexualité, les missions à court terme, la conversion religieuse et les accusations de sorcellerie. Il a notamment publié *This Side of Heaven : Race, Ethnicity, and Christian Faith*, en collaboration avec Alvaro L. Nieves (Oxford, 2007).

Steven D. H. Rasmussen est titulaire d'un doctorat en études interculturelles de la Trinity International University et a enseigné pendant vingt ans en Afrique de l'Est. Il est actuellement pasteur de l'église Bethel Christian Fellowship à St Paul, dans l'État du Minnesota aux États-Unis. Il est également directeur exécutif du ministère Training East African Ministers. Avant d'occuper son poste actuel, il a été maître de conférences en études interculturelles à l'Africa International University de Nairobi, au Kenya et il a été directeur du Lake Victoria Christian College à Mwanza, en Tanzanie. Il est l'auteur de plusieurs articles et chapitres d'ouvrages sur l'ethnicité, les accusations de sorcellerie, la compréhension de la maladie en Tanzanie et les missions à court terme.

Elisabet le Roux est directrice de recherche de l'Unité de recherche sur la religion et le développement (URDR) de la faculté de théologie de l'Université de Stellenbosch en Afrique du Sud. À ce jour, elle a mené une série de projets d'évaluation et de recherche formative dans vingt-quatre pays sur quatre continents, en mettant l'accent sur la violence à l'égard des femmes et des filles, l'égalité entre les sexes, la participation des femmes et un regard critique sur les rôles importants de la religion et de la culture. Elisabet a fait ses preuves dans le domaine de la recherche par méthodes mixtes, notamment dans le cadre d'une série d'évaluations et d'études multi-pays à long terme. Plus récemment, elle a donné la priorité au développement et à l'utilisation de méthodes de recherche innovantes, créatives, participatives et féministes, et elle aide de plus en plus les organisations de développement à développer leurs approches stratégiques globales de la religion, de la culture et de la violence à l'égard des femmes et des filles.

Alberto Lucamba Salombongo est pasteur et également directeur de l'Instituto Superior de Teologia Evangélica no Lubango (ISTEL) à Lubango, en Angola. Il est titulaire d'un diplôme de troisième cycle en Ancien Testament de l'Université de Stellenbosch et est candidat à la maîtrise à l'Université de Stellenbosch. Il est marié et père de trois enfants.

Yolande A. Sandoua est assistante du président de la Faculté de Théologie Évangélique de Bangui (FATEB) et responsable de la communication de la FATEB. Elle est actuellement doctorante en théologie à la FATEB. Elle est titulaire de trois masters, dont un master de lettres (civilisation américaine), un master en théologie et mission, et un master en études du christianisme africain de l'Institut Akrofi-Christaller au Ghana.

Wanjiru M. Gitau est spécialiste de l'histoire du christianisme, du christianisme mondial et de la missiologie. Elle a été chercheuse invitée à l'Asbury Theological Seminary (2015-16). Elle est titulaire d'un doctorat en études interculturelles et en christianisme mondial de l'Africa International University et d'un master en missiologie de la Nairobi Evangelical Graduate School of Theology. Elle a également quinze ans d'expérience de service pastoral dans des congrégations urbaines dynamiques et une variété d'engagements missionnaires interculturels. Elle est l'auteure de *Megachurch Christianity Reconsidered : Millennials and Social Change in African Perspective* (IVP, 2018).

Nupanga Weanzana wa Weanzana est président de la Faculté de Théologie Évangélique de Bangui (FATEB) en République centrafricaine et enseigne l'hébreu biblique et l'Ancien Testament (exégèse et théologie). Il a obtenu un doctorat en études de l'Ancien Testament à l'Université de Pretoria en Afrique du Sud. Son domaine d'intérêt est le livre des Chroniques et la période du Second Temple. Il a publié plusieurs commentaires sur les livres de l'Ancien Testament dans *Africa Bible Commentary* (Zondervan, 2006).

Mary Kleine Yehling est vice-présidente et directrice exécutive de la Tyndale House Foundation (THF), où elle travaille depuis 1975. Son rôle de direction à la THF, qui depuis cinquante-trois ans a pour priorité « d'investir dans le royaume », lui donne l'occasion et la joie d'apprendre à connaître et de travailler en étroite collaboration avec des dirigeants, des organisations, des missions et des églises chrétiennes dans le monde entier. Elle s'investit également de diverses manières dans sa communauté locale en tant que bénévole et responsable d'organisations, de chorales, d'écoles et de son église.

Chapitre 1

Genèse et croissance de l'étude sur le leadership chrétien en Afrique

Robert J. Priest

L'histoire récente du christianisme en Afrique est extraordinaire. En 1900, il y avait neuf millions de chrétiens en Afrique. En 2015, il y en avait 541 millions (Johnson et al., 2015, p. 28). Et tandis que le christianisme explose en Afrique, il est en déclin dans les pays qui avaient au commencement envoyé des missionnaires (Jenkins, 2002 ; Sanneh, 2003 ; Walls, 1996 ; Kalu, 2005). Aujourd'hui, les chrétiens africains représentent près d'un quart de la population chrétienne mondiale. Si les missionnaires étrangers ont joué un rôle important dans l'histoire du christianisme en Afrique, ce sont les chrétiens africains eux-mêmes qui se sont taillé la part du lion dans l'évangélisation, l'essentiel de l'expansion chrétienne s'étant produite au cours des dernières décennies et après la colonisation.

Cette croissance récente du christianisme s'est produite sur un continent affecté par l'histoire de la colonisation, la politique mondiale de la guerre froide, la diversité ethnolinguistique, les politiques d'ajustement structurel du Fonds monétaire international (FMI) et de la Banque mondiale, les problèmes de santé endémiques, dont le paludisme et le VIH/SIDA, l'échec des objectifs de développement et la corruption. En résumé, la croissance récente du christianisme s'est produite sur un continent confronté à des défis considérables : l'alphabétisation, l'éducation, les soins médicaux, le développement économique, la mondialisation, la paix et la sécurité, et le développement de gouvernements sains.

L'expansion remarquable du christianisme en Afrique dans le contexte d'importants défis sociaux a créé des possibilités sans précédent pour le leadership chrétien. Des centaines de milliers de jeunes congrégations fournissent maintenant des plateformes locales pour le développement et l'exercice d'un leadership spirituel et social. Et parce que de nombreux pays africains sont majoritairement chrétiens, les chrétiens africains se retrouvent également à exercer un leadership dans une grande variété de domaines : les affaires, l'éducation, les médias, les services sociaux et gouvernementaux.

Cependant, à bien des égards, la vitesse de croissance numérique a dépassé les structures de soutien disponibles pour la formation et le développement du leadership chrétien, et en particulier la formation au leadership, qui est contextuellement pertinente. La demande dépasse l'offre. Et si les communautés chrétiennes contemporaines d'Europe ou d'Amérique du Nord ont une histoire plus longue que de nombreuses jeunes Églises africaines et bénéficient d'un soutien institutionnel plus important pour ce qui concerne la préparation et la formation au leadership, leurs colloques théologiques, leurs programmes de formation au leadership et leurs publications ne sont pas adaptés au contexte africain (Tiénou, 2006). Il faut du temps, de la détermination, un travail soutenu et des ressources matérielles pour développer et produire les soutiens institutionnels et les ressources pédagogiques nécessaires au développement du leadership contextuel dirigé par l'Afrique (Phiri et Werner, 2013 ; Carpenter et Kooistra, 2014).

Beaucoup de choses qui améliorent le développement du leadership (par exemple, les livres, les revues, l'accès à Internet, les établissements d'enseignement, les bibliothèques, les conférences, l'accès aux voyages, les subventions de recherche, les retraites d'écriture lors de congés sabbatiques) nécessitent des bases matérielles. Les institutions religieuses, en particulier, comparées aux institutions gouvernementales sont confrontées à des défis particuliers qui sont liés à ce type de soutien matériel. Bien que rarement considérée par les érudits du christianisme, la gérance économique de congrégations prospères, de riches donateurs individuels et de fondations chrétiennes a toujours joué un rôle stratégique dans le renforcement des institutions religieuses et des initiatives pour le ministère. Si nous considérons la formation théologique, avec ses besoins en bâtiments, en bibliothèques, en salaires des professeurs et autres soutiens, même dans les pays riches, les institutions n'existent pas uniquement sur la base des frais de scolarité des étudiants. Au contraire, elles recherchent l'aide de donateurs importants, où qu'ils se trouvent. La Trinity Evangelical Divinity School, par exemple, recherche et reçoit le soutien de chrétiens aisés à Chicago et à Los Angeles, mais aussi à Hong Kong, à Singapour et en Corée du Sud.

Les grandes disparités de richesse entre les différentes régions du monde influencent le leadership de différentes manières. Bien que l'Afrique contienne une plus grande proportion de chrétiens dans le monde que l'Amérique du Nord, et que les dirigeants chrétiens africains aient de nombreuses possibilités d'avoir un impact positif, elle contient une part beaucoup plus faible des richesses matérielles chrétiennes du monde que l'Amérique du Nord (Wuthnow, 2009). De nombreux facteurs essentiels au développement du leadership (tels que la recherche, la publication, la formation) dépendent directement de l'accès aux ressources matérielles. Prenons l'exemple de l'éducation formelle. Malgré le fort désir d'éducation en Afrique, « moins de cinq pour cent des jeunes en âge d'aller à l'université sont inscrits » dans l'enseignement supérieur (Carpenter et Kooistra, 2014, p. 9). Les inégalités mondiales de richesse se reflètent aussi dans l'enseignement théologique. Les 210 écoles de théologie accréditées par l'Association of Theological Schools (ATS) aux États-Unis, avec une subvention moyenne de 38,7 millions de dollars américains, fonctionnent dans des conditions économiques très différentes de celles de la plupart des institutions théologiques en Afrique. La subvention d'un milliard de dollars du Princeton Theological Seminary dépasse presque certainement plusieurs fois les subventions totales réunies des 1 429 institutions théologiques à travers l'Afrique qui sont répertoriées dans le *Global Directory of Theological Education Institutions*, l'annuaire mondial des établissements d'enseignement théologique.

Et pourtant, les chrétiens sont de plus en plus conscients de faire partie d'un réseau mondial, le « corps de Christ » (Ep 4.15-16), où les modèles émergents d'intendance mondiale comblent les divisions socioéconomiques au service de la formation et du soutien au leadership. Ce livre et les recherches dont il fait état sont directement redevables à un tel réseau.

CONTEXTE DE L'ÉTUDE SUR LE LEADERSHIP EN AFRIQUE

La vision originale d'une Étude sur le Leadership en Afrique (ELA), dont est issu ce livre, a été, de manière assez improbable, stimulée par les discussions au sein du conseil d'administration de la Tyndale House Foundation (THF). Alors que les membres du conseil d'administration allouaient des subventions aux initiatives des ministères locaux dans le monde entier, plusieurs d'entre eux étaient particulièrement fascinés par les possibilités offertes aux dirigeants chrétiens africains, par la grande variété d'initiatives qu'ils lançaient et dirigeaient, et par les défis qu'ils devaient relever. Cependant, les membres du conseil d'administration ont également remarqué que les dons de la THF étaient souvent fondés sur des informations subjectives, sans une recherche systématique et spécifique du contexte qui éclairerait le processus. Ils ont discuté de l'intérêt pour leur propre travail d'une étude sur le leadership en Inde, qui avait été réalisée par David Bennett (2002), et ont envisagé la nécessité d'une recherche similaire en Afrique. Tout en reconnaissant que de nombreux chercheurs ont écrit sur le christianisme en Afrique, ils ont estimé que ces écrits étaient rarement centrés sur les réalités concernant lesquelles la compréhension des fondations nécessitait de l'aide. Par exemple, ils ont souhaité une assistance pour comprendre la dynamique en Afrique des ressources matérielles et la gestion mondiale, en particulier concernant la formation au leadership et l'exercice du leadership. Ils se sont demandé quels dirigeants chrétiens africains et quelles organisations chrétiennes dirigées par des Africains, largement respectés par les chrétiens africains locaux, avaient l'impact le plus positif, dans quels domaines, et quels étaient les facteurs positifs qui étaient impliqués.

Enfin, en 2008, Edward Elliott, membre du conseil d'administration, homme d'affaires de la région de Chicago et fondateur de la maison d'édition Oasis International, spécialisée sur l'Afrique, a proposé, avec l'encouragement du président du conseil d'administration de la THF, au Dr Douglas McConnell de prendre l'initiative d'explorer les possibilités d'une telle étude. Au cours des deux années qui ont suivi, il a consulté les responsables des programmes de plusieurs fondations chrétiennes s'intéressant à l'Afrique. Il a également consulté Robert Priest, professeur d'université et chercheur, sur l'aspect recherche du projet ; David Ngaruiya, professeur d'université à Nairobi, a rejoint Robert Priest pour mener des entretiens exploratoires sur le leadership et les subventions des fondations. Ils ont consulté et interviewé plus de trente dirigeants chrétiens africains d'Églises, d'institutions théologiques et d'organisations para-ecclésiastiques[1].

Ensuite, Robert Priest, Shelly Isaacs et Mary Kleine Yehling, de la THF, ont analysé dix ans de subventions de la THF en Afrique – et ont également mené une première enquête en ligne auprès de deux cents dirigeants chrétiens africains.

---

[1] Des entretiens ont été réalisés, puis transcrits, avec chacune des personnes suivantes : Bulus Galadima, doyen de l'ECWA Theological Seminary (Nigeria), Desta Heliso, directeur de l'Ethiopian Graduate School of Theology, Joe Simfukwe, directeur du Theological College of Central Africa (Zambie), Katho Bungishabaku, président/recteur de Shalom University of Bunia (anciennement Bunia Theological College and Seminary), Tite Tiénou, directeur académique de la Trinity Evangelical Divinity School. Les administrateurs et le corps enseignant de la Nairobi Evangelical Graduate School of Theology (aujourd'hui Africa International University) comprenaient Yusufu Taraki, Douglas Carew, John Ochola, James Nkansah, Peter Nyende, Christine Mutua, Ephraim Mudave (bibliothécaire), Robert Carlson et George Renner. Parmi les administrateurs et les professeurs de la Nairobi International School of Theology, on compte Emmanuel Bellon, David Ngaruiya, Marta Bennett et Lois Semenye. Les administrateurs et le corps enseignant du Scott Theological College comprenaient Jacob Kibor, Esther Kibor, Paul Mbandi et Joyce Muasa. De la Daystar University, Godfrey Nguru, James Ogolla, James Kombo et Michael Bowen ont été interviewés. Parmi les pasteurs d'Églises impliqués dans la formation au leadership qui ont été interviewés, on trouve Oscar Muriu, le pasteur de Nairobi Chapel, et Muriithi Wanjau, auteur et pasteur de l'Église de Mavuno (une mégaéglise avec des membres jeunes, éduqués et riches). Parmi les autres personnes interrogées, on trouve des missionnaires (Larry Niemeyer, Jim Harries et Marvin Smith), Mary Munyi (directrice fondatrice de Tumaini Ladies Integration Program), Gerald Macharia (consultant en développement d'entreprise auprès de la Fondation Clinton), John Padwick (administrateur à l'Organization of African Instituted Churches), Vincent Wanjau (Evangelism Explosion), Reuben Maina (Christian Mission AID), Wanjau Nduba (Navigateurs), Steve Maina (directeur général du Chaplains for National Youth Service), Samson Wesaka Mabonga (implanteur d'Églises dans les bidonvilles), et Mutava Musyimi, membre du Parlement, ancien secrétaire général du Conseil national des Églises, et président du National Anticorruption Steering Committee.

Au cours de l'été 2010, des réunions mensuelles ont été lancées dans la région de Chicago par un premier groupe de planification composé de Robert Priest, Edward Elliott, Mary Kleine Yehling et Bob Reekie (ancien membre du conseil d'administration de la THF). Bob Reekie, cofondateur sud-africain et premier président de Media Associates International, a apporté une vaste expérience et un intérêt marqué pour l'Afrique. Mary Kleine Yehling, directrice exécutive de la THF, a apporté des compétences administratives et un engagement soutenu en faveur de l'Afrique et du projet de l'ELA qui, au cours des prochaines années, la placeront au centre de tous les aspects de la réussite du projet. Ce groupe a notamment parlé des implications de ce qui a été appris au cours de ces entretiens et de l'enquête en ligne auprès des dirigeants chrétiens africains. Ils ont précisé, du point de vue de la THF, les résultats escomptés de l'étude[2].

En novembre 2011, un groupe de travail international élargi s'est réuni à Nairobi, au Kenya, pendant plusieurs jours : (1) pour examiner la faisabilité d'une étude sur le leadership en Afrique, (2) pour articuler d'un point de vue africain les objectifs et la conception d'une telle étude, et (3) pour planifier le processus de recherche. Edward Elliott et Mary Kleine Yehling ont fait part de l'intérêt de la Tyndale House Foundation pour la recherche sur le leadership chrétien et le développement du leadership en Afrique, une recherche qui permettrait d'éclairer les subventions des fondations en Afrique. Ils ont souligné la nécessité d'une sagesse africaine pour informer les donateurs sur les besoins en leadership en Afrique. Ils ont également proposé que des érudits chrétiens africains aident à concevoir et à réaliser une étude qui aborderait de manière centralisée les questions et les priorités qui préoccupent les dirigeants et les institutions chrétiennes africaines. Les Africains de l'équipe de l'Étude sur le Leadership en Afrique (ELA) ont été invités à formuler les objectifs et les résultats attendus pour l'Afrique dans ce type d'étude et à concevoir chaque étape de la recherche de manière à répondre à ces objectifs, ainsi qu'aux objectifs de la THF[3]. Autrement dit, si la THF espérait clairement tirer profit de l'étude, elle souhaitait également soutenir un processus qui serait planifié, organisé et mis en œuvre avec des universitaires et des dirigeants chrétiens africains au centre.

L'ÉQUIPE DE L'ÉTUDE SUR LE LEADERSHIP EN AFRIQUE (ELA)

Le groupe de travail de l'Étude sur le Leadership en Afrique était principalement composé d'érudits qui ont supervisé et effectué les recherches. Dès le début, des conseillers, qui représentaient les principaux groupes d'intérêt et avaient des domaines de compétence appropriés, ont également été impliqués. En trois ans et demi, le groupe s'est réuni quatre fois au total, et des groupes de travail plus petits, spécifiques à chaque pays, se sont

---

[2] Voir l'annexe A.
[3] Pour les déclarations d'objectifs finalisées à cette époque, voir l'annexe A.

régulièrement réunis pour planifier et mener à bien des recherches et des analyses. Des sessions de GoToMeeting en ligne ont souvent eu lieu. Des ateliers d'écriture et des retraites ont également été organisés pour évaluer et critiquer les documents de travail et pour tirer parti de l'expertise et des connaissances des uns et des autres.

Si la majorité des membres de l'équipe de l'ELA avait une expérience de la recherche, plusieurs personnes ont fait preuve de qualités inhabituelles pour guider l'équipe dans la conception, la mise en œuvre, la supervision et l'analyse de la recherche. Robert Priest avait des points forts dans la conception de la recherche quantitative et qualitative et a assuré la direction tout au long du processus de recherche. Elisabet le Roux était une chercheuse en sociologie au sein de l'unité de recherche sur la religion et le développement de la faculté de théologie de Stellenbosch University en Afrique du Sud et avait une grande expérience de la recherche sur le continent. Quatre chercheurs du groupe ont donné des cours de troisième cycle sur les méthodes de recherche dans des institutions universitaires kenyanes : Michael Bowen à Daystar University, David Ngaruiya à l'International Leadership University, et John Jusu et Steven Rasmussen à l'Africa International University. Tous les quatre avaient une expérience significative dans la réalisation et la supervision de recherches en Afrique et sur le christianisme. S'appuyant sur cette expertise nationale, chaque phase de la recherche a d'abord été testée sur le terrain et administrée au Kenya sous la supervision des quatre chercheurs susmentionnés avant d'être menée ailleurs.

Bien que la plupart des membres de l'équipe aient une formation en théologie, l'équipe de recherche et de rédaction était essentiellement interdisciplinaire. Les participants étaient titulaires de doctorats en études interculturelles (David Ngaruiya et Steven Rasmussen), missiologie (Kalemba Mwambazambi), christianisme mondial (Wanjiru Gitau), sciences de l'éducation (John Jusu), administration des affaires (Kirimi Barine), économie (Michael Bowen), anthropologie (Robert Priest), sociologie (Elisabet le Roux) et Ancien Testament (Nupanga Weanzana). Le doctorat de Jurgens Hendriks portait sur l'Ancien Testament, et il a été professeur de théologie pratique et de missiologie. D'autres avaient une ou plusieurs maîtrises dans des domaines tels que l'économie (Truphosa Kwaka-Sumba), le christianisme africain (Yolande Sandoua), la théologie pratique (Adelaïde Thomas Manuel), l'Ancien Testament (Alberto Lucamba Salombongo) et la théologie (José Paulo Bunga).

Certaines personnes, ayant des liens et une expérience étendue en matière de leadership chrétien en Afrique et ailleurs, ont participé à nos ateliers à titre purement consultatif. Joanna Ilboudo, du Burkina Faso, qui possède diverses expériences en matière de leadership, dont la plus récente en tant que secrétaire exécutive de l'Alliance panafricaine des femmes chrétiennes (une initiative de l'Association des Évangéliques d'Afrique), nous a aidés à garder à l'esprit le point de vue des femmes. Originaire du Tchad, Daniel Bourdanné, secrétaire général de l'International Fellowship of Evangelical Students (IFES), qui représente un demi-million d'étudiants universitaires dans 160 pays, nous a aidés à maintenir l'accent sur le leadership non ecclésiastique. Joanna Ilboudo et Daniel Bourdanné ont tous deux apporté leurs connaissances et leur expertise sur l'Afrique francophone. Ian Shaw, de Langham Partnership, ainsi que Evan Hunter, de Scholar Leaders International, étaient présents en tant que conseillers avec un intérêt particulier pour la formation théologique et de l'expérience dans ce domaine, et avec de solides réseaux théologiques sur le continent africain. Kirimi Barine, directeur de l'édition et de la formation au Publishing Institute of Africa, a tiré parti de sa grande expérience dans l'organisation d'ateliers de formation sur l'écriture, l'édition et le leadership à travers le continent. Lorsque le projet est entré dans la phase d'analyse et de rédaction, Barine a assumé un rôle éditorial central.

Presque tous ceux qui ont participé à la recherche avaient des liens et une expérience en matière de leadership chrétien en Afrique et ailleurs. Par exemple, Nupanga Weanzana, doyen de la Faculté de Théologie Évangélique de Bangui (FATEB), en République centrafricaine (RCA), a des liens étroits et profonds avec des leaders théologiques de toute l'Afrique francophone. Jurgens Hendriks, de Stellenbosch University, a été pendant des années directeur exécutif du réseau de quarante écoles dans quinze pays africains du NetACT (Network for African Congregational Theology). John Jusu, directeur régional de Overseas Council International, consultant en programmes d'études pour More than a Mile Deep et rédacteur en chef de la Bible d'étude de l'Afrique (*Africa Study Bible*). Il a été pendant des années consultant en éducation dans de nombreux endroits du continent. Pour une liste complète de l'équipe de l'ELA, voir le site internet de l'ELA[4].

PORTÉE DE LA RECHERCHE SUR L'ÉTUDE SUR LE LEADERSHIP EN AFRIQUE (ELA)

Lorsque l'équipe de l'ELA a commencé à réfléchir au processus de recherche, il est devenu immédiatement évident que nous ne pouvions pas mener des recherches sur l'ensemble du continent. L'Afrique est énorme, plus grande que la Chine, l'Europe et les États-Unis réunis. Elle comprend cinquante-cinq pays[5], avec plus de deux mille langues parlées[6].

---

[4] www.AfricaLeadershipStudy.org.
[5] La question de savoir si l'Afrique comprend cinquante-quatre ou cinquante-cinq pays dépend de l'inclusion du Sahara occidental comme pays séparé, un territoire que le Maroc revendique et que les Nations unies identifient comme « un territoire non autonome ». Comme la plupart des cartes montrent le Sahara occidental comme une entité séparée, et comme l'Union africaine le traite comme un pays séparé, nous avons choisi de suivre leur exemple dans ce livre. D'où notre référence à cinquante-cinq pays.
[6] https://www.ethnologue.com/region/Africa.

Pourtant, en raison de l'impact colonial européen, les habitants de la plupart des pays africains utilisent l'anglais, le français ou le portugais comme langue de communication et d'éducation. Ces trois groupes de pays ont des histoires très différentes en ce qui concerne le colonialisme et la mission chrétienne et se situent différemment sur le plan linguistique dans le système mondial contemporain. Nous nous sommes donc demandé si les différences entre ces trois groupes de pays ne pourraient pas nous donner une façon d'organiser notre exploration de la variabilité que l'on trouve au sein du christianisme africain.

Les pays africains sous l'ancienne domination de la Grande-Bretagne auraient eu beaucoup de choses en commun, tout comme ceux sous l'ancienne domination de la France et ceux du Portugal. Sous le colonialisme britannique, par exemple, les institutions politiques africaines traditionnelles étaient organisées par un régime indirect. Les Britanniques mettaient l'accent sur les différences sociales et culturelles entre les groupes ethniques et étaient moins enclins à approuver les mariages entre Européens et Africains que les Portugais, dont la progéniture mixte était connue sous le nom de *mestiços*. Les Français et les Portugais avaient recours à la domination directe et insistaient sur leur mission civilisatrice, liant les colonies à la métropole par une politique d'assimilation. Dans les colonies françaises, l'élite africaine éduquée se voyait parfois accorder la citoyenneté française, et une monnaie commune était utilisée. Le travail forcé était courant dans les colonies françaises et portugaises, mais pas dans les colonies britanniques. Les Britanniques reconnaissaient davantage les systèmes de concubinage donnant des droits aux propriétaires et étaient généralement plus favorables à la liberté de religion[7]. Les colonies françaises et portugaises limitaient ou interdisaient souvent les missionnaires protestants (qui étaient pour la plupart anglophones), par crainte que ces missionnaires ne servent les intérêts coloniaux britanniques. Les missionnaires protestants étaient donc relativement en retard sur les colonies françaises et portugaises par rapport aux missionnaires catholiques romains. L'éducation dispensée sous les auspices des Français répondait aux objectifs assimilationnistes, valorisant tout ce qui était français, et s'efforçait plus systématiquement de limiter le rôle de tous les missionnaires. De même, les Portugais ont mis l'accent sur l'assimilation et l'utilisation de la langue portugaise, mais ont accordé à l'Église catholique un quasi-monopole sur l'éducation. En revanche, les Britanniques ont autorisé les écoles missionnaires tant protestantes que catholiques à administrer l'éducation. En résumé, les pays africains d'une manière individuelle partagent souvent des influences his-

---

[7] Une exception à ce schéma se trouvait dans les régions musulmanes sous contrôle britannique, tel que le nord du Nigeria, où les Britanniques eux-mêmes ont interdit les missionnaires chrétiens (Walls, 2002, p. 150-151).

toriques spécifiques avec d'autres pays qui ont été soumis au même empire colonial qu'eux[8].

En dehors de cette histoire, les pays africains dont la langue nationale est le portugais ou le français se trouvent dans une situation différente de ceux dont la langue nationale est l'anglais. Comme les missionnaires protestants viennent le plus souvent de pays anglophones, leurs alignements linguistiques dans les pays anglophones étaient différents de ceux des pays lusophones ou francophones. Dans les pays francophones, les missionnaires protestants ont souvent mis l'accent sur l'enseignement théologique dans les langues maternelles, et non en français. Mais dans les pays anglophones, ils ont souvent soutenu l'enseignement théologique en anglais. La littérature et les systèmes éducatifs divergent. Les chrétiens protestants en Angola ou au Mozambique, par exemple, ont des liens plus faibles avec les États-Unis que les chrétiens du Ghana ou du Kenya, et des liens plus forts avec le Brésil. Les émissions de T. D. Jakes, Joyce Meyer et Joel Osteen ont plus de chances d'être vues dans les pays anglophones que dans les pays lusophones ou francophones. Les fondations ou les Églises chrétiennes d'Amérique, à cause des réseaux historiques et des ponts et barrières linguistiques, sont plus susceptibles de travailler en partenariat avec des organisations d'Afrique anglophone qu'avec des organisations d'Afrique francophone ou lusophone. Leur connaissance de l'Afrique francophone ou lusophone est sans doute moindre que leur connaissance de l'Afrique anglophone.

Même le monde universitaire est orienté dans des directions similaires. Dans une étude approfondie des thèses de doctorat en langue anglaise portant sur le christianisme mondial entre 2002 et 2011 (Priest et DeGeorge, 2013, p. 197), on a découvert que l'Afrique anglophone recevait une attention exagérée. 80 % des cinquante-cinq pays d'Afrique n'avaient qu'une ou deux thèses, voire aucune, portant sur le christianisme dans ce pays. En revanche, cinq pays anglophones étaient au centre de la moitié des thèses sur le christianisme mondial : le Nigeria (40), le Kenya (36), l'Afrique du Sud (35), le Ghana (27) et l'Ouganda (25). Le nombre de thèses portant sur le christianisme dans l'un de ces cinq pays est plus élevé que dans toute l'Afrique francophone réunie (23), avec seulement quatre thèses portant sur le christianisme dans un pays africain lusophone. En bref, la majorité des connaissances fondées sur la recherche concernant le christianisme en Afrique sont unilatéralement ancrées dans la recherche sur l'Afrique anglophone.

À la lumière de ce qui précède, l'équipe de l'Étude sur le Leadership en Afrique (ELA) a décidé de centrer ses recherches sur trois pays qui sont liés à des courants particuliers de l'histoire coloniale largement présents sur le continent : un anglophone, un francophone et un lusophone (Fig. 1.1). Elle

---

[8] La République démocratique du Congo, anciennement connue sous le nom de Congo belge, bien que linguistiquement francophone, était historiquement sous la Belgique et non la France, et diverge donc de certains des schémas ci-dessus.

L'Étude sur le Leadership en Afrique s'est concentrée sur un pays anglophone (A), un pays francophone (F) et un pays lusophone (L) d'Afrique. Ces pays sont indiqués par une lettre entourée d'un cercle blanc et les frontières de ces pays ont une bordure plus épaisse que les autres.

Figure 1.1. L'Afrique représentée par langue coloniale
et mettant en scène les trois pays recherchés

a également sélectionné ces pays en fonction des points forts et des liens de recherche de l'équipe de l'Étude sur le Leadership en Afrique.

Nous avons plusieurs érudits exceptionnels (Michael Bowen, John Jusu, David Ngaruiya et Steven Rasmussen) installés dans les principales institutions académiques kenyanes (Daystar University, Africa International University, Africa Leadership University), des érudits qui ont eux-mêmes encadré un grand nombre d'étudiants en théologie et qui ont des liens étroits avec les chrétiens kenyans de toutes les confessions. Nous avons donc choisi le Kenya comme pays anglophone clé. Ce pays d'Afrique de l'Est a obtenu son indépendance du Royaume-Uni en 1963. Avec ses 582 650 kilomètres carrés, le Kenya est plus de deux fois plus grand que le Royaume-Uni[9]. Sa population actuelle de quarante-six millions d'habitants a une espérance de vie moyenne de soixante-trois ans, un taux d'alphabétisation des adultes de 72 % et est urbanisée à 25 %. Bien que les Kenyans parlent une soixantaine de langues[10], l'anglais et le swahili sont la lingua franca pour la plupart d'entre eux. 8 % des Kenyans s'identifient comme musulmans et 81 % comme chrétiens. 20 % des Kenyans s'identifient comme étant catholiques romains[11].

De même, notre équipe pour l'Étude sur le Leadership en Afrique (ELA) comprenait également plusieurs érudits (Nupanga Weanzana, Kalemba Mwambazambi et Yolande Sandoua) de la FATEB en République centrafricaine (RCA). La FATEB disposait d'un important réservoir d'étudiants diplômés qui pouvaient être sollicités pour contribuer à la recherche. Notre équipe de l'ELA étant bien placée pour mener des recherches en RCA, nous avons choisi de nous centrer sur ce pays francophone. Ce pays a obtenu son indépendance de la France en 1960. Avec ses 622 984 kilomètres carrés, la RCA est légèrement plus petite que la France. Sa population actuelle de 4,9 millions d'habitants a une espérance de vie de cinquante-trois ans, un taux d'alphabétisation des adultes de 57 % et est urbaine à 40 %[12]. Bien que les citoyens parlent plus de soixante langues[13], le français et le sango sont la lingua franca pour la plupart. En République centrafricaine, 14 % des citoyens s'identifient comme musulmans et 73 % comme chrétiens. 31 % sont catholiques romains[14].

Notre équipe initiale de l'ELA n'avait pas de chercheurs pour les pays lusophones, mais Jurgens Hendriks et Elisabet le Roux de Stellenbosch University avaient des liens étroits avec des institutions théologiques et des chercheurs en Angola. Nous avons donc choisi de centrer nos recherches sur ce pays lusophone, notre équipe de l'ELA s'étant ensuite enrichie de trois professeurs de théologie angolais (Adelaïde Thomas Manuel, Al-

---

[9]   World Christian Database (18 avril 2016).
[10] http://www.ethnologue.com/country/KE.
[11] Les statistiques sur la religion sont de World Christian Database (18 avril 2016).
[12] *Ibid.*
[13] http://www.ethnologue.com/country/CF.
[14] World Christian Database (18 avril 2016).

berto Lucamba Salom-Bongo et José Paulo Bunga). L'Angola, qui est un pays d'Afrique australe, a obtenu son indépendance du Portugal en 1975. Avec ses 1 246 620 kilomètres carrés, l'Angola fait treize fois la taille du Portugal et deux fois celle de la France. Sa population actuelle de 25 millions d'habitants a une espérance de vie de cinquante-quatre ans, un taux d'alphabétisation des adultes de 70 % et est urbaine à 44 %[15]. Si plus de 30 langues sont parlées[16], le portugais est la lingua franca pour la plupart. 93 % des Angolais s'identifient comme chrétiens (50 % des Angolais sont catholiques), et 1 % sont musulmans[17].

PROCESSUS DE LA RECHERCHE

L'équipe de l'ELA a mis au point un processus de recherche en deux phases. La première phase a consisté à faire une enquête auprès de 8 041 personnes. Les résultats de l'enquête devaient, entre autres, nous aider à identifier les dirigeants chrétiens africains et les organisations chrétiennes dirigées par des Africains qui étaient perçus par les chrétiens africains comme ayant un impact positif important dans leurs communautés. La deuxième phase de la recherche a consisté en des entretiens approfondis avec un grand nombre de ces personnes et dirigeants d'organisations.

Phase 1 de la recherche

Au cours de la première phase, un questionnaire de 93 questions a été élaboré pour recueillir des informations auprès d'un large échantillon de chrétiens actifs en Angola, au Kenya et en République centrafricaine. Les répondants ont été interrogés sur eux-mêmes et sur les Églises qu'ils fréquentaient. Il leur a été demandé d'identifier les principaux responsables ecclésiastiques qui, selon eux, ont un impact exceptionnellement positif dans leurs communautés. Ils ont également été invités à identifier des chrétiens africains qui ont un impact très positif et qui exercent un leadership dans d'autres domaines sociaux (tels que les affaires, les soins médicaux, la lutte contre la pauvreté, l'éducation, les médias ou le gouvernement). En outre, les répondants devaient aussi identifier des organisations chrétiennes dirigées par des Africains qui, selon eux, avaient un impact positif important dans leurs communautés. Les questions ont ensuite porté sur ces dirigeants et organisations – leurs caractéristiques, leurs relations et leurs efforts de développement du leadership. Les questions portaient également

---

[15] *Ibid.*
[16] http://www.ethnologue.com/country/AO.
[17] World Christian Database (18 avril 2016).

sur la disponibilité et l'accessibilité des livres, des ressources numériques et des diverses options de formation au leadership[18].

Le questionnaire a été complété et testé sur le terrain au Kenya au cours du premier semestre 2012 ; il a ensuite été révisé et traduit en swahili, en français et en portugais. En juillet 2012, Bowen, Ngaruiya et Priest ont rejoint les directeurs principaux de RCA, Kalemba Mwambazambi et Nupanga Weanzana, à Bangui, pour les tests finaux sur le terrain et les révisions des questionnaires en français, ainsi que pour la formation des assistants qualifiés à l'administration des questionnaires.

Kenya

En août, une équipe d'assistants de recherche kenyans, issus de diverses ethnies et confessions[19], dont la plupart étaient des étudiants de troisième cycle, a reçu une formation officielle sur l'administration de questionnaires. Sous la supervision de Ngaruiya, Bowen, Jusu et Rasmussen, ils ont passé les derniers mois de 2012 à administrer le questionnaire en anglais et en swahili à 3 964 chrétiens à travers le Kenya. Ils se sont rendus dans les régions du pays où la population est la plus concentrée et où les grandes confessions et les groupes ethniques sont présents. Des assistants de recherche ont souvent été sélectionnés pour mener des enquêtes dans des endroits où ils disposaient de solides réseaux personnels et religieux, ainsi que de liens ethniques. Bien que la carte du Kenya (Fig. 1.2) n'identifie pas tous les endroits où les enquêtes ont été réalisées, les villes et les localités sur la carte représentent les endroits où des concentrations importantes de personnes interrogées ont répondu aux questionnaires. Les questionnaires n'ont pas été administrés dans les régions du pays à faible concentration de population, à faible concentration de chrétiens, où l'accès aux déplacements était limité et où il aurait pu être dangereux de mener les recherches (comme dans le nord-est, fortement musulman).

Les assistants de recherche ont cherché des chrétiens actifs et informés pour remplir les questionnaires. L'objectif de l'enquête a été clairement expliqué, l'anonymat a été garanti et les personnes qui ont rempli les formulaires ont reçu en cadeau un stylo portant le nom de l'une des institutions universitaires kenyanes qui parrainait l'enquête (Africa International University, Africa Leadership University ou Daystar University). Chaque stylo comportait également l'inscription suivante : « *"So encourage each other and build each other up"* I Thess 5 :11. » Parfois, les assistants de recherche approchaient les individus un par un. Près de 30 % des questionnaires ont été remplis par des personnes qui ont été approchées de cette manière. Cependant, la majorité des personnes interrogées au Kenya

---

[18] Le questionnaire complet avec les réponses est disponible à l'annexe B.
[19] Zephaniah Ananda, Maggie Gitau, Godfrey Isolio, Moses Karanja, Margaret Kariuki, Ruth Kiragu, Rachel Kisyula, Ednah C. Maina, Duncan Malemba, Job Momanyi, Alex Mutuku, Cyrus Mutuku, Sebastian Mwanza, David Njuguna, Hesbon Owilla, Ruth Owino, Philip Tinega et Angela Weyama.

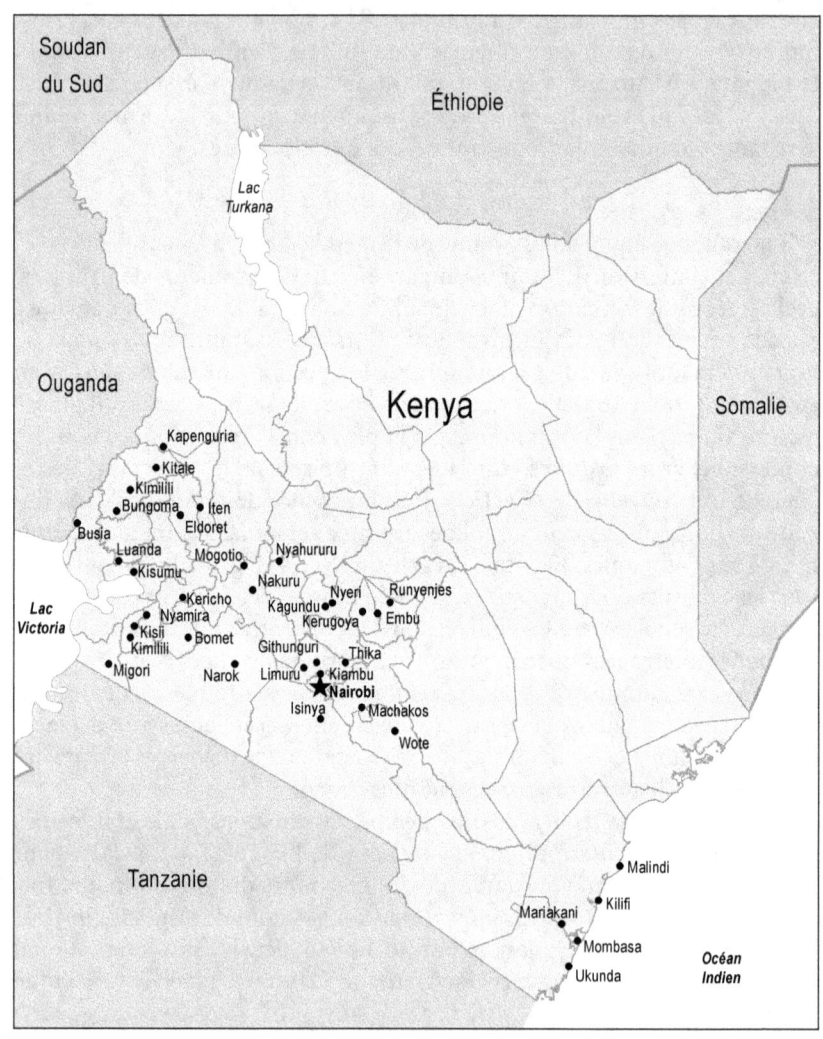

Figure 1.2. Le Kenya, avec les villes où les recherches ont été effectuées

(plus de 70 %) ont participé à des rassemblements où chaque personne du groupe a été invitée à remplir un questionnaire. Environ un quart du temps, cela s'est fait dans le cadre de groupes dans l'église, tels que des chorales, groupes de louange, réunions de prière, groupes de femmes ou réunions de responsables d'Église. Le reste se faisait dans des groupes composés de participants de plus d'une congrégation. Il s'agissait de petits déjeuners de prière, de groupes de prière, de rassemblements pastoraux, de groupes universitaires, de rassemblements de jeunes leaders, de conférences d'hommes et de femmes, de réunions du personnel scolaire, d'ateliers et, pour un cas, un mariage.

Il est clair qu'il ne s'agissait pas d'une enquête aléatoire. Nous avons spécifiquement prévu de sonder des chrétiens bien informés et actifs. Nos répondants kenyans étaient donc instruits, avec environ 90 % d'entre eux ayant terminé leurs études secondaires, et avec moins de 5 % des répondants ayant besoin que les assistants de recherche leur lisent le sondage et enregistrent leurs réponses pour eux. Alors que 8 % ont reconnu ne pas fréquenter l'église régulièrement, 31 % des personnes interrogées ont servi leur Église dans des rôles de leadership en tant que laïc ou ecclésiastique, et 60 % supplémentaires ont déclaré être membres d'une Église et/ou assister régulièrement aux cultes.

Bien que nous n'ayons jamais eu l'intention de mener une enquête aléatoire, notre intention était d'interroger des personnes de différentes régions du pays et de différentes confessions, genres et groupes ethniques. Plus d'hommes (58 %) que de femmes (42 %) ont répondu à l'enquête. Avec seulement 11 % de personnes catholiques interrogées dans un pays qui en compte 20 %, nous avons fait un échantillonnage faible des catholiques. Mais il semble que nous ayons réussi à obtenir des chiffres assez représentatifs de chacune des principales confessions protestantes au Kenya[20]. L'identité ethnique des personnes interrogées a été prise en compte – des pourcentages remarquablement proches de ceux de la population du pays dans son ensemble[21].

République centrafricaine

Tout comme au Kenya, à l'automne 2012, une équipe d'assistants de recherche étudiants qualifiés[22] de la FATEB a réalisé l'enquête auprès de 2 294 répondants en RCA, sous la supervision de Mwambazambi et Weanzana. L'enquête a été réalisée à un moment où le mouvement rebelle Séléka commençait son offensive contre les forces gouvernementales, et quelques

---

[20] Voir l'annexe B, Q.7.
[21] Voir l'annexe B, Q.76. Pour plus d'informations sur le revenu, l'âge et d'autres caractéristiques de nos répondants, voir l'annexe B, Q.69-Q.92.
[22] Belin Boydet, Dzifa Codjia, Didacien Dongobada, Mymy Kalemba, Fatchou Kongolona, Max Koyadibert, Viana Mathy Mataya, Yves Mulume, Jean-Claude Mushimiyimana, Mayambe Elie Muteba, Mavutukidi Lopez Nsamu, Franck Nyongona, Christopher Rabariolina, Frederic Razafimaharo, Paul Sakalaima, Yolande Sandoua, Emmanuel Swebolo, et Elysee Tao.

mois seulement avant qu'il ne s'empare de Bangui en mars 2013. Cela a imposé des contraintes importantes à notre recherche.

La RCA est divisée en seize préfectures, dont la capitale, Bangui, est une commune distincte – principalement une dix-septième préfecture. Pour des raisons de logistique et de sécurité, nous avons limité nos recherches à cinq villes réparties dans quatre préfectures, comme le montre la carte de la RCA (Fig. 1.3). Ces villes, bien sûr, abritaient déjà un nombre important de personnes qui avaient fui la violence dans d'autres régions du pays. Plus de la moitié de nos enquêtes (62 %) ont été réalisées à Bangui et dans ses environs.

En République centrafricaine, plus de 60 % des personnes interrogées ont été contactées individuellement, et un peu moins de 40 % ont été invitées à répondre à l'enquête dans un contexte de groupe. Parmi les personnes contactées en groupe, 45 % l'ont été en tant que membres d'une église, le reste dans des groupes qui n'appartenaient pas à une congrégation spécifique. La composition de ces groupes était assez similaire à celle du Kenya. Ceux qui ont répondu à l'enquête ont reçu un stylo gravé de l'écriture « Encouragez-vous les uns les autres et édifiez-vous mutuellement" 1 Th 5.11 », ainsi que du nom de notre institution partenaire locale, la Faculté de Théologie Évangélique de Bangui (FATEB).

De plus, nous avons intentionnellement et sélectivement suréchantillonné ceux qui étaient instruits et pratiquaient une religion. 89 % ont déclaré être diplômés de l'enseignement secondaire. Et si 13 % ont reconnu ne pas fréquenter régulièrement l'église, 33 % des personnes interrogées ont servi leur Église en tant que responsables laïcs ou membres du clergé, et 54 % ont déclaré être membres de leur Église et/ou fréquenter régulièrement l'église.

Nos répondants de RCA étaient majoritairement des hommes (66 %) et des citadins. Dans un pays qui compte 42 % de protestants et 31 % de catholiques, 92 % des personnes interrogées étaient protestantes, et seulement 8 % catholiques. Mais ils semblent être assez représentatifs des principaux groupes ethniques du pays[23], et aussi d'un large échantillon des principales confessions protestantes[24].

Angola

En mars 2013, Elisabet le Roux et Alberto Lucamba Salombongo ont organisé des ateliers de formation dans plusieurs institutions en Angola. Sur l'insistance des administrateurs de nos institutions partenaires, plutôt que de travailler avec un nombre réduit d'assistants de recherche expérimentés comme nous l'avons fait en RCA et au Kenya, nous avons fait appel à plus d'une centaine d'assistants qui étaient des étudiants en théologie de cinq

---

[23] Voir l'annexe B, Q.76.
[24] Voir l'annexe B, Q.7. Pour plus d'informations sur le revenu, l'âge et les autres caractéristiques des répondants, voir l'annexe B, Q.69-Q.92.

Genèse et croissance de l'étude sur le leadership chrétien en Afrique 17

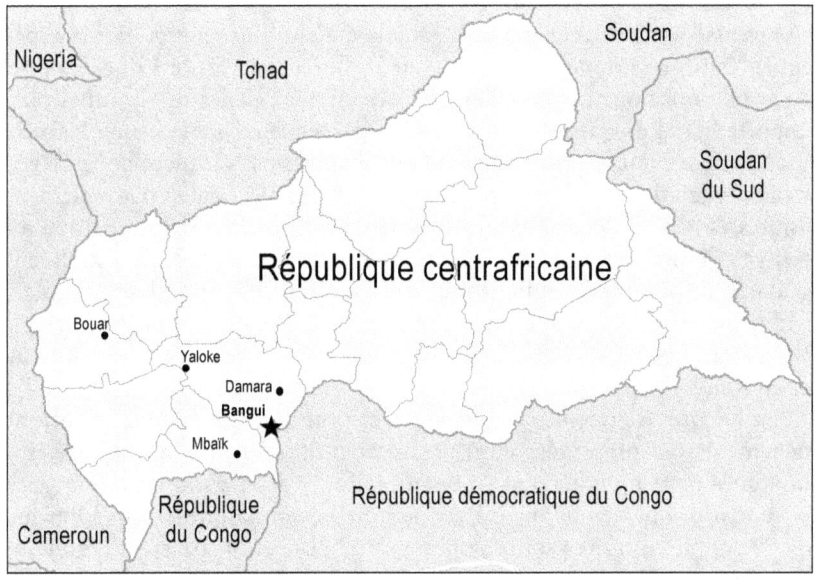

Figure 1.3. La République centrafricaine, avec les
villes où les recherches ont été effectuées

institutions de théologie[25]. Sous la supervision d'Adélaïde Thomas Manuel, Alberto Lucamba Salombongo et José Paulo Bunga, ces étudiants ont interrogé 1 783 personnes dans la moitié des provinces angolaises, où résident environ deux tiers de la population. La carte de l'Angola (Fig. 1.4) présente les villes où nous avons collecté la plupart de nos données.

Les deux tiers des personnes interrogées en Angola ont été approchés à titre individuel, tandis qu'un autre tiers a été approché dans le cadre d'un groupe, dont la plupart (82 %) étaient des groupes de fidèles. Les personnes qui ont répondu à l'enquête ont reçu un stylo portant l'inscription « "*Exortai-vos e edificai-vos uns aos outros...*" 1 Tes 5:11. »

Les assistants de recherche en Angola étaient plus jeunes, moins expérimentés professionnellement et avaient moins de relations que ceux du Kenya, et ont donc eu plus de mal à organiser l'accès à des groupes plus importants. Alors que les assistants au Kenya étaient tous kenyans, ceux de RCA étaient pour la plupart originaires d'autres pays francophones. Avec moins de relations dans le pays, les assistants de RCA étaient naturellement limités dans leur accès aux groupes religieux par rapport à l'équipe du Kenya. Comme les assistants angolais étaient plus jeunes, ils semblaient graviter autour de répondants plus jeunes, 40 % des répondants angolais ayant moins de 25 ans, contre environ la moitié de ce pourcentage en RCA et au Kenya. Ils ont également moins interrogé le clergé qu'en RCA et au Kenya.

Là encore, les personnes instruites et pratiquantes étaient intentionnellement surreprésentées dans notre échantillon. 85 % ont déclaré être diplômés de l'enseignement secondaire. 25 % des personnes interrogées occupent des postes de direction (essentiellement laïques) dans l'Église ; 67 % supplémentaires sont membres de l'Église et/ou assistent régulièrement au culte. Les personnes interrogées en Angola étaient majoritairement des hommes (66 %) et des protestants (96 %). Dans un pays à 50 % catholique, moins de 4 % des personnes interrogées étaient catholiques. Bien que nous ayons interrogé un bon échantillon de la communauté protestante[26], notre échantillon en Angola était à certains égards moins représentatif de la population réelle sur le plan confessionnel et ethnique qu'en RCA et au Kenya[27].

---

[25] Le Seminario Teológico Baptista (STB) et l'Instituto Teológico da Igreja Evangélica Reformada de Angola (ITIERA) sont venus de Luanda, au nord. Au centre du pays, à Huambo, se trouvait le Seminario Emanuel do Dôndi (SED), et au sud, l'Instituto Superior de Teologia Evangélica no Lubango (ISTEL) et l'Instituto Bíblico de Kaluquembe-Missão Urgente (IBK-MU).

[26] Annexe B, Q.7.

[27] Par exemple, 35,5 % de nos répondants angolais étaient membres de l'Igreja Evangélica Congregacional de Angola, bien que la World Christian Database (WCD) indique que cette confession ne représente que 3,5 % de la population angolaise. Selon la WCD, 21 % des Angolais fréquentent l'Igreja Universal do Reino de Deus, mais nous n'avons apparemment interrogé personne de cette Église. En termes d'ethnicité, nous avons suréchantillonné ceux qui étaient Ovimbundu (52 % de notre échantillon, mais seulement 37 % de la popula-

Genèse et croissance de l'étude sur le leadership chrétien en Afrique 19

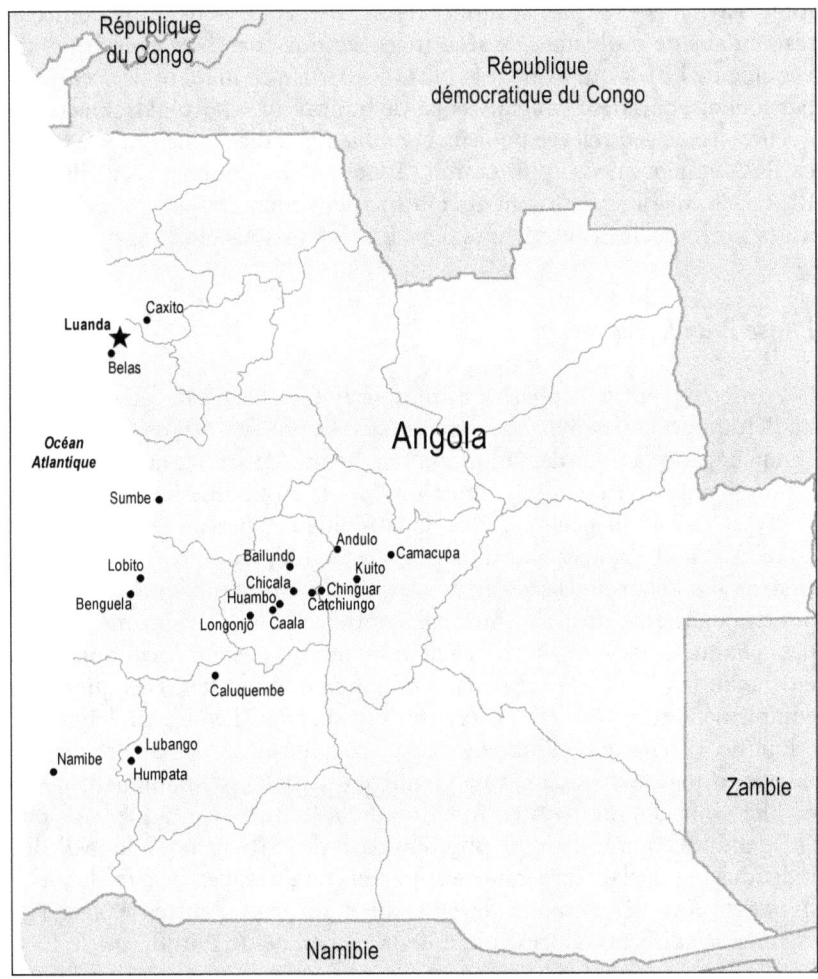

Figure 1.4. Angola, avec les villages et villes où les recherches ont été menées

Au total, nous avons interrogé 8 041 personnes en quatre langues. Nos échantillons les plus importants et les plus représentatifs ont été recueillis au Kenya, où (1) nous disposions d'une solide équipe d'érudits spécialisés dans la supervision de ce type de recherche, (2) nous avions une équipe impressionnante d'assistants de recherche, dont beaucoup étaient des doctorants ayant des réseaux de dirigeants d'Église, et (3) nous étions confrontés à moins de problèmes de sécurité et de transport. Nos chercheurs de l'équipe de l'ELA qui avaient le plus d'expertise en matière de recherche par sondage parlaient l'anglais, et pas le français ni le portugais. En conséquence, les défis à relever pour mener à bien nos recherches en Angola et en RCA étaient encore plus grands. Toutefois, les données recueillies en RCA et en Angola fournissent des informations comparatives extrêmement utiles sur les réalités chrétiennes dans les régions sous-étudiées d'Afrique.

Phase 2 de la recherche

Notre enquête de la phase 1 avait pour but, en partie, de jeter les bases de l'étude pour le suivi des entretiens de la phase 2. Dans le cadre de l'enquête, nous avions demandé aux répondants de « nommer un homme ou une femme chrétien(ne), en dehors de [leur] famille immédiate, qui [les] a le plus influencé[s] ». Plus de la moitié des personnes interrogées en RCA et au Kenya, et plus d'un tiers en Angola, ont fourni le nom d'un pasteur. Il est clair que les pasteurs sont extrêmement influents dans la vie des chrétiens africains. Plus tard dans notre enquête, nous avons demandé à chaque personne interrogée de nommer un pasteur local qui, selon eux, avait le plus d'impact dans sa communauté locale[28]. Des questions complémentaires[29] ont été posées sur le sexe, l'âge, l'état civil, le groupe ethnique, l'étendue de l'influence de ce pasteur et de la manière dont il ou elle formait des leaders. Une première liste de pasteurs influents a été établie pour chaque pays en fonction de la fréquence à laquelle ils ont été identifiés comme ayant le plus d'impact, de la fréquence à laquelle les individus ont déclaré être influencés par eux, et de la mesure dans laquelle ils ont été considérés comme développant et formant d'autres leaders. Par la suite, les directeurs principaux de la recherche de l'Étude sur le Leadership en Afrique de chaque pays, en consultation avec Robert Priest, ont établi une liste de priorités à partir desquelles ils ont sélectionné les pasteurs qui feront l'objet d'entretiens supplémentaires. Cette liste de priorités a pris en compte l'ethnicité, la confession religieuse et la région du pays, en veillant à ne pas trop se concentrer sur les pasteurs d'une seule

---

tion du pays) et Bakongo (28 % de notre échantillon, mais seulement 13 % du pays), sous-échantillonné Kimbundu (5,4 % de notre échantillon, mais 25 % du pays) et Ganbuela (1,3 % de notre échantillon, et 9,2 % du pays).
[28] Voir l'annexe B, Q.20-Q.23.
[29] Q.24-Q.30.

confession religieuse, ethnicité ou localité. Bien qu'une forte proportion des pasteurs nommés soient plus âgés, nous avons accordé une attention particulière aux jeunes pasteurs bien notés, ainsi qu'aux femmes. À ce stade, des considérations pratiques, telles que les dangers de voyage en RCA, ou le fait que les pasteurs étaient hors du pays à ce moment-là, ont empêché les entretiens avec certains d'entre eux. Lorsque deux pasteurs avaient des raisons à peu près égales d'être choisis, nous avons parfois choisi le pasteur qui nécessiterait moins de déplacements pour nos chercheurs principaux. Grâce à un protocole élaboré par l'équipe de l'ELA au complet, neuf pasteurs ont été contactés et interviewés (trois en Angola, deux en RCA et quatre au Kenya). Les entretiens ont ensuite été transcrits et des rapports ont été rédigés sur chacun d'entre eux et mis à disposition sur le site internet de l'Étude sur le Leadership en Afrique. La plupart des entretiens ont été menés par notre équipe senior, mais pour quelques cas, des assistants de recherche qui étaient des doctorants ont également mené des entretiens. Une liste spécifique et une description plus complète des pasteurs que nous avons interrogés et pour lesquels nous avons fait des rapports sont fournies dans le tableau 2.1.

Lors de notre enquête, nous avons également interrogé les répondants sur les dirigeants chrétiens locaux qui exercent un leadership important dans des domaines tels que l'éducation, les affaires, le gouvernement, les soins médicaux ou la communication et les médias. Les répondants ont nommé une grande variété de personnes, dont un architecte, un juge, un médecin, un généraliste, un écologiste, un professeur d'éducation sexuelle, une femme d'affaires, un spécialiste de l'agriculture, un administrateur d'école primaire et un professeur. Les dirigeants ont été évalués individuellement sur une échelle de Likert en fonction de (1) leur compétence dans leur travail, (2) leur sagesse et leur connaissance de leur contexte local, (3) leur intégrité éthique, (4) leur amour et leur service pour les autres, (5) leur réputation positive dans la communauté, (6) la mesure dans laquelle ils inspirent le travail d'équipe et la mobilisation de la communauté, (7) leur efficacité dans l'utilisation des ressources, et (8) la mesure dans laquelle ils forment et développent d'autres dirigeants[30]. En fonction de la fréquence à laquelle des dirigeants spécifiques ont été nommés et de leur classement selon les critères qui sont énumérés ci-dessus, des listes initiales de dirigeants qui ne sont pas membres du clergé ont été préparées pour chaque pays. Une fois encore, l'équipe senior de l'Étude sur le Leadership en Afrique de chaque pays, en consultation avec Robert Priest, a examiné ces évaluations et a établi une liste de dirigeants classés par ordre de priorité, à partir de laquelle nous avons sélectionné les personnes à interviewer sur lesquelles nous avons fait un rapport. Là encore, nous avons pris soin de tenir compte du sexe, de l'âge, de l'origine ethnique, du lieu et de l'influence spécifique, afin de prendre en considération une diversité de

---

[30] Pour des informations complètes sur les données recueillies sur ces leaders, voir l'annexe B, Q.31-Q.50.

dirigeants aussi large que possible. Les chercheurs seniors de l'Étude sur le Leadership en Afrique ont mené des entretiens avec quinze dirigeants choisis (trois en Angola, quatre en RCA et huit au Kenya) conformément à des protocoles cohérents dans les trois pays, ils ont organisé la transcription des entretiens et ont préparé des rapports sur chacun d'entre eux qui ont pu être mis à la disposition du public sur le site internet de l'Étude sur le Leadership en Afrique. Une liste et une description plus complète de ces dirigeants sont fournies dans le tableau 2.2.

Enfin, étant donné que les organisations non seulement soutiennent et encouragent la formation et le développement des dirigeants, mais fournissent également les cadres institutionnels dans lesquels s'exerce le leadership, notre enquête a demandé aux répondants d'identifier et d'évaluer les organisations chrétiennes ayant le plus grand impact stratégique dans leur contexte local ou dans leur région[31]. Chaque personne interrogée devait évaluer l'organisation en utilisant une échelle de Likert en quatre points, en fonction de la mesure dans laquelle l'organisation (1) forme des dirigeants, (2) travaille avec sagesse dans le contexte local, (3) a une bonne réputation au niveau local, (4) reçoit un fort soutien des Églises locales et (5) permet aux femmes de participer au niveau du leadership. En tenant compte de la fréquence des appréciations, des estimations sur les critères ci-dessus, et du fait qu'une organisation nommée (comme USAID) ait ou non des liens chrétiens identifiables, nous avons élaboré des listes d'organisations pour chaque pays. L'équipe dirigeante de chaque pays, en consultation avec Robert Priest, a ensuite sélectionné des organisations spécifiques pour des entretiens supplémentaires. Des facteurs tels que le lieu, la mesure dans laquelle les organisations étaient dirigées par l'Afrique et la nature des centres d'activité de l'organisation ont été pris en compte dans la sélection des organisations finales pour le suivi.

Les organisations de portée internationale et avec un leadership international qui avaient déjà été étudiées dans un contexte africain local (tel que World Vision, voir Bornstein, 2005), ont parfois été écartées du suivi, malgré des évaluations par ailleurs excellentes, tandis que les organisations d'initiative africaine et dirigées par des Africains ont bénéficié d'une attention particulière. Des considérations pratiques, telles que le coût du voyage et la disponibilité des dirigeants pour un entretien, ont également influencé la sélection finale. Pour chacune des trente-deux organisations que nous avons étudiées (six en Angola, sept en RCA et dix-neuf au Kenya), un à six entretiens qui étaient enregistrés ont été réalisés avec les dirigeants des organisations en utilisant des protocoles préparés par l'équipe ELA au complet et cohérents d'un pays à l'autre. Ces entretiens ont ensuite été transcrits. Des informations supplémentaires en ligne et sur papier concernant l'organisation ont été examinées lorsqu'elles étaient disponibles. Une liste complète des organisations que nous avons étudiées est fournie dans le tableau 6.1, des informations plus complètes sur ces organisations se

---

[31] Annexe B, Q.53-53-Q.68.

trouvent dans les chapitres 6 et 7. Un rapport final sur chaque organisation a été préparé et est disponible sur le site internet de l'ELA.

Tout au long de l'année 2013 et jusqu'en 2014, ces entretiens, transcriptions et rapports ont été préparés, les rapports ont ensuite été rendus disponibles dans les trois langues (anglais, français et portugais) grâce à la traduction. Les chapitres de ce livre s'appuient sur la combinaison de questionnaires et d'entretiens mentionnée ci-dessus.

Phase 3 de la recherche

Une phase supplémentaire de recherche qui ne faisait pas partie du plan initial a été ajoutée lorsqu'un défi unique – une occasion – s'est présenté. Alors que nous menions des recherches en RCA, la Séléka, une coalition de groupes rebelles, a fait un coup d'État violent qui a abouti à la prise de Bangui en mars 2013. Les combats se sont poursuivis avec la coalition anti-balaka qui s'est opposée à la Séléka. Ces événements ont non seulement affecté notre recherche, mais ils ont également influencé de nombreuses organisations et dirigeants que nous avons étudiés. Nombre de ces dirigeants et organisations chrétiennes ont joué un rôle essentiel dans le travail pour la paix. Étant donné que les dirigeants chrétiens d'Afrique ont souvent été confrontés à des contextes de violence et de conflit similaires, il était logique pour nous de profiter de l'occasion pour mener des entretiens de suivi en 2015 avec les dirigeants chrétiens que nous avions interrogés pour la première fois en 2012 et début 2013 – des entretiens qui portaient spécifiquement sur le leadership chrétien africain dans un contexte de violence. Ainsi, en utilisant un protocole d'entretien spécifique, des entretiens de suivi ont été réalisés et transcrits. Le chapitre 5 de ce livre aborde spécifiquement les réponses des dirigeants chrétiens pendant les conflits armés.

LES FONDEMENTS SUR LESQUELS REPOSE CE LIVRE

La qualité de tout livre dépend directement de ses fondements. Ce livre s'appuie sur plusieurs fondements solides qui méritent d'être mentionnés, notamment les suivants.

Le financement

Toute recherche de qualité implique un travail soutenu sur de longues périodes. Même lorsque les chercheurs reçoivent un salaire de professeur, leur capacité à couvrir les dépenses liées à la recherche et à y consacrer beaucoup de temps (plutôt qu'à une autre activité rémunérée) est grandement améliorée lorsqu'un financement supplémentaire est disponible. Lorsque la recherche nécessite des déplacements et une collaboration entre plusieurs pays, ce financement n'est pas facultatif. Les recherches les plus pointues dans le monde entier reposent sur un financement généreux, ce qui est souvent rare en Afrique. Ce projet n'aurait pas été possible sans le soutien financier pluriannuel de la Tyndale House Foundation.

La recherche

Ce livre est unique tant par la quantité que par la nature de la recherche originale sur laquelle il repose. Il est fondé sur une combinaison de données quantitatives et qualitatives collectées en quatre langues dans trois pays auprès de plus de huit mille personnes – représentant plus de trois douzaines de groupes ethniques majeurs et plus de cent confessions.

La collaboration

La plupart des livres universitaires présentent soit le travail d'un seul chercheur, soit une collection de contributions relatant les recherches disparates de divers auteurs. En revanche, ce livre rend compte d'un seul projet de recherche cohérent qui a été conçu, réalisé et présenté en collaboration par une équipe de chercheurs. Les auteurs de ce livre ont été des participants clés à chaque étape du processus de recherche et de rédaction et se sont engagés les uns et les autres de manière continue à chaque étape. Le résultat est un livre à plusieurs auteurs caractérisé par l'équilibre, l'unité et la cohérence.

Des auteurs africains

À quelques exceptions près (Priest et Rasmussen), les chercheurs qui ont collaboré à la conception, à la réalisation et à la rédaction des résultats de ces recherches sont eux-mêmes africains. Et si Steve Rasmussen est originaire des États-Unis, il a passé la plus grande partie de sa vie adulte en Afrique. Ce livre repose donc en grande partie sur les recherches africaines.

Centré sur le contemporain

L'histoire est la discipline académique qui a excellé dans l'étude du christianisme en Afrique. Mais son succès à mettre en valeur le passé doit s'accompagner d'une priorité similaire accordée au présent. Prenons l'exemple du *Dictionnaire biographique des chrétiens d'Afrique* disponible en ligne, avec son excellente collection historique de biographies chrétiennes africaines[32]. L'un des critères d'inclusion dans la collection est que la personne sur laquelle on écrit doit être décédée. Mais si la connaissance mondiale du christianisme en Afrique provient du passé historique et n'est pas assortie d'une étude tout aussi riche du christianisme africain contemporain, notre connaissance de l'Afrique peut facilement être dépassée. La recherche de l'Étude sur le Leadership en Afrique ne s'est pas centrée sur les anciens dirigeants décédés, mais sur les dirigeants contemporains actifs et souvent jeunes, dont beaucoup font un usage intensif des réseaux sociaux, travaillent dans des contextes urbains et s'engagent dans un monde en évolution rapide. Cette recherche porte sur les habitudes de lecture des chrétiens africains contemporains et sur les efforts déployés par les dirigeants chrétiens africains pour aborder la violence ethnique et religieuse, l'éducation sexuelle, les dynamiques du genre, les questions environnementales et les possibilités ainsi que les défis liés à la gestion d'organisations religieuses. L'accent est mis sur les temps modernes.

Une pertinence mondiale

Les premiers écrits sur la croissance du christianisme en Afrique se sont souvent focalisés sur les missionnaires étrangers, ignorant ou minimisant le rôle central des chrétiens africains. Plus récemment, la plupart des écrits sur le christianisme africain portent sur les chrétiens africains en tant qu'acteurs principaux de l'Afrique contemporaine. Les lecteurs extérieurs à l'Afrique sont encouragés à cultiver une appréciation et un respect profonds pour le dynamisme et le travail des chrétiens africains. Il est cependant rare qu'ils aient une vision pratique de la façon dont ceux qui sont extérieurs à l'Afrique sont ou devraient être en contact avec les dirigeants africains, et en partenariat sur des initiatives stratégiques. Ce livre, en revanche, tout en mettant l'accent sur le travail du chrétien africain, insiste sur les liens au sein d'une communauté de foi mondiale et examine la pertinence de nos recherches pour un large éventail de parties prenantes intéressées. En d'autres termes, ce livre est destiné à apporter une aide pratique, non seulement aux dirigeants chrétiens africains, mais aussi à de nombreuses personnes hors du continent qui souhaitent s'associer et apporter leur soutien à des initiatives et des ministères stratégiques dirigés par des Africains.

Un ouvrage complété par des ressources en ligne

Les auteurs de ce livre mentionnent à plusieurs reprises des pasteurs contemporains remarquables, des leaders dans d'autres domaines sociaux

---

[32] *Dictionary of African Christian Biography* : https://dacb.org.

(allant des affaires à l'ingénierie, la médecine, le droit, le développement agricole, l'éducation sexuelle, la toxicomanie, le travail des jeunes ou la théologie), et des organisations chrétiennes dirigées par des Africains qui se concentrent sur un large éventail de résultats sociaux et spirituels. Néanmoins, ce livre ne peut pas raconter toute l'histoire des vingt-quatre dirigeants contemporains que nous avons examinés en profondeur ni faire un rapport complet sur les trente organisations que nous avons examinées. Nous fournissons donc un rapport de dix pages à simple interligne sur chacun de ces dirigeants et organisations, en ligne, selon un protocole précis. Là encore, ce livre fait souvent référence aux résultats de notre enquête en quatre-vingt-treize points menée auprès de 8 041 répondants et fournit un résumé descriptif de base des résultats à l'annexe B. Mais le livre est loin d'épuiser ce que les données révèlent. Les données brutes sont donc disponibles en ligne pour les chercheurs qui souhaitent les utiliser pour effectuer des analyses plus approfondies, en explorant, par exemple, comment différents facteurs (tels que la confession, le sexe, le statut marital, l'ethnicité, le niveau d'éducation ou le revenu) sont liés.

Ce livre est donc assorti d'un site internet parallèle[33] qui fournit des ressources supplémentaires disponibles en anglais, en français et en portugais. Ce site est destiné à servir d'aide pédagogique et de recherche pour les professeurs et les étudiants, pour les universitaires et pour tous ceux qui sont intéressés par le développement d'un réseau de connaissances, la planification et la réalisation d'initiatives liées au leadership chrétien africain. Il est conçu comme une ressource pour les chrétiens africains eux-mêmes qui cherchent à façonner l'avenir.

Notre site internet comprend une page « About » (À propos) avec des cartes, des liens vers les organisations participantes et d'autres informations sur l'ELA et les membres de l'équipe, ainsi que des vidéos de membres de l'équipe parlant de leurs espoirs pour l'ELA. Une page « Data » (données) fournit des liens vers les données du questionnaire (disponibles soit en format SPSS soit en CSV) et vers les cinquante-quatre rapports de dix pages sur les dirigeants et les organisations que nous avons étudiés. Toutes les données sont disponibles en anglais, en français et en portugais. Des copies des questionnaires originaux, des protocoles d'entretien et des lignes directrices utilisées pour mener la recherche sont également disponibles. Une page « Findings » (Résultats) présente non seulement ce livre, mais fournit également une série d'infographies mettant en évidence certains résultats de notre recherche. Une page « Resources » (ressources) présente une variété de ressources supplémentaires pour ceux qui s'intéressent aux thèmes de ce livre. Ce site internet est orienté vers l'avenir, et pas seulement vers le passé ou le présent. À cet égard, les informations fournies ici sur les possibilités de financement par l'ELA de petits projets qui s'appuient stratégiquement sur les résultats antérieurs de l'ELA devraient présenter un

---

[33] www.africaleadershipstudy.org. La version française : https://africaleadershipstudy.org/francais-overview/.

intérêt particulier. En d'autres termes, cette pépinière est destinée à aider d'autres projets à germer et, dans le futur, nous publierons des rapports sur ces projets de suivi au fur et à mesure qu'ils porteront leurs fruits.

BREF APERÇU DU LIVRE

Au chapitre 2, David Ngaruiya nous rappelle qu'en Afrique, il existe un grand intérêt pour un leadership efficace, mais que la plupart des recherches et des écrits sur le sujet portent sur des dirigeants d'autres régions du monde. Il souligne l'importance de la recherche et de la rédaction de textes portant sur des dirigeants chrétiens africains qui ont connu un grand succès. Son chapitre nous présente les leaders sur lesquels nous avons fait des recherches et examine la manière dont ils illustrent l'engagement ecclésial, l'engagement professionnel, les liens avec la communauté, la flexibilité culturelle, l'endurance aux épreuves, l'apprentissage tout au long de la vie, une approche de mentorat fructueuse, l'adoption de la technologie et la passion pour l'engagement civique. Il nous présente quelques-uns des domaines dans lesquels ils exercent leur leadership, examine brièvement les influences formatrices dans leur vie représentées par la famille, l'éducation et les voyages à l'étranger, et conclut par des leçons pratiques pour les chrétiens africains d'aujourd'hui.

Dans le chapitre 3, Wanjiru M. Gitau rappelle que les leaders clés que nous avons étudiés n'étaient pas simplement des dirigeants « nés », mais qu'ils ont vécu des expériences de formation stratégique qui ont contribué à leurs capacités de leadership et à leur succès. Elle décrit et analyse le soutien que la plupart d'entre eux ont connu pendant leur enfance et leur jeunesse dans leur foyer, à l'école et dans les églises. Elle examine une variété de programmes d'enseignement des compétences de vie chrétienne auxquels la plupart des dirigeants déclarent avoir été exposés dans leur jeunesse et passe systématiquement en revue le rôle des stages, du service bénévole, du mentorat, de l'enseignement supérieur et des occasions qui leur sont données de diriger, dans la formation au leadership des dirigeants très estimés que nous avons étudiés. Elle suggère que cette réflexion sur la formation des dirigeants devrait soutenir les stratégies et les priorités de tous ceux qui participent à la formation des leaders de la prochaine génération.

Dans le chapitre 4, Steven Rasmussen s'appuie sur les travaux des théoriciens sociaux qui soulignent l'importance du capital social – des liens sociaux solides caractérisés par la confiance et la réciprocité. Il démontre que les dirigeants chrétiens africains réussissent à diriger parce qu'ils disposent d'un capital social solide – de nombreuses relations sociales caractérisées par la confiance, l'engagement, la compréhension et des valeurs communes. Il souligne que les institutions religieuses et leurs dirigeants ont souvent des relations fortes au sein du groupe (« capital social d'attachement »). Il estime que cela est également vrai pour nos données. Mais les sociétés constatent souvent que les relations se brisent autour de barrières culturelles, ethniques ou religieuses et se caractérisent par la méfiance, les préjugés, les griefs et les rancunes, l'inimitié et même la violence. Ainsi, des liens sociaux positifs forts à travers ces clivages (« capital social d'accointances ») deviennent extrêmement importants pour une bonne société. Rasmussen démontre que les dirigeants chrétiens africains influents ont souvent un succès inhabituel précisément à cause de leur capacité unique à forger des relations de confiance positives et solides qui permettent de combler ces barrières sociales. En d'autres termes, ils atteignent des objectifs importants parce qu'ils sont riches en « capital social d'accointances » et parce qu'ils font un usage judicieux de ce capital. Rasmussen souligne enfin qu'en plus des différences horizontales de culture et d'identité, les gens du monde moderne, au niveau local comme au niveau mondial, se heurtent à d'incroyables répartitions de richesse, de statut et de pouvoir. Ces classifications manquent souvent de liens relationnels verticaux. Rasmussen montre que, dans un tel monde, un leadership réussi nécessite un « capital social instrumental », des relations de confiance solides qui construisent verticalement des liens positifs au-delà des clivages hiérarchiques. Il démontre comment les dirigeants chrétiens africains qui réussissent aujourd'hui exercent le capital social instrumental au service d'engagements communs plus importants. Il suggère que la formation des dirigeants doit cultiver les trois formes de capital social, et la sagesse de les exercer correctement au nom des objectifs du royaume de Dieu.

Dans le chapitre 5, Elisabet le Roux et Yolande Sandoua illustrent bon nombre des points évoqués dans le chapitre de Rasmussen sur la façon dont les chefs religieux tirent parti du capital social d'attachement, d'accointances et instrumental pour contribuer positivement au bien social. Comme mentionné précédemment, au cours de la recherche sur le leadership en Afrique, la RCA s'est retrouvée impliquée dans un violent conflit. Sur la base d'une recherche de suivi ciblée, ce chapitre explore les méthodes que les principales organisations chrétiennes – avec un accent particulier sur le rôle de la FATEB – et les principaux dirigeants chrétiens ont utilisées pour contribuer à la paix et à la réconciliation au sein de la société dans son ensemble. Les auteurs examinent comment des relations ont été forgées et renforcées entre les confessions et les religions (et améliorées par la visite du pape François), et comment ont été facilitées les relations qui relient les partenaires mondiaux aux besoins de la population.

S'appuyant sur l'illustration du chapitre 5 du fait que le leadership est souvent exercé au sein de la plateforme des organisations chrétiennes stratégiques, Nupanga Weanzana nous présente dans le chapitre 6 les organisations chrétiennes efficaces dirigées par des Africains que nos recherches ont révélées et étudiées. Il explore leur histoire antérieure et la façon dont ces organisations ont évolué au fil du temps. Alors que les ministères précédents, en particulier ceux des évangélistes, étaient souvent justifiés principalement en matière de résultats et d'objectifs spirituels, il rappelle que presque toutes les organisations contemporaines que nous avons examinées se concentrent à la fois sur « la parole et les actes ». Les dirigeants de ces organisations doivent veiller à ce que les objectifs poursuivis soient complémentaires.

Dans le chapitre 7, Michael Bowen s'intéresse en profondeur à la manière dont les organisations d'inspiration religieuse (OIR) favorisent le développement socioéconomique, ce que font presque toutes les organisations chrétiennes que nous avons examinées. Il montre que ces organisations d'inspiration religieuse favorisent l'épanouissement humain de diverses manières. Comme ces organisations et leurs dirigeants s'appuient sur un capital social local solide (relations de confiance, fiabilité et valeurs communes), elles réussissent exceptionnellement bien à mobiliser des actions positives à la base et à obtenir des résultats conformes aux Objectifs du Millénaire pour le développement. Ainsi, ces organisations d'inspiration religieuse et leurs dirigeants gagnent la confiance des responsables gouvernementaux et obtiennent le soutien de partenaires mondiaux tant religieux que laïques. En d'autres termes, ils atteignent des objectifs stratégiques grâce à ce que Rasmussen a appelé le « capital social instrumental ». Cependant, les partenariats stratégiques avec des parties religieuses et non religieuses disparates ne donnent pas seulement des moyens d'action, mais imposent aussi des contraintes, créant différents niveaux de tension pour les organisations d'inspiration religieuse dans leur capacité à maintenir une priorité sur les mots et les actes. Bowen explore les différentes façons dont les dirigeants de ces organisations cherchent à gérer leurs relations et à résoudre ces tensions tout en poursuivant les résultats souhaités par la parole et l'action.

Plusieurs des organisations d'inspiration religieuse identifiées par les répondants à l'enquête comme ayant un impact positif élevé étaient dirigées par des femmes. Dans certains cas, il s'agissait d'organisations de femmes. Une minorité importante de hauts dirigeants chrétiens nommés par les personnes interrogées étaient des femmes. Au chapitre 8, Truphosa Kwaka-Sumba et Elisabet le Roux nous présentent sept de ces dirigeantes très efficaces et trois organisations de femmes. Elles décrivent et analysent les possibilités de leadership offertes aux femmes, ainsi que les réalités difficiles et discriminatoires auxquelles elles sont confrontées. Elles décrivent l'expérience des femmes en matière de leadership comme nécessitant la navigation dans un labyrinthe complexe. Les femmes ont besoin que les réalités structurelles et inextricables soient analysées et décrites pour elles, avec un mentorat stratégique, un soutien à l'éducation et un encouragement à écrire et à publier. Nous devons prendre conscience de la nécessité de comprendre et de contrer les obstacles liés au genre qui empêchent les femmes de diriger, si nous voulons que les femmes s'épanouissent dans le leadership grâce aux dons que Dieu leur a donnés.

Au chapitre 9, Jurgens Hendriks souligne que le leadership chrétien en Afrique a parfois été affecté par des modèles antérieurs malsains liés aux chefferies, au patriarcat et aux relations coloniales maître-serviteur. Mais il se dit fasciné de découvrir, grâce à cette recherche, que la majorité des dirigeants chrétiens contemporains, identifiés par leurs compatriotes comme ayant un impact très positif, étaient en fait des exemples de « leadership au service des autres » à un degré marqué, caractérisé par des efforts soutenus pour aider et servir les autres. Son chapitre rend compte de ce qu'il a appris sur ces dirigeants et sur leurs différentes façons d'autonomiser les autres. Il célèbre ce qu'il considère comme « une nouvelle aube dans le leadership chrétien africain » et suggère une série de leçons à tirer des dirigeants qu'il a examinés.

Au chapitre 10, Robert Priest, Kirimi Barine et Alberto Lucamba Salombongo décrivent les modes de lecture (et d'écriture) des chrétiens africains et de leurs dirigeants et analysent le contenu de la lecture chrétienne africaine. Ils examinent les données sur les auteurs préférés de milliers de personnes interrogées et dévoilent que les chrétiens africains lisent des auteurs africains et des auteurs chrétiens à des taux très élevés, mais qu'ils lisent des auteurs qui sont à la fois africains et chrétiens à des proportions très faibles. Les auteurs tentent d'analyser les raisons de cette situation et d'en examiner les implications négatives. Ils mettent en évidence le fait que les chrétiens africains ont besoin et souhaitent davantage de publications de meilleure qualité (plus pertinentes sur le plan contextuel) d'auteurs africains et présentent diverses suggestions sur la manière dont les différentes parties prenantes pourraient contribuer à une présence et une influence plus fortes des publications chrétiennes africaines.

Dans le chapitre 11, John Jusu nous aide à réfléchir sur les implications de chaque chapitre précédent pour les programmes de formation au leadership dans les écoles de théologie, les universités et autres établissements et programmes éducatifs formels et non formels. En d'autres termes, ce chapitre vise à aider toutes les personnes et institutions impliquées dans la formation au leadership en Afrique à considérer les conclusions de l'Étude sur le Leadership en Afrique pour leurs propres programmes de formation.

Si les fondations chrétiennes jouent un rôle stratégique en contribuant aux institutions et initiatives chrétiennes dans le monde entier, ce rôle est souvent invisible, ou du moins non reconnu publiquement. Et pourtant, ce projet n'aurait pas été possible sans le partenariat d'une de ces fondations, la Tyndale House Foundation (THF), et l'engagement personnel de sa directrice exécutive, Mary Kleine Yehling. Au chapitre 12, elle décrit le contexte du travail de la THF en Afrique et les facteurs qui ont informé et motivé la décision de s'engager dans la recherche sur le leadership en Afrique. Elle réfléchit sur la signification, l'objectif, le processus et les résultats escomptés de l'Étude sur le Leadership Africain de son point de vue de responsable d'une organisation. Dans le contexte de la mission et de l'histoire intégrale de la THF, elle considère les avantages d'un tel partenariat d'étude et de recherche, non seulement pour nous autres, mais aussi pour les organisations chrétiennes elles-mêmes. Et elle démontre comment la passion pour Dieu et les desseins de Dieu dans le monde se manifestent dans toute la gestion chrétienne.

Le chapitre de conclusion est un chapitre commun, auquel toute notre équipe de l'ELA a contribué. En lisant et relisant les interviews, en examinant les réponses aux enquêtes et en discutant ensemble de nos différents chapitres, nous avons tenté de synthétiser les résultats importants de nos recherches. Le chapitre 13 identifie donc et articule brièvement dix-sept résultats clés qui sont ressortis de notre recherche.

RÉFÉRENCES CITÉES

BENNETT David (2002). *India Leadership Study. A Summary for Indian Christian Leaders.*

BORNSTEIN Erica (2005). *The Spirit of Development. Protestant NGOs, Morality, and Economics in Zimbabwe*, Stanford, CA, Stanford University Press.

CARPENTER Joel, KOOISTRA Nellie (2014). *Engaging Africa. Prospects for Project Funding in Selected Fields*, Grand Rapids, MI, Nagel Institute of Calvin College.

JENKINS Philip (2002). *The Next Christendom. The Coming of Global Christianity*, New York, Oxford University Press.

JOHNSON Todd, ZURLO Gina A., HICKMAN Albert W., CROSSING Peter F. (2015). « Christianity 2015. Religious Diversity and Personal Contact », dans *International Bulletin of Missionary Research* 39/1, p. 28-30.

KALU Ogbu, sous dir. (2007). *African Christianity. An African Story*, Trenton, NJ, African World Press.

PHIRI Isabel Apawo, WERNER Dietrich, sous dir. (2013). *Handbook for Theological Education in Africa*, Oxford, UK, Regnum Books International.

PRIEST Robert J., DEGEORGE Robert (2013). « Doctoral Dissertations on Mission. Ten-year Update, 2002–2011 », dans *International Bulletin of Missionary Research* 37/4, p. 195-202.

SANNEH Lamin (2003). *Whose Religion Is Christianity? The Gospel beyond the West*, Grand Rapids, MI, Eerdmans.

TIÉNOU Tite (2006). « Christian Theology in an Era of World Christianity », dans *Globalizing Theology. Belief and Practice in an Era of World Christianity*, sous dir. Craig OTT et Harold NETLAND, Grand Rapids, MI, Baker Academic, p. 37-51.

WALLS Andrew (1996). *The Missionary Movement in Christian History*, Maryknoll, NY, Orbis Books.

WALLS Andrew (2002). *The Cross-cultural Process in Christian History*, Maryknoll, NY, Orbis Books.

WUTHNOW Robert (2009). *Boundless Faith. The Global Outreach of American Churches*, Berkeley and Los Angeles, University of California Press.

Chapitre 2

Les caractéristiques des leaders africains chrétiens influents

David K. Ngaruiya

Il existe un intérêt marqué dans l'enseignement supérieur chrétien africain pour préparer des leaders chrétiens qui auront un impact positif. Pourtant, la plupart des recherches et des écrits sur les dirigeants, et en particulier sur les dirigeants chrétiens, ont porté sur les dirigeants des pays du Nord. Par exemple, il n'y a rien de comparable en Afrique aux recherches impressionnantes de D. Michael Lindsay (2007, 2014) sur les principaux dirigeants chrétiens en Amérique. Il en résulte que lorsque des programmes et des cours sur le leadership sont proposés en Afrique, ils sont souvent construits sur la littérature et les connaissances acquises en étudiant le leadership en dehors de l'Afrique. Pour tenter de combler ce fossé, ce livre met en évidence les recherches qui examinent les dirigeants chrétiens africains qui ont un impact positif et qui exercent leur leadership dans des contextes africains.

Dans notre enquête sur huit mille chrétiens dans trois pays africains, nous avons commencé par demander aux répondants de « nommer un homme ou une femme chrétien(ne), en dehors de [leur] famille, qui [les] a le plus influencés ». Plus d'un tiers des répondants en Angola, et plus de la moitié au Kenya et en République centrafricaine (RCA) ont fourni le nom d'une personne identifiée par la suite comme pasteur. Cela suggère que les pasteurs sont un type de leader dans les sociétés africaines qui exerce une influence stratégique. Il existe également d'autres types de dirigeants chrétiens sur le continent.

Afin d'identifier les principaux leaders chrétiens en Afrique – qu'ils soient membres du clergé ou non –, nous avons demandé à huit mille chrétiens africains de nommer le pasteur chrétien qui, selon eux, avait l'impact positif le plus important dans leur communauté. Ainsi, 49 répondants ont désigné Dinis Eurico comme le pasteur angolais ayant le plus d'impact, 111 répondants en RCA ont nommé le Dr David Koudougueret et 46 ont cité l'évêque John Bosco du Kenya. Il a également été demandé à chaque répondant de fournir des informations supplémentaires sur le pasteur, y compris une évaluation de la mesure dans laquelle ce pasteur était connu pour former des dirigeants. Grâce à ce processus, nous avons identifié trente et un pasteurs angolais, vingt-huit pasteurs de la RCA et vingt-sept pasteurs kenyans qui ont été identifiés par des chrétiens bien informés dans leurs communautés comme exerçant un leadership important[1]. Nous avons étudié à la fois la fréquence à laquelle chacun était répertorié comme un leader influent et la mesure dans laquelle chacun était considéré comme ayant réussi à former d'autres dirigeants ; nous avons sélectionné neuf pasteurs pour des entretiens complémentaires approfondis (tableau 2.1).

Dans notre enquête, nous avons également rappelé aux répondants que bien que les pasteurs des Églises soient des leaders importants, il existe de nombreux autres domaines dans lesquels les chrétiens exercent un leadership important, comme l'éducation, les affaires, le gouvernement, les soins médicaux ou la communication et les médias. Certaines personnes jouent un rôle de premier plan dans la lutte contre la pauvreté, le VIH/SIDA, les conflits ethniques, les conflits religieux ou le chômage. Certains se concentrent sur les jeunes, d'autres sur les femmes, d'autres encore sur les parents ou les personnes âgées.

Les personnes interrogées ont ensuite été invitées à identifier un(e) chrétien(ne) qui s'est démarqué(e) de la manière la plus remarquable dans leur communauté dans un domaine autre que le ministère pastoral. Une série de questions complémentaires ont été posées sur cette personne, y compris le sexe, l'origine ethnique, le domaine d'influence et l'âge approximatif. Sur la base des informations fournies, nous avons identifié vingt dirigeants chrétiens qui ne sont pas membres du clergé d'Angola, quinze de RCA et vingt du Kenya à qui accorder une attention particulière. Un tiers d'entre eux étaient des femmes. On a également demandé aux répondants d'évaluer chaque leader sur une échelle de Likert en ce qui concerne (1) la compétence dans leur travail, (2) la sagesse et la connaissance de leur contexte local, (3) l'intégrité morale, (4) l'amour et le service aux autres, (5) la réputation positive dans la communauté, (6) la mesure dans laquelle ils inspirent le travail d'équipe et la mobilisation de la communauté, (7) l'efficacité dans l'utilisation des ressources, et (8) la mesure dans laquelle ils forment et développent d'autres leaders[2]. Compte tenu de ces évaluations, tout en recherchant également une large représentation de régions géographiques, de domaines d'influence, de genre et d'ethnicité, un certain nombre de dirigeants clés ont été sélectionnés pour des entretiens de suivi et des rapports (voir le tableau 2.2).

Ce chapitre résume une partie de ce que nous avons appris grâce aux entretiens avec ces dirigeants. Il commence par examiner les qualités identifiées chez les leaders chrétiens africains influents cités dans l'étude et

---

[1] Voir l'annexe B, Q.23.
[2] Pour plus d'informations, voir l'appendice B, Q.24 – Q.30.

identifie également leurs domaines d'influence et la manière dont leur formation a contribué au développement de leur leadership.

Tableau 2.1. Pasteurs

	Pasteur	M/F	Âge	Groupe ethnique	Région	Confession
Angola	Pasteur Adelaide Catanha	F	62	Ovim-bundo	Huambo	Igreja Evangélica Congregacional de Angola
	Pasteur Dinis Eirico	M	55-64	Ganguela	Huila Lubango	Igreja Evangélica Sinodal de Angola
	Pasteur Luisa Mateus	F	45	Bakongo	Luanda	Igreja Evangélica Reformada de Angola
RCA	Dr David Koudougueret	M	55-64	Banda	Bangui	Églises Baptistes
	Dr René Malépou	M	51-55	Mandja	Bangui	Communauté des Églises Baptistes Indépendantes
Kenya	Bishop John Bosco	M	56	Kikuyu	Coast	Redeemed Gospel Church
	Bishop Joseph Maisha	M	55-64	Luhya	Coast	Ushindi Baptist Church
	Pasteur Edward Munene	M	45-50	Kikuyu	Coast	Kenya Assemblies of God
	Pasteur Oscar Muriu	M	51-55	Kikuyu	Nairobi	Nairobi Chapel

Tableau 2.2. Leaders laïcs

	Nom	M/F	Âge	Groupe ethnique	Région	Profession
Angola	Eunice Nalamele	F	35	Ovimbundo	Huila	Professeur de théologie
	Alberto Chiquete Diamantino	M	46	Bakongo	Luanda	Travail de jeunesse
	Laurendo Doba Manuel Missa	M	60	Ovimbundo	Kuito	Enseignant
RCA	Nestor Mamadou Nali	M	69	Mandja	Bangui	Docteur en médecine
	Mme Marie Louise Yakemba	F	55-64	Ngbandi	Bangui	Fonctionnaire/ Ministère des femmes
	Evariste Dignito	M	45-54	Ngbandi	Bangui	Ingénieur civil
	Mme Marie Paule Balezou	F	50-55	Cameroun	Bangui	Affaires / femme de pasteur
Kenya	Joseph Kimeli	M	45-54	Kalenjin	La Vallée du Rift	Développement agricole
	Cosmas Maina	M	40-45	Kikuyu	Côte	Professionnel de la toxicomanie
	Mombo Esther	F	60-65	Kisii	Centre	Professeur de théologie
	Isaac Mutua	M	43	Kamba	Est	Professeur d'éducation sexuelle
	Patrick Nyachogo	M	26	Kisii	Nyanza	Environmentaliste
	Alice Kirambi	F	45-54	Luhya	Ouest	Administrateur – CPDA
	Onesmus Makau	M	45-54	Kamba	Est	Juge
	Général Kianga	M	65	Kamba	Est	Général d'armée

QUALITÉS DES LEADERS CHRÉTIENS AFRICAINS EFFICACES

L'engagement dans l'Église

L'Église joue un rôle central dans la résolution des problèmes de société par des moyens typiquement chrétiens. Dans une grande partie de l'Afrique, l'Église est toujours le premier endroit vers lequel les gens se tournent quand ils sont dans le besoin. Comme l'a dit un dirigeant d'Église, « la communauté chrétienne doit être enracinée dans la société dans laquelle elle a grandi et ses membres doivent faire partie de cette société » (Gitari, 2005, p. 169). Les dirigeants que nous avons interrogés savent que s'ils veulent changer les choses dans leurs communautés, l'Église est un bon point de départ, car de nombreuses personnes y cherchent de l'aide. Bien que les Africains aient été et continuent d'être actifs dans l'évangélisation mondiale (Tiénou, 2008, p. 173), souvent sous la direction du clergé, cette section examine brièvement le rôle important des laïcs dans l'Église.

Lorsqu'il a été demandé aux répondants d'identifier une personne qui n'appartenait pas au clergé en tant que leader chrétien influent, nombre d'entre eux ont identifié des personnes connues pour leur engagement au sein de l'Église, comme Manuel Missa en Angola. C'est dans son rôle de chef de cœur et de diacre, plutôt que dans celui d'éducateur et d'administrateur d'une école publique, que Missa a été reconnu comme ayant un impact significatif. Ainsi, il s'avère que les personnes qui ne sont pas membres du clergé et qui sont perçues comme ayant le plus d'impact sont souvent impliquées dans le service en tant que laïcs au sein de l'Église. La plupart des membres laïcs ont trouvé un moyen de combiner leur vocation avec le ministère de l'Église, et même de servir à des postes de responsabilité au sein des Églises. Un exemple est celui de l'ingénieur civil et homme d'affaires Evariste Dignito de RCA, qui est coordinateur de groupes de maison dans son Église et qui est souvent invité à parler aux jeunes dans des contextes religieux. De même, Edouard Nvouni est connu et apprécié pour avoir mis ses compétences et ses ressources d'architecte au service de la construction des Églises. De nombreuses femmes nommées en tant que responsables non ecclésiastiques exercent leur leadership auprès des femmes par le biais de ministères liés à l'Église.

L'excellence professionnelle

Les leaders identifiés comme ayant le plus d'impact sont ceux qui ont excellé dans leur vocation et qui ont souvent transformé leur vocation en un ministère pour guider les gens dans un leadership fondé sur des valeurs. C'est particulièrement vrai pour les questions qui ne sont généralement pas considérées comme appartenant à la mission de l'Église. Par exemple, les dirigeants de RCA et du Kenya ont pris en compte des questions telles que les différences ethniques et religieuses qui conduisent à des conflits politiques et ont utilisé leurs compétences professionnelles pour aider l'Église à relever ces défis.

Parmi ces leaders laïcs, on trouve, pour n'en citer que quelques-uns, un médecin (Nestor Mamadou Nali), un écologiste (Patrick Nyachogo), un général militaire à la retraite (le général Kianga), une professeure (Esther Mombo), la fondatrice d'une grande ONG prospère (Alice Kirambi), un formateur agricole (Joseph Kimeli), un professeur d'éducation sexuelle dans les écoles (Isaac Mutua) et un directeur fondateur de deux organisations qui travaillent avec les toxicomanes (Cosmas Maina).

Ces leaders sont des spécialistes dans leurs domaines, avec des objectifs spécifiques et stratégiques qui vont au-delà du ministère dans l'Église. Lorsque le Dr Nestor Mamadou Nali a rencontré Jésus, il a embrassé sa vocation et rapporte : « Maintenant, je comprends tout ce que je fais comme un ministère de Dieu. Je prends chaque profession comme un appel spécial de Dieu. » Certains de ces dirigeants ont choisi de gérer des préoccupations urgentes qui sont taboues pour en discuter ouvertement dans le cadre de l'Église. En raison du malaise que suscite la discussion ouverte sur la consommation de drogues ou les maladies sexuellement transmissibles dans le cadre de l'Église, la reconnaissance publique du travail de ces dirigeants influents laïcs est parfois limitée. Même dans les Églises qui grandissent, comme c'est souvent le cas en Afrique, la tentation est toujours grande pour le clergé ou les autres responsables d'Église de balayer ces questions sous le tapis.

L'engagement dans la communauté

Putnam décrit le capital social comme « les réseaux sociaux et les normes de réciprocité associées » (Putnam, 2000, p. 21). En d'autres termes, il s'agit des relations sociales dans des cadres tant informels que formels. Les relations sociales sont essentielles dans les communautés, car elles permettent aux gens de se rencontrer, de transmettre des idées et de s'engager dans des actions qui transforment leurs communautés. C'est grâce à ces relations que les dirigeants exercent leur influence. Dans cette étude, tous les dirigeants identifiés comme les plus efficaces sont ceux qui travaillent au sein de leur communauté. S'ils ont étendu leur ministère à d'autres communautés, ils ont continué à travailler dans la communauté locale grâce à des relations personnelles. Les répondants ont mentionné les leaders qui travaillaient et marchaient régulièrement avec eux.

Les sept dirigeants de la RCA, cinq des six dirigeants de l'Angola et huit des dix dirigeants du Kenya avaient tous quitté leur pays pour suivre une formation et un enseignement plus poussés, mais leurs engagements locaux les ont ramenés. Ce sont ces dirigeants que la communauté semble apprécier, car ils restent en contact avec elle, étant revenus pour partager les connaissances acquises avec d'autres qui ne pouvaient pas s'offrir la formation. Pour un traitement complet de la manière dont ces dirigeants ont utilisé le capital social, voir le chapitre 4 de ce livre.

La flexibilité culturelle

Le leadership est toujours exercé dans le contexte de normes et de contraintes culturelles, et les dirigeants réussissent parfois dans la mesure où ils s'adaptent habilement aux normes. Prenons l'exemple des normes patriarcales. Lorsqu'on leur a demandé si leur Église offrait des possibilités de leadership pour les femmes, près d'un quart des personnes interrogées au Kenya, plus d'un tiers en Angola et près de la moitié en RCA ont répondu « pas du tout » ou « un peu ». Et pourtant, nous avons découvert des preuves significatives que de nombreuses femmes exerçaient un leadership, souvent d'une manière qui ne résistait pas ouvertement ou directement aux modèles patriarcaux. Parfois, le leadership était exercé dans des secteurs spécifiques aux femmes, c'est-à-dire en créant des sociétés féminines distinctes par le biais desquelles elles pouvaient exercer une influence et un impact. Parfois, le leadership féminin était exercé par des femmes mariées à des pasteurs influents ou à d'autres dirigeants. Par exemple, alors que les hommes exerçaient un leadership formel dans des ministères comme Word of Life et Redeemed Academy, leurs épouses, dans la pratique, pouvaient exercer un leadership significatif dans ces organisations. Parfois, les femmes sont devenues des leaders dans des contextes politiques, entrepreneuriaux ou éducatifs – et ont tiré parti de leur statut dans ces milieux pour exercer un leadership dans des endroits religieux également. D'autres ont travaillé stratégiquement pour résister et renverser les contraintes des modèles patriarcaux. Un traitement plus complet et plus critique du leadership des femmes chrétiennes africaines est disponible au chapitre 8.

L'endurance dans l'adversité

Bon nombre des dirigeants que nous avons étudiés ont eu un parcours semé d'embûches. Comme pour de nombreux dirigeants célèbres au cours de l'histoire (Blackaby et Blackaby, 2011, p. 41), de tels défis et difficultés semblent avoir été les conditions mêmes de l'émergence d'un leadership significatif. Prenons l'exemple de l'évêque John Bosco du Kenya, qui a grandi dans deux bidonvilles de Nairobi. Il a été élevé par une mère célibataire qui vendait des bières illicites pour gagner sa vie, et il n'a jamais connu son père. Lorsque sa mère est devenue la seconde épouse d'un autre homme, Bosco n'a pas été accepté par son beau-père et a eu une vie « difficile ».

D'autres dirigeants, comme Mme Balezou de RCA, qui a souffert à cause d'un parent alcoolique, ont grandi dans des foyers où l'on négligeait les enfants, soit à cause de circonstances difficiles, soit à cause d'une mauvaise éducation. Néanmoins, leurs histoires sont des histoires d'endurance. Dans un contexte où la majorité de la population vit en dessous du seuil de pauvreté et dans de grandes difficultés, les dirigeants qui ont connu et surmonté des défis similaires sont profondément appréciés. Les histoires de ces dirigeants ne sont pas les récits de « pauvres devenus riches » parfois propagés aux personnes marginalisées, mais simplement les récits de dirigeants qui font face aux vicissitudes de la vie avec détermination et foi.

L'apprentissage tout au long de la vie

L'apprentissage tout au long de la vie a été décrit de nombreuses façons, et l'une d'entre elles est sa nature triadique. Les éléments clés de cette « nature triadique » servent à promouvoir « le progrès et le développement économiques, le développement personnel et l'accomplissement, l'inclusion sociale et la compréhension démocratique et l'activité » (Aspin et Chapman, 2001, p. 29). Dans un monde qui change vite, la formation continue est un impératif pour les humains. Et dans notre étude, cette formation continue était caractéristique des leaders africains chrétiens.

Sur les vingt-trois dirigeants avec lesquels nous avons mené des entretiens de suivi, vingt-deux avaient suivi une éducation formelle au-delà du diplôme d'études secondaires. Cela n'est pas surprenant, car l'éducation dans le contexte africain est souvent vénérée et souhaitée. Pour une majorité de dirigeants, l'éducation formelle leur a donné de la crédibilité et de l'autorité auprès de leur communauté. Ces dirigeants ont non seulement encouragé les autres à poursuivre leurs études, mais ils ont également pris le temps de suivre des cours supplémentaires pour continuer à se développer professionnellement, et ils étaient souvent de fervents lecteurs de littérature chrétienne et non chrétienne (voir chapitre 10). Les dirigeants ont déclaré lire des livres de développement personnel soit pour leur propre développement, soit pour encourager les autres.

Ce n'est pas seulement l'éducation formelle qui a profité à ces dirigeants, mais les programmes d'apprentissage informels les ont également aidés à améliorer leurs compétences en matière de leadership. Ces compétences les aident à aborder des questions contextuelles qui n'ont peut-être pas été abordées dans les manuels scolaires. La combinaison de l'apprentissage formel et informel s'est avérée la plus efficace, car les dirigeants peuvent combiner les connaissances acquises en classe et sur le terrain pour aider leurs communautés. Si les principes fondamentaux enseignés en classe sont essentiels, la personne moyenne de la communauté cherche une solution pratique, que ces dirigeants sont en mesure de lui apporter. En diffusant leurs connaissances à la communauté, généralement de manière informelle, les dirigeants chrétiens africains ont pu non seulement élever leurs pairs, mais aussi inspirer d'autres personnes à poursuivre des études dans un domaine particulier. Certains, comme l'évêque John Bosco, sont même allés jusqu'à parrainer la scolarité des gens pour qu'ils puissent revenir et continuer à influencer la communauté.

Renforcer le mentorat

Dans un contexte où la succession des dirigeants est souvent considérée comme une menace, notons que beaucoup de ces dirigeants ont été dirigés par quelqu'un qui a servi les autres avec compétence. Les dirigeants ont fait l'expérience du mentorat. « Le mentorat est une expérience relationnelle dans laquelle une personne donne du pouvoir à une autre en partageant les ressources données par Dieu » (Clinton et Stanley, 1992, p. 33).

La plupart des dirigeants que nous avons interrogés ont souligné l'importance du mentorat, indiquant qu'ils étaient le produit d'un mentorat personnel et qu'ils encadrent maintenant d'autres personnes. Le mentorat semble stratégique dans la formation de nouveaux dirigeants en Afrique, non seulement parce qu'il crée un système de responsabilité, mais aussi parce qu'il fournit une plateforme pour la succession des dirigeants. Sous la direction du pasteur Oscar Muriu, par exemple, les Églises de Nairobi Chapel ont développé des programmes de stages et des pratiques qui fournissent un modèle de ministère dont les stagiaires peuvent s'inspirer et qu'ils peuvent appliquer dans d'autres contextes de ministère. Le pasteur Muriu a encadré d'autres pasteurs qui ont implanté des Églises, notamment Muriithi Wanjau, le pasteur principal de la chapelle Mavuno, qui encadre lui-même d'autres personnes. Le pasteur Wanjau a également été identifié dans notre enquête comme un leader efficace au Kenya. Il convient toutefois de noter que parmi les personnes que nous avons interrogées, seul Oscar Muriu a fourni une description soutenue et systématique de la manière dont il encadre les autres. Bien que toutes les personnes interrogées aient affirmé la valeur du mentorat et que beaucoup aient raconté comment elles avaient été encadrées, il semble que peu d'entre elles encadraient les autres de manière aussi consciente, systématique et soutenue que Muriu.

Adopter la technologie

L'une des dimensions de notre culture mondiale actuelle est le paysage technologique. Selon la définition d'Appadurai, un paysage technologique est « la configuration globale, toujours fluide, de la technologie, à la fois haute et basse, mécanique et informationnelle, qui se déplace maintenant à grande vitesse à travers divers types de frontières auparavant imperméables » (Appadurai, 2002, p. 51). L'adoption et l'utilisation des technologies de l'information et de la communication (TIC) sont de plus en plus appréciées dans l'enseignement supérieur en Afrique (voir Nguru,

2012, p. 65) et sont également appréciées par les dirigeants chrétiens africains efficaces.

Les dirigeants qui utilisent la technologie sont généralement ceux qui se trouvent en ville ou qui travaillent avec les jeunes, comme Diamantino Doba, en Angola, qui utilise Internet et divers appareils pour rester en contact avec les autres. Parmi les autres dirigeants qui utilisent la technologie, citons Edward Munene et Isaac Mutua du Kenya. Leur priorité accordée aux jeunes les a amenés à adopter les TIC. Ces dirigeants s'efforcent d'utiliser la télévision, la radio et les plateformes de réseaux sociaux, en particulier dans les régions où Internet est facilement accessible.

Une passion pour l'engagement civique

Un autre aspect caractérisant les dirigeants efficaces est leur passion pour l'engagement civique. En tant que leaders authentiques, ces hommes et ces femmes sont « des personnes passionnées qui ont un intérêt profond pour ce qu'elles font et qui se soucient vraiment de leur travail » (Northhouse, 2013, p. 258). Les dirigeants que nous avons étudiés ont justifié leur engagement civique en se référant aux Écritures, comme lorsque le Dr Koudougueret a défini l'engagement civique dans le cadre de notre mandat d'intendance : « Quand Dieu a dit au premier couple de cultiver et de garder le jardin, c'est déjà la gestion de ce que Dieu a mis entre leurs mains. »

Les leaders efficaces sont passionnés par les choses qui transforment leur communauté, et cette transformation peut être accomplie à travers un processus politique. Parfois, l'Église a négligé la politique, parce qu'elle est souvent associée à la partisanerie, à la corruption et au népotisme. Jusqu'à récemment, par exemple, de nombreux responsables d'Église au Kenya n'auraient pas envisagé de se présenter aux élections. Mais aujourd'hui, certains d'entre eux choisissent de démissionner et de se porter candidats à des fonctions politiques avec le soutien de leur congrégation. Nos données indiquent que de nombreux dirigeants chrétiens africains hésitent à adopter une position ferme sur la politique, sauf pour enseigner ce que Dieu attend des dirigeants et des citoyens en matière de participation politique. Cependant, l'Église devient plus efficace dans sa manière d'aborder la politique, et les leaders qui ont le plus d'impact se tiennent souvent à l'écart des commentaires ethniques et partisans, mais donnent plutôt des directives claires sur ce que Dieu attend et sur la manière de choisir un bon leader. Le pasteur Dinis Eurico de l'Angola était connu pour aborder les conflits et la corruption de manière non combative. Avec d'autres, il a établi une ligne de démarcation claire entre la politique des partis et la participation politique, qui est un devoir civique pour tous. En éduquant les électeurs, ils ont pu apporter des changements dans le paysage politique de leur pays, parce que les électeurs pouvaient prendre des décisions fondées sur des valeurs chrétiennes. Comme l'affirme Northhouse : « Les leaders transformationnels sont efficaces dans leur travail avec les gens, c'est-à-dire qu'ils sont engagés civiquement. Ils instaurent la confiance et favorisent la collaboration avec les autres » (Northhouse, 2012, p. 200).

DOMAINES D'INFLUENCE

« Un vrai leader est capable d'influencer les autres » (Lunenburg ,2012, p. 5), et comme l'affirment Hackman et Johnson, « exercer une influence est l'essence même du leadership » (Hackman et Johnson, 2004, p. 154). Certains dirigeants chrétiens sont capables d'influencer les autres au sein et par l'intermédiaire d'organisations religieuses importantes, tandis que d'autres sont capables d'exercer cette influence dans un contexte plus large, au-delà des limites religieuses (Lindsay, 2007, p. 260). Comme on le dit souvent, « le leadership est une influence ». Ce leadership s'exerce dans différents domaines et de différentes manières tangibles.

Les dirigeants que nous avons étudiés exercent une influence dans des domaines très variés, allant de l'élaboration de programmes pour les toxicomanes et les prostituées à l'éducation des enfants et des jeunes, en passant par l'éducation sexuelle, le développement du leadership des Églises, la lutte contre le VIH/SIDA, les ministères de la femme, la musique, les affaires et le développement du leadership des Églises.

La prévention de la toxicomanie

La consommation de drogues au Kenya est reconnue depuis longtemps, et bien que les hommes et les femmes en consomment, les hommes le font plus fréquemment (Beckerleg et al., 2006, p. 1037). En 2015, le gouvernement du Kenya a ordonné à son administration de débarrasser le centre du Kenya des bières illicites qui étaient devenues une menace dans la région. Dans une région caractérisée par la toxicomanie chez les jeunes, Cosmas Maina, qui est lui-même un ancien consommateur de drogue, s'attaque aux problèmes de toxicomanie par le biais de deux organisations qu'il a fondées. Teens Watch, une organisation communautaire, fait appel à des pairs éducateurs pour sensibiliser les jeunes aux risques liés à la toxicomanie, à l'alcoolisme et à la prostitution. Cette organisation œuvre à la réduction de ces risques. Teens Watch reçoit des fonds et un soutien de sources gouvernementales et d'autres sources non religieuses et ne s'identifie donc pas explicitement en tant qu'organisation religieuse et ne mène pas d'activités religieuses. Par ailleurs, Maina a créé une organisation d'inspiration religieuse parallèle, intitulée « Set the Captives Free » (Libérez les captifs), qui partage explicitement l'Évangile et le besoin de Jésus, et qui utilise l'enseignement biblique pour encourager le rétablissement complet et la restauration spirituelle. Au moment de notre entretien, il avait un projet pour Set the Captives Free, qui consistait à acquérir cinquante-deux hectares de terrain et à collecter des fonds pour construire un centre de réhabilitation pour les toxicomanes. Après la réhabilitation, les jeunes rétablis seront équipés de compétences professionnelles et de compétences de vie, afin qu'ils puissent être réintégrés dans leurs communautés.

L'éducation des enfants et des jeunes

Les enfants et les jeunes en Afrique constituent la majorité de la population. Il a été estimé que l'Afrique subsaharienne connaîtrait « les plus grandes explosions de jeunesse » du monde jusqu'en 2020 (CIA Fact Book, 2001). Pourtant, la plupart des formations théologiques et pastorales s'adressent aux adultes, même si beaucoup de chrétiens africains sont profondément préoccupés par leur rôle stratégique dans l'éducation des enfants et des jeunes. Il est donc louable de voir de nombreux dirigeants africains consacrer des efforts à l'éducation des enfants et des jeunes. Par exemple, Eunice Chiquete, professeure dans un séminaire angolais, est connue pour ses projets axés sur l'évangélisation, la formation des disciples et l'éducation des enfants et des adolescents. En partenariat avec des organisations chrétiennes, Eunice Chiquete a coordonné des projets interconfessionnels pour des milliers d'enfants. Edward Munene, du Kenya, s'efforce d'influencer les jeunes hommes et femmes sur le plan spirituel et social. Il a structuré son Église de manière à encourager les jeunes, quelle que soit leur appartenance religieuse, à se sentir les bienvenus.

L'éducation sexuelle et la lutte contre le VIH/SIDA

Dans le passé, de nombreux Africains étaient soumis à des rites de passage pour les préparer à l'âge adulte. Ces rites incluaient l'éducation sexuelle, mais dans le monde contemporain, cela n'est pas le cas. Les Africains parlent rarement ouvertement des questions liées au sexe. Ainsi, les jeunes d'aujourd'hui ont acquis leur compréhension de la sexualité auprès de leurs pairs et des médias, ce qui conduit à une vision négative et déformée de la sexualité et à des comportements qui contribuent à l'augmentation des taux de maladies sexuellement transmissibles telles que le VIH/SIDA. De tous les continents, l'Afrique est celui où la prévalence du VIH/SIDA est la plus élevée, décimant de nombreuses familles et laissant dans son sillage des orphelins.

Si les écoles kenyanes sont chargées de dispenser une éducation sexuelle, les enseignants ne sont souvent pas préparés à cette tâche, et certains d'entre eux ne se sentent pas à l'aise pour enseigner ce sujet. Quand Isaac Mutua, titulaire d'une maîtrise en accompagnement pastoral communautaire pour le VIH/SIDA de St. Paul's University, a préparé un programme d'enseignement des compétences de la vie quotidienne et de l'éducation sexuelle, il répondait à un besoin bien réel. Les étudiants étaient satisfaits de son enseignement, et les enseignants étaient enthousiastes à l'idée de l'inviter à enseigner dans leurs écoles. Un nombre important de jeunes qui ont répondu à notre enquête ont identifié Isaac Mutua comme étant le leader chrétien laïc qui a eu le plus grand impact dans leur communauté. Cependant, lorsque nous avons interrogé Isaac, il a déclaré que pour des raisons financières, en tant que jeune père et mari, il avait dû prendre un emploi rémunéré dans un hôpital dans le domaine de l'administration de la santé communautaire. Ainsi, l'une des initiatives de leadership les plus populaires et les plus influentes qui ressortent de notre recherche se révèle ne pas avoir été maintenue dans le temps.

Le Dr Nestor Mamadou Nali, originaire de RCA, est un autre exemple de dirigeant chrétien africain qui s'attaque au fléau du SIDA. Médecin formé au Canada, il est devenu membre fondateur de la faculté de médecine de Bangui, où il a été professeur et recteur. Il a également été ministre de la Santé publique en RCA. En 2010, l'espérance de vie en RCA était estimée à quarante ans, contre plus de soixante ans si le SIDA n'était pas un facteur. Dans un pays et un continent où le fléau du VIH/SIDA est une telle menace, le Dr Nali a été nommé par son gouvernement pour diriger la lutte contre cette épidémie et conseiller le Premier ministre.

L'entrepreneuriat

M. Evariste Dignito de RCA est un ingénieur civil identifié comme étant un entrepreneur influent dans son pays. Il est le fondateur et le propriétaire de La Semence, une entreprise spécialisée dans le bâtiment et les travaux publics. Le travail qu'il a accompli dans ce secteur a été reconnu comme étant excellent et il figure parmi les personnes sélectionnées par les organisations internationales de travaux publics. Il rapporte que ses succès dans l'entrepreneuriat en tant que chrétien ont encouragé d'autres chrétiens à réaliser qu'ils pouvaient eux aussi créer et développer des entreprises très performantes. Son entreprise chrétienne spécialisée dans la construction de routes et le drainage emploie des centaines de personnes, qui peuvent ainsi subvenir à leurs besoins, dans un pays qui a été ravagé par la guerre.

La musique

Dans l'histoire de l'humanité, la musique a été un moyen important de culte, de réconfort, d'encouragement, et elle sert également à façonner les valeurs. L'influence de la musique est particulièrement omniprésente en Afrique (Kofi, 2003, p. 8). Le général Kianga rapporte que sa participation à une chorale dans son enfance a été l'une des choses qui « a influencé [s]a pensée et a formé ce qui allait devenir [s]es valeurs ». Manuel Missa, originaire d'Angola, est un exemple de leadership stratégique par la musique. Instituteur de profession, il est actuellement administrateur principal d'une école publique. Il est un chanteur et un compositeur de musique chrétienne talentueux. En plus d'être diacre et enseignant d'études bibliques dans son Église, il est chef d'une chorale bien connue et a enseigné le chant à de nombreux jeunes, y compris à sa propre famille de chanteurs. Malgré son âge (soixante ans) et ses problèmes de santé, il continue à servir comme chef de chorale et a exprimé un vif désir de suivre une formation théologique.

Le développement du leadership de l'Église

Le clergé est souvent au centre du développement du leadership de l'Église. Par exemple, Oscar Muriu, le pasteur principal de Nairobi Chapel, rapporte que sa passion est d'investir « sa vie dans les générations qui [le] suivent et de vivre pour plus que [sa] seule génération ». Il a développé un programme dans son Église qui a formé plus de cinq cents stagiaires à la vie du ministère. Il a utilisé cette approche pour soutenir un important mouvement d'implantation d'Églises. Avec les Églises sœurs de la Nairobi Chapel, il a implanté des Églises dans divers pays d'Afrique et d'Europe et a envoyé des missionnaires africains dans le monde entier.

Le pasteur Edward Munene, de l'Église chrétienne internationale de Mombasa, au Kenya, est lui aussi passionné par le développement du leadership et a été classé parmi les cinq premiers en matière de formation des dirigeants. Comme sa congrégation est composée en grande partie de personnes de vingt à trente ans qui sont « avides d'informations » et les recherchent souvent sur Internet, ses efforts pour enseigner la Parole de Dieu et former les autres font largement appel à la technologie numérique.

Le pasteur René Malépou, président de la Communauté Indépendante des Églises Baptistes de RCA, est identifié par les répondants comme étant très influent grâce à la formation théologique formelle. Il a régulièrement enseigné dans des séminaires, tels que la FATEB, contribuant ainsi à préparer une nouvelle génération de dirigeants d'Églises. Conscient de la division entre les confessions en RCA, il se considère comme travaillant dur pour créer l'unité entre les Églises, tout en préparant des leaders par le biais de la formation théologique.

LA FORMATION DE DIRIGEANTS CHRÉTIENS AFRICAINS

Les maisons d'enfance, les formations et les expériences ont tous contribué de manière stratégique à la formation des dirigeants chrétiens africains que nous avons interrogés.

La maison d'enfance

Les dirigeants que nous avons interrogés ont grandi dans des foyers différents. Le père d'Alice Kirambi est mort quand elle était petite. Nestor Nali a grandi dans un foyer polygame musulman, avec des parents qui étaient moralement et éthiquement stricts. Le général Kianga a grandi dans un foyer polygame, mais avec une mère chrétienne fervente qui insistait pour que son fils fasse partie de trois chorales : à l'école du dimanche, à l'église et à l'école. Marie-Louise Yakemba a également grandi dans un foyer polygame, mais avec une grand-mère qui s'intéressait beaucoup à elle sur le plan spirituel et qui l'a encouragée à devenir enseignante à l'école du dimanche.

Certains ont grandi dans des foyers soi-disant chrétiens. Par exemple, les parents d'Oscar Muriu, qui étaient anglicans, déposaient Oscar et ses frères et sœurs à l'église et les récupéraient plus tard. Les parents allaient à l'église de temps en temps, lorsqu'il y avait une grande cérémonie. De même, Evariste Dignito a grandi avec des parents se disant catholiques. Oscar Muriu et Evariste Dignito ont tous deux acquis plus tard une foi profonde et personnelle.

Un certain nombre de dirigeants clés ont été élevés dans des foyers chrétiens exceptionnellement solides. En Angola, le père de Dinis Eurico était un catéchiste évangélique, et sa mère travaillait étroitement avec lui dans le ministère. Eunice Chiquete a grandi dans une station missionnaire évangélique en Angola où ses parents étudiaient la Bible. Plus tard, elle a accompagné ses parents au Brésil, où ils ont reçu une formation théologique complémentaire. Elle a fréquenté une école chrétienne au Brésil et a ainsi reçu une formation chrétienne à l'intérieur et à l'extérieur de sa maison. Le Dr David Koudougueret a grandi avec un père qui a d'abord été étudiant dans une école biblique et plus tard pasteur. Il a passé ses premières années sur une station de mission, dans une école chrétienne, et est devenu très ami avec les enfants des missionnaires.

Dans de nombreux cas, les dirigeants ont désigné un membre de la famille comme ayant joué un rôle stratégique dans leur vie spirituelle. Ainsi, alors que les parents de la professeure kenyanne Esther Mombo étaient tous deux chrétiens, la personne qui l'a le plus influencée était sa grand-mère quakeresse, qui a vécu jusqu'à l'âge de 101 ans. Sa grand-mère était un modèle féminin fort, elle prêchait dans les prisons pour femmes et était une merveilleuse narratrice d'histoires bibliques ainsi que de récits culturels. De même, Marie Yakemba, originaire de la République centrafricaine, venait d'un foyer polygame, mais vivait avec sa grand-mère – qui l'a entraînée et motivée à devenir enseignante à l'école du dimanche dès son plus jeune âge. Pour Luisa Mateus d'Angola, la principale influence est venue de son grand-père, le premier enseignant de la Bible de leur village. Il a enseigné à Luisa les Écritures, la prière et la doctrine.

Si nombre des dirigeants que nous avons examinés ont grandi dans des familles vivant en milieu rural, certains des pasteurs de ville les plus influents ont grandi dans des foyers situés en milieu urbain ou citadin – où, enfants, ils ont été davantage exposés à la technologie moderne, à de bonnes écoles, à des soins médicaux de qualité et aux infrastructures urbaines. Le pasteur Edward Munene a grandi dans la ville de Athi River, près de Nairobi, et plus tard dans la ville de Kiambu, également proche de Nairobi. Enfant, il se souvient d'avoir regardé à la télévision l'émission *Six Million Dollar Man* et d'autres programmes de superhéros. Il disait à ses parents que lorsqu'il serait grand, il voudrait devenir un superhéros pour pouvoir sauver des gens. Cette exposition à la ville a joué un rôle important dans sa formation de leader qui, plus tard, utiliserait efficacement la technologie moderne pour former d'autres leaders.

La majorité des dirigeants que nous avons examinés ont été élevés dans des foyers qui, comparés à d'autres de leur entourage, étaient relativement stables sur le plan économique – la plupart des dirigeants ont évoqué des parents qui avaient un emploi ou dirigeaient de petites entreprises. Ces emplois étaient dans des usines, au gouvernement, dans l'enseignement, la couture, la maçonnerie et le pastorat. Le père de Nestor Mamadou Nali était un couturier du village qui assurait une « vie confortable à la famille ». Patrick Nyachogo rapporte que, ayant grandi dans un milieu rural, il « n'a jamais manqué de rien ». Certains avaient des parents qui étaient d'éminents leaders communautaires (tels que le père du général Kianga) ou des hommes d'affaires prospères (tels que le père d'Oscar Muriu). Un nombre surprenant de dirigeants font état de frères et sœurs qui vivent à l'étranger. L'évêque Bosco, en revanche, a grandi dans les bidonvilles de Kibera, et sa mère brassait et vendait de la bière pour gagner sa vie.

Les contextes éducatifs

« L'éducation est le processus de socialisation par lequel les individus et les groupes sont guidés pour devenir des membres responsables de la société » (Mugambi, 2013, p. 119) . Comme les dirigeants exercent une influence par le biais de la dimension sociale de la vie, leur éducation est importante. Les dirigeants chrétiens que nous avons interrogés avaient tous reçu une éducation de base et plus, allant de l'enseignement postuniversitaire à l'obtention d'un doctorat. Beaucoup d'entre eux possédaient plusieurs diplômes universitaires et avaient été formés dans leur pays d'origine comme à l'étranger.

Trois d'entre eux sont titulaires d'un doctorat : René Malépou en théologie, obtenu aux États-Unis d'Amérique, Esther Mombo en histoire de l'Église, obtenu au Royaume-Uni, et Adelaide Catanha en psychologie, obtenu en ligne à Honolulu, à Hawaï, aux États-Unis. Près de la moitié d'entre eux sont titulaires d'une maîtrise ou ont étudié dans diverses disciplines. David Koudougueret est titulaire d'une maîtrise en théologie obtenue en République centrafricaine. Le général Jeremiah Kianga, du Kenya, est titulaire d'une maîtrise en arts et sciences militaires obtenue aux États-Unis. Eunice Chiquete, originaire d'Angola, est titulaire d'une maîtrise en missiologie obtenue au Brésil. Oscar Muriu, du Kenya, est titulaire d'une maîtrise en théologie. Isaac Mutua est titulaire d'une maîtrise en relation d'aide chrétienne communautaire pour le VIH/SIDA. Patrick Nyachogo, du Kenya, poursuit une maîtrise en administration des affaires. Parmi les dirigeants titulaires d'un diplôme de premier cycle, on peut citer Evariste Dignito, de RCA, qui est diplômé en génie civil ; Edward Munene, qui est titulaire d'une licence en agriculture ; et Diamantino Doba, d'Angola, qui est diplômé en sciences. Pratiquement tous les dirigeants interrogés ont fait au moins quelques années d'études postsecondaires. La plupart de ceux qui ont été identifiés comme des dirigeants clés ont donc un niveau d'éducation formelle important. Le niveau d'éducation des parents de ces dirigeants varie de très peu à quelques-uns qui ont fait des études supérieures.

Les expériences

Un proverbe africain dit : « Celui qui n'a pas voyagé pense que sa mère cuisine mieux. » Ce proverbe reflète la valeur de l'exposition aux voyages parmi les dirigeants interrogés. À l'exception de deux dirigeants, tous ont voyagé dans d'autres pays, la plupart dans plus d'un. Les Angolais ont le plus souvent visité d'autres pays lusophones tels que le Brésil. Les dirigeants de RCA ont visité des pays où l'on parle français, tels que la France ou le Canada, tandis que les dirigeants du Kenya se sont rendus le plus souvent aux États-Unis, au Canada ou au Royaume-Uni. Toutefois, beaucoup d'entre eux ont également visité d'autres pays d'Afrique et d'Asie. Le séjour le plus long à l'étranger a été de dix ans, la majorité y ayant vécu plus de trois mois.

Les voyages de ces dirigeants sont importants pour plusieurs raisons. Tout d'abord, cela leur permet de jeter des ponts avec les différents acteurs de la mobilisation des ressources. Deuxièmement, ces réseaux les aident à se développer professionnellement. Troisièmement, l'exposition au reste du monde donne aux dirigeants des idées et augmente le potentiel d'innovation lorsqu'ils créent des solutions dans leur contexte – puisqu'ils ont vu ou ont été inspirés par d'autres hommes et femmes qui partagent les mêmes idées et qui sont confrontés à des problèmes de ce type.

CONCLUSION

Ce chapitre a mis en évidence les qualités, les domaines d'influence et la formation de dirigeants chrétiens africains compétents. Parmi les qualités que cette étude a identifiées figurent l'engagement, l'apprentissage tout au long de la vie, le mentorat et le renforcement des capacités des jeunes dirigeants, ainsi que la bienveillance et la compassion. Il existe donc des qualités indéniables qui aident à définir un dirigeant africain compétent ; celles-ci peuvent être utilisées comme critères pour discerner ou nommer des dirigeants au service des autres. Les leaders africains efficaces ont un impact sur leurs communautés dans des domaines d'influence spécifiques. Ces domaines incluent, entre autres, l'éducation des enfants et des jeunes, l'entrepreneuriat et le développement du leadership des Églises. Les leaders chrétiens africains efficaces sont parties prenantes des gouvernements et autres établissements qui répondent aux besoins humains dans les contextes africains. En outre, ces dirigeants sont des modèles dans leurs différents domaines et peuvent être engagés par d'autres parties prenantes dans la transformation d'autres secteurs tels que celui de l'éducation.

La formation des dirigeants chrétiens africains reflète les contributions de différents secteurs. Celles-ci incluent la maison d'enfance, le parcours scolaire et l'élargissement des expériences. La majorité de ces dirigeants ont grandi dans des foyers économiquement stables, et un nombre important d'entre eux ont grandi dans des foyers chrétiens exceptionnellement solides. Nombre d'entre eux ont été formés à un niveau d'éducation qui va bien au-delà des bases. La majorité d'entre eux ont voyagé dans d'autres pays du monde et ont donc été largement exposés à des environnements qui leur ont permis de mieux comprendre un monde pluriel.

Les résultats obtenus ont plusieurs implications. Premièrement, les qualités de leadership qui ont été identifiées devraient être utilisées dans la sélection des leaders. Comme pour le marché laïque, un leadership africain efficace consiste à avoir la bonne personne au bon poste. Par conséquent, la qualification des dirigeants pour des postes particulièrement sensibles doit être une priorité, de crainte que l'on n'abuse ou néglige un de leurs électeurs parce que la personne nommée n'est pas suffisamment compétente pour assumer ses responsabilités.

Deuxièmement, ces caractéristiques peuvent être intentionnellement encouragées et développées chez les nouveaux leaders, à la fois par des cours et des livres de formation au leadership et par un encadrement efficace. Le retour de la part des mentors et des personnes servies peut être obtenu grâce à des outils de retour d'information qui présentent les caractéristiques de leadership souhaitées et qui indiquent les domaines à améliorer.

Troisièmement, les dirigeants chrétiens africains doivent sortir de l'Église et s'intégrer à la société civile, afin d'avoir un impact positif sur leurs communautés. Comme l'a révélé notre recherche, les dirigeants qui s'investissent dans la vie des personnes qui fréquentent l'Église ainsi que de celles qui ne la fréquentent pas sont considérés comme des leaders efficaces dans leur ministère. Par conséquent, une initiative aussi simple que l'organisation d'un nettoyage mensuel des ordures dans la communauté serait très utile sur un continent où la gestion des déchets fait défaut.

L'étude a également montré que pour être efficace, le leadership chrétien doit s'appuyer sur les leaders d'opinion de la société civile. L'engagement avec ce genre de leaders contribue à influencer la culture dans des directions nouvelles. Toutefois, cela ne peut se faire correctement sans les connaissances nécessaires pour prendre des décisions sages. Dans le cadre de tout processus de développement du leadership, il convient d'inclure une bonne gouvernance fondée sur les principes bibliques. Les dirigeants africains efficaces doivent savoir comment fonctionne le système dans lequel ils travaillent, afin d'identifier les lacunes et de proposer des politiques guidées par des principes divins.

Enfin, les dirigeants chrétiens efficaces sont ceux qui ont été exposés à divers contextes socioculturels, tant dans leur sphère d'influence immédiate qu'en dehors de celle-ci. Par conséquent, pour être efficaces, les dirigeants africains doivent valoriser les voyages et la participation à des forums éducatifs tels que des séminaires et des ateliers. Les dirigeants qui sont efficaces auront des habitudes de lecture qui les exposeront aux connaissances et à la perspicacité nécessaires pour comprendre et affronter leur monde. Ils se serviront des technologies actuelles, poursuivront une formation continue et utiliseront efficacement leur « boîte à outils de résolution de problèmes » de manière pratique, appliquée et adaptée aux contextes africains contemporains.

RÉFÉRENCES CITÉES

Appadurai Arjun (2002). « Disjuncture and Difference in the Global Cultural Economy », dans *The Anthropology of Globalization. A Reader*, sous dir. Jonathan Xavier Inda et Renato Rosaldo, Malden, MA, Blackwell Publishing, p. 46-64.

Aspin David, Chapman Judith (2001). « Lifelong Learning. Conceptual, Philosophical, Values Issues », dans *International Handbook of Lifelong Learning*, sous dir. David N. Aspin, Judith D. Chapman, Michael Hatton et Yukiko Sawano, Dordrecht, Pays-Bas, Kluwer Academic Publishers, p. 3-34.

Beckerleg Susan, Telfer Maggie, Sadiq Ahmed (2006). « A Rapid Assessment of Heroin Use in Kenya », *Substance Use and Misuse* 41, p. 1029-1044.

Blackaby Henry, Blackaby Richard (2011). *Spiritual Leadership. Moving People on to God's Agenda*, Nashville, TN, B and H Publishing Group.

CIA Fact Book (2001). *Long-term Global Demographic Trends. Reshaping the Geopolitical Landscape*, Central Intelligence Agency.

CLINTON Robert, STANLEY Paul D. (1992). *Connecting. The Mentoring Relationships You Need to Succeed*, Downers Grove, IL, NavPress.
GITARI David M. (2005). *Responsible Church Leadership*, Nairobi, Acton Press.
HACKMAN Michael Z., Johnson Craig E. (2004). *Leadership. A Communication Perspective*, Long Grove, IL, Waveland Press.
KOFI Agawu (2003). *Representing African Music. Postcolonial Notes, Queries, Positions*, New York, Routledge.
LINDSAY D. Michael (2007). *Faith in the Halls of Power*, New York, Oxford University Press.
LUNENBURG Fred C. (2012). « Power and Leadership. An Influence Process », *International Journal of Business, Management and Administration*, 15/1:1, p. 9.
MUGAMBI Jesse N. K. (2013). « The Future of Theological Education in Africa and the Challenges It Faces », dans *Handbook of Theological Education in Africa*, sous dir. Isabel Apawo PHIRI et Dietrich WERNER, Oxford, UK, Regnum Books International, p. 117-125.
NGURU Faith W. (2012). « Development of Christian Higher Education in Kenya. An Overview in Christian Higher Education », dans *Christian Higher Education. A Global Reconnaissance*, sous dir. Joel CARPENTER, Cambridge UK, William B. Eerdmans Publishing Company, p. 43-67.
NORTHHOUSE Peter G. (2013). *Leadership. Theory and Practice*, 6e éd., London, Sage Publications.
PUTNAM Robert D. (2000). *Bowling Alone. The Collapse and Revival of American Community*, London, Simon and Schuster.
TIÉNOU Tite (2008). « The Great Commission in Africa », dans *The Great Commission. Evangelicals and the History of World Missions*, sous dir. Martin I. KLAUBER et Scott M. MANETSCH, Nashville, TN, B and H Publishing Group, p. 164-175.

Chapitre 3

La formation des dirigeants chrétiens africains
Tendances des données de l'Étude sur le Leadership Africain

Wanjiru M. Gitau

La manière dont les dirigeants sont formés est sans aucun doute un domaine controversé. Si certains pensent que les grands leaders sont simplement nés avec des qualités innées de leadership, la plupart de ceux qui étudient le leadership ont conclu que les compétences et les qualités de leadership s'acquièrent par le biais de processus sociaux, de contextes de vie et de relations sociales (Avolio, Walumbwa et Weber, 2009 ; Avolio, 2004 ; Johnson et al., 1999 ; Fourie et al., 2015 ; Venter, 2004 ; James, 2008). Nos recherches auprès de leaders chrétiens africains nous conduisent à la conclusion que la formation au leadership est un voyage interactif entre le contexte et les relations dans un parcours dynamique de croissance et de maturation. Ce chapitre examine un large éventail d'influences qui constituent le parcours interactif qui a façonné les individus que notre recherche a identifiés comme susceptibles d'avoir un impact significatif sur le leadership. Dans ce chapitre, nous examinons les liens sociaux qu'ils ont tissés tout au long de leur vie, afin d'identifier les modèles qui les ont préparés au leadership. Les récits de leur vie relient les leaders aux Églises, aux écoles et à d'autres types d'organisations communautaires, dont les activités ont collectivement contribué à développer en eux un caractère de leader.

LES PARENTS ET LA FAMILLE ÉLARGIE

La première influence significative sur les futurs dirigeants vient des premiers éducateurs. Lorsque nous avons interrogé les dirigeants chrétiens africains sur les influences importantes dans leur vie, plus de 70 % ont indiqué qu'un parent ou une figure parentale avait été particulièrement influent. Autrement dit, la formation des dirigeants commence dès l'enfance, avec leur famille (Rogoff, 2003, p. 20). Le juge kenyan Onesmus Makau a grandi dans une famille de paysans, mais il cite ses parents, un grand-père par procuration, Mzee Mathuva, et une femme pieuse, Mme Itume, comme étant les premières influences. Le général Kianga, général d'armée à la retraite, a déclaré que ses parents et son frère aîné l'avaient influencé positivement, tandis que la grand-mère d'Esther Mombo a influencé ses décisions en matière d'éducation depuis son enfance jusqu'à l'âge adulte, y compris sa décision de rester célibataire, afin de poursuivre une carrière indépendante au service de Dieu.

La littérature montre qu'il existe une relation entre les attributs de la famille et les choix que les enfants font en grandissant vers la maturité ; les membres de la famille sont considérés comme des modèles de comportement éthique, de responsabilité et de réussite (Madhavan et Crowell, 2014). Koudougueret et Nvouni, tous deux désignés comme des leaders importants de RCA, racontent qu'ils ont appris leurs valeurs fondamentales de leurs pères, même si les enseignants les ont également influencés par la suite. Marie Yakemba, haut fonctionnaire du Trésor public dans le gouvernement centrafricain et dirigeante importante du mouvement des femmes, a grandi dans une famille chrétienne et a été profondément influencée par son père, qui travaillait avec les missionnaires, et par sa grand-mère, une chrétienne engagée. René Malépou, professeur en RCA et président de la Communauté indépendante des églises baptistes, a été élevé dans une famille guidée par de solides valeurs bibliques. Il cite son père comme étant son influence clé et l'une des raisons pour lesquelles il est aujourd'hui un dirigeant prospère. Adelaide Cantanha a grandi dans un foyer chrétien dans les circonstances instables de l'Angola colonial, mais l'influence de ses parents a façonné la dirigeante qu'elle est devenue.

La figure paternelle de Cosmas Maina était d'un tout autre genre. Adolescent, Cosmas Maina fuyait l'école avec son frère et ses amis et se droguait. Alors qu'ils étaient dans la rue, ils ont été attrapés par le légendaire et célèbre réserviste de la police, Patrick Shaw, qui pesait 172 kilos (voir Smith, 2013 ; Zucchino 1988). Il leur a donné des coups de bâton, leur a donné du thé et du pain, les a emmenés visiter le Starehe Boys' Centre où il servait en tant qu'administrateur, et les a reconduits à leur propre école. Le soir, Shaw invitait Maina à l'accompagner dans sa Volvo, pour « se promener et voir ce qu'il fait, mettant en garde les gens contre la drogue et le vol ». Plus tard, lorsque Maina a créé son propre ministère auprès des toxicomanes, il a acheté sa propre Volvo et a développé certaines parties de son ministère d'après les enseignements que lui avait donnés Shaw. Par exemple, il conduit parfois la nuit dans des endroits où l'alcool, la drogue et la prostitution risquent de piéger les enfants, afin de les retrouver et les ramener à leurs parents.

DES ENVIRONNEMENTS FAVORABLES

Un autre facteur important de la façon dont les dirigeants émergent est le genre de cadre dans lequel ils sont élevés, scolarisés et arrivés à maturité. Un environnement agréable augmente les chances de survie des enfants, une croissance saine et l'introduction à l'alphabétisation multiplient leurs chances de s'épanouir dans la vie (Saugstad, 2002) et de développer leurs capacités pour le leadership. Les maisons bienveillantes sont le cadre initial où un enfant reçoit des soins, la protection, du soutien et l'inspiration, et acquiert toutes sortes de valeurs de la génération plus âgée.

Dans nos entretiens, la majorité des dirigeants interrogés ont souligné qu'ils ont été élevés dans une maison qui entretenait leur système de valeurs d'une manière qui a eu un effet direct sur leurs forces dans le leadership. Luisa Mateus en est un exemple. En tant qu'enfant, bien qu'elle ait grandi dans un foyer avec des ressources limitées, ses parents lui ont procuré de l'amour et de l'affection. Ils l'ont encouragée à valoriser les études, à vivre le contentement et à respecter les autres. Elle attribue son succès dans la vie à ses parents et souligne à quel point elle est fière d'eux.

Cependant, comme le souligne le chapitre 2 de ce livre, les maisons chaleureuses ne signifient pas nécessairement une enfance sans stress ou l'absence d'exposition aux conflits, à la pauvreté, et à d'autres querelles familiales. Marie Yakemba et Esther Mombo ont été élevées par des grands-mères dans des situations où elles ont dû travailler dur pendant leur enfance pour contribuer à la subsistance de la famille, en partie parce que leurs parents biologiques étaient absents. D'autres ont grandi dans des conditions difficiles. Edouard Nvouni, Joseph Kimeli, le juge Onesmus Makau et le général Kianga ont tous grandi dans des conditions plus ou moins difficiles et ont dû beaucoup travailler en dehors de l'école pour aider leurs parents à répondre à leurs besoins. Dans certains cas, l'adversité a contribué à leur croissance dans le leadership avec l'acquisition de la capacité à résoudre les problèmes et à avoir de l'assurance et de la détermination pour réussir. Le juge Makau, par exemple, « a manqué l'école régulièrement, pour s'occuper du bétail de [s]on père. Cette expérience de survie a forgé son caractère et a fait de [lui] un travailleur acharné et consciencieux. Et les vicissitudes de la vie ont fait de [lui] un chrétien dévoué ».

Le rôle de l'éducation formelle est examiné dans une section ultérieure, mais les écoles offrent un autre espace favorable. Une école qui soutient les enfants leur permet de s'épanouir à l'école et, par conséquent, de progresser dans la société. Par exemple, la présence de la Redeemed Academy dans la communauté Digo a encouragé la communauté tout entière. John Bosco a commencé l'école quand il s'est installé parmi les Digo et a observé la privation de la communauté. Pour transformer la région de manière permanente, il s'est rendu compte qu'il aurait à influencer une nouvelle génération ; il a alors lancé la Redeemed Academy en 1996, en ajoutant une classe à la fois. L'école est décrite comme étant un environnement adapté aux enfants, qui s'applique à former les enfants de manière holistique. Cependant, elle est plus qu'une école adaptée à l'environnement des enfants ; elle est devenue le point focal de la communauté, une source de fierté pour les gens, parce que beaucoup d'enfants ont terminé l'enseignement primaire et secondaire. Les enseignants qui vivent dans la communauté utilisent l'école comme un point de départ pour le développement de leur carrière, avant de se diriger vers un emploi plus rémunérateur. Musila, qui est la directrice, dit que l'école forme non seulement les enfants, mais aussi les enseignants (au travail). Quand certains enseignants partent parce que l'école n'est pas en mesure de les payer comme il faut, « ils commencent leur propre école ». Ils peuvent le faire « parce que la Redeemed Academy leur a donné l'expérience » ; c'est-à-dire que « cette école forme non seulement les enfants, mais aussi les enseignants, pour être de meilleurs éducateurs et de meilleurs leaders demain ». Ce qui en fait un environnement prometteur unique, ce sont les défis qu'ils ont dû surmonter, de l'hostilité religieuse à la pauvreté endémique qui affecte les finances de l'école, l'exploitation sexuelle des enfants par le biais du tourisme et l'abus de la drogue. L'évêque a collaboré avec les dirigeants locaux pour surmonter ces difficultés et gagner le respect et la protection de l'école. Bien que cette école reste rudimentaire dans ses installations et la rémunération des enseignants, elle est devenue un environnement prometteur pour une communauté marginalisée.

Certains dirigeants ont souligné que l'environnement scolaire était stratégique pour leur formation. Luisa Mateus a dit que pendant ses études secondaires à Uige, elle a noué de bonnes amitiés qui lui donnèrent du courage en tant qu'étudiante. Nyachogo attribue sa passion pour l'activisme communautaire, pour lequel il a été cité comme étant un leader important, à l'environnement de la Nazarene University, qui a forgé son caractère, son aptitude et son potentiel pour le leadership. Munene explique que l'école primaire qu'il a fréquentée l'a ouvert au monde interculturel. Chiquete raconte son histoire d'une manière qui révèle qu'elle considère l'école comme un environnement crucial pour façonner le caractère des enfants. Elle et ses frères et sœurs fréquentaient des écoles chrétiennes. Ils avaient des professeurs chrétiens. En outre, l'enseignement qu'ils ont reçu avait pour fondement l'éthique chrétienne. Cet environnement à l'intérieur et à l'extérieur de la maison a été décisif dans la formation de son caractère et l'orientation de sa vie. Elle est maintenant enseignante à l'Instituto Superior de Teologia Evangélica no Lubango (ISTEL) à Lubago, où, entre autres choses, elle coordonne le cours biblique intégral, pour donner aux autres les moyens de mieux servir leurs communautés.

Dans le contexte africain, les Églises apportent une valeur ajoutée à la vie d'une personne en pleine croissance, et ce de plusieurs manières : en tant que canal de distribution des services essentiels à l'éducation et, bien sûr, en offrant une communauté constructive d'amis et de figures d'autorité respectées. Les Églises ont été à l'avant-garde de l'éducation, du développement et de la santé en Afrique (Gifford, 2009 ; Gatune, 2010).

Nos recherches ont révélé que les pasteurs ont joué un rôle important dans la vie des dirigeants chrétiens africains. Notre sondage initial a demandé aux personnes d'identifier un chrétien en dehors de leur famille qui a eu le plus d'impact sur eux (tableau 3.1).

Tableau 3.1. Les chrétiens qui vous ont le plus influencé (autre que la famille)

	Angola	RCA	Kenya
Un pasteur	35,4 %	50,4 %	56,2 %
Un autre responsable d'Église	23,2 %	25,3 %	13,7 %
Un enseignant	8,5 %	8,1 %	10,1 %
Un employé	1,6 %	2,0 %	2,4 %
Un ami	21,5 %	9,5 %	15,4 %
Autre	9,8 %	4,6 %	2,2 %

Tous les dirigeants interrogés ont eux-mêmes été influencés par une Église ou par les dirigeants d'Église. Pour certains d'entre eux, de leur enfance jusqu'à l'âge adulte, alors que pour d'autres, seulement en tant qu'adultes. L'évêque Bosco en est un exemple, il a grandi dans les bidonvilles avec un beau-père qui ne l'aimait pas et qui se moquait de sa peau sombre et l'appelait « le boiteux ». Quand il n'était qu'un jeune homme, il a rencontré l'évêque de Redeemed Gospel Church, Arthur Gitonga, qui est devenu un « père » pour lui. Gitonga, dit-il, « était celui qui marchait avec moi dans les premiers jours où j'avais encore ces habitudes de taudis et, vous savez, ce fond de pêcheur. C'est lui qui m'a élevé jusqu'au niveau où j'ai maintenant des qualités de leadership chrétien en moi. » L'évêque Joseph Maisha décrit aussi comment un responsable âgé dans une Église baptiste, Elijah Wanje, « m'a pris comme son fils », dit-il, « m'a aimé quand j'étais jeune et grandissait » et « a versé beaucoup de sa Vie… dans ma vie… Il me donnait toujours des conseils, m'encourageait, et m'aidait à grandir… jusqu'à ce que Dieu m'ait vraiment amené quelque part ». Maisha conclut que sans Elie Wanje, « [il] ne serai[t] pas ce que [qu'il est] aujourd'hui ».

En dehors des Églises, d'autres types d'organisations chrétiennes qui travaillent avec les jeunes offrent des cadres accueillants par le biais de ministères conçus pour les mobiliser de manière spécifique. Ces organisations font beaucoup pour aider les jeunes à développer leur autonomie et des relations plus solides autour d'une identité commune et d'une activité avec leurs pairs (Madhavan et Crowell, 2014). Scripture Union (son équivalent francophone est la Ligue pour la Lecture de la Bible), Fellowship of Christian Unions (FOCUS Kenya), et Kenya Students Christian Fellowship (KSCF) au Kenya ; Mocidade Para Cristo (Jeunesse pour Christ) en Angola ; et Campus pour Christ en RCA en sont des exemples. Leurs activités sont structurées autour de grands et petits groupes, soit dans les écoles primaires ou secondaires (KSCF), soit sur les campus. Ces groupes se consacrent à la formation de disciples, à l'évangélisation, aux missions, à la camaraderie et à la mise en réseau, ainsi qu'au développement du leadership, le tout impliquant des formes de communauté qui développent chez les participants des valeurs de leadership.

Une autre forme d'éducation est apportée par des organisations qui se consacrent spécifiquement à la prise en charge des enfants et des jeunes. Nos recherches ont permis d'identifier de nombreuses organisations de ce type qui ont un impact. Au Kenya, elles comprennent entre autres Tumaini Children's Home, Upendo Kids's Home, Redeemed Academy, Plan International, Nyumba ya Mayatima (Maison des orphelins), Dorcas Aid International, Compassion International, Baobab Christian Home et St. Martin's Catholic Social Apostolate à Nyahururu. En Angola, sur les vingt organisations importantes qui ont été citées, six ont été identifiées comme travaillant avec les jeunes dans le domaine du développement, de la lutte contre la pauvreté ou de la préparation à l'éducation. En RCA, sur les vingt-quatre organisations citées pour leur influence significative, quatre (Campus pour Christ, Jeunesse Chrétienne Conquérante, Jeunesse Évangélique Africaine, et Union des Jeunes Chrétiens) travaillent principalement avec les jeunes. Ce qui est important concernant ces organisations, c'est que leurs activités créent une famille de substitution pour les enfants et les jeunes, en particulier dans des situations de crise. Toutes ces organisations jouent un rôle important qui donne aux futurs dirigeants un cadre pour se développer.

DES PROGRAMMES D'ENSEIGNEMENT QUI PERMETTENT DE DÉVELOPPER LES APTITUDES À LA VIE QUOTIDIENNE

Nous avons constaté que certains de ceux qui sont devenus d'importants leaders avaient été formés ou étaient impliqués dans la formation d'autres personnes avec des programmes d'éducation fondés sur des notions qui leur permettaient de développer des compétences essentielles dans la vie quotidienne. Les enseignements sur les aptitudes à la vie quotidienne permettent aux jeunes d'acquérir des compétences personnelles essentielles et sont particulièrement utiles aux groupes socialement défavorisés (Adams, 2011) .

Plusieurs organisations ont été citées, parce que leurs programmes d'enseignement, dispensés par le biais de cours saisonniers, de séminaires et d'ateliers, offrent aux jeunes des compétences en matière de ministère et de vie pratique spécifique. Le contenu va au-delà des compétences générales de leadership. Ces programmes d'enseignement peuvent se concentrer sur les besoins ressentis des groupes cibles spécifiques, ou sur la croissance personnelle, l'édification de la foi (instruction religieuse), l'organisation communautaire, l'autonomisation économique, la planification et la formulation d'une vision, l'action collective, etc. Ces organisations comprennent Scripture Union, la KSCF, FOCUS Kenya, le National Council of Churches of Kenya (NCCK), Transform Kenya, le Departamento de Assistência Social, Estudos e Projectos (DASEP) de l'Église Évangélique d'Angola, Youth for Christ, l'Ambassade Chrétienne de RCA et Adonaï Mission International.

Considérons Scripture Union au Kenya. L'organisation a été identifiée comme ayant un impact significatif sur les écoliers de quatre à quatorze ans. Scripture Union a obtenu l'entrée dans certaines écoles primaires publiques en adoptant le programme d'instruction pastorale (PIP) du gouvernement. Les enseignants sont encouragés à gérer ce programme comme une activité parascolaire pour enseigner la morale aux enfants. Cependant, comme les enseignants sont souvent surchargés de travail en classe, le programme PIP était négligé dans la plupart des écoles. Scripture Union s'est efforcée de soutenir ce programme. Dans les trois mille écoles publiques kenyanes auxquelles elle a accès, sur un total de trente mille, Scripture Union mobilise, forme et fournit aux enseignants chrétiens les ressources nécessaires pour mener des programmes dans le cadre des directives générales du PIP. En utilisant un contenu adapté à l'âge et à la langue, Scripture Union apporte une valeur ajoutée à l'éducation formelle au Kenya en contribuant à la formation morale des élèves et en fournissant un soutien psychosocial aux parents et aux enseignants pendant les huit premières années de scolarité. Dans les régions du pays où Scripture Union n'a pas la capacité d'atteindre les écoles, elle collabore avec des organisations qui travaillent également avec les enfants des écoles primaires, telles que World Relief et Catholic Relief Services. Bien que tous les enfants influencés par Scripture Union ne deviennent pas des leaders, ce modèle a un potentiel important pour permettre à certains d'entre eux de devenir de futurs leaders au sein de la communauté.

Un facteur clé du succès de l'enseignement fondé sur les leçons est la préparation des enseignants. Des enseignants correctement formés, motivés et bien soutenus ont un impact positif sur les résultats d'apprentissage des enfants, ce qui inclut leur compétence dans de nombreux domaines de la vie (Fredriksen et Kagia, 2013). Prenons par exemple l'éducation sexuelle. Dans une grande partie de l'Afrique, par le passé, la sexualité aurait été abordée lors des rites traditionnels de passage à l'âge adulte. Cependant, les sociétés africaines modernes sont souvent réticentes à l'égard de l'éducation sexuelle. Les écoles sont censées enseigner l'éducation sexuelle, mais les enseignants sont rarement préparés avec les connaissances spécialisées et la formation nécessaire. La plupart des enfants reçoivent des informations déformées de leurs pairs et des médias.

L'un des dirigeants kenyans cités comme ayant un impact significatif, Isaac Mutua, est un instructeur de compétences de vie, avec un accent particulier sur la sexualité. À la suite de sa conversion quand il était adolescent, il a développé la forte conviction qu'il devait donner aux enfants et aux jeunes des valeurs de vie. Au cours de sa formation, Mutua a été formé à un programme d'éducation sexuelle destiné à faire face au problème croissant du VIH/SIDA. Au cours de son stage dans les écoles primaires, il a conçu et enseigné un programme fondé sur les réalités sexuelles entourant le défi du VIH/SIDA. Mutua a compris que plutôt que de harceler les enfants pour qu'ils se conforment à un comportement moral, il leur fallait des instructions de base sur l'évolution de leur corps et de leur environnement social. Il a systématisé l'enseignement dans des schémas similaires à ceux de leur travail scolaire, mais de manière à répondre à leurs défis, leur curiosité et leurs comportements. Son programme abordait l'image corporelle, l'appartenance, l'amitié, la sexualité et les conséquences du comportement sexuel. Son matériel a largement contribué à aider les jeunes qui, dans une société en pleine mutation, sont par ailleurs désorientés par la transformation de leur corps. L'amabilité de Mutua, ses compétences en matière de communication et sa maîtrise des sujets abordés lui ont rapidement valu de la popularité auprès des élèves et des enseignants, ce qui lui a valu une forte demande en tant que conférencier dans les écoles kenyanes. Un grand nombre de répondants kenyans l'ont identifié comme étant un leader chrétien laïc avec un impact significatif, plus que tout autre.

LE SERVICE NON RÉMUNÉRÉ À LA COMMUNAUTÉ

Les nouveaux dirigeants doivent avoir la possibilité de mettre en pratique les compétences qu'ils ont acquises avant d'entrer dans le secteur formel ou de devenir des dirigeants à part entière. Ils entreprennent souvent diverses formes de service non rémunéré, y compris le bénévolat, les stages ou les projets de service à court terme. Ces projets permettent d'accroître les capacités du dirigeant en devenir de diverses manières. Nous avons constaté que le service non rémunéré pendant un certain temps faisait partie de l'éthique que les dirigeants qui réussissent aujourd'hui ont adoptée dans le passé. Pour d'autres, il s'agit d'un mode de vie.

Edouard Nvouni a été identifié comme un leader laïc qui a eu un impact significatif, car « il a aidé à construire de nombreux bâtiments pour l'Église et a servi de leader dans son Église locale ». Nvouni a étudié le génie civil et est devenu l'un des premiers Africains de RCA à remplacer les Européens en tant qu'instructeur technique. Depuis 2001, il travaille avec l'Organisation Internationale de la Francophonie (OIF) en tant que représentant national de la formation technique et professionnelle. Il représente également la RCA auprès de l'UNESCO. Cependant, parmi les membres de l'Église baptiste, il est surtout connu pour le don de son temps et de ses compétences en architecture, sans contrepartie financière, pour la construction d'Églises. « Tout ce qu'il a acquis en tant qu'ingénieur, il l'a mis au service de la construction des Églises baptistes de Sapéké (CEBEC), Kembé (UFEB), Kpetené (EEB), Castor (UEB), et de Bataillon III. » Il est à noter que depuis sa jeunesse et tout au long de ses études, il a fait du bénévolat à l'Église de plusieurs autres manières. De même, la plupart des dirigeants laïcs que nous avons interrogés évoquent des moments où ils ont participé à des activités bénévoles dans leur jeunesse, et même à l'âge adulte, la plupart d'entre eux servent d'une manière qui ne coûte rien à leur communauté.

Le volontariat met au travail des jeunes dynamiques qui ne sont pas engagés dans une activité. En retour, l'incarnation de l'idéal de service permet aux participants d'apprendre, de se socialiser, de découvrir et de développer leurs dons, de s'intégrer dans leur communauté et de résister aux influences négatives de leurs pairs (Akintola, 2011).

Le Magena Youth Group (groupe de jeunes de Magena), dans la région de Kisii au Kenya, a vu le jour en 2006, après qu'une chorale de passage a mis les jeunes de l'Église adventiste du septième jour de Magena au défi de servir leur communauté. Depuis ses origines avec six membres fondateurs, le groupe s'est développé pour atteindre 80 jeunes, la plupart étant encore au lycée ou à l'université. Le groupe identifie les besoins de la communauté et intervient par le service, à travers des actes tels que la réparation des maisons ou la prise en charge des personnes âgées et des enfants qui ont des besoins éducatifs spécifiques. Afin d'obtenir des revenus pour leurs activités, ils plantent et vendent des arbres et de l'herbe à Napier, sur le terrain de leur Église. La transformation des membres du groupe a permis d'établir une relation de confiance avec les membres de la communauté et a motivé d'autres Églises de la région à créer des groupes de jeunes similaires. Ce sont des personnes à qui l'on peut confier une plus grande responsabilité à l'avenir.

Notre recherche a montré que les stages sont une forme de service formel non rémunéré dans les Églises et les organisations. Nairobi Chapel, Christ Is the Answer Ministries (CITAM), FOCUS Kenya et le NCCK au Kenya ont tous organisé des stages professionnels, conçus comme une occasion de développement du leadership sur une année. L'Église d'Oscar Muriu, la Nairobi Chapel, une grande Église urbaine de classe moyenne de plus de trois mille membres, utilise les stages pour former de nouveaux leaders pour l'Église en pleine croissance et pour en implanter de nouvelles. Bien qu'il n'écarte pas la formation théologique, Oscar considère ce modèle d'apprentissage comme un moyen plus efficace de répondre aux besoins des Églises à croissance rapide en Afrique. Son Église a commencé à organiser des stages en 1994. À ce jour, on dit qu'ils ont formé plus de trois cents dirigeants. Cet apprentissage, « où l'on marche aux côtés de quelqu'un qui œuvre et où l'on apprend à œuvrer sur le tas », suppose plusieurs choses. D'abord, c'est la façon dont Jésus a préparé ses disciples à servir. Il a marché avec eux pendant trois ans, en leur confiant des responsabilités par étape. Deuxièmement, la formation se déroule dans un contexte de vie réelle ; les stagiaires résolvent de vrais problèmes. Troisièmement, les stagiaires apprennent aux côtés d'une équipe de pairs et de leaders expérimentés, ce qui leur permet d'apprendre de leurs aînés et permet aux plus âgés de s'imprégner de la passion des plus jeunes. Les plus jeunes finissent par devenir les successeurs. La Nairobi Chapel compte cinq grandes Églises qui implantent maintenant d'autres Églises et forment de nouveaux dirigeants en utilisant cette même méthode.

FOCUS propose un apprentissage comparable, connu sous le nom de Short Term Experience in Ministry (STEM) [expérience de courte durée dans le ministère], qui recrute de jeunes diplômés universitaires pour une année d'apprentissage, afin de travailler sous la direction de chefs expérimentés dans l'organisation. Au cours des quarante dernières années, FOCUS a formé des leaders compétents dans le cadre du STEM, le programme de stage étant constamment révisé et amélioré en fonction de l'expérience. Simon Masibo, le secrétaire général de FOCUS jusqu'en 2013, y a travaillé pendant 21 ans au total, partant d'un poste de membre du personnel du programme STEM. De même, l'actuel secrétaire général, George Ogalo, et la quasi-totalité du personnel ont été des stagiaires du programme STEM, obtenant ainsi plus de responsabilités par la suite. D'anciens membres du personnel de FOCUS bien connus sont au service de la société et occupent des postes de responsabilité importants au Kenya. David Oginde, l'évêque du CITAM, une confession pentecôtiste au Kenya, que nos recherches ont identifié comme ayant un impact significatif, a commencé à servir dans le cadre de FOCUS pendant ses études. De nombreux dirigeants d'Églises kenyanes ont connu des débuts similaires. En bref, l'apprentissage dans des organisations structurées s'est avéré déterminant dans le développement du leadership.

L'ENSEIGNEMENT SUPÉRIEUR

De concert avec d'autres facteurs, l'enseignement supérieur contribue de manière significative à la formation des Africains qui deviennent des leaders. L'enseignement supérieur s'appuie sur d'autres formes d'expérience en matière de leadership, afin d'améliorer les connaissances et la compréhension, de cultiver des compétences pertinentes, de générer des connaissances par le biais de nouvelles recherches et de tirer parti des expériences sociales pour mener une vie beaucoup plus productive (Teal, 2010 ; Bloom, Canning et Chan, 2006). Les taux d'alphabétisation formelle s'améliorent en Afrique, jusqu'à atteindre 70 % dans certaines parties de l'Afrique subsaharienne (UNESCO, 2013), et dans des pays comme le Kenya, les récents développements économiques ont conduit à une croissance considérable du secteur de l'enseignement supérieur.

Tous les dirigeants que nous avons interviewés ont un certain niveau d'éducation postsecondaire, provenant de diverses sources, dont des universités locales et occidentales, des facultés et des écoles supérieures locales. L'éducation formelle apporte des éléments essentiels à la force du leadership. Dans de nombreux cas, un niveau d'éducation élevé a clairement joué un rôle central dans le positionnement des individus pour des postes de direction à haute visibilité. Le professeur Nestor Mamadou Nali, 67 ans, docteur en médecine de RCA, a été nommé comme l'une des personnes les plus influentes de RCA qui ne font pas partie du clergé. Il a reçu une formation médicale au Canada, où il a vécu de 1965 à 1975. Outre sa pratique médicale, il a occupé d'autres fonctions importantes. Il a notamment fondé la faculté de médecine de l'université de Bangui, a été nommé au ministère de la Santé publique de RCA et a mené la lutte contre le VIH/SIDA. Dans les milieux ecclésiastiques, il est diacre, président de l'Association d'évangélisation de l'enfant, président de l'Union des travailleurs médicaux chrétiens, et il siège au conseil d'administration de la Faculté de Théologie Évangélique de Bangui.

Adelaide Catanha, ordonnée en 1978, à une époque où l'ordination des femmes était rare, a été citée comme l'une des dix femmes pasteurs les plus influentes en Angola. Son éducation formelle inclut un diplôme en psychologie de l'Instituto Superior de Ciencias de Educacao (Institut supérieur des sciences de l'éducation, ISCED), une maîtrise en psychopédagogie clinique d'une université en ligne en Espagne (2009), le doctorat de Honolulu, Hawaï (2013) et un diplôme de théologie. Elle a notamment enseigné au séminaire Emanuel do Dondi et a exercé des fonctions de direction dans divers domaines, allant du Conseil œcuménique des Églises à la Journée mondiale de la prière, en passant par le développement communautaire par le biais de PROVAJE (Programme de vie abondante en Jésus) et la supervision de seize congrégations de la Igreja Evangélica Congregacional. De manière significative, « elle considère que donner des cours dans une institution théologique est l'un des moyens de former des leaders », et cite plus de cinquante personnes, qu'elle a formées, qui occupent des postes haut placés. La professeure Esther Mombo de l'Université Saint-Paul, le juge Onesmus Makau, René Malépou, le pasteur Dinis Eurico, Edouard Nvouni et David Koudougueret sont d'autres dirigeants dont les postes de direction sont fondés en partie sur leur haut niveau de formation formelle.

D'autres sont moins préparés, mais accordent une grande importance à l'éducation et poursuivent leur formation, que ce soit pour augmenter leurs chances de trouver un emploi rémunéré ou pour acquérir des compétences dans leurs fonctions actuelles. Joseph Kimeli a suivi plusieurs cours de courte durée sur le leadership, le développement communautaire et la gestion d'entreprise, afin d'acquérir plus de connaissances et de compétences en sa qualité de directeur du Cheptebo Rural Development Centre (Centre de développement rural de Cheptebo). Isaac Mutua, qui se prépare à la vie active, a suivi plus de quinze cours récompensés par un certificat sur des sujets tels que les soins palliatifs professionnels, la violence fondée sur le genre, la formation spirituelle, le leadership et l'administration, la collecte de fonds, l'aumônerie, l'informatique, la résolution de conflits et plusieurs autres matières.

Oscar Muriu, qui exerce une influence mondiale dans les milieux ecclésiastiques, tout en admettant que la formation théologique formelle a sa place lorsqu'elle forme des hommes et des femmes qui prient et qui sont « aguerris à la réflexion », critique néanmoins l'éducation théologique formelle comme étant une méthode inadéquate pour préparer des leaders pour l'Église en Afrique :

> L'école de théologie n'est pas la réponse au besoin de leadership en Afrique. Elle fournira quelques dirigeants, mais le processus est long et demande beaucoup de temps et de ressources… Très peu d'Églises africaines et très peu d'organisations chrétiennes africaines peuvent se permettre ce type de développement en matière de leadership.

Il identifie ensuite le modèle d'apprentissage qu'est le stage comme un modèle plus efficace de développement des leaders pour l'Église. Cependant, en même temps, M. Muriu préfère que ceux qui viennent à la Nairobi Chapel pour un stage aient des diplômes universitaires :

> Travailler avec des étudiants est très utile sur le plan pratique, car on leur a appris à réfléchir, ils sont habitués aux livres et autres ouvrages, ils peuvent travailler avec un schéma rationnel théorique, de sorte que lorsque vous vous asseyez avec eux et que vous avez une conversation avec eux, ils s'y retrouvent facilement… Ils savent comment communiquer, comment prendre des décisions… ils peuvent lire des livres, parce que nous allons leur demander de lire… [et] sont capables d'apprendre, de voir les problèmes et de les analyser.

Le processus de développement du leadership de la Nairobi Chapel implique un long voyage qui se prépare à partir de l'éducation formelle et qui peut aussi inclure une éducation formelle plus poussée. Il est conçu progressivement, entre un an de stage et deux ans de formation pastorale, après quoi le dirigeant stagiaire, selon Muriu, peut être « envoyé au collège théologique pour une période… parce que [maintenant] ils ont assez de questions… pour lesquelles ils reconnaissent qu'ils n'ont pas de réponses… Ils sont donc contraints à une réflexion théologique claire, pas seulement pour le plaisir de la réflexion théologique, mais parce qu'ils reconnaissent qu'ils ont besoin d'aide ».

Après le collège théologique, la Nairobi Chapel envoie des stagiaires pour une expérience interculturelle dans des Églises partenaires à l'étranger. Sinon, les stagiaires nouvellement formés peuvent se voir confier davantage de responsabilités dans leur propre Église. Ce qu'Oscar Muriu recommande ici, c'est que la formation des responsables ne se limite pas à une simple préparation théologique formelle ; elle doit être considérée comme faisant partie d'un processus associé à d'autres possibilités qui impliquent avant tout le service dans la communauté. L'éducation formelle fait partie intégrante de ce processus, mais elle ne constitue pas un tout.

LE MENTORAT

Le mentorat, c'est-à-dire la proximité entre un stagiaire patronné et un dirigeant expérimenté (Adair, 2009, p. 98, 105), fait souvent partie intégrante d'autres facteurs de développement du leadership qui sont cités plus haut. Cependant, il mérite d'être pris en considération, car il est souvent au cœur de la formation au leadership, même pour ceux qui ont déjà suivi d'autres processus de formation en leadership. Dans l'ensemble des disciplines de recherche, le mentorat a été associé à une série de résultats positifs pour les protégés, y compris des résultats sur le plan des attitudes, de la santé, des relations et de la carrière (Eby et al., 2008). Il a été un facteur important dans la formation des leaders africains influents.

Nous avons constaté que le mentorat était un thème qui traversait toutes les étapes de la croissance des personnes qui devenaient des leaders, et qu'il remplissait des fonctions différentes à chaque étape. Par exemple, Isaac Mutua a été mis au défi par Paul Muladi d'acquérir une formation théologique, afin d'être plus compétent pour impliquer les jeunes. Ron Sonnas a conseillé à Edward Munene de concentrer son énergie dans une seule Église plutôt que de poursuivre un ministère itinérant non ciblé. Munene a procédé à l'implantation d'une Église et à la concentration de son travail sur une population spécifique dans la ville de Mombasa. Joseph Kimeli a été choisi et préparé pour diriger le Cheptebo Rural Development Centre, comme successeur aux missionnaires du centre.

Les programmes de formation d'organisations chrétiennes telles que FOCUS Kenya, NCCK, Nairobi Chapel et le groupe d'Églises CITAM structurent d'une manière intentionnelle le mentorat dans leurs programmes. La conception même de ces organisations se concentre sur l'accompagnement des protégés, pour qu'ils apprennent les ficelles de la gestion des organisations grâce à la présence de mentors, afin qu'ils puissent à leur tour diriger avec succès lorsqu'ils seront à la tête de l'organisation.

LES OCCASIONS DE DIRIGER

Créer les conditions qui permettent aux jeunes d'émerger en tant que leaders est inefficace, à moins qu'ils ne soient complètement sevrés de leur dépendance aux autres leaders et qu'ils soient capables de résoudre les problèmes du monde réel par eux-mêmes. Les possibilités stratégiques de diriger sont la réalisation du processus lui-même. D'un autre côté, ces occasions permettent au leader de se développer davantage. L'impact et la visibilité qui en résultent sont en rapport avec leur contexte, leur domaine et les circonstances.

Bon nombre des dirigeants interrogés dans le cadre de ce projet ont commencé à servir en tant qu'assistants de dirigeants plus visibles. Lorsque John Bosco s'est installé à Mombasa, l'évêque Kitonga de la Redeemed Gospel Church de Nairobi a recommandé à l'évêque Lai de Mombasa de ne pas laisser Bosco inoccuppé. « En fait, il devrait être nommé diacre immédiatement. » Lai a bien écouté Kitonga. « J'ai été nommé diacre dès mon arrivée dans l'Église, et j'ai été chargé de l'évangélisation, parce que j'étais bon à cela. » En organisant les événements en plein air de Lai, Bosco a trouvé un espace pour une Église, puis une école, parmi les Digo, et a ensuite trouvé des moyens de vaincre l'hostilité, les difficultés et de pallier l'insuffisance des ressources, afin d'être efficace dans la région. Avec un minimum de ressources, il a continué à développer l'Église, qui compte aujourd'hui plus de trois mille membres, à construire une école, à implanter plus de quarante Églises et à devenir l'évêque régional de plus de quatre-vingt-dix Églises. La possibilité d'aider un dirigeant expérimenté s'est conjuguée à la reconnaissance d'un manque dans la société. Son dynamisme personnel, sa vision, son caractère et son humilité le distinguent comme l'un des leaders chrétiens les plus influents de la région.

Le fait d'être reconnu en tant que leader qui a un impact significatif dans un domaine ouvre sans aucun doute la porte à d'autres domaines d'influence de leadership. De plus, l'exercice du leadership dans divers domaines permet d'être plus largement reconnu en tant que leader influent. Le Dr David Koudougueret est le pasteur de l'Église baptiste de Ngoubagara, qui compte sept mille membres. Auparavant, il a dirigé ailleurs, en tant que directeur académique de la FATEB, l'Alliance Évangélique Mondiale et le Service Chrétien d'Appui à l'Animation Rurale (SECAAR), et l'Union Fraternelle des Églises Baptistes en tant que secrétaire général. Son sens du leadership lui a permis de lancer de nombreux projets, dont une école pionnière, un ministère de la santé auprès des « Pygmées », et des projets auprès des jeunes. Toutes ces occasions ont fait de lui un leader qui a été très bien noté pour son leadership.

La possibilité de diriger peut se présenter avec un besoin soudain, lorsqu'on est poussé dans une responsabilité inattendue, mais que l'expérience passée nous a préparés pour cette occasion. Eunice Chiquete a dirigé dès son plus jeune âge, en offrant des cours d'alphabétisation aux enfants dès l'âge de quatorze ans. Comme l'Angola meurtri par la guerre avait expulsé les missionnaires, Eunice a reproduit ce que ses professeurs lui avaient appris, en instruisant les enfants en utilisant le charbon comme craie et le papier d'aluminium comme tableau noir. En 1997, Teresa, une Suissesse qui dirigeait le programme radio Yeva Ondaka, a invité Eunice à former d'autres enfants dans le cadre de ce programme. En 1999, cette femme a été tragiquement assassinée dans sa résidence, et il est revenu à Eunice, profondément choquée, de poursuivre ce que son mentor avait commencé.

À l'âge de trente-cinq ans, elle avait un large éventail de responsabilités en tant qu'enseignante auprès des enfants, professeur de théologie, animatrice de divers projets d'évangélisation et de formation de disciples pour les enfants, et formatrice pour 80 % des Églises de la province de Huila.

CONCLUSION

Ce chapitre retrace la vie d'hommes et de femmes jugés influents dans leurs communautés locales. Nous avons constaté que leur formation s'est forgée dans des domaines de la vie pratique, influencée par ceux qui les ont élevés et ont été en contact avec eux tout au long de leur vie, par ce qu'ils ont appris dans le cadre de la socialisation et de la préparation à l'éducation, et par le type de formation au leadership qu'ils ont reçu en grandissant. Le réseau de leurs relations était un facteur particulièrement vital. Les chercheurs observent que la plupart des discours sur le leadership en Afrique subsaharienne mettent l'accent sur les caractéristiques, les compétences, les styles et les comportements des leaders qui ont été identifiés (et parfois dysfonctionnels) tout en ignorant le réseau de relations, les interactions et les contextes communautaires uniques d'où émergent ces dirigeants (Haruna, 2009 ; Venter, 2004). Ce chapitre suggère que si nous voulons donner un sens au leadership dans les communautés africaines et recommander la formation de nouveaux leaders, il est important de prendre à cœur les contextes uniques dans lesquels les gens grandissent et d'investir dans de tels contextes en vue de la formation de futurs leaders. L'éthique communautaire africaine de collaboration et de coopération par la dépendance, l'interdépendance et l'apprentissage, l'attention, le don et la réception est encore efficace dans une grande partie de la vie africaine. Les participants – à la maison, à l'école, à l'église, dans les organisations – sont les acteurs qui déterminent ce qui se passe dans la communauté, y compris la manière dont les dirigeants sont formés et engagés. Dans cette optique, deux observations finales et recommandations sont proposées ici.

Tout d'abord, le développement du leadership implique potentiellement un parcours d'étapes progressives en fonction de la croissance biologique, de la socialisation, de la préparation et de la maturité en matière de responsabilité. La croissance vers le leadership n'est pas une activité ponctuelle. Elle est proportionnée à de meilleures perspectives d'éducation, d'enseignement et de formation formelle, d'apprentissage et de mentorat. Il s'agit d'un processus dynamique et itératif qui dépend de nombreux investissements progressifs dans un leader potentiel. L'acquisition de chaque nouvelle compétence réexamine et renforce continuellement les compétences acquises antérieurement et anticipe la poursuite de l'apprentissage. Les ingrédients clés sont l'intentionnalité et la cohérence de la part de tous les acteurs. Par exemple, les psychologues pour enfants suggèrent que la petite enfance est le moment idéal pour enseigner les valeurs fondamentales aux enfants, tandis que la fin de l'enfance et l'adolescence sont les plus propices à une formation fondée sur les programmes d'enseignement. Les jeunes adultes sont à un stade de découverte de soi pour le leadership et les trajectoires de carrière ; c'est donc le moment idéal pour les exposer à des responsabilités expérimentales à travers des stages et du mentorat. Certaines de ces étapes peuvent être complètement manquées, comme lorsque les enfants sont élevés dans un foyer en difficulté. Cependant, s'ils reçoivent un contenu éducatif et pédagogique plus tard, ils peuvent rattraper ce qui a manqué dans l'enfance et devenir des leaders. Les parents, les enseignants, les chefs religieux, les mentors, les organisations de jeunesse et les théologiens devraient au moins être conscients du travail des uns et des autres et chercher des moyens de collaborer. L'influence de chacun peut renforcer celle des autres. Un foyer qui offre sécurité et appartenance et montre le bon exemple prépare l'enfant à être plus compétent à l'école, et donc susceptible d'être identifié comme un leader parmi ses pairs ; une Église qui offre aux jeunes un sentiment d'appartenance minimise les risques d'influence négative des pairs ailleurs.

Deuxièmement, le leadership n'est pas fixé de façon irrévocable à la naissance. Si le leadership implique l'exercice d'un ensemble observable de compétences et de capacités utiles qui émergent avec les occasions et en fonction des situations (Adair, 2009, p. 7-33), presque tout le monde peut être un leader et, en fait, devrait viser à être un leader à un certain niveau, que ce soit dans un petit groupe, une famille, une Église ou une organisation (Kouzes et Posner, 1995, p. 1-2). Les gens peuvent naître avec des traits de personnalité tels que le charisme, l'extraversion et la créativité qui les prédisposent à des rôles de leadership particuliers. Cependant, la plupart des caractéristiques que possèdent les dirigeants peuvent être et sont apprises, comme le suggère le mot « développer ». Même les personnes charismatiques doivent perfectionner des compétences de leadership essentielles telles que les compétences relationnelles, la conscience de soi et le savoir-faire technique. Dans la pratique, les pasteurs, les enseignants, les animateurs de jeunesse et les spécialistes de l'éducation doivent concevoir leurs activités et leurs programmes de manière à donner à chaque enfant toutes les chances de grandir en croyant qu'il ou elle peut faire une différence positive dans le monde, une occasion de s'élever au rang de leader.

À la lumière de la multitude de crises qui secouent le continent africain, il faut un leadership de qualité, éthique, bien formé et impartial pour apporter des changements dans la vie politique, sociale, économique et culturelle, c'est-à-dire pour transformer le continent. Des dirigeants de renom ont fait remarquer que l'Afrique a besoin d'une révolution transversale du leadership parmi tous ses habitants, de ses hauts dirigeants à ses citoyens les plus pauvres (Maathai, 2009, p. 25). Ce chapitre suggère que cette révolution est possible, en transformant chaque étape de la vie sociale en une occasion de développement du leadership.

RÉFÉRENCES CITÉES

ADAIR John (2009). *How to Grow leaders. The Seven Key Principles of Effective Leadership Development*, London, Kogan Page.

ADAMS Avril (2011). « The Role of Skills Development in Overcoming Social Disadvantage », document de référence preparé pour l'*Education for All Global Monitoring Report 2012*, Paris, UNESCO.

AKINTOLA Olagoke (2011). « What Motivates People to Volunteer? The Case of Volunteer AIDS Caregivers in Faith-Based Organizations in KwaZulu-Natal, South Africa », *Health Policy and Planning* 26/1, p. 53-62.

AVOLIO Bruce (2004). *Leadership Development in Balance. MADE/Born*, Mahwah, NJ, Lawrence Erlbaum.

AVOLIO Bruce J., WALUMBWA Fred O., WEBER Todd J. (2009). « Leadership. Current Theories, Research, and Future Directions », *Annual Review of Psychology* 60/1, p. 421-449.

BLOOM David, CANNING David, CHAN Kevin (2006). *Higher Education and Economic Development in Africa*, Boston, Harvard University.

EBY Lillian T., ALLEN Tammy D., EVANS Sarah C., NG Thomas, DUBOIS David (2008). « Does Mentoring Matter? A Multidisciplinary Meta-analysis comparing Mentored and Non-mentored Individuals », *Journal of Vocational Behavior* 72/2, p. 254-267.

FOURIE Willem, MERWE Suzanne C. (van der), MERWE Ben (van der) (2015). « Sixty Years of Research on Leadership in Africa. A Review of the Literature », *Leadership* 13/2, p. 221-251.

FREDRIKSEN Birger, KAGIA Ruth (2013). « Attaining the 2050 Vision for Africa Breaking the Human Capital Barrier », *Global Journal of Emerging Market Economies* 5/3, p. 269-328.

GATUNE Julius (2010). « Africa's Development beyond Aid. Getting out of the Box », *The ANNALS of the American Academy of Political and Social Science* 632/1, p. 103-120.

GIFFORD Paul (2009). *Christianity, Politics, and Public Life in Kenya*, New York, Columbia University Press.

HARUNA Peter Fuseini (2009). « Revising the Leadership Paradigm in Sub-Saharan Africa. A Study of Community-based Leadership », *Public Administration Review* 69/5, p. 941-950.

JAMES Rick (2008). « Leadership Development Inside-Out in Africa », *Nonprofit Management and Leadership* 18/3, p. 359-375.

JOHNSON Andrew M., VERNON Philip A., MCCARTHY Julie M., MOLSON Mindy, HARRIS Julie A., JANG Kerry L. (1999). « Nature vs. Nurture. Are Leaders Born or Made? A Behavior Genetic Investigation of Leadership Style », *Twin Research* 1/4, p. 216-223.

KOUZES James M., Posner Barry (1995). *The Leadership Challenge. How to Keep Getting Extraordinary Things*, deuxième édition, San Francisco, Jossey-Bass Publishers.

MAATHAI Wangari (2009). *The Challenge for Africa*, New York, Pantheon Books.
MADHAVAN Sangeetha, CROWELL Jacqueline (2014). « Who Would You Like to Be Like? Family, Village, and National Role Models among Black Youth in Rural South Africa », *Journal of Adolescent Research* 29/6, p. 716-737.
ROGOFF Barbara (2003). *The Cultural Nature of Human Development*, Oxford, UK, Oxford University Press.
SAUGSTAD Letten F. (2002). « Third World Adversity. African Infant Precocity and the Role of Environment », *Nutrition and Health* 16/3, p. 147-160.
SMITH David (2013). « Investigating Patrick Shaw, Kenya's Most Dreaded Cop », *Daily Nation* (25 mars), http://www.nation.co.ke.
TEAL Francis (2010). « Higher Education and Economic Development in Africa. A Review of Channels and Interactions », *Journal of African Economies* 20 (Suppl. 3), p. iii50-iii79.
UNESCO (2013). « Adult and Youth Literacy », UNESCO Institute for Statistics, http://www.uis.unesco.org.
VENTER Elza (2004). « The Notion of Ubuntu and Communalism in African Educational Discourse », *Studies in Philosophy and Education* 23/2-3, p. 149-160.
ZUCCHINO David (1988). « A Kenyan Lawman. Large in Life, Now Larger in Legend », *Philly.com* (13 mars), http://articles.philly.com.

Chapitre 4

Le rôle du capital social pour les leaders qui ont de l'impact

Steven D. H. Rasmussen

« Tout fonctionne de manière relationnelle. Pour avoir un impact sur quelque chose, il faut être investi relationnellement », a déclaré Oscar Muriu, pasteur d'une mégaéglise kenyane. De fait, il a dit m'avoir accordé du temps pour un entretien pendant son jour de congé uniquement à cause de notre relation. Mes vingt ans d'expérience en Afrique de l'Est confirment les propos d'Oscar Muriu. Je peux accomplir une quantité incroyable de choses si j'ai des relations – et presque rien sans en avoir.

L'idée que les relations sociales ont une grande valeur est à la base de la théorie du capital social, qui souligne que dans toute société, des relations sociales positives impliquant une confiance mutuelle et une obligation réciproque sont essentielles pour le succès et l'épanouissement humain (Putnam, 2000, p. 19). De telles relations constituent une sorte de capital, une ressource qui permet à des choses importantes de se produire. Les dirigeants, pour réussir, doivent être capables de puiser dans un capital social important, de le gérer et de l'utiliser.

Notre enquête avait pour but d'identifier les principaux dirigeants chrétiens africains dont l'impact est jugé positif. Cependant, notre enquête nous a en même temps permis d'identifier ceux qui ont un capital social élevé. Nous avons demandé à 8 041 chrétiens africains de nous dire qui les avait le plus influencés et quels étaient les dirigeants chrétiens et les organisations qui, selon eux, avaient le plus d'impact positif dans leurs communautés. Les répondants ont été invités à évaluer ces dirigeants sur leurs compétences, leur sagesse, leur intégrité éthique, leur réputation positive, leur utilisation efficace des ressources, leur amour et leur service pour les autres, et leur capacité à mobiliser les membres de la communauté à des fins positives. Ainsi, les critères mêmes que nous avons utilisés pour identifier les leaders stratégiques pour l'étude de suivi les ont également identifiés comme étant riches en capital social – comme ayant une confiance sociale et la capacité d'établir des relations au nom d'une certaine vision partagée du bien. Parmi les personnes les plus connues, les plus fiables et les plus respectées identifiées dans notre enquête, nous avons sélectionné et interrogé une variété de dirigeants ecclésiastiques et de personnalités laïques, ainsi que les dirigeants des organisations les plus efficaces. Nous avons rédigé plus de cinquante profils et avons tenté de répondre aux questions suivantes : que pouvons-nous apprendre de ces dirigeants et organisations à fort capital social ? Quels types de capital social sont à l'origine du succès de leurs dirigeants ? Comment développent-ils ce capital social ? Comment utilisent-ils ce capital social dans l'exercice de leur leadership ?

LES COÛTS, AVANTAGES SOCIAUX ET TYPES DE CAPITAL SOCIAL

Le capital social a des coûts et des avantages pour les personnes concernées, mais aussi pour la communauté au sens large (Putnam, 2000, p. 20). Par exemple, mon entretien avec le pasteur Oscar nous a fait perdre du temps, mais a également permis de bâtir notre relation. Il a également eu un coût et des avantages pour la Nairobi Chapel, dont il est le pasteur principal et dont je suis membre. J'espère que vous en tirerez profit en tant que lecteur de ce livre. Les liens sociaux favorisent également les « obligations mutuelles » et les « normes solides de réciprocité » (Putnam, 2000, p. 20). Ces engagements sont souvent pris avec des personnes spécifiques. Toutefois, ils incluent également des engagements plus généraux, tels que l'engagement d'aider tout membre de la famille ou de la congrégation qui est dans le besoin. De telles normes et interactions répétées produisent et démontrent la confiance et encouragent des environnements plus efficaces (Horsager, 2012). De nombreuses études ont montré que le capital social produit des effets positifs importants. Putnam, par exemple, présente des preuves aux États-Unis pour montrer que « le capital social nous rend plus intelligents, plus sains, plus sûrs, plus riches et plus aptes à diriger une démocratie juste et stable » (Putnam, 2000, p. 290).

Des chercheurs ont identifié trois types de capital social, qui reflètent trois types de relations sociales. Certaines relations sont entre des personnes qui sont de même origine démographique. Plutôt que d'être distantes ou différentes, ces personnes ont tendance à être « proches » et « comme moi » (Lin, 2002, p. 39). Elles vivent dans la même communauté, fréquentent la même Église, font partie des mêmes clubs, parlent la même langue maternelle, ont des modes de vie similaires et entretiennent des relations solides les unes avec les autres. Les sociologues parlent de cette forme de relation comme d'un *capital social d'attachement*. Le capital social d'attachement est facile à former, implique des niveaux d'obligation élevés et offre un soutien social et émotionnel fort. Les relations avec la famille et les amis proches font partie du capital social d'attachement. Le capital social d'attachement existe au sein des groupes ethniques, religieux, linguistiques, raciaux et tribaux.

Cependant, le même capital d'attachement qui crée de fortes loyautés au sein d'un groupe entrave souvent le développement de relations positives au-delà des principales divisions sociales. Les sociétés sont souvent caractérisées par de profondes divisions ethniques, religieuses, linguistiques, raciales ou tribales autour desquelles s'articulent souvent l'inimitié, les préjugés, les griefs et les rancunes, les conflits et la violence. Les chercheurs ont toutefois appris qu'il existe souvent des individus dont les relations stratégiques permettent de combler ces « clivages sociaux » majeurs, des relations qui ont des implications stratégiques sur le plan social. Ils identifient ces relations comme constituant une autre forme de capital social, le *capital social d'accointances* (Putnam, 2000, p. 22). On peut dire que les personnes qui établissent des liens sociaux lorsqu'elles s'installent dans une nouvelle communauté ou un nouveau pays, lorsqu'elles apprennent une deuxième, troisième ou quatrième langue, ou lorsqu'elles travaillent en étroite collaboration avec des personnes d'autres religions ou groupes ethniques, ont un capital social d'accointances. Ce dernier réduit les préjugés au sein d'un groupe, permet le transfert de nouvelles idées et ressources, renforce la confiance et l'engagement entre les groupes et permet une action coopérative au-delà des principales barrières sociales.

Enfin, les chercheurs soulignent que le monde n'est pas seulement divisé horizontalement par des clivages culturels, ethniques, linguistiques ou religieux, mais aussi verticalement par d'énormes différences de richesse, de statut et de pouvoir. Ainsi, les personnes ou les Églises qui sont pauvres et impuissantes peuvent avoir un capital social important avec d'autres personnes ou Églises qui sont pauvres et impuissantes, mais peuvent quand même être défavorisées. Leur situation est probablement très différente de celle des personnes qui ont également des liens sociaux de nature verticale – des liens sociaux avec des individus ou des institutions riches en capital matériel et humain. En particulier dans les contextes où il existe une pauvreté comparative, les sociologues soulignent la valeur des relations significatives de confiance et d'obligation mutuelles qui lient les personnes verticalement à travers les niveaux d'éducation, de statut, de pouvoir, de richesse et d'influence (Woolcock et Radin, 2008, p. 432 ; cf. Brown, 2008, p. 212-214 ; Priest, 2008, p. 259-261). Lorsque de telles relations verticales existent, on peut parler de la présence d'un *capital social instrumental*. Nos recherches ont démontré que les dirigeants chrétiens africains utilisent et développent efficacement ces trois formes de capital social.

LE CAPITAL SOCIAL D'ATTACHEMENT

Des proverbes comme « Je suis parce que nous sommes » et « Il faut un village pour élever un enfant » expriment l'importance du capital social d'attachement en Afrique. Le capital social d'attachement est essentiel pour le soutien émotionnel, social et matériel (Lin, 2002, p. 41-50). Par exemple, une étude récente portant sur 298 familles kenyanes, principalement pauvres, les a interrogées toutes les deux semaines pendant un an sur l'ensemble de leurs revenus et dépenses. Ces ménages dépendaient très fortement de leur capital social d'attachement. En effet, 27 % de leurs revenus provenaient d'amis et de parents (Zollman, 2014, p. 4). « Pour les grands et les petits besoins, les deux stratégies les plus importantes pour faire face à ces situations étaient premièrement de demander des contributions au réseau social, et deuxièmement d'emprunter au réseau social » (Zollman, 2014, p. 28).

Parfois, le capital social d'attachement qui sous-tend les initiatives stratégiques est ethnique. Par exemple, si la Bomaregwa Welfare Association (BWA) du Kenya se réunit dans une église, reçoit un soutien limité de celle-ci et compte de nombreux membres chrétiens, son principal réseau social est fondé sur le clan. Bien que la plupart de ses membres vivent à Nairobi, leurs liens sociaux proviennent d'un clan qui occupe cinq kilomètres carrés dans le cadre du village rural d'où ils ont migré. Le but initial du BWA était de s'entraider dans le nouveau cadre de la ville en cas de maladie et de deuil. Plus tard, les membres du BWA se sont rendu compte que beaucoup de personnes dans leur village d'origine étaient également en difficulté. Ils ont donc créé un comité BWA correspondant dans le village. Leur but est de promouvoir la cohésion sociale et le développement. Ils considèrent leur unité clanique comme une force et un succès essentiels. Ils ont contribué à l'éducation, notamment en construisant une école polytechnique dans le village.

Les Églises offrent également de nombreuses possibilités de développer des relations dans le cadre de la vie de la congrégation. Elles enseignent aux gens à prendre soin des autres, à être généreux, à servir et à faire du bénévolat. Elles encouragent des valeurs qui rendent les gens dignes de confiance et contribuent ainsi à la confiance sociale. En bref, les Églises sont un facteur important de création de capital social (Cnaan et al., 2003, p. 22). Une étude menée dans les zones rurales de Tanzanie a montré que les Églises contribuaient au capital social des Tanzaniens plus que toute autre institution et que les ménages des villages à capital social élevé étaient matériellement plus prospères (Narayan et Pritchett, 1999). Nos propres recherches en ont constamment apporté la preuve. Par exemple, le Magena Youth Group fait partie d'une Église adventiste du septième jour dans la ville kenyane de Magena. Il a été fondé pour aider les jeunes à grandir spirituellement et à rester « loin des drogues, de l'alcoolisme et de l'immoralité ». Mais bientôt, ses jeunes aidaient à construire des maisons pour les personnes âgées, s'occupaient d'enfants handicapés, rendaient visite aux malades et aux personnes âgées, aidaient ceux qui étaient dans le besoin et chantaient toujours. Le groupe recueille des fonds pour ces activités en plantant et en vendant des arbres et de l'herbe de Napier, et en vendant des disques compacts de chansons que sa chorale a enregistrées. Le capital social que le Magena Youth Group encourage se situe au sein d'un groupe ethnique spécifique (Kisii), d'une ville spécifique (Magena), d'une Église et d'une confession spécifiques (adventiste du septième jour). Il illustre donc le *capital social d'attachement*, un facteur essentiel de bien-être social pour les membres de ces communautés.

Nos recherches ont constamment montré que les dirigeants chrétiens ont acquis un capital humain et social par leurs activités religieuses. La femme pasteur Luisa Mateus, originaire d'Angola, rapporte qu'enfant, sa participation à la chorale lui a appris « l'unité, l'amour et le respect ». À l'âge de douze ans, elle a été nommée chef de sa chorale de jeunes. Aujourd'hui, en tant que femme pasteur, elle bénéficie d'une vie passée à accumuler de nombreux liens sociaux avec une grande variété de groupes confessionnels, des chœurs aux groupes de femmes, en passant par les groupes d'hommes, d'enfants et de jeunes. Les pasteurs qui sont des leaders clés ont manifestement des relations sociales très fortes avec des personnes qui font partie de leur communauté, et ils réussissent en tant que leaders en partie grâce à leur capacité à exploiter ces relations pour remplir des engagements communs.

L'ethnicité et la religion peuvent toutes deux donner le sentiment de communauté et de relation qui repose sur le capital social d'attachement. Les confessions et les groupes ethniques prennent le capital social d'attachement de la congrégation ou de la famille et élargissent ce dernier à un groupe beaucoup plus large. On recherche des liens, matrimoniaux ou autres, au sein de son groupe. L'avantage est qu'une personne peut s'installer dans une nouvelle ville ou même dans un nouveau pays et trouver un certain « monde » auquel elle peut appartenir et qui l'aide. Notons que les frontières entre l'ethnicité et la confession ou la religion coïncident parfois. Les anciens accords de courtoisie missionnaire divisaient les différents domaines de mission d'une manière qui coïncidait parfois avec les frontières ethniques. Ainsi, au Kenya, 72 % des 389 adventistes du septième jour interrogés étaient des Kisii et 88 % des 78 membres de l'Armée du salut étaient des Luhya. En Angola, 95 % des 293 baptistes interrogés (Igreja Evangélica Batista de Angola) étaient Bakongo, et 92 % des 589 membres interrogés (Igreja Evangélica Congregacional de Angola) étaient Ovimbundu. Ce schéma était beaucoup moins vrai en RCA. Lorsqu'on a demandé aux répondants de nommer un pasteur qu'ils considéraient comme ayant le plus grand impact positif, 77 % des Angolais et 65 % des Kenyans ont nommé un pasteur de leur propre groupe ethnique. Cependant, seulement 37 % des personnes interrogées en RCA l'ont fait. Cela est dû, au moins en partie, au fait qu'en RCA, la langue unique qu'est le sango est devenue un facteur d'unification essentiel entre les Églises et les groupes ethniques. Il convient de rappeler qu'il n'existe pas une Afrique unique, où tous les pays présentent les mêmes caractéristiques.

Les Églises sont particulièrement aptes à produire du capital social d'attachement, ce qui présente de merveilleux avantages, mais peut aussi avoir un côté plus sombre. Toute forme de capital peut bien sûr « être utilisée à des fins malveillantes et antisociales » (Putnam, 2000, p. 22). Cependant, la nature même du capital social d'attachement est « tournée vers l'intérieur et tend à renforcer les identités exclusives et les groupes homogènes... En créant une forte loyauté au sein du groupe, [il] peut aussi créer un fort antagonisme à l'extérieur du groupe » (Putnam, 2000, p. 22-23). L'ethnocentrisme, le sectarisme et la corruption accompagnant souvent le capital social d'attachement, comme lorsque le capital social d'attachement ethnique joue un rôle central dans la corruption du gouvernement kenyan, comme le raconte le livre *It's Our Turn To Eat* (Wrong, 2010). Lorsque les frontières des Églises et des confessions coïncident avec les allégeances ethniques d'un groupe, le capital social qui en résulte peut avoir des conséquences doublement fâcheuses, comme cela a été le cas lors des violences postélectorales au Kenya en 2008, lorsque certains responsables d'Églises ont contribué à la jalousie et aux tensions ethniques. Le problème n'est pas le capital social d'attachement en soi, mais le capital social d'attachement affirmé à l'exclusion du capital social de transition et de lien. En outre, étant donné que les sociologues et les politologues ont souvent associé la religion presque exclusivement au capital social d'attachement, il devient particulièrement important d'examiner le rôle des leaders chrétiens africains dans la promotion du capital social d'accointances et instrumental.

LE CAPITAL SOCIAL D'ACCOINTANCES

L'Afrique n'échappe pas à la réalité qui veut que nous vivions tous dans des mondes divisés. Les gens sont souvent divisés par leur ethnie, leur confession et leur religion. L'identité est parfois imprégnée de rancunes historiques. Pour être l'un des « nôtres », vous ne devez pas être l'un des « leurs ». Nous ne sommes pas « eux ». Nous sommes meilleurs qu'« eux ». Nous nous rappelons comment « ils » nous ont fait du mal, nous ont volés, nous ont ignorés, nous ont tués dans le passé. Par conséquent, aussi bon que soit le capital social d'attachement, il y a un grand besoin du capital social d'accointances entre ces diverses identités et groupes. Les dirigeants et les organisations chrétiennes que nous avons étudiés contribuent-ils à ces divisions en renforçant les liens au sein des groupes ? Ou amènent-ils les gens à créer des réseaux, des normes et même de la confiance au-delà de ces divisions historiques entre groupes ? Si oui, comment jettent-ils des ponts entre les groupes ethniques et les confessions religieuses ? Certains ont-ils trouvé les moyens de combler le fossé entre chrétiens et musulmans ?

Combler les fossés ethniques

Si certaines confessions religieuses réaffirment leur loyauté et leur identité ethniques au sein d'un groupe, d'autres comblent ces fossés. Au Kenya, l'Église anglicane et l'Église catholique romaine ont toutes deux travaillé au-delà des clivages ethniques, contrairement à certaines des plus anciennes Églises missionnaires. Il en va de même pour de nombreuses Églises plus récentes. Après les violences postélectorales de 2008 au Kenya, de nombreuses organisations et Églises se sont concertées pour jouer un rôle dans la lutte contre l'impact de telles allégeances ethniques. Transform Kenya a été explicitement lancé en réponse aux violences postélectorales de 2008. Pour les élections de 2013, Transform Kenya a recommandé la prière et a prêché une série de sermons dans plusieurs églises, appelant les gens à choisir leurs dirigeants en fonction de leur caractère et de leurs compétences, et non de leur appartenance ethnique. Le pasteur Oscar Muriu a prêché que la tribu est bonne, le tribalisme mauvais. Il a dit à ses fidèles qu'il valait mieux choisir un bulletin « au hasard » que de voter pour quelqu'un simplement parce que cette personne porte un nom de famille de sa propre tribu. De tels pasteurs ont prêché que notre identité la plus profonde, qui est fondée sur l'Écriture, n'est pas ethnique (Ép 3.19-20 ; 4.3-6).

En plus de prêcher, nombre de ces dirigeants construisent des églises, des associations et des organisations interethniques, afin de développer un capital social d'accointances. Les Églises CITAM et Nairobi Chapel, par exemple, travaillent intentionnellement à la création de congrégations multiethniques avec un personnel pastoral multiethnique.

Combler les fossés confessionnels

Comme nous l'avons mentionné précédemment, en Angola et au Kenya l'ethnicité et la confession religieuse sont souvent les mêmes, de sorte que ces deux pays peuvent diviser les gens sur la base d'animosités historiques. Bon nombre des personnes que nous avons interrogées ont souligné que les confessions contribuaient souvent à la division entre les chrétiens. Eunice Chiquete, d'Angola, l'a exprimé ainsi : « Un autre défi réside dans l'esprit confessionnel qui plane encore parmi de nombreuses confessions religieuses – ce qui n'encourage pas la coopération pour l'expansion du royaume de Dieu. »

Et pourtant, bon nombre des dirigeants et des organisations que nous avons étudiés ont réussi à forger un capital social d'accointances interconfessionnel.

L'un des principaux moyens utilisés par Putnam (2000) pour suivre la montée et la chute du capital social en Amérique est le développement de divers groupes ou organisations bénévoles et la participation à ceux-ci. En effet, ceux qui ont participé à notre étude ont développé un capital social d'accointances au-delà des clivages, en créant des groupes et des réseaux chrétiens interethniques et interconfessionnels. De tels groupes développent des rituels, un objectif et une culture de groupe communs à travers des réunions régulières et en travaillant ensemble avec fidélité et amour. Divers types d'organisations le font, y compris les conseils d'Églises, les séminaires interconfessionnels et les organisations paraecclésiastiques.

Les conseils d'Églises nationaux, comme le NCCK et le Conseil des Églises chrétiennes d'Angola (CICA), ont eu un impact significatif en créant des ponts entre les confessions au niveau national. Un dirigeant du NCCK a déclaré :

> De manière générale, notre vision est celle d'une seule Église. Nous sommes pour l'unité. Nous croyons en ce que Jésus a enseigné sur le fait d'[être] un... Le pays s'est inquiété du fait que les questions de confessions devenaient équivalentes au tribalisme dans le pays. Nous avons donc essayé de faire tomber les murs du confessionnalisme en construisant des ponts à travers la communauté. C'est notre objectif principal.

Au cours de ses trente-sept années d'existence, le CICA a également gagné la confiance de ses Églises membres, du peuple angolais, de l'Afrique et du monde entier, grâce à sa position d'ouverture et de coopération avec tous. Selon notre interlocuteur, le personnel du CICA est composé de toutes les principales ethnies angolaises. Le CICA est un exemple du rôle de telles organisations. Pendant la guerre fratricide angolaise alimentée par des puissances extérieures, le CICA a uni ses forces à celles de l'Alliance évangélique angolaise, de l'Église catholique romaine et d'autres Églises indépendantes pour fonder le Comité interecclésiastique pour la paix en Angola (COIEPA). En parlant au gouvernement d'une seule voix représentant toutes les Églises, ils ont obtenu un impact positif significatif en faveur de la paix.

Les associations interconfessionnelles peuvent également avoir une influence par l'intermédiaire des ministères indépendants qu'elles créent, tels que les écoles théologiques interconfessionnelles que nous avons observées dans chaque pays. À la fin des années 1970 et au début des années 1980, l'Association des évangéliques en Afrique (AEA), dans le but de préparer les évangéliques africains à un enseignement théologique de niveau supérieur, a créé la Faculté de Théologie Évangélique de Bangui (FATEB) pour les Africains francophones et la Nairobi Evangelical Graduate School of Theology (NEGST) pour les Africains anglophones. Ces deux établissements offrent un enseignement de grande qualité avec un riche mélange interconfessionnel, interethnique et international de professeurs et d'étudiants. Le fait que des pasteurs et des responsables théologiques de différentes confessions, pays et origines ethniques soient formés dans la même école permet naturellement d'établir des relations interconfessionnelles entre les responsables des Églises.

Au Kenya, par exemple, nous avons découvert que nombre de dirigeants des organisations kenyanes les plus influentes (telles que le NCCK, FOCUS Kenya, Daraja La Tumaini) et des Églises (CITAM, Nairobi Chapel) étaient des diplômés de NEGST qui avaient manifestement de vastes liens sociaux au-delà des clivages confessionnels, liens qui ont été renforcés par leur formation à NEGST. On peut aussi considérer la FATEB, qui, dans notre enquête, a reçu le plus grand nombre de voix en tant que première organisation chrétienne de RCA. Comme nous l'expliquerons en détail au chapitre 5, la FATEB a récemment joué un rôle d'unification et de consolidation de la paix au lendemain de la guerre civile en RCA. C'est la seule institution qui a été profondément appréciée et respectée par pratiquement tous les chrétiens protestants. Lorsque le pape François a visité la RCA et a souhaité rencontrer les dirigeants protestants, la rencontre a eu lieu (le 29 novembre 2015) à la FATEB. En Angola, l'ISTEL, la seule école théologique interconfessionnelle du pays, a également été désignée par les Angolais comme l'une des principales organisations chrétiennes d'Angola. Son conseil d'administration interconfessionnel « représente le comité exécutif de l'Alliance évangélique angolaise et a une portée nationale ». L'ISTEL est en partenariat avec de nombreuses confessions qui y envoient des étudiants et bénéficient également de ses diplômés. Elle contribue à l'établissement de liens interconfessionnels entre les dirigeants des Églises en Angola. La distance et les différences sont comblées lorsque les gens étudient, vivent et pratiquent le culte ensemble.

D'autres organisations interconfessionnelles et paraecclésiastiques facilitent le capital social d'accointances entre les futurs leaders laïcs. FOCUS Kenya, par exemple, rassemble quarante-deux mille membres dans des organisations chrétiennes interconfessionnelles et interethniques dans presque toutes les universités du Kenya. Des cultes hebdomadaires, des études bibliques et des activités de sensibilisation en équipe permettent de développer un capital social d'accointances entre les différents étudiants. FOCUS relie ces nombreux groupes de campus au sein d'une organisation nationale. FOCUS est en contact avec des groupes similaires dans toute l'Afrique et dans le monde entier par l'intermédiaire de l'IFES, y compris l'Intervarsity Christian Fellowship (IVCF) aux États-Unis. Calisto Odede, qui a passé des décennies à la tête de FOCUS, a été l'un des orateurs vedettes de la conférence des missions d'Urbana de l'IVCF aux États-Unis, tout comme le pasteur Oscar Muriu – illustrant la gamme de liens sociaux favorisés. L'Union des Étudiants Chrétiens au Kenya (Students' Christian Fellowship) est une autre organisation non confessionnelle, en l'occurrence axée sur les jeunes dans plus de trois mille écoles secondaires, tandis que Scripture Union centre son ministère sur les jeunes dans environ trois mille écoles primaires du Kenya. De nombreux jeunes rencontrent Jésus, deviennent des disciples et ont la possibilité de diriger des groupes. La plupart des responsables d'Églises kenyanes ont été formés par au moins un de ces trois groupes. Cela permet de construire un capital social d'accointances interconfessionnel. De même, en Angola, Mocidade para Cristo accompagne les jeunes de nombreuses dénominations. Son plus grand rêve « est de voir les Églises angolaises travailler ensemble à l'expansion du royaume de Dieu ».

Un grand nombre de dirigeants identifiés dans le cadre de notre enquête servent dans des organisations interconfessionnelles. Nombre de leaders ecclésiastiques identifiés dans le cadre de notre enquête servent non seulement leur Église particulière, mais aussi des organisations interconfessionnelles. René Malépou est actuellement président de la Communauté des Églises Baptistes Indépendantes, mais il est également professeur à l'École Biblique Théologique des Frères, à la FATEB, et à l'École Baptiste ouverte il y a deux ans. Il est profondément engagé dans le dépassement des clivages confessionnels. Malépou affirme que : « Si nous continuons toujours à vivre avec nos différences, cela ne contribuera pas à notre salut. Notre doctrine biblique est davantage axée sur nos intérêts égoïstes, [et] nous n'atteindrons jamais l'objectif. »

Même s'ils ne servent pas de façon interconfessionnelle, de nombreux dirigeants d'Églises ont des réseaux qui le font. Par exemple, Edward Munene implante une Église de sa confession, les Assemblées de Dieu, au Kenya, et fréquente l'école de sa confession. Cependant, il reste aussi en contact étroit avec des amis de FOCUS. Certains d'entre eux sont pentecôtistes, tels que les pasteurs du CITAM. D'autres ne le sont pas. Par exemple, il reproduit dans son Église beaucoup de choses inspirées des Églises de la Nairobi Chapel et de ses amis pasteurs – la Chapelle de Savuno, Simon Mbevi et le pasteur Oscar Muriu.

Munene développe également un capital social d'accointances interculturel dans son ministère. Il a déménagé de Nairobi pour implanter une Église à Mombasa. Il discute de ses idées de sermon avec des non-chrétiens et les révise en fonction de leurs commentaires. Comment a-t-il appris à établir des relations avec des personnes différentes de lui ? Il mentionne avoir appris de ses relations interculturelles en grandissant dans la ville de Nairobi :

> Dès mon plus jeune âge, l'un de mes meilleurs amis était un Ougandais. Nous étions trois garçons qui traînions ensemble, dont l'un était Éthiopien. J'ai donc grandi dans un environnement multiculturel, ce qui m'a permis d'apprécier très tôt les autres cultures et de me rendre compte que nous traversons tous les mêmes difficultés, quel que soit le pays. En quatrième année, mon meilleur ami était un Asiatique (un Kenyan d'origine indienne).

Munene est un pasteur aux intérêts variés. Il affirme avoir lu 130 livres au cours de l'année précédente. Il tient un blog et reste en contact avec de nombreuses personnes. Tout cela contribue à sa capacité inhabituelle à établir des relations avec un large éventail de personnes.

Combler les fossés interreligieux

L'Angola, la RCA et le Kenya sont tous à majorité chrétienne. La RCA et le Kenya comptent d'importantes populations minoritaires musulmanes, mais le nombre de musulmans en Angola est faible. Si une foi commune peut parfois créer une unité entre des personnes par ailleurs diverses, la religion peut également créer une identité de « nous » contre « eux ». En Afrique, le christianisme et l'islam ont créé l'unité entre les adeptes de chaque religion, mais aussi l'hostilité les uns contre les autres. Au cours des deux dernières années, les tensions entre musulmans et chrétiens se sont intensifiées au Kenya, notamment parce que le groupe terroriste Al Shabaab a tué plus de quatre cents personnes dans des attaques contre des Églises, des centres commerciaux, des bus et une université, pour la plupart sur la côte. Ils prétendent viser spécifiquement les chrétiens. Cependant, la plupart de ces terroristes somaliens ne connaissent aucun chrétien. À l'échelle mondiale, seuls 14 % des membres des autres religions du monde connaissent personnellement un chrétien (Johnson et al., 2015). La distance à franchir est très grande.

Dans notre enquête, nous avons demandé aux personnes interrogées dans quelle mesure leur Église offrait une forme de ministère d'évangélisation parmi les musulmans. Les résultats sont présentés dans le tableau 4.1.

Tableau 4.1. Ministère de l'Église auprès des musulmans

Dans quelle mesure votre Église fournit-elle un ministère d'évangélisation auprès des musulmans ?	Angola	RCA	Kenya
Pas du tout	85,8 %	59,8 %	41,5 %
Très peu	7,5 %	20,0 %	23,3 %
Moyennement	3,1 %	9,5 %	17,1 %
Beaucoup	3,6 %	10,7 %	18,2 %

La plupart des personnes interrogées ont indiqué que leurs Églises ne s'intéressaient pas ou peu à l'islam. Toutefois, environ 11 % en RCA et 18 % au Kenya ont indiqué que leurs Églises faisaient « beaucoup » dans le domaine de l'évangélisation des musulmans. Le chapitre 5 rapporte la manière dont les organisations et les dirigeants chrétiens de RCA ont récemment joué un rôle essentiel dans la consolidation de la paix à travers le fossé entre les musulmans et les chrétiens. Nos entretiens au Kenya ont également révélé un éventail impressionnant de moyens par lesquels les chrétiens de ce pays établissent des relations positives et s'engagent auprès des musulmans au nom de la paix et du témoignage chrétien. Pour les dirigeants (tels que l'évêque Bosco) et les organisations (telles que le Mombasa Church Forum, Redeemed Academy, Word of Life) de la côte kenyane dominée par les musulmans, l'établissement de relations de confiance avec les dirigeants musulmans a été la clé du succès. Cosmas Maina, qui a reçu le deuxième plus grand nombre de votes au Kenya en tant que leader ecclésiastique ayant un impact, s'est associé à des musulmans pour prendre en charge des toxicomanes. Le NCCK et le Mombasa Church Forum se sont efforcés de former les leaders musulmans en tant que partenaires de dialogue, en apportant leur soutien aux candidats politiques musulmans qui développent des approches positives de relations interreligieuses, et en s'associant à la police de proximité contre la violence interreligieuse.

L'évêque John Bosco a reçu le plus grand nombre de nominations par les chrétiens kenyans comme étant le pasteur qui a le plus d'impact. Ses compétences interculturelles et linguistiques l'ont aidé à développer un capital social d'accointances avec les musulmans comme avec les chrétiens. Il a grandi dans un bidonville de Nairobi et, après des années sans emploi, il a pris contact avec son ancien directeur, qui s'est souvenu de lui et l'a affecté à Mombasa pour enseigner. Il ne savait pas que cet homme qui l'envoyait pour aider sa région d'origine était un musulman Digo. Lorsqu'il a essayé de prêcher pour la première fois dans la région de Digo, qui est entièrement musulmane et qui se situe au sud de Mombasa, les gens lui ont jeté des pierres. Cependant, il a appris et s'est adapté à la culture, il est devenu moins conflictuel, il a utilisé le swahili côtier dans ses prédications, et pour finir a parlé le digo. Il a remarqué que les Digo, malgré leur identité de naissance musulmane, et malgré leur désir initial de brûler son Église, n'étaient pas très pratiquants. Il a fait remarquer que les écoles locales étaient « très mauvaises et peu performantes », et a conclu que s'il avait la possibilité d'offrir une excellente école chrétienne, mais qui accueillerait les enfants Digo et les aiderait à réussir leur scolarité, les parents les plus « sérieux » amèneraient leurs enfants dans cette école. En créant un « espace où les enfants chrétiens peuvent se mêler aux enfants musulmans », les musulmans en viendront à « comprendre que les chrétiens ne sont pas aussi mauvais que ce que leurs parents leur ont dit ». Bosco rapporte que son école, la Redeemed Academy, avec ses 350 élèves, est « devenue l'une des écoles les plus performantes du quartier », avec « 50 % d'enfants musulmans ». L'hostilité s'est dissipée, parce que de nombreux enfants Digo ont réussi leur scolarité grâce à l'école. Les Digo locaux considèrent l'école comme la leur et ne sont pas enclins à brûler le bâtiment qui forme également leurs enfants.

Ainsi, nous constatons que nombre de ces dirigeants et organisations influents créent non seulement des liens, mais aussi un important capital social d'accointances entre les groupes ethniques, confessionnels, et même religieux. Ils le font en prêchant et en démontrant une identité plus grande, en particulier en tant que concitoyens chrétiens, mais aussi en tant que voisins ayant des défis communs à relever avec les musulmans. Ils construisent des églises, des réseaux et des organisations interethniques. Les conseils interconfessionnels et/ou interethniques des églises, des écoles et des organisations paraecclésiastiques offrent des possibilités d'activités partagées, d'identité, d'objectivité, de but, de normes et de confiance. Les organisations de jeunesse et les écoles qui rassemblent des personnes de différentes ethnies, confessions et religions construisent très tôt des programmes qui produisent parfois des réseaux pour la vie. Des dirigeants ont développé et utilisé ces réseaux de rapprochement. Ils ont également appris de nouvelles langues et cultures pour jeter des ponts. En servant les musulmans, puis en servant avec les musulmans, des relations et des attitudes plus chaleureuses ont été établies.

LE CAPITAL SOCIAL INSTRUMENTAL

Les gens sont divisés par des différences de culture et d'identité, qui ne sont pas seulement horizontales. Notre monde est rempli d'incroyables hiérarchies de richesse, de statut et de pouvoir. Au sein des communautés qui partagent un niveau socioéconomique spécifique dans la hiérarchie, il existe souvent des réseaux étroits d'obligation, de confiance et de réciprocité, en d'autres termes, un capital social d'attachement. Cependant, les liens relationnels sont généralement beaucoup moins nombreux dans la division verticale des hiérarchies socioéconomiques. Ainsi, la position initiale des individus et de leurs Églises au sein de ces hiérarchies impose des contraintes marquées sur les ressources dont ils disposent. Avec le capital social d'attachement, les normes de réciprocité entre les pauvres donnent accès aux ressources limitées de ceux qui sont également pauvres. Les chercheurs qui cartographient les réseaux de relations observent des schémas de relations denses au sein des groupes sociaux et des couches socioéconomiques, mais notent également qu'il existe souvent des trous sociaux là où il n'y a pas de liens entre des groupes qui sont positionnés différemment sur le plan socioéconomique. Pourtant, les chercheurs ont remarqué qu'il existe parfois des relations qui traversent ces fractures socioéconomiques, ce qui contribue à amener les riches et les pauvres à établir des relations au-delà de la fracture verticale. Ces relations constituent un type différent de capital social, le capital social instrumental (Lin, 2002, p. 69-72 ; Woolcock et Radin, 2008), et permettent d'obtenir des résultats significatifs, en particulier au sein des communautés caractérisées par une plus grande pauvreté. Les personnes et les organisations qui comblent ou qui relient les fossés structurels entre les réseaux isolés peuvent profiter aux deux groupes, en contribuant à la transmission des informations et des ressources au-delà des clivages, tout en fournissant des orientations stratégiques à tous ceux qui participent à des projets communs (Lin, 2002,

p. 57-77). Les recherches ont montré que le capital social instrumental peut aider les gens à obtenir des emplois, des postes plus élevés, un avancement économique, à se préparer aux crises familiales et à accéder à l'information sur les soins de santé, car il permet de franchir les clivages verticaux du « pouvoir, de l'influence, de la richesse et du prestige » (Wuthnow, 2002, p. 670).

Selon Jean-François Bayart (2000), l'Afrique existe au sein d'un ordre économique mondial tel que les Africains réussissent à exercer leur leadership, non seulement en raison des rapports sociaux qui vont vers le bas, en direction des adeptes, mais aussi vers le haut, à l'extérieur et dans le monde, en direction de ceux qui ont des ressources. Il considère cette *extraversion*, mot qu'il utilise pour nommer leurs efforts pour tirer profit des réseaux internationaux, comme faisant simplement partie d'un système d'exploitation. Mais d'autres chercheurs font remarquer que même les dirigeants américains exercent un leadership efficace grâce à leur capacité à établir des liens vers le haut, avec ceux qui gèrent des ressources importantes (le capital social instrumental). En effet, si la plupart des spécialistes du capital social reconnaissent qu'il peut y avoir un « côté sombre » dans la manière dont toute forme de capital social est utilisée (voir, par exemple, Wuthnow, 2002), la plupart soulignent également que chacune des trois formes de capital social est essentielle à des fins positives. De plus, lorsque les chrétiens se rapprochent au niveau mondial dans le cadre de valeurs transcendantes partagées, et dans le cadre de la confiance et de l'honnêteté, leurs efforts de collaboration peuvent réaliser bien plus que ce que l'un ou l'autre des partenaires pourrait réaliser sans ces relations.

Les Églises aident les gens à établir des liens. Les recherches de Wuthnow montrent que « les personnes qui appartiennent à des Églises sont plus susceptibles que celles qui n'en font pas partie de dire qu'elles ont des amis qui sont des dirigeants politiques, des cadres d'entreprise ou des personnes fortunées » (2002, p. 682). Les relations entre les Églises peuvent relier les personnes et les institutions au-delà des écarts plus importants, voire internationaux. Les recherches de Wuthnow (2009) montrent à quel point les Églises américaines et leurs fidèles sont liés aux Églises, aux organisations chrétiennes et aux personnes d'autres pays. Étant donné la distance et la différence entre la plupart des Africains et les personnes, les Églises et les organisations ayant un grand pouvoir et une grande influence, une grande richesse et un grand prestige, il est particulièrement important de relier les capitaux. Dans le passé, par rapport à d'autres régions, les Africains étaient relativement coupés les uns des autres ainsi que de l'éducation, de l'économie et des communications internationales. Par conséquent, les relations internationales qui comblent les fossés entre les pays et les Églises plus ou moins riches méritent une attention particulière.

En Afrique, les réseaux religieux internationaux sont souvent le cadre où l'on trouve des relations de confiance et d'engagement qui dépassent les frontières socioéconomiques – des relations qui forment la base d'une action sociale coordonnée. Le christianisme est très dynamique en Afrique et en Amérique du Nord, mais la force particulière du christianisme africain, avec son énergie, son dynamisme et son nombre, existe dans un espace socioéconomique radicalement différent de celui du christianisme nord-américain, qui gère une grande partie des ressources matérielles du christianisme mondial. Bien entendu, lorsque les gouvernements d'Europe ou d'Amérique du Nord souhaitent transférer des ressources vers des régions telles que l'Afrique, leur manque de contact étroit avec les personnes les plus démunies signifie que les ressources sont généralement transférées d'une manière qui incite à des niveaux élevés de corruption et à une utilisation abusive par des intermédiaires sans scrupules. Les chrétiens et les Églises de pays lointains souhaitent aussi parfois orienter les ressources vers l'Afrique et à l'intérieur de celle-ci de manière à promouvoir des objectifs chrétiens. Cependant, ils peuvent manquer de relations étroites et de connaissances de base qui permettraient que ces ressources soient administrées avec sagesse. Les Églises africaines, les organisations chrétiennes et les dirigeants chrétiens ont toutefois tendance à promouvoir des valeurs qui créent la confiance (contre la corruption), mais ils sont aussi étroitement liés aux personnes qui se trouvent dans des situations de grand besoin. La confiance leur est accordée au niveau local. Ils connaissent bien le contexte. Il n'est pas surprenant que même les gouvernements laïques ou les organisations d'aide trouvent souvent que ces réseaux religieux (Églises, autres institutions et dirigeants) sont des partenaires largement préférables aux partis non religieux locaux.

Bon nombre de leaders africains et d'organisations que nous avons étudiés sont capables de développer un capital social au-delà des clivages socioéconomiques et nationaux et se sentent à l'aise pour le faire. Comment ont-ils développé et utilisé les mécanismes de rapprochement interculturel et international, et en particulier le capital social instrumental ? Comment établissent-ils des liens du haut vers le bas ? Comment atteignent-ils des objectifs importants à travers leurs relations et le transfert de ressources ?

Les dirigeants à titre individuel

Les leaders développent un capital social d'accointances et instrumental grâce à des mouvements, des formations, des expériences et des relations interculturelles et internationales. Dans l'ensemble, les dirigeants que nous avons interrogés avaient une vaste expérience interethnique, interculturelle et internationale. La plupart avaient vécu et/ou étudié en dehors de leur pays (au Canada, en France, en Inde, en Italie, au Royaume-Uni, aux États-Unis, au Brésil, ainsi que dans de nombreux pays africains). Nombre d'entre eux voyagent régulièrement au niveau national, régional et international. Ils surmontent les distances et les différences pour élargir leurs réseaux.

Cependant, il y avait des différences entre les pays. Les sept dirigeants de RCA et huit des dix dirigeants du Kenya avaient acquis une partie de leur formation en dehors de leur propre pays. Sur les six dirigeants angolais que nous avons interrogés, deux n'avaient pas voyagé plus de quinze jours dans les pays africains voisins ; trois avaient passé entre un mois et demi et six mois à étudier en dehors de l'Angola (et avaient également voyagé) ; un avait vécu et étudié huit ans au Brésil. Les dirigeants angolais disposaient également d'un capital social international et interconfessionnel moins important. Cela est particulièrement vrai pour les protestants. L'une des raisons de cette situation est liée à la langue. Le portugais est une langue moins universelle que le français ou l'anglais.

La plupart des Africains connaissent plusieurs langues. En plus de leur langue maternelle (élément clé pour le capital social d'attachement), toutes les personnes interrogées parlent couramment la langue de l'ancien dirigeant colonial de leur pays (élément clé pour le capital social d'accointances et instrumental). Cela leur a permis de développer un capital social à travers le pays, la région et le monde. De telles compétences linguistiques leur ont permis de voyager, mais aussi de vivre et d'étudier dans un environnement multiculturel. En particulier, la majorité d'entre eux ont passé leur temps à l'étranger dans un pays où la langue coloniale était parlée. Par exemple, les Kenyans ont vécu aux États-Unis, au Royaume-Uni ou en Inde. Les Angolais ont étudié au Brésil. Les dirigeants de RCA ont travaillé et étudié en France, au Canada et dans d'autres pays francophones d'Afrique.

En raison de la prédominance de l'anglais dans l'enseignement, et en particulier dans l'enseignement théologique protestant, les dirigeants kenyans semblaient avoir un capital social instrumental plus international que les dirigeants de l'Angola et de RCA. Et pourtant, un certain nombre de ceux d'Angola et de RCA avaient également appris l'anglais, étudié en anglais ou vécu dans des pays anglophones. Par exemple, Adelaide Catanha a visité la Suisse, les États-Unis, le Ghana, l'Afrique du Sud et la Hongrie, mais n'a vécu à l'étranger que pendant six mois au Kenya tout en apprenant l'anglais. Malgré cela, après avoir terminé ses études en Angola en portugais, elle a étudié en ligne pour son master en Espagne (espagnol) et son doctorat aux États-Unis (anglais). Le fait de parler la même langue que les protestants britanniques, sud-africains et nord-américains, plus prospères, facilite la communication et les partenariats. Cela permet également à ces dirigeants africains d'avoir une main plus forte lorsqu'ils traitent avec les partenaires étrangers.

L'éducation joue également un rôle clé dans le développement du capital humain, ainsi que dans le capital social d'accointances et instrumental. L'éducation formelle peut préparer une personne, par le biais de livres, d'enseignants et d'autres étudiants, à rencontrer des personnes ayant des points de vue différents. Cela permet de développer la pensée critique et de créer des ponts et/ou des liens d'amitié. Le contenu même de l'éducation prépare souvent à l'acquisition de compétences culturelles et relationnelles. Ainsi,

René Malépou de RCA estime que ses études en anthropologie l'ont aidé à mieux comprendre les autres et l'ont préparé à travailler avec des équipes et des individus difficiles dans des circonstances difficiles – y compris des missionnaires paternalistes et des pasteurs qui se battent pour le contrôle de finances limitées. De même, Eunice Chiquete a utilisé les connaissances acquises grâce à des études missiologiques au Brésil et en Angola pour être un intermédiaire efficace qui dirige au-delà des diverses lignes ethniques, confessionnelles, nationales et socioéconomiques, et qui mobilise divers groupes au service des initiatives de différents ministères. Les relations acquises à l'école sont parfois de type relationnel, comme lorsque l'ancien directeur de Bosco a aidé à lui trouver un emploi clé à Mombasa. Non seulement beaucoup de nos dirigeants ont étudié à l'étranger, mais beaucoup d'entre eux ont également étudié dans des institutions africaines qui avaient elles-mêmes des liens avec le monde entier. Ainsi, la FATEB, la NEGST et l'ISTEL ont tous des professeurs étrangers, et tous ont des professeurs africains qui ont étudié à l'étranger. La formation théologique de niveau supérieur, avec ses besoins en bibliothèques, en abonnements en ligne et en technologie informatique, par exemple, est toujours coûteuse. Presque nulle part au monde, ces dépenses ne sont couvertes par les seuls frais de scolarité. Ces écoles africaines assurent donc un enseignement de qualité, en partie grâce aux relations qu'elles entretiennent avec des partenaires à l'étranger qui les aident à préparer des ressources pédagogiques, technologiques, bibliothécaires et autres.

Le ministère de l'évêque Maisha bénéficie de son capital social instrumental. Ayant étudié aux États-Unis et voyageant périodiquement d'un pays à l'autre, il a tissé des liens avec des professionnels en Amérique et en Angleterre et a servi d'intermédiaire à de nombreuses équipes de professionnels venant au Kenya – médecins, infirmières, hommes d'affaires, avocats et magistrats. Ces équipes interviennent de diverses manières, comme la prestation de services médicaux ou la prise de contact avec des collègues dans les hôtels. Lorsque Maisha a fait venir des États-Unis au Kenya un chef de police de haut rang, et que ce chef de police a offert à la police kenyane la possibilité de visiter et d'étudier en Amérique, cela a naturellement été très apprécié. De plus, comme ce visiteur s'est explicitement identifié comme chrétien lorsque Maisha l'a présenté à toutes sortes de hauts fonctionnaires, Maisha a par la même occasion suscité le respect en ce qui concerne l'impact de son propre ministère au Kenya. Il a développé des partenariats aux États-Unis qui lui ont permis de former des responsables ecclésiastiques, d'accorder des bourses, d'offrir des soins médicaux, d'implanter des Églises et d'aider des orphelins et d'autres familles moins fortunées. En bref, l'impact du ministère de Maisha est grandement renforcé par l'établissement de liens sociaux tant vers le haut que vers le bas.

De son côté, le pasteur Oscar Muriu développe un capital social d'accointances et instrumental. Il relie des Églises et des réseaux partenaires aux États-Unis, en Australie, en Allemagne et en Inde, principalement pour implanter des Églises au Kenya et dans d'autres villes charnières d'Afrique et pour assurer des ministères de justice sociale. La Nairobi Chapel prend en charge les frais de scolarité et le soutien scolaire de plus de trois cents étudiants issus de milieux pauvres. Un pasteur adjoint a maintenant pris la relève pour diriger les milliers d'étudiants de l'Église locale, de sorte que le pasteur Oscar peut passer la moitié de son temps en déplacement pour se mettre en contact avec des partenaires internationaux et avec les soixante Églises que la Nairobi Chapel a implantées.

Les organisations

Les *organisations* chrétiennes efficaces et leurs dirigeants font également un usage important du capital social instrumental (ainsi que du capital d'attachement et d'accointances), qu'ils utilisent pour exercer leur ministère, pour construire l'unité et la confiance, et pour accéder aux ressources : financières, de formation, de compétences et de conseil. Ils établissent des liens vers le haut au niveau international et vers le bas au niveau local pour aider les plus démunis. St. Martin's a une organisation partenaire en Italie et des stagiaires internationaux, mais sa plus grande influence vient de ses milliers de bénévoles locaux engagés qui travaillent avec les plus vulnérables de leurs communautés. En plus de cet exemple, toutes les organisations mentionnées dans la rubrique « capital social d'accointances » s'efforcent également d'utiliser le capital social instrumental au niveau international. Par exemple, l'ICCA et le NCCK sont en contact avec des organismes internationaux, dont le Conseil œcuménique des Églises (COE), et avec des donateurs internationaux. Elles établissent également des liens entre les Églises et le gouvernement. Les politiques gouvernementales ont été influencées par la voix unie du CICA, du NCCK et du Mombasa Church Forum.

Nous avons centré nos entretiens et nos rapports sur les organisations locales. Mais des missionnaires ou d'autres personnes extérieures ont investi un temps considérable pour mettre sur pied nombre d'entre elles. Certaines étaient des organisations internationales qui ont été fondées de l'extérieur et qui ont gardé des liens avec l'extérieur, même si elles ont désormais une direction locale (Campus pour Christ, Youth for Christ). Certaines étaient encore dirigées par le premier dirigeant africain qu'elles avaient eu, par exemple, Cheptebo, St. Martin's, Word of Life, Nairobi Chapel et Tenwek Community Health and Development (TCHD). D'autres étaient dirigés par des leaders africains qui avaient remplacé les précédents leaders africains et étaient donc depuis longtemps dirigés par des Africains, par exemple le NCCK, FOCUS Kenya, Scripture Union et la plupart des Églises. Dans les deux cas, il y avait généralement des liens importants avec des réseaux et des partenaires internationaux. Quelques-uns ont été créés par des personnes locales ayant de bonnes compétences en matière de création de liens externes et de confiance, telles qu'Alice Kirambi et la Kenyan Christian Partners Development Association. La plupart de ces organisations avaient des dirigeants de longue date, persévérants, engagés et dignes de confiance, qui avaient développé un capital social d'attachement, d'accointances et instrumental. La succession des dirigeants est un défi, qui comprend la manière dont le successeur maintient ou développe les relations et le capital social.

La TCHD possède un capital social solide auprès des communautés locales, des Églises, du gouvernement kenyan et des bailleurs de fonds internationaux. Les dirigeants actuels de la TCHD kenyane ont fait l'éloge du dernier missionnaire qui les a formés et a travaillé avec eux pendant des années, tout en emmenant chacun d'eux avec lui en Amérique pour tisser des liens avec les donateurs. Alors que la plupart des employés travaillent principalement dans les villages, ces dirigeants ont passé la majorité de leur temps à partager la vision de la TCHD avec les missionnaires en visite, en envoyant des rapports par courriel aux organisations de parrainage, par exemple, Samaritans Purse et PEPFAR (mise en relation). Ils ont plus de travail maintenant, car ils doivent approcher plus de donateurs, étant donné que chacun donne de moins en moins. L'USAID a été leur principal donateur initial, mais ils ont cherché d'autres organismes de financement, car l'USAID n'autorise l'utilisation d'aucune de ses ressources à des fins religieuses. Cela était en conflit avec leur propre vision de l'intégration des soins à la foi chrétienne. Le capital social de la TCHD dans les villages signifie également que les villageois demandent souvent à des organisations plus récentes de coopérer et de se coordonner avec la TCHD. Même lorsqu'elles créent du lien vers le haut et vers le bas, la TCHD a mis davantage l'accent sur l'encouragement du capital social d'attachement grâce à des processus propres aux gens et en travaillant davantage par le biais des Églises.

Un autre modèle est le rôle de médiateurs des dirigeants et des organisations, reliant les personnes qui ont des ressources à celles qui ont des besoins. Ces ressources ou besoins peuvent impliquer une compréhension plus profonde de Dieu, de la littérature, de l'éducation ou un sens de la réalité. Les fondateurs missionnaires non africains ont souvent utilisé les relations d'une source de soutien plus riche dans leur pays d'origine pour en faire bénéficier le ministère dans leur nouveau foyer africain, ce que le prêtre italien qui a fondé St. Martin's a fait. Cependant, beaucoup de ces dirigeants africains utilisent leurs relations avec des personnes différentes dans un pays plus riche au bénéfice de leur région d'origine et de leur population, là où ils vivent et servent actuellement. Par exemple, le juge Onesmus Makau, et surtout sa femme, ont acquis un capital social international et des compétences spécifiques lorsqu'ils vivaient au Royaume-Uni. Ils ont utilisé ce capital pour créer une organisation qui aide les gens dans leur village d'origine. Ses relations avec les femmes de ces groupes sont tout aussi importantes (de même que le capital de relation).

En bref, nous avons constaté, cas après cas, que les dirigeants africains efficaces entretiennent des relations de confiance et d'engagement avec les populations locales qu'ils dirigent et servent, ainsi qu'avec les personnes d'autres origines ethniques, confessionnelles et religieuses. Cependant, il est particulièrement vrai que ces dirigeants peuvent mobiliser une action commune au nom d'une vision pour le bien commun, une action commune qui regroupent les uns et les autres au-delà des différences marquées de richesse, de pouvoir et de statut. C'est grâce aux valeurs fondamentales qui sont partagées et au sens de partenariat au sein du corps universel du Christ que ces dirigeants, dont la sagesse et l'intégrité leur ont valu la confiance, sont capables de mobiliser et de canaliser une énergie et des ressources importantes vers le bien commun. Le capital social instrumental est un élément essentiel du leadership chrétien africain dans le monde contemporain.

CONCLUSION

« Investissez en Afrique ! Les tigres sont maintenant apprivoisés, investissez dans les lions », disent les économistes. Beaucoup ont essayé d'aider l'Afrique avec des dons. D'autres, plus prévoyants, ont investi dans le capital financier physique (infrastructures), naturel (environnement), humain (éducation) et social. Mais parmi les « cinq grands », celui qui est le plus apprécié et le plus utilisé par les dirigeants africains et le plus négligé par les étrangers est le capital social. Les dirigeants et organisations chrétiens africains qui ont été étudiés ont tendance à avoir un capital financier ou physique modeste, mais un capital humain élevé, et parfois un capital social très élevé. On attend des dirigeants chrétiens africains reconnus comme sages et dignes de confiance par un large éventail de personnes qu'ils dirigent et orientent les efforts de collaboration qui favorisent les objectifs du royaume en Afrique. Que pouvons-nous apprendre en étant à leur écoute ?

1. *Investir dans les relations.* Développer et utiliser le capital social d'attachement, d'accointances et instrumental. Bien que ces éléments se fassent facilement concurrence, une approche conjointe et complémentaire crée plus d'impact. Investir dans la famille et les Églises locales permet de construire la base et de bénir l'ensemble de la communauté ; cependant, investir dans un capital social d'accointances et instrumental plus difficile à établir est crucial dans notre monde divisé.

2. *Investir dans le capital humain par le biais de l'éducation formelle et du mentorat.* Faisons du développement du capital social un objectif clé et un élément du programme d'études. Formons aux compétences interculturelles, à l'apprentissage des langues et à l'établissement de relations avec ceux qui sont différents. Une telle formation peut aider ceux qui vont de l'Angola au Brésil, de l'Italie au Kenya, ou d'un bidonville de Nairobi à la côte de Mombasa. Elle peut donner les compétences nécessaires pour nouer des relations avec des missionnaires paternalistes ou avec des personnes de

confessions ou d'ethnies différentes. Encourageons les études, les voyages et le ministère dans un cadre interculturel, que ce soit dans un autre pays ou dans l'un des séminaires internationaux d'Afrique. Permettre la lecture et l'écriture au moyen de livres, de courriels ou de réseaux sociaux. Il ne doit pas y avoir deux poids deux mesures. Les Africains et les étrangers ont besoin de tout ce qui est mentionné ci-dessus. Wuthnow (2009) a raison : dans un monde interconnecté comme le nôtre, le capital social international est important pour les chrétiens américains et africains. Nous avons besoin les uns des autres et de notre capital social commun pour construire le royaume de Dieu. Nous avons particulièrement besoin de liens et de relations solides entre les personnes et les fournisseurs de ressources. Nous avons besoin de ces liens entre toutes les races, nationalités, langues et statuts. Il faut de nombreux éléments différents pour combler les immenses lacunes et disparités de notre monde.

3. Investir non seulement dans les individus, mais aussi dans les Églises et les organisations qui peuvent créer toutes sortes de capital social. Renforcer les échanges et investir dans les liens entre ces organisations et ces Églises, au niveau national et international. La langue et la culture créent des barrières supplémentaires qu'il faudra s'efforcer de surmonter. Nous avons trouvé de nombreux liens, même au niveau international, dans les régions anglophones, lusophones et francophones, mais peu de contacts entre elles. Les Kenyans sont beaucoup plus susceptibles d'aller en Amérique ou en Grande-Bretagne qu'en Angola ou en RCA. Cela conduit à des disparités importantes en matière de capital social. Les dirigeants kenyans ont un capital de liens internationaux plus important que les dirigeants de RCA ou de l'Angola. L'établissement d'un capital social instrumental avec les dirigeants et les organisations chrétiennes influentes d'Afrique mérite d'être encouragé.

4. Investir dans la recherche. Comme partout ailleurs, l'Afrique a sa part de dirigeants et d'organisations chrétiennes inefficaces et mauvaises, mais aussi de bons dirigeants et de bonnes organisations. La recherche peut contribuer à apporter la sagesse nécessaire aux partenariats. Les méthodes de recherche que nous avons utilisées ont permis de détecter et d'étudier plus de cinquante dirigeants et organisations incroyablement efficaces et dignes de confiance dans trois pays. Des rapports sur chacun d'eux sont maintenant disponibles et, bien sûr, ce livre analyse et présente les résultats de la recherche. L'extension de cette étude aux cinquante autres pays d'Afrique pourrait révéler de nombreuses autres organisations et dirigeants efficaces et respectés au niveau local, qui vaudront la peine d'être soutenus.

Sans que nous le leur demandions, de nombreuses personnes interrogées ont évoqué la même relation fondamentale comme étant la principale explication de leur impact. Elles ont rendu gloire à Dieu. Elles ont affirmé être inspirées et habilitées par Jésus et le Saint-Esprit. Cette étude montre qu'à travers des personnes différentes, Dieu construit son royaume et bénit l'Afrique.

RÉFÉRENCES CITÉES

Bayart Jean-François (2000). « Africa in the World. A History of Extraversion », *African Affairs* 99/395, p. 217-267.
Brown Carl M. (2008). « Friendship Is Forever. Congregation-to-Congregation Relationships », dans *Effective Engagement in Short-Term Missions. Doing It Right!* sous dir. Robert J. Priest, Pasadena, CA, William Carey Library, p. 209-238.
Canaan Ram A., Boddie Stephanie C., Yancey Gaylor I. (2003). « Bowling Alone but Serving Together. The Congregational Norm of Community Involvement », dans *Religion as Social Capital. Producing the Common Good*, sous dir. Corwin E. Smidt, Waco, TX, Baylor University Press, p. 19-31.
Horsager David (2012). *The Trust Edge. How Top Leaders Gain Faster Results, Deeper Relationships, and a Stronger Bottom Line*, New York, Free Press.
Johnson Todd M., Zurlo Gina A., Hickman Albert W., Crossing Peter F. (2015). « Christianity 2015. Religious Diversity and Personal Contact », *International Bulletin of Missionary Research* 39/1, p. 28-29.
Lin Nan (2002). *Social Capital. A Theory of Social Structure and Action*, Cambridge, Cambridge Univ. Press.
Lindsay D. Michael, Hager M. G. (2014). *View from the Top. An Inside Look at How People in Power See and Shape the World*, Hoboken, NJ, Wiley.
Narayan Deepa, Pritchett Lant (1999). « Cents and Sociability. Household Income and Social Capital in Rural Tanzania », *Economic Development and Cultural Change* 47/4, p. 871-897.
Priest Kersten Bayt (2008). « Women as Resource Brokers. STM Trips, Social and Organizational Ties, and Mutual Resource Benefits », dans *Effective Engagement in Short-Term Missions. Doing It Right!* sous dir. Robert J. Priest, Pasadena, CA, William Carey Library, p. 209-238.
Putnam Robert D. (2000). *Bowling Alone. The Collapse and Revival of American Community*, New York, Simon and Schuster.
Woolcock Michael, Radin Elizabeth (2008). « A Relational Approach to the Theory and Practices of Economic Development », dans *Handbook of Social Capital,* sous dir. Dario Castiglione, Jan van Deth et Guglielmo Wolleb, New York, Oxford University Press, p. 411-438.
Wrong Michela (2010). *It's Our Turn to Eat. The Story of a Kenyan Whistle-Blower*, New York, Harper Perennial.
Wuthnow Robert (2002). « Religious Involvement and Status-Bridging Social Capital », *Journal for the Scientific Study of Religion* 41/4, p. 669-684.
Wuthnow Robert (2009). *Boundless Faith. The Global Outreach of American Churches*, Berkeley and Los Angeles, University of California Press.
Zollman Julie (2014). « Kenya Financial Diaries. The Financial Lives of the Poor », *FSD Kenya*, http://fsdkenya.org.

Chapitre 5

Les réponses des dirigeants aux conflits armés

Elisabet le Roux et Yolande Sandoua

Les conflits violents ont été une réalité pour de nombreux pays sur le continent africain dans le passé, et plusieurs, comme l'Angola, le Kenya et la République centrafricaine (RCA), ont récemment connu divers types de conflit. L'Angola a subi une guerre civile prolongée ; le Kenya a connu des épisodes répétés de violences électorales et interreligieuses ; et la RCA est actuellement en plein conflit. Dans ce chapitre, nous nous concentrons sur la RCA, car elle offre une occasion unique et opportune d'étudier la manière dont les dirigeants et les organisations chrétiennes africaines sont affectés par ce conflit et y répondent activement. Les conflits dans ce pays ont éclaté alors que la recherche sur l'Étude sur le Leadership en Afrique (ELA) était encore en cours, ce qui a permis aux chercheurs d'interviewer un grand nombre de mêmes personnes avant et pendant le conflit.

Voici quelques informations sur le conflit en RCA : la violence qui a éclaté au cours de notre recherche sur l'Étude du Leadership en Afrique n'est que la dernière d'une série de coups d'État et de conflits. La RCA n'a connu qu'une seule fois un transfert de pouvoir pacifique, lors de son indépendance, en 1960 (Herbert, Dukham et Debos, 2013, p. 2 ; Carayannis et Lombard, 2015). La RCA est un État faible situé dans une région instable. Son modèle politique concessionnaire signifie que les personnes au pouvoir pratiquent une politique d'exclusion : le dialogue, les processus de paix et le partage du pouvoir sont des mensonges (Brown et Zahar, 2015, p. 14 ; Berg, 2008 ; Zoumara et Ibrahim, 2014). On pouvait donc s'attendre à ce qu'une opposition militaire au président Bozizé se manifeste. La Séléka – une coalition de groupes rebelles – a mené un violent coup d'État en décembre 2012, qui s'est terminé par l'occupation de la capitale, Bangui, par l'éviction de Bozizé et par l'installation de son propre dirigeant, Michel Djotodia, le premier dirigeant de RCA issu du nord-est, majoritairement musulman (Herbert, Kukham et Debos, 2013, p. 2-3 ;

Carayannis et Lombard, 2015 ; Debos, 2014). Les combats se poursuivent cependant avec la coalition anti-balaka, qui s'est opposée à la Séléka. Djotodia a démissionné et a été remplacé par Catherine Samba-Panza. La paix n'a pas encore été restaurée en RCA.

Comme notre recherche initiale sur l'ELA avait été menée avant que le conflit n'atteigne Bangui, des entretiens de suivi ont été réalisés par la suite pour les besoins de ce chapitre. Ces entretiens ont été menés avec les principaux leaders et organisations ciblés dans notre recherche précédente, mais en nous concentrant davantage sur leurs expériences et leurs réponses au conflit. Bien que nous ayons souhaité réinterroger tous les dirigeants et le personnel des organisations que nous avions interrogés la première fois, nous n'avons pu le faire qu'à Bangui, car les conditions de voyage dangereuses ont empêché le suivi des recherches ailleurs dans le pays. En outre, certains des dirigeants avaient quitté le pays et certaines organisations avaient fermé leurs portes. Nous avons pu interviewer d'autres dirigeants pour remplacer ceux que nous n'avons pas pu atteindre.

Les dirigeants chrétiens et le personnel des organisations suivants ont été interrogés, en mettant l'accent sur leurs expériences et leurs réponses aux conflits armés : Mme Marie-Louise Yakemba, une inspectrice des impôts du gouvernement qui était également impliquée dans deux organisations non gouvernementales, Aglow International et Samaritan's Purse ; le Dr David Koudougueret, pasteur de l'Union de la Fédération des Églises Baptistes ; le pasteur Ferdinand Gregonda, directeur adjoint de Perspectives Réformées Internationales (qui a depuis fermé) ; M. Edouard Nvouni, fonctionnaire et ingénieur qui soutient financièrement et concrètement diverses Églises ; le pasteur Rodonne Clotaire, président de la Fédération des Églises Évangéliques des Frères et également président du GAPAFOT (Groupe d'Action, de Paix et de Formation pour la Transformation), une ONG nationale. Des représentants de plusieurs de ces organisations chrétiennes ont également été interrogés, y compris le directeur de la station de radio Voix de l'Évangile ; le directeur de Adonaï Missions International (AMI) ; le directeur de l'Association Centrafricaine pour la Traduction de la Bible et l'Alphabétisation (ACATBA) ; le coordinateur de la Mission pour l'Évangélisation et le Salut du Monde (MESM) ; le directeur de la Société Biblique en RCA ; et le directeur du Campus pour Christ.

Lors de notre enquête initiale, l'organisation qui a reçu le plus grand nombre de nominations pour avoir l'impact le plus positif était la FATEB – la Faculté de Théologie Évangélique de Bangui. Puisque la FATEB a joué un rôle central et visible dans les réponses chrétiennes évangéliques au conflit violent, nous avons choisi de nous concentrer sur cette organisation. Les personnes suivantes associées à la FATEB ont été interrogées : Dr Weanzana Wa Weanzana Nupanga, doyen de la FATEB ; Dr Enoch Tompté-Tom, directeur académique et directeur de la recherche ; Pasteur Matoulou, directeur de l'administration ; Mme Marcelline Rabarieolina, directrice de l'école des femmes ; et le Dr Malépou, professeur dans trois écoles supérieures, y compris la FATEB.

LA DIMENSION RELIGIEUSE

Dans la presse internationale, le conflit en RCA est généralement qualifié de religieux (Onyulo, 2015 ; Vinograd, 2015 ; Al Jazeera et agences, 2015). Cependant, cette étiquette simplifie et déforme le sujet. Pour comprendre la dynamique religieuse présente, il faut comprendre l'histoire de la RCA.

La composition religieuse précise de la RCA est contestée[1]. Toutefois, tous conviennent que la RCA est principalement chrétienne, avec 10 à 15 % de la population musulmane (Arieff, 2014, p. 2 ; Brown et Zahar, 2015, p. 15 ; Kam Kah, 2014a, p. 34). Sur le plan historique, les régions nord du pays sont en grande partie musulmanes, et le sud chrétien, avec des dissensions entre les deux (Carayannis et Lombard, 2015 ; Kam Kah, 2014a, p. 34). Pendant la période précoloniale, les groupes musulmans ont fait des incursions chez les groupes non musulmans du sud pour obtenir des esclaves, ce qui a donné lieu à une vision hostile des musulmans qui perdure jusqu'à aujourd'hui et que les colonialistes français ont eu tendance à encourager (Kam Kah, 2014b, p. 33). Depuis l'indépendance, les chrétiens du sud ont dominé la politique, ce qui a suscité du ressentiment chez de nombreux musulmans du nord et la conviction que leur région est négligée et fait l'objet de discriminations (Berg, 2008 ; Kam Kah, 2014a).

Cependant, malgré l'instabilité politique et économique chronique depuis l'indépendance, la religion n'a jamais été la cause de conflits graves. Cela s'explique en partie par le fait que l'État est laïque (Carayannis et Lombard, 2015 ; Debos, 2014 ; Kane, 2014, p. 313). Cependant, sous l'administration du président Bozizé, la religion a été utilisée comme une arme politique, et les flux de capitaux et le contrôle des ressources naturelles ont été mis au profit de groupes religieux spécifiques. Le développement et la disposition des services gouvernementaux ont été principalement dirigés vers les communautés chrétiennes rurales (Kane, 2014, p. 312). Au cours de cette période, la violence contre les communautés musulmanes s'est intensifiée et une rhétorique antimusulmane a été établie et maintenue en présentant les musulmans comme étant des étrangers (Kam Kah, 2014b, p. 35). L'administration Bozizé a donc sans doute jeté les bases du

---

[1] Certaines sources soutiennent que les groupes religieux autochtones représentent à peu près 35 % de la population ; les protestants, 25 % ; les catholiques, 25 % ; et les musulmans, 15 %. D'autres sources soutiennent que la RCA se compose pour 76,3 % de chrétiens et 13 % de musulmans. Selon l'Organisation des Nations Unies, 80 % de la population est chrétienne. Parmi ceux-ci, 51 % représentent des Églises protestantes et 29 % des catholiques. Les musulmans représentent 10 %, et les animistes 10 % (Arieff, 2014, p. 2 ; Kam Kah, 2014b, p. 34).

séparatisme religieux qui a suivi à partir de 2009 (Berg, 2008 ; Kam Kah, 2014b, p. 35).

Notons, cependant, que la violence religieuse actuelle en RCA n'est pas le résultat principal des différences religieuses. La crise est révélatrice d'une lutte pour le pouvoir politique et aussi de tensions plus complexes concernant l'accès et le contrôle des ressources, le contrôle du commerce et le manque d'identité nationale (Arieff, 2014, p. 1 ; Kam Kah, 2014b, p. 35 ; Boré, 2014, p. 60). La religion a souvent été utilisée pour diviser un pays à des fins politiques : soit pour mobiliser la résistance au changement politique, soit pour créer un mouvement en faveur d'un tel changement, soit pour obtenir un pouvoir politique ou économique (Kasomo, 2010, p. 24 ; Welz, 2014, p. 604 ; Zoumara et Ibrahim, 2014). Par exemple, après le départ de Hosni Moubarak en Égypte, la violence s'est intensifiée entre la majorité musulmane sunnite et la minorité chrétienne copte. Avant l'éviction de Moubarak, seules des confrontations occasionnelles avaient lieu. De même, le gouvernement Assad en Syrie a utilisé une rhétorique partisane pour mobiliser les minorités syriennes alaouites, druzes et chrétiennes contre les manifestants essentiellement sunnites (Kam Kah, 2014a, p. 32).

La religion en RCA n'est donc pas la source du conflit, mais plutôt un outil dont abusent les dirigeants avides de pouvoir et de butin (Kane, 2014, p. 314 ; Welz, 2014, p. 606). La Séléka – souvent étiquetée comme une faction rebelle musulmane – comprend de nombreux rebelles non religieux. Plus important encore, seuls 10 % environ des membres de la Séléka sont des ressortissants centrafricains, les autres étant originaires du Tchad et du Soudan (Giroux, Lanz et Sguaitamatti, 2009, p. 13 ; Kam Kah, 2014b, p. 35). Alors que certaines factions au sein de la coalition déclarent que leur objectif est d'établir un État islamique indépendant, la composition de la Séléka démontre clairement que comprendre le conflit et les objectifs du mouvement comme étant principalement religieux est une erreur (Kam Kah, 2014b, p. 35-43).

Les anti-balaka sont nés en réponse à Djotodia et à la coalition Séléka, qui ont pris le pouvoir en 2013 (Kam Kah, 2014b, p. 36 ; Vlavonou, 2014, p. 321). L'affirmation selon laquelle les anti-balaka sont une réponse chrétienne à la Séléka est, à y regarder de près, trompeuse (Tomolya, 2014, p. 466). L'anti-balaka (c'est-à-dire « anti-machette ») est un genre de pouvoir censé être conféré par les amulettes qui pendent au cou de la plupart des membres (Kam Kah, 2014b, p. 36). Bien que de nombreux membres des anti-balaka se disent chrétiens, leur dépendance aux fétiches et amulettes animistes traditionnelles les distingue de la plupart des fidèles des Églises chrétiennes. En outre, qualifier le groupe rebelle de chrétiens ne tient pas compte du fait que beaucoup, sinon la plupart de ces rebelles, ont rejoint les anti-balaka pour des raisons politiques et économiques (Bøås, 2014, p. 4 ; Giroux, Lanz et Sguaitamatti, 2009, p. 16).

Les principaux chefs religieux musulmans et chrétiens de RCA déplorent que le conflit soit qualifié de religieux. L'imam musulman et l'archevêque catholique romain de Bangui s'opposent publiquement au conflit et aux affiliations religieuses attribuées aux groupes rebelles, et plaident avec passion pour la tolérance religieuse. De nombreux chefs religieux déclarent que les religions devraient encourager la paix, la cohésion et la tolérance, et que la violence actuelle est le résultat d'individus qui utilisent le discours religieux pour servir leurs ambitions politiques et leurs gains économiques (Kane, 2014, p. 314 ; Kisangani, 2015).

Les leaders interrogés par l'équipe de l'ELA étaient également d'avis que le conflit n'avait pas commencé pour des raisons religieuses. Le pasteur Rodonne Clotaire a soutenu qu'il a commencé à cause de l'extrême pauvreté et de la mauvaise gouvernance. Il a appuyé son argument en se référant au projet d'une ONG qui recrutait des volontaires pour travailler pour environ cinq dollars (US) par jour. La réponse a été immense :

> Laissez-moi vous dire que presque toutes les personnes impliquées dans la guerre, portant des armes, ont laissé leurs armes pour venir travailler ensemble pour survivre. Les combattants les plus extrêmes ont laissé leurs armes là où ils avaient l'habitude de les utiliser, pour venir prendre des charrues et des brouettes, afin de travailler. C'est dire que cette crise est avant tout une crise de pauvreté et de leadership. En effet, si tous ces jeunes parviennent à trouver un emploi, je suis sûr qu'ils ne perdront plus leur temps dans les conflits armés.

En même temps, le pasteur Clotaire a reconnu que, bien que le conflit n'ait pas commencé à cause de la religion, il a désormais une dimension religieuse. Les perceptions selon lesquelles le conflit est religieux se sont accrues, notamment en raison des reportages des médias, et la haine entre chrétiens et musulmans a donc augmenté. Cette perception alimente un cycle de violence de représailles entre chrétiens et musulmans. D'un autre côté, à l'instar d'autres leaders comme lui, Edouard Nvouni s'empresse de souligner qu'un « vrai chrétien » ne peut pas piller et détruire les biens d'autrui et déclare que « ces gens n'étaient pas chrétiens… [mais] des bandits qui ont profité de la situation pour détruire et voler les biens d'autrui ».

Un grand nombre de leaders et d'organisations clés identifiés par l'ELA abordent activement la dimension religieuse du conflit en mettant l'accent sur les messages religieux de pardon et de réconciliation et en s'engageant dans des activités interconfessionnelles. Edouard Nvouni, par exemple, a conseillé aux jeunes de sa région de ne pas entrer dans le conflit. Le pasteur Clotaire parle de jeunes chrétiens qui ont hébergé des musulmans dans leurs maisons pour leur éviter d'être lapidés, tandis que le Dr Malépou a lui-même hébergé trois musulmans.

Marie-Louise Yakemba a travaillé directement avec ses interlocuteurs musulmans pour la paix et la réconciliation entre les deux groupes confessionnels. Dans le cadre de son travail au sein d'une ONG et de l'Association des femmes pour la paix, elle rencontre régulièrement des femmes et des enfants musulmans. Ils s'encouragent et se soutiennent mutuellement et mènent ensemble des activités au sein de la communauté. L'ONG dans laquelle elle est impliquée a également distribué des boîtes cadeaux aux femmes et aux enfants musulmans qui ont cherché refuge à la mosquée centrale. Ensemble, en tant que musulmanes, catholiques et protestantes, ces femmes s'élèvent contre le conflit et utilisent divers forums, y compris la radio, pour demander aux belligérants de cesser les hostilités.

Yakemba travaille aussi activement à la réconciliation entre chrétiens et musulmans par le biais de conférences et de services religieux, ainsi qu'en accompagnant les familles endeuillées. Elle a raconté l'histoire suivante comme exemple du travail qu'elle fait maintenant régulièrement :

> Les Séléka ont lancé des grenades dans une église, et quatre enfants ont eu les pieds arrachés et amputés. Quand je suis allée les voir à l'hôpital, le médecin m'a dit de travailler auprès des parents. Il a dit : "Vous qui êtes chrétienne, travaillez avec les parents de ces enfants pour éviter les cycles de violence. Parce que ce que ces enfants ont vécu va continuer." L'oncle d'un des enfants est devenu anti-balaka à cause de ce qui est arrivé à son neveu. J'ai exercé mon ministère auprès des parents et des enfants, qui sont à présent très proches de moi, et l'esprit de vengeance est en train de disparaître. Les quatre enfants amputés des membres (le plus jeune avait neuf ans) sont venus à la conférence (une conférence sur la réconciliation qu'elle a organisée à la FATEB deux semaines avant l'entretien) et ont joué un sketch. Celui qui avait dix-huit ans a parlé aux gens qui étaient là pour voir ce qui leur était arrivé. Il a dit : "Nous étions aussi comme vous, mais maintenant des parties de notre corps sont coupées. Cependant, nous pardonnons à ceux qui nous ont fait tout ce mal." Il a exhorté le public à pardonner également. C'était émouvant. Les gens dans la salle de conférence ont pleuré. Le défi difficile pour moi est d'amener ces personnes à comprendre qu'elles doivent lâcher prise. Elles ne doivent pas exercer de vengeance.

Beaucoup de ces organisations sont également impliquées dans des activités interconfessionnelles. La FATEB fait partie de la Plateforme des confessions religieuses de Centrafrique, qui représente les groupes religieux de RCA. La plateforme est composée de l'archevêque catholique de Bangui, de l'imam de la mosquée de Bangui et du président de l'Association des évangéliques de RCA. En matière de communication avec les anti-balaka, la FATEB communique ses idées et ses réponses à la plateforme, qui à son tour communique directement avec les anti-balaka et d'autres groupes publics.

CONSÉQUENCES DES CONFLITS ARMÉS

Les conflits armés affectent évidemment les personnes au niveau individuel, et les responsables chrétiens ne font pas exception. Le pasteur Rodonne a échappé à trois enlèvements et a été obligé de quitter sa maison et de demander l'asile à la FATEB. Le Dr Enoch Tompté-Tom a hébergé chez lui des membres de sa famille qui ont été contraints de fuir d'autres régions, les nourrissant et les soignant, tout en devant subvenir aux besoins de ses deux fils, qui étudient à l'étranger. Le Dr Malépou a hébergé à un moment donné soixante-douze personnes, y compris des musulmans.

S'occuper des autres et subvenir à leurs besoins dans de telles circonstances est un lourd fardeau émotionnel. Le Dr Nupanga, président de la FATEB, a avoué qu'il était traumatisé par le fait d'être responsable de la sécurité de la communauté de la FATEB et de toutes les personnes déplacées qui y vivent, au point de souffrir d'insomnie. Mme Marie-Louise Yakemba a été affectée de la même manière lorsque les anti-balaka ont tué son neveu. Les membres de sa famille voulant se venger, elle a dû leur conseiller de ne pas le faire, tout en faisant face à son propre chagrin.

Le conflit a grandement affecté les principales organisations identifiées par l'Étude sur le Leadership en Afrique et aussi les organisations auxquelles appartiennent les leaders clés. La perte la plus évidente et la plus directe pour ces organisations a été les personnes. Le personnel et les membres ont été torturés et sont morts. Le pasteur Clotaire raconte qu'une bombe est tombée sur l'une de ses églises le 14 avril 2013, tuant quatre personnes et en blessant vingt-sept. Dans de nombreuses organisations, certains membres du personnel ont quitté le pays en raison du conflit, tandis que d'autres ont dû être licenciés, car l'organisation n'avait plus les moyens de les payer. Par exemple, la majorité des membres du personnel de Campus pour Christ sont désormais sans emploi, tandis qu'Adonaï Missions International a dû fermer plusieurs stations missionnaires et renvoyer ses missionnaires.

D'importantes ressources ont également été perdues. Des bâtiments ont été détruits, des voitures et des motos volées, des ordinateurs et des fournitures de bureau pillés. Le directeur de Campus pour Christ explique qu'il a presque tout perdu : « Les meubles, trois véhicules, les motos, les ordinateurs, le matériel de film sur Jésus, la radio et tous les accessoires… ont été volés et le lieu a été vandalisé. » En conséquence, le groupe se trouve maintenant dans des bureaux temporaires situés sur le campus de la FATEB, ce qu'il trouve également frustrant :

> Cette relocalisation forcée du directeur national de Campus pour Christ en République centrafricaine a eu un impact terrible sur notre plan d'action. Le directeur national partage un petit bureau à la FATEB avec d'autres services. Ce changement dans notre plan d'ac-

tion initial a eu un effet négatif sur nos vies, nos institutions, et aussi les Églises qui sont partenaires de Campus pour Christ.

Les implications financières du conflit ont été graves. De nombreuses organisations ont perdu leur financement externe, leurs partenaires refusant ou étant incapables de contribuer pendant le conflit, tandis que le soutien financier local s'est également tari. Le directeur de l'ACATBA explique qu'il y a peu d'activités aujourd'hui, car 95 % du financement de l'organisation provient de l'extérieur de la RCA. Certaines organisations, telles que la FATEB, sont également confrontées à des difficultés financières, en raison des dépenses supplémentaires liées à leur travail humanitaire dans le cadre du conflit. À un moment donné, la FATEB accueillait plus de deux mille personnes sur son campus et devait leur fournir de la nourriture, un abri et des services de soutien.

La perte de ressources humaines, matérielles et financières a eu pour conséquence évidente que toutes les organisations ont dû réduire leurs activités. Par exemple, la Société biblique de RCA n'est pas en mesure de distribuer des Bibles comme prévu et a dû limiter le nombre de ses cours d'alphabétisation. La FATEB a dû délocaliser certains de ses programmes académiques au Cameroun et a eu de grandes difficultés à terminer l'année académique. Perspectives Réformées Internationales a fermé ses portes, et GAPAFOT a dû suspendre les travaux à son siège. Campus pour Christ rapporte que tous ses projets prévus ont échoué. ACATBA a cessé ses activités dans les régions occupées par les rebelles et est maintenant « obligée de rester au même endroit, comme en prison, en attendant des jours meilleurs ». Toutes les organisations sont frustrées de ne pas pouvoir mettre en œuvre les activités prévues.

LES RÉPONSES AUX CONFLITS ARMÉS

Comme indiqué dans la section précédente, le conflit en RCA, et à Bangui spécifiquement, a sévèrement affecté et mis à l'épreuve les dirigeants chrétiens et les organisations. Toutefois, la recherche a également montré que ces dirigeants et organisations ont trouvé diverses réponses positives et autonomes dans ce contexte. L'engagement et le sacrifice du personnel d'organisation et de bénévoles ont contribué à apporter des réponses positives au conflit. Par exemple, l'existence continue de la station de radio Voix de l'Évangile est uniquement due à l'engagement de son personnel. Comme l'explique le directeur général :

> Concernant le matériel, tout l'équipement que nous avons a été fourni par nos soins. Chaque employé devait apporter ce qu'il avait chez lui, comme des microphones, des câbles et d'autres éléments. Même nos antennes n'ont pas été achetées au prix habituel, pour un poteau, le

coût est d'environ 3 000 000 à 4 000 000 francs CFA [environ 5 130 à 6 840 $ US]. Face à ce défi, le personnel est allé sur le terrain et a recueilli le fer qui a servi à faire le poteau. Nous avons seulement payé la main-d'œuvre, avec 200 000 francs CFA [environ 340 $ US].

Le directeur de l'ACATBA a également reconnu l'engagement de son personnel à poursuivre le travail de l'organisation. Cinquante-six des soixante employés travaillent encore :

> Les personnes travaillant pour ACATBA ne sont pas seulement des employés avec des salaires, mais elles sont tout d'abord missionnaires. Ce sont des hommes et des femmes qui sont engagés pour le royaume de Dieu. Ils contribuent à la valeur du salut des âmes et la formation de disciples dans ce pays. Par conséquent, tout ce qui s'est passé peut être vu comme la croix qu'ils portent pour la réalisation de ce ministère. C'est la principale raison pour laquelle le personnel est motivé.

Les dirigeants et les organisations ont répondu de diverses manières positives au conflit, comme le travail de secours humanitaire, le partenariat avec les organisations internationales et des particuliers, effectuant de nouveaux enseignements, et s'engageant dans des activités pacifiques, ayant pour résultat un accroissement de la cohésion sociale et un approfondissement de la foi.

Les réponses humanitaires

Plusieurs organisations sont impliquées dans des activités humanitaires. Le Dr Malépou rapporte qu'une station missionnaire baptiste à Bambari a accueilli neuf cents personnes. Il a eu l'occasion de quitter le pays, mais il a rebroussé chemin, parce qu'il était préoccupé par les chrétiens qu'il laisserait derrière lui. Il a donc choisi de « souffrir avec les autres, et le Seigneur nous a soutenus jusqu'à présent ». Adonaï Missions International a soutenu les veuves et a poursuivi la construction d'une école dans les collines du peuple Ndri. La Société biblique et l'ACATBA ont organisé des séminaires sur la guérison des traumatismes. La Société biblique rapporte que cette initiative a été très bien accueillie. La Société biblique a également distribué de la nourriture fournie par le Barnabas Fund (Fond Barnabas), qui est une organisation basée aux États-Unis.

La réponse humanitaire lancée par la FATEB a été la plus complète de toutes les organisations que nous avons examinées. De manière très pratique, la faculté s'est engagée dans l'aide humanitaire. Cette action n'était pas prévue, mais elle est le résultat de la situation géographique de la FATEB, de la sécurité du campus lui-même et du fait qu'il s'agit d'une institution très respectée, reconnue dans toute la RCA.

La FATEB a été fondée en 1977 par l'Association des évangéliques d'Afrique, afin d'équiper les hommes et les femmes pour le ministère de l'Église en Afrique francophone centrale et occidentale. Elle est souvent reconnue comme la principale institution théologique évangélique de niveau universitaire en Afrique francophone. Stratégiquement située à Bangui, ses anciens étudiants servent dans les dix-sept pays francophones subsahariens. L'importance et la signification de la FATEB ont été implicitement reconnues lorsque le pape François a inclus une visite à la FATEB dans sa visite de vingt-six heures en RCA en novembre 2015 (Sherwood, 2015). Son discours à la communauté évangélique a eu lieu à la FATEB.

Les personnes déplacées sont venues à la FATEB parce qu'elle est située dans une zone assez sûre qui a connu moins de combats que le reste de Bangui. De plus, tout le campus est clôturé et dispose de gardes de sécurité. Ainsi, les gens sont venus, ont supplié d'être accueillis, et la FATEB a répondu à leur appel à l'aide. Non seulement la FATEB a permis aux gens d'entrer dans l'enceinte, mais elle leur a également fourni un logement, un soutien psychologique et de la nourriture.

Le Dr Tompté-Tom était chargé de la prise en charge de ces réfugiés. Il a mis en place une équipe de personnes pour l'assister, et il a également consulté les personnes déplacées elles-mêmes pour voir de quels services et de quelle aide elles avaient besoin. En ce qui concerne le logement, toutes les salles de classe étaient occupées pendant la nuit, avec dix à

Figure 5.1. Le pape François aux côtés du Dr Nupanga Weanzana, Président de la FATEB

douze personnes par classe. Des tentes, données par le Conseil danois pour les réfugiés, ont également été installées. Les membres du personnel de la FATEB qui vivaient sur le campus ont accueilli les gens chez eux. La nourriture était fournie, d'abord par la FATEB, puis par des organisations d'aide internationale, incluant Tearfund, World Vision et le Programme alimentaire mondial. La Croix-Rouge a fourni un soutien médical en envoyant des secouristes, tout comme JUPEDEC (une ONG locale), qui a envoyé des médecins pour vacciner les enfants et fournir des moustiquaires. En ce qui concerne le soutien psychologique, le Dr Tompté-Tom a formé les membres de sa propre équipe, en insistant sur le fait qu'ils devaient écouter plutôt que poser des questions, car les personnes traumatisées ont besoin d'exprimer ce qui leur est arrivé. Un soutien spirituel a également été apporté sous la forme de séances de prière et de services dominicaux pour les personnes déplacées. En décembre 2015, de nombreux déplacés vivaient toujours à la FATEB. Comme l'a expliqué le Dr Nupanga, « [nous] devons reconnaître que la FATEB est devenue un refuge ».

Les activités de partenariat

Comme le souligne la réponse humanitaire de la FATEB, les partenariats ont été déterminants pour permettre aux dirigeants de répondre positivement au conflit. Diverses ONG locales et internationales ont aidé la FATEB à répondre aux besoins des personnes déplacées qui étaient hébergées sur le campus. La situation de conflit a également permis à la FATEB de former de nouveaux partenariats, dans ce cas avec World Vision et Tearfund, et elle s'attend à ce que ce développement offre d'autres possibilités significatives à long terme. Les partenariats d'autres organisations ont également été essentiels pour leur permettre de fournir une aide humanitaire. Par exemple, GAPAFOT, grâce au financement de l'Agence pour les travaux d'intérêt public (une agence gouvernementale de RCA), a pu fournir du travail et un revenu à 718 jeunes. D'autres organisations, telles que Campus pour Christ et AMI, ont pu poursuivre leur travail grâce au soutien financier de leurs partenaires internationaux. Il est également important de noter que les partenariats avec les institutions et les individus locaux ont été aussi importants que ceux avec les organisations internationales. La station de radio Voix de l'Évangile explique que les pasteurs locaux ont été ses plus grands soutiens :

> Notre grande aide et notre soulagement pendant ces temps de crise sont venus des pasteurs que Dieu avait mis à part pour nous. La station de radio a surtout travaillé avec des hommes de Dieu qui croient que Dieu est présent et qu'il a le pouvoir de tout faire pour honorer son nom. Ces hommes de Dieu ne cessent de me donner des conseils en tant que directeur, ainsi qu'à tout le personnel.

Le Dr Nupanga a souligné que le conflit leur a également fait prendre conscience de la profondeur et de la force de leurs relations avec leurs partenaires actuels : « Un autre impact positif est que la FATEB a également réalisé à quel point ses partenaires étaient vraiment présents pendant cette période difficile. Certains partenaires ont réagi spontanément en envoyant de l'argent pour acheter de la nourriture ; mais plus encore, ils nous ont couverts de leurs prières. » De nombreuses autres organisations ont également commenté l'importance des prières des partenaires. Campus pour Christ, ACATBA, AMI et Voix de l'Évangile ont tous déclaré qu'ils comptaient sur le soutien émotionnel de leurs partenaires. Le pasteur Sana de l'AMI a expliqué : « Dieu n'a pas laissé la République centrafricaine seule. De nombreux chrétiens à l'étranger ont manifesté leur soutien par des prières, des mots d'encouragement, des appels téléphoniques et des courriels. »

Les initiatives de formation et d'enseignement

Le conflit a donné l'occasion à certaines organisations de s'engager dans la formation. Comme nous l'avons mentionné précédemment, la Société biblique et l'ACATBA organisent des séminaires sur la guérison des traumatismes, tandis que Campus pour Christ a animé des séminaires sur la cohésion sociale avec des enseignants du secondaire, du personnel universitaire, des chefs religieux et des responsables de la jeunesse.

La FATEB a répondu au conflit en augmentant et en diversifiant les formations qu'elle propose. Marcelline Rabarioelina, directrice de l'école des femmes de la FATEB, a expliqué que le conflit les a obligés à réévaluer la manière dont ils géraient l'école dans le passé et à devenir plus innovants. Par exemple, alors que l'école était exclusivement réservée aux épouses des étudiants inscrits au séminaire, elle est désormais ouverte à toutes les femmes de la ville. Il s'agit d'une évolution très positive, car elle est désormais en mesure de former beaucoup plus de femmes et d'avoir plus d'influence dans la communauté.

La FATEB elle-même a toujours eu un mandat et une vision panafricains, mais elle a maintenant réagi au conflit en accélérant ses projets de campus dans d'autres pays. Le campus camerounais de la FATEB a été ouvert plus tôt que prévu, et l'ouverture d'un campus à Kinshasa est désormais une priorité encore plus grande. Grâce à ces campus hors du pays, la FATEB peut continuer à enseigner, même si le conflit perturbe le campus de Bangui.

La consolidation de la paix

Les leaders et les organisations s'engagent aussi activement dans la construction de la paix. Comme nous l'avons mentionné plus haut dans ce chapitre, Marie-Louise Yakemba est impliquée – dans diverses ONG et par ses efforts personnels – dans la promotion de la paix, notamment par le dialogue interreligieux. Elle se sent appelée à le faire, même si c'est un travail très difficile et parfois décourageant :

> Lorsque les événements ont commencé, notamment avec l'arrivée des anti-balaka, j'ai été la première à parler de paix. Parler de la paix avec des femmes catholiques et musulmanes et avec ma famille était très encourageant pour moi. Parfois, la peur était là. Ma famille me disait de faire attention. Je leur ai dit que ce que je faisais, je le faisais pour la gloire de Dieu. Et que si je ne le fais pas, qui le fera ? Ma famille ne pouvait que m'encourager et prier pour que je continue.

GAPAFOT a promu la paix par des moyens plus indirects. Il a placé des autocollants dans les taxis et les bus. Ces autocollants proclament des citations et proverbes locaux qui promeuvent la paix, tels que « Nous voulons la paix », « Plus de guerre » et « Mobilisons-nous pour la paix ». Le pasteur Clotaire a déclaré que les réactions ont été très positives :

> Le retour de nos amis chauffeurs de taxi et des habitants des différents quartiers est vraiment positif. Ces écrits ont provoqué des dialogues entre les passagers tout au long du trajet et ont permis à certains de contribuer en donnant leur avis sur la résolution de la question de la paix en République centrafricaine.

Ulrich Marida, le directeur général de Voix de l'Évangile, a déclaré que la station de radio promeut et construit également la paix. Il a expliqué qu'une station de radio a un pouvoir considérable dans une nation. Il pense donc que ces messages font la différence :

> Nous avons utilisé notre pouvoir pour travailler sur la conscience, l'esprit et le cœur des gens. La priorité aujourd'hui est d'abord de désarmer les cœurs, avant de penser à un désarmement physique et à une éventuelle démobilisation. Nous avons intégré dans notre programme radio une émission à vocation civique sur l'unité et la concorde, en mettant souvent l'accent sur la Parole de Dieu. Bien que nous soyons une nouvelle radio, nous pouvons vous assurer que la radio prend de l'ampleur au sein de la capitale, et l'écho est assez prometteur.

Une autre façon de promouvoir la paix est l'engagement des leaders et des organisations auprès des leaders politiques et rebelles. Le Dr Malépou a prêché une fois pour des responsables politiques et des chefs anti-balaka, et une fois pour des responsables politiques, dont la présidente Catherine Samba-Panza. Campus pour Christ, la Société biblique, ACATBA et

AMI ont interagi avec les anti-balaka, les évangélisant souvent. Cependant, le pasteur Sana de l'AMI estime que ce travail n'a généralement aucun effet sur le groupe rebelle dans son ensemble, car les rebelles avec lesquels l'organisation dialogue ne sont pas ceux qui ont le pouvoir. Il est donc difficile d'engager des discussions constructives sur le rétablissement de la paix, car ils ne sont que des intermédiaires.

La cohésion sociale

Le conflit a également permis le développement d'une plus grande cohésion sociale à Bangui. Les partenariats locaux ont pris l'initiative de contribuer à la cohésion sociale. La FATEB étant devenue un refuge pour toute la ville, ses relations avec les Églises ont été renforcées. Le Dr Nupanga a affirmé que « la FATEB était le seul endroit où les Églises, les confessions et les congrégations pouvaient se rencontrer et discuter de la vie de l'Église ». Cela signifie que le conflit a permis à la FATEB de se rapprocher non seulement des différentes Églises, mais aussi de la communauté en général. Grâce à la prière et aux encouragements mutuels, le sens de la communauté, ainsi que la confiance mutuelle ont été renforcés.

Au sein de la FATEB en tant qu'organisation, le conflit a également conduit à un sentiment accru d'unité et de cohésion. Le pasteur Matoulou estime que le personnel de la FATEB a réagi au conflit et à l'afflux de personnes et de responsabilités qui en a résulté de manière exemplaire. Selon lui, c'est parce que le personnel a agi en tant que groupe uni et était toujours prêt à écouter les instructions. Le personnel a ainsi été en mesure de mettre en œuvre rapidement toutes les directives de l'administration. La capacité à relever ces défis a, à son tour, renforcé le sentiment d'être une équipe soudée.

Marcelline Rabarioelina a affirmé que le conflit a conduit à une cohésion sociale accrue. Grâce à l'encouragement mutuel, notamment par la prière, les gens se sont soutenus les uns les autres. Elle estime que dans de tels contextes de crise, l'unité et la communion avec les autres sont très importantes. L'importance de la cohésion sociale pour survivre au conflit, et notamment le fait que le conflit offre une occasion de développer la cohésion, a été la plus grande leçon qu'elle a apprise.

En raison du conflit, un lien plus fort et un plus grand sentiment d'unité se sont développés entre de nombreuses Églises. Le pasteur Clotaire a expliqué que dans les zones où il y a beaucoup de personnes déplacées ou dans les zones où les Églises ont été contraintes de fermer en raison du conflit, des personnes de différentes confessions pratiquent le culte ensemble. Les Églises de la République centrafricaine ont tendance à protéger jalousement leurs frontières confessionnelles, et c'est pourquoi ce résultat est étonnamment positif.

En tant que dirigeants, nous avons mandaté nos responsables d'Église dans les provinces où sont hébergées les personnes déplacées pour collaborer avec les autres confessions religieuses voisines. En fait, dans l'est et le nord-est du pays, précisément dans les villes telles que Bria, Bambari, Batangafo, où toutes les églises sont fermées, les communautés ont pratiqué une sorte d'œcuménisme pour maintenir leur foi. Une telle chose n'est jamais commune en République centrafricaine, car nous savons que nos communautés sont généralement étroites d'esprit, mais pendant la crise, une réconciliation a eu lieu et se poursuit encore avec un témoignage très réconfortant.

Le renforcement de la foi

Le conflit semble avoir provoqué une nouvelle prise de conscience de l'importance de la prière. En discutant de la manière dont ils ont pu (et peuvent) survivre au conflit et aux défis qui en découlent, tous les dirigeants ont déclaré que la prière a été leur bouée de sauvetage. Marcelline Rabarioelina a déclaré que, pour elle, « la prière était d'un grand réconfort. La prière individuelle, la prière avec l'équipe et avec d'autres groupes a vraiment été une des premières solutions à tous nos problèmes, également dans mon leadership ». Ces propos ont été repris par le pasteur Matoulou et le Dr Tompté-Tom. Prier seul, en famille, avec des amis ou des collègues, ainsi que les prières de la famille et des amis en dehors de la RCA, le soutien des organisations partenaires, et la communauté de foi en général est ce qui a soutenu ces dirigeants et leurs ministères.

La puissance de ces prières est attestée par le fait que la FATEB n'a jamais été infiltrée par des groupes rebelles et qu'aucun bâtiment n'a été endommagé. Seul un toit a été légèrement endommagé par des balles. Le personnel de la FATEB croit fermement que c'est Dieu qui a empêché toute destruction du campus. Selon les mots du pasteur Matoulou : « Lorsque le conflit a commencé, nous pouvons affirmer que la FATEB était jalousement protégée par Dieu. Personne n'a été enlevé ou n'a été victime de pillage, ou de toute autre violence. Même nos familles ont été protégées. »

De cette manière, le conflit a enrichi la relation du personnel de la FATEB avec Dieu et son expérience de Dieu. Le Dr Nupanga a déclaré :

> La situation à Bangui nous permet de faire une bonne expérience avec Dieu. Nous avons vu comment Dieu était vraiment celui qui nous a protégés à un moment où il n'y avait ni police ni armée ; seul Dieu nous a protégés. La situation renforce notre confiance en Dieu.

Certains leaders soutiennent que ces expériences renouvelées et enrichies de Dieu sont une des raisons pour lesquelles Dieu a permis le conflit. Le

Dr Malépou affirme que le conflit en RCA était la volonté de Dieu. Comme l'explique le directeur de la Société biblique, pendant une crise, les gens cherchent Dieu. Ainsi, le conflit est en réalité une occasion pour la Société biblique. Le pasteur Sana, le prophète Wato et le directeur de l'ACATBA soutiennent tous que le conflit est donc une bonne chose, car il réveille la conscience des gens et les ramène à Dieu.

CONCLUSION

Ce conflit en RCA est le dernier en date d'une histoire nationale qui regorge de réponses armées à l'opposition politique. Cependant, ce conflit est sans doute différent, car il est considéré, tant au niveau local qu'international, comme ayant des racines religieuses, du moins en partie. Néanmoins, l'interprétation religieuse est sans doute celle qui a été donnée après coup. Ce qui, à l'origine, était une lutte pour le pouvoir et les ressources l'est encore, mais avec la puissance de la rhétorique et des interprétations religieuses.

De nombreux chefs religieux s'efforcent de dénoncer les actes de vengeance et de représailles et de promouvoir le dialogue interconfessionnel et la tolérance. D'une part, cela peut être considéré comme une simple façon d'essayer de mettre fin au conflit ; d'autre part, cela peut être interprété comme un effort concerté pour contrer la dimension religieuse du conflit. Le conflit en RCA reste cependant, au fond, un conflit fondé sur une lutte pour le pouvoir et les ressources. Si les efforts des dirigeants chrétiens sont nécessaires et louables, il est important de noter que pour mettre fin au conflit, il faudra également trouver des moyens équitables et justes pour gérer les ressources. Cela n'a pas été exprimé explicitement comme une préoccupation centrale par les personnes que nous avons interrogées, même si, pour être juste, notre protocole d'entretien n'a pas permis de sonder explicitement la question de l'équité et de la justice dans la gouvernance. Ainsi, nous ne sommes malheureusement pas en mesure de décrire avec certitude l'étendue et les moyens par lesquels ces dirigeants pourraient travailler activement à résoudre les problèmes structurels d'équité et d'accès égal aux ressources.

La poursuite du conflit en RCA met à rude épreuve le travail des dirigeants et organisations chrétiens que l'Étude sur le Leadership en Afrique a identifiés comme étant influents. Les individus, ainsi que les organisations, ont subi des réductions considérables de leurs ressources matérielles, humaines et financières. Les individus sont émotionnellement épuisés et traumatisés par ce qu'ils vivent. Les organisations sont frustrées de ne pouvoir mettre en œuvre leurs activités planifiées et mandatées.

Néanmoins, malgré ces circonstances éprouvantes, les dirigeants, ainsi que les organisations, réagissent de diverses manières nouvelles et positives. Les dirigeants, à titre individuel, partagent leurs maigres ressources et risquent leur propre sécurité en hébergeant des personnes déplacées, y compris des musulmans. Des organisations telles que la FATEB font un travail humanitaire remarquable en logeant, nourrissant et gardant en sécurité des milliers de personnes déplacées. En aidant la population déplacée, les organisations sont soutenues par des partenaires existants et nouveaux, qui fournissent de la nourriture ou d'autres ressources nécessaires. Ces partenariats fournissent non seulement une aide matérielle, mais aussi un soutien émotionnel et spirituel. Pour ces dirigeants et ces organisations, les mots d'encouragement et la prière sont un soutien qui leur donne la force de continuer.

Le conflit a également créé d'autres occasions de servir. Les organisations proposent de nouveaux types de formation ou mettent leurs formations existantes à la disposition d'autres groupes et dans d'autres contextes. Elles s'engagent également dans des activités de consolidation de la paix.

De manière inattendue et quelque peu paradoxale, le conflit a permis le développement de la cohésion sociale, du moins au sein de certains groupes de Bangui. La FATEB s'est beaucoup rapprochée des Églises et de la communauté de Bangui en général en offrant un refuge aux individus et aux organisations. En travaillant ensemble pour faire face à divers défis, le personnel et les volontaires des différentes organisations se sont également rapprochés. Les Églises deviennent plus œcuméniques, ce qui permet une plus grande cohésion entre les chrétiens en tant que groupe confessionnel.

Le conflit a permis d'enrichir la foi et la relation avec Dieu. Dans des situations aussi fragiles, les dirigeants ont été contraints de s'en remettre entièrement à Dieu, ce qui a conduit à un approfondissement de leur relation avec lui. C'est sans doute aussi la raison pour laquelle tant de personnes interprètent le conflit comme étant dans la volonté de Dieu.

Ainsi, nous apprenons beaucoup en observant comment les dirigeants chrétiens et les organisations de RCA réagissent aux conflits armés. Bien que ces conflits soient inutiles, horribles et non désirés, ils peuvent être – et sont – bénéfiques. Grâce à ces individus et organisations volontaires et engagés, un excellent travail est accompli.

RÉFÉRENCES CITÉES

AL JAZEERA and agencies (2015). « CAR's Bangui Tense as Communal Strife Kills Scores », http://www.aljazeera.com.
ARIEFF Alexis (2014). *Crisis in the Central African Republic*, Congressional Research Service.
BERG Patrick (2008). *The Dynamics of Conflict in the Tri-Border Region of Sudan, Chad and the Central African Republic*, Washington DC, Friedrich Ebert Foundation.
BøÅS Morten (2014). « The Central African Republic. A History of a Collapse Foretold? », The Norwegian Peacebuilding Resource Centre.
BORÉ Henry (2014). « Did You Say, "Central African Republic"? », *Air and Space Power Journal* 4, p. 57-67.

Brown Michael J., Zahar Marie-Joëlle (2015). « Social Cohesion as Peacebuilding in the Central African Republic and Beyond », *Journal of Peacebuilding and Development* 10/1, p. 10-24.

Carayannis Tatiana, Lombard Louisa (2015). *Making Sense of the Central African Republic*, London, Zed Books.

Debos Marielle (2014). « "Hate" and "Security Vacuum". How Not to Ask the Right Questions about a Confusing Crisis », *Cultural Anthropology*, http://production.culanth.org.

Giroux Jennifer, Lanz David, Sguaitamatti Damiano (2009). « The Tormented Triangle. The Regionalisation of Conflict in Sudan, Chad, and the Central African Republic », Center for Security Studies, ETH, and Swisspeace, Document de travail n° 47, http://eprints.lse.ac.uk.

Herbert Siân, Dukham Nathalia, Debos Marielle (2013). *State Fragility in the Central African Republic. What Prompted the 2013 Coup?* Rapid Literature Review, Birmingham, UK, GSDRC, University of Birmingham.

Kam Kah Henry (2014a). « History, External Influence, and Political Volatility in the Central African Republic (CAR) », *Journal for the Advancement of Developing Economies* 3/1, p. 22-36.

Kam Kah Henry (2014b). « Anti-balaka/Séléka, "Religionization", and Separatism in the History of the Central African Republic », *Conflict Studies Quarterly* 9, p. 30-48.

Kane Mouhamadou (2014). « Interreligious Violence in the Central African Republic. An Analysis of the Causes and Implications », *African Security Review* 23/3, p. 312-317.

Kasomo Diane (2010). « The Position of African Traditional Religion in Conflict Prevention », *International Journal of Sociology and Anthropology* 2/2, p. 23-28.

Kisangani Emizet F. (2015). « Social Cleavages and Politics of Exclusion. Instability in the Central African Republic », *International Journal of World Peace* 32/1.

Onyulo Tonny (2015). « Christian-Muslim Conflict in the Central Africa Republic Has Refugees Afraid to Leave Camps », http://www.washingtontimes.com.

Sherwood Harriet (2015). « Pope Francis Visits Besieged Mosque in the Central African Republic », http://www.theguardian.com/

Tomolya János (2014). « Crisis in the Central African Republic. Is It a Religious War in a Godforsaken Country or Something Else? » *Academic and Applied Research in Military Science* 13/3, p. 457-476.

Vinograd Cassandra (2015). « CARCrisis. UNICEF Says Teens Were Targeted in the Central African Republic », http://www.nbcnews.com.

Vlavonou Gino (2014). « Understanding the "Failure" of the Séléka Rebellion », *African Security Review* 23/3, p. 318-326.

Welz Martin (2014). « Briefing. Crisis in the Central African Republic and the International Response », *African Affairs* 113/453, p. 601-610.

Zoumara Babette, Ibrahim Abdul-Rauf (2014). « Genesis of the Crisis in the Central African Republic », http://www.pambazuka.net/.

Chapitre 6

Paroles et actes
Modèles d'organisations chrétiennes africaines influentes

Nupanga Weanzana

Le soutien organisationnel est un élément clé pour favoriser la formation et le développement des dirigeants, mais les organisations jouent également un autre rôle crucial : elles fournissent le cadre institutionnel dans lequel les dirigeants qui réussissent atteignent des objectifs importants. C'est pourquoi il était important que le projet de l'Étude sur le Leadership en Afrique inclue un volet central sur les organisations chrétiennes.

Dans le cadre de notre recherche, nous avons demandé à 8 041 chrétiens africains d'identifier une « organisation, un programme ou une initiative chrétienne » qui, selon eux, a eu un impact positif inhabituel dans leur zone ou région locale[1]. Les répondants ont fourni les noms de centaines d'organisations. Au Kenya, les trois premières réponses étaient World Vision (191), Compassion International (55), et la Croix-Rouge (44). En Angola, les trois premières réponses étaient Mocidade para Cristo/Youth for Christ (57), DASEP – Departamento de Assistência Social Estudos e Projectos (35), et Associação dos Escuteiros de Angola (34). Et en République centrafricaine (RCA), les trois premières places étaient occupées par la FATEB – Faculté de Théologie Évangélique de Bangui (186), Caritas (185), et Campus pour Christ (161).

Nous avons choisi, dans un premier temps, de ne considérer que les vingt-cinq organisations de chaque pays les plus fréquemment citées. Il n'était pas possible de faire une étude approfondie de chacune d'entre elles, nous avons donc travaillé à en sélectionner soigneusement un plus petit nombre sur lequel nous pourrions nous concentrer de manière plus approfondie. Certaines des organisations citées (telles que l'USAID, la Croix-Rouge ou AMREF Health Africa) n'avaient pas une identité expli-

---

[1] Voir l'annexe B, Q.56.

citement chrétienne et ne correspondaient donc pas à notre objectif. Notre questionnaire demandait aux personnes interrogées de fournir des informations supplémentaires sur chaque organisation, notamment l'objectif et la nature de son travail, ainsi que les coordonnées de ses dirigeants. Les répondants ont également évalué chaque organisation à l'aide d'une échelle de Likert à quatre points (de 1 = « Pas du tout » à 4 = « Beaucoup ») en fonction de la manière dont l'organisation forme les dirigeants, travaille dans un contexte local approprié, jouit d'une bonne réputation au niveau local, reçoit un soutien solide des Églises locales et permet aux femmes de participer au leadership.

Notre équipe de recherche dans chaque pays a utilisé ces informations pour sélectionner un sous-ensemble d'organisations clés pour une recherche qualitative de suivi. Comme nous nous sommes concentrés sur le leadership chrétien africain, nous étions particulièrement intéressés par les organisations dirigées par des Africains, et par l'étude d'organisations qui n'étaient pas déjà connues au niveau international. Nous avons donc choisi de ne pas effectuer de recherches complémentaires sur certaines des organisations internationales les plus fréquemment citées et les plus importantes, telles que Caritas, Compassion International et World Vision, qui avaient probablement déjà été étudiées en détail par d'autres[2]. Nous avons exploité au maximum les informations que nous avons recueillies sur chaque organisation, afin de sélectionner un sous-ensemble pour une recherche de suivi. Nous avons tenu compte de la fréquence des mentions et des évaluations sur divers critères, et nous avons également tenté de sélectionner un large éventail de types d'organisations dans différentes régions géographiques. Des considérations pratiques telles que le coût des déplacements des enquêteurs et la disponibilité des dirigeants ont également influencé la sélection finale.

Pour chaque organisation sélectionnée, un à six entretiens enregistrés ont été menés avec les dirigeants, et ces entretiens ont ensuite été transcrits. Des informations supplémentaires imprimées sur chaque organisation ont également été recueillies. Un rapport suivant un protocole préétabli a été préparé sur chacune des organisations énumérées ci-dessous. Le tableau 6.1 inclut des informations sur (1) la fréquence à laquelle chaque organisation a été citée comme ayant le plus d'impact, (2) une évaluation de la formation des leaders par l'organisation spécifiée, et (3) une évaluation générale pour chacune d'entre elles (basée sur la mesure de leur renommée) sur le soutien des Églises locales à leur travail, et sur leur aptitude à travailler avec sagesse dans le contexte local. Les notes allaient de 1 à 4, 4 étant la note la plus élevée possible. La recherche sur ces organisations en particulier est à la base de ce chapitre[3].

---

[2] Voir, par exemple, Bornstein, 2005.
[3] Pour le rapport complet sur chaque organisation, voir https://africaleadershipstudy.org/.

Ce chapitre s'appuie sur les données des entretiens menés avec les trente-deux organisations susmentionnées et cherche à identifier plusieurs caractéristiques de ces organisations qui ont conduit les autres à les évaluer comme particulièrement efficaces. Malgré la distance géographique qui les sépare et la nature très différente de leurs activités, il existe quelques grandes tendances que la plupart ou toutes semblent partager.

L'IDENTITÉ POSTCOLONIALE

Pendant la période coloniale, les Africains ont eu peu d'occasions de développer des organisations dirigées par des Africains. Les organisations chrétiennes qui existaient reflétaient souvent les modèles coloniaux, avec des expatriés à leur tête. Après l'indépendance, ces anciennes structures ont souvent été considérées, à juste titre, comme problématiques, à la fois parce que leurs structures de pouvoir ne soutenaient pas de manière appropriée le leadership africain, et parce qu'elles se concentraient souvent de manière trop étroite sur les objectifs spirituels et religieux, à l'exclusion d'une vision plus globale de l'épanouissement humain. Avec l'indépendance, l'optimisme initial lié au changement social s'est concentré principalement sur les nouvelles structures gouvernementales. Mais comme les dirigeants et les structures politiques n'ont pas réussi à tenir la promesse d'une vie meilleure (Gifford, 1998, p. 2, 4), il est devenu de plus en plus courant pour les Africains de former de nouvelles organisations non gouvernementales en réponse à des besoins pressants. Ce sont souvent les chrétiens africains eux-mêmes qui ont développé et dirigé ces nouvelles organisations.

La majorité des organisations identifiées comme ayant un impact que nous avons étudiées ont été soit fondées après l'indépendance, soit transformées et redéfinies de façon considérable après l'indépendance. Seule la Mothers' Union anglicane (1918) du Kenya semble avoir été organisée et avoir conservé son identité et sa structure organisationnelle depuis l'époque coloniale. Les trois pays où nous avons mené nos recherches ont acquis leur indépendance à des époques différentes. La RCA a obtenu son indépendance de la France en 1960, tandis que le Kenya est devenu indépendant du Royaume-Uni en 1963. L'Angola a obtenu son indépendance du Portugal en 1975. La plupart des organisations chrétiennes influentes ont été fondées après l'année de l'indépendance politique, bien que beaucoup aient des racines plus anciennes. À bien des égards, ces trois pays peuvent être considérés comme représentatifs d'une grande partie de l'Afrique sur le plan politique, linguistique et culturel.

Peu de personnes interrogées ont cité une organisation missionnaire expatriée – telle que Africa Inland Mission ou World Gospel Mission – parmi les principales organisations ayant un impact, même si ces organisations se sont largement concentrées sur la santé ou l'éducation, et même si elles ont une longue histoire et une présence continue de missionnaires dans le

Tableau 6.1. Organisations chrétiennes ayant un impact

Angola				
Organisations ayant un impact	Mentions	Forme des leaders	Classement	Année de création
Conselho de Igrejas Cristãs em Angola (CICA)	25	3,54	3,33	1977
Departamento de Assistência Social Estudos e Projectos (DASEP)	35	3,53	3,45	1991
Formação Feminina (FOFE)	28	3,05	3,03	2010
Instituto Superior de Teologia Evangélica no Lubango (ISTEL)	11	3,91	3,64	1981
Mocidade para Cristo (Youth for Christ)	57	3,29	3,23	1993
Mulher da Igreja Evangélica Reformada de Angola (MIERA)	9	4,00	3,69	2006
RCA				
Adonaï Missions International	110	3,73	2,99	1996
Ambassade Chrétienne (Radio Évangile Néhémie)	148	3,36	3,12	2001
Association Centrafricaine pour la Traduction de la Bible et l'Alphabétisation (ACATBA)	22	3,48	3,04	1993
Campus pour Christ	161	3,73	3,30	1987
Faculté de Théologie Évangélique de Bangui	186	3,87	3,48	1977
Mission pour l'Évangélisation et le Salut du Monde (MESM)	32	3,35	3,22	1997
Perspectives Réformées	62	3,75	3,27	2002/ 2007

Kenya				
Organisations ayant un impact	Mentions	Forme des leaders	Classement	Année de création
Bomaregwa Welfare Association	6	4,00	3,83	2010
Cheptebo Rural Development Centre	10	3,25	3,46	1986
Christian Partner's Development Agency	6	3,83	3,61	1985
CITAM (Christ Is the Answer Ministries)	7	3,29	3,70	1959/ 2003
Daraja La Tumaini	15	3,62	3,44	2006
FOCUS Kenya	21	3,89	3,54	1958/ 1973
KSCF (Kenya Students' Christian Fellowship)	17	3,86	3,38	1959
Kwiminia Community-Based Organization	13	3,62	3,35	2006
Magena Youth Group	16	3,20	3,47	2006
Mombasa Church Forum	10	3,10	2,85	2010
Mothers' Union	24	3,63	3,52	1918
Narok Pillar of Development Organization	11	3,80	3,56	2000/ 2010
NCCK (National Council of Churches of Kenya)	10	3,87	3,61	1966/ 1984
Redeemed Academy	29	3,69	3,60	1996
Scripture Union	32	3,55	3,51	1967
St. Martin's Catholic Social Apostolate	21	3,50	3,55	1997
Tenwek Community Health & Development Programme	13	3,25	3,19	1983
Transform Kenya	15	3,93	3,72	2011
Word of Life	18	3,50	3,40	1971

pays. Dans le même temps, bon nombre des organisations nommées, même si elles ont été fondées après l'indépendance, sont néanmoins redevables à ces organisations antérieures. Par exemple, la Tenwek Community Health and Development (TCHD) a été fondée en 1983 dans le cadre d'initiatives soutenues par la World Gospel Mission. Le Cheptebo Rural Development Centre (1986) a été développé avec le soutien initial de l'Africa Inland Mission. En Angola, la dénomination Igreja Evangélica Reformada d'Angola a été fondée par Archibald Patterson dans les années 1920. En 1956, des initiatives et des efforts pour coordonner les femmes en tant que groupe étaient présents, mais ce n'est qu'en 2006 que ces initiatives antérieures ont finalement abouti à la société des femmes pleinement officielle et organisée – Mulher da Igreja Evangélica Reformada de Angola. L'Alliance kenyane des missions protestantes (1918) était un groupe de sociétés missionnaires expatriées qui s'est progressivement transformé pour inclure les Églises kenyanes. Finalement (1966), une nouvelle organisation a été officialisée, dont les membres constitutifs étaient des Églises kenyanes, et non des sociétés missionnaires. Elle est connue aujourd'hui sous le nom de National Council of Churches of Kenya (NCCK). Dans l'actuel NCCK, ce ne sont plus les dirigeants expatriés des organisations expatriées qui exercent le pouvoir de décision, comme c'était le cas sous l'ancienne Alliance des missions protestantes, mais les dirigeants kenyans des Églises kenyanes. Cette histoire représente un modèle de référence commun pour ces organisations.

Il faut savoir que plusieurs des organisations mentionnées ci-dessus, telles que Daraja La Tumaini, Word of Life, Mocidade para Cristo, Campus pour Christ et Perspectives Réformées, sont des branches nationales d'organisations internationales. Ces branches nationales ont été fondées après l'indépendance, et toutes ont un leadership local. Elles reflètent donc, au moins en partie, des modèles postcoloniaux. Elles reflètent également des modèles forgés dans des endroits éloignés et mandatés depuis l'étranger. En tant que branches locales d'organisations internationales, elles subissent souvent des contraintes importantes en matière de flexibilité et de prise de décision au niveau local. Le directeur kenyan de Word of Life, par exemple, a ouvertement déclaré que les étrangers avaient établi et imposé des modèles qui reflétaient leurs préjugés culturels et leurs zones d'ombre, ce qui représentait d'importants défis pour lui dans son rôle de leader dans le contexte kenyan. De la même manière que les instructions médicales préviennent parfois : « Ne donnez pas le médicament qui vous a été prescrit à d'autres personnes, même si leurs symptômes semblent similaires, car cela pourrait leur nuire », les structures organisationnelles conçues en réponse à un contexte social ne fonctionnent pas automatiquement bien lorsqu'elles sont exportées dans un contexte différent – et peuvent même être nuisibles. Bien sûr, ces organisations internationales permettent des degrés variables de flexibilité locale.

Même si seule une minorité des organisations mentionnées ci-dessus sont une branche locale d'une organisation internationale, elles existent toutes dans un monde connecté à l'échelle mondiale et caractérisé par de grandes différences de richesse et de pauvreté. Comme le démontrent Bowen et Rasmussen respectivement dans les chapitres 7 et 4, les dirigeants de ce type d'organisation réussissent en partie grâce aux liens sociaux mondiaux et au partage des ressources. Et cela entraîne, bien sûr, d'autres défis liés à l'interface avec les donateurs et les valeurs des donateurs.

La majorité des organisations qui figurent dans le tableau 6.1 sont dirigées par des Africains et ont une identité africaine. Par exemple, la FATEB a été pensée et fondée en 1977 par l'Association des évangéliques d'Afrique, avec la vision que cette institution offrirait une éducation théologique de qualité en Afrique francophone. Dès le début, la vision a révélé des leaders théologiques africains, et pendant la majeure partie de son histoire, il a été dirigé par des Africains. Bon nombre des organisations mentionnées ci-dessus, du Mombasa Church Forum à Redeemed Academy, ont été fondées bien après l'indépendance, avec une vision et un leadership africains dès le départ. Une variété de leaders africains, hommes et femmes, jeunes et vieux, ont réussi à devenir des leaders grâce aux organisations qu'ils ont fondées ou dirigées. Lorsque nous avons demandé aux personnes interrogées de nommer les leaders ayant eu le plus grand impact, ceux-ci ont été fréquemment cités.

La plupart de ces organisations illustrent non seulement des modèles de leadership postcolonial, mais aussi un fort soutien local. Elles ont mobilisé une participation et un soutien locaux significatifs et ont fait preuve d'une vision communautaire plutôt que de la vision d'un individu solitaire, une vision locale plutôt que celle d'étrangers lointains. Le Mombasa Church Forum a été très sensible aux dynamiques interreligieuses et politiques locales. Le Magena Youth Group a mobilisé les jeunes au nom de ceux qui les entourent. FOCUS Kenya a fait appel de manière remarquable à ses anciens élèves dans tout le pays et dans différents milieux pour encadrer les étudiants et leur offrir des stages dans des emplois très variés. Martin's Catholic Social Apostolate a régulièrement mobilisé plus d'un millier de volontaires locaux pour participer à des programmes destinés aux personnes handicapées ou atteintes du VIH/SIDA et pour œuvrer en faveur de la paix.

UNE VISION ÉLARGIE DE L'ÉPANOUISSEMENT HUMAIN

À une époque antérieure, les organisations missionnaires en Afrique donnaient souvent la priorité à l'alphabétisation et à l'éducation de base, et avaient parfois des services médicaux. Parfois, les missionnaires jouaient un rôle important dans la lutte contre l'injustice sociale (Thompson, 2002). Des recherches récentes ont démontré que les « missionnaires protestants réformateurs » ont historiquement eu un impact important et positif sur le bien social au sens large (Woodberry, 2012). Pourtant, il est également vrai que les missionnaires de cette époque ont souvent justifié l'accent mis sur l'éducation et la médecine, ou tout autre engagement social, comme des compléments aux véritables priorités que sont l'évangélisation, l'implantation d'Églises et le développement du leadership de l'Église. Les objectifs spirituels et le bien-être social étaient parfois considérés comme des priorités concurrentes et alternatives plutôt que de s'intégrer dans une vision globale de l'épanouissement humain.

Dans de nombreuses cultures africaines, cependant, les gens rejettent toute dichotomie entre les besoins dits spirituels et les besoins physiques ou sociaux. Pour de nombreux Africains, la présence de Dieu au milieu d'eux devrait se manifester par un souci de l'épanouissement humain qui inclut la santé, la paix, la sécurité et la prospérité.

Et pourtant, pendant la période du colonialisme et des indépendances, de nombreux chrétiens en Occident, et dans une certaine mesure en Afrique, ont continué à considérer les objectifs spirituels et le bien-être social comme des priorités concurrentes et alternatives. Les chrétiens ont souvent insisté sur le fait qu'il fallait choisir entre donner la priorité à l'évangélisation et donner la priorité à l'action sociale. Le Congrès de Lausanne sur l'évangélisation mondiale, en 1974, a marqué un premier tournant pour les évangéliques en affirmant que « la parole et l'action » doivent aller de pair, que la communication de l'Évangile doit s'accompagner d'un souci de justice sociale, de réconciliation et de libération de l'oppression. Si certains ont continué à utiliser la métaphore de « la semence et du fruit » pour suggérer la priorité de l'évangélisation, les chrétiens ont de plus en plus affirmé que la dichotomie entre la parole et l'action n'était pas utile. Enfin, dans une consultation de 1983 de l'Alliance évangélique mondiale à Wheaton, axée sur l'Église en réponse aux besoins humains, une déclaration claire d'un organisme évangélique international a insisté pour que la dichotomie soit rejetée. Le paragraphe 26 de la déclaration de Wheaton de 1983 déclare : « La mission de l'Église inclut à la fois la proclamation de l'Évangile et sa démonstration. Nous devons donc évangéliser, répondre aux besoins humains immédiats et faire pression pour la transformation sociale » (Samuel et Sugden, 1986). Au cours des dernières décennies, la mission holistique ou intégrale, qui associe la parole et l'action, est devenue la norme pour la plupart des évangéliques, comme en témoigne le Congrès de Lausanne en 2010.

La majorité des organisations chrétiennes dirigées par des Africains que nous avons étudiées combinent l'accent mis sur l'évangélisation et le témoignage chrétien avec des préoccupations liées à l'épanouissement humain. Mocidade para Cristo en Angola se concentre sur l'évangélisation des jeunes ainsi que sur des ministères sociaux qui comprennent des campagnes de nettoyage, une aide alimentaire, un hôpital et un centre psychiatrique et de réhabilitation. L'Association centrafricaine pour la Traduction de la

Bible et l'Alphabétisation (ACATBA) en RCA se concentre sur la traduction de la Bible, l'alphabétisation et le développement communautaire. Daraja La Tumaini, au Kenya, associe l'évangélisation à différents ministères sociaux visant à réduire la pauvreté, à fournir des conseils, à favoriser l'esprit d'entreprise et la microfinance.

Même les organisations qui ont commencé par l'évangélisation ou les ministères « fondés sur la Parole » se sont clairement développées pour combiner parole et action. Adonaï Missions International en RCA a été fondée en tant qu'organisation missionnaire axée sur l'évangélisation et l'implantation d'Églises (parole). Mais en travaillant avec des filles que la pauvreté poussait à se prostituer, l'organisation a élargi son champ d'action pour y inclure la formation professionnelle et l'acquisition de compétences pour ces filles vulnérables. Scripture Union au Kenya a commencé par s'efforcer d'atteindre les enfants et les adolescents par le biais de la littérature biblique. Cependant, en s'occupant de ces enfants et adolescents, leur vulnérabilité au VIH/SIDA est devenue évidente, et Scripture Union a réagi en développant un ministère social axé sur la prévention et la lutte contre le VIH/SIDA. Pour la plupart des organisations que nous avons étudiées, l'évangélisation qui proclame le salut par Jésus-Christ n'a pas été abandonnée, mais plutôt accompagnée d'une démarche sociale pour les personnes auxquelles l'Évangile est prêché.

Bon nombre des organisations chrétiennes les plus influentes ont été fondées ou révisées pour répondre à des besoins locaux très spécifiques. Une rencontre fortuite avec Thomas, une personne handicapée et enfermée toute sa vie, a permis au père Pipinato de découvrir la situation critique des personnes handicapées à Nyahururu. La nécessité de prendre soin des personnes à mobilité réduite est ainsi devenue la vision initiale qui a motivé la fondation de St. Martin's Catholic Social Apostolate. La violence interreligieuse et le conflit politique à Mombasa, au Kenya, sont les réalités auxquelles un groupe de pasteurs s'est efforcé de faire face en créant le Mombasa Church Forum. L'organisation Formação Feminina (FOFE) a été fondée pour former les filles dans le contexte d'un pays déchiré par la guerre, où les filles ont souvent des possibilités limitées d'éducation et de formation. Le Cheptebo Rural Development Centre, dans la vallée de Kerio (Kenya), aide les populations à faire face à l'insuffisance des précipitations dans cette région aride et semi-aride. Grâce à l'irrigation et à la formation agricole, il améliore la vie des gens en répondant à des besoins spécifiques. De plus, les organisations ayant un passé historique ont révisé leurs priorités en fonction des besoins humains qu'elles ont rencontrés. L'Ambassade Chrétienne en République centrafricaine a développé un programme visant à fournir une formation professionnelle en informatique à des adolescents, dans un pays où le taux de chômage est de 60 %. L'ACATBA a donné la priorité à l'alphabétisation, dans un pays où la population rurale est largement analphabète. En tant que séminaire théologique, la FATEB représente l'essentiel d'un ministère « fondé sur la

Parole ». Et pourtant, en réponse aux crises récentes en RCA, elle a assuré la protection et les soins aux réfugiés, le leadership dans les initiatives de paix, et la formation pour le traitement des traumatismes[4].

Enfin, ces organisations s'appuyaient largement sur la communauté. L'accent n'était pas mis sur le bien-être des individus isolés de la communauté. Les individus étaient plutôt traités dans le contexte de la communauté, dans le but de s'y épanouir. Sur le plan culturel, cela correspond à la caractéristique communautaire de la plupart des sociétés africaines, comme l'illustre l'idéal africain de l'*ubuntu* – « Je suis parce que nous sommes ». Sans compromettre la nature personnelle du salut, les individus sont toujours situés au sein de leur communauté. La transformation de l'ensemble de la communauté était une priorité pour nombre de ces organisations.

En outre, les organisations chrétiennes les plus influentes reçoivent leur soutien « moral » de la communauté par le biais des contributions et de la participation d'individus ou de groupes. Dans le cas du Cheptebo Rural Development Centre, la communauté locale a donné vingt hectares de terre au Centre, montrant clairement qu'elle considérait que ce Centre était au service de la communauté. D'autres organisations ont fait état d'un nombre élevé de volontaires pour les aider à mener à bien leur programme. Au Kenya, la TCHD déclare recevoir 70 % de son soutien de la part de la population locale, ce qui permet à ses différentes écoles et centres de santé de fonctionner. Ces deux aspects des organisations communautaires sont essentiels pour l'impact et l'influence de l'organisation. L'organisation ne recherche pas le bien-être d'un individu ou d'un groupe, mais plutôt le bien-être de l'ensemble de la communauté. La communauté doit avoir un certain sentiment d'appartenance à l'organisation en participant directement ou indirectement à sa gestion et à son soutien financier.

En bref, les organisations que nous avons examinées allient la parole et l'action. Elles mettent l'accent sur la réconciliation avec Dieu et avec les autres. Elles mettent l'accent sur l'épanouissement de la communauté. Une vision large et adaptée au contexte de l'épanouissement humain aide à définir l'objectif de nombre de ces organisations.

CONCLUSION

Ce chapitre identifie deux grandes caractéristiques des organisations que nous avons étudiées. Elles se distinguent d'abord par des identités et des modèles postcoloniaux, et ensuite par une vision élargie de l'épanouissement humain. Cela ne signifie pas qu'il n'y a pas d'héritages persistants du colonialisme ou de nouvelles formes de néocolonialisme qui devraient être reconnus et combattus. Cela ne signifie pas non plus que la mission holistique qui caractérise une grande partie du travail de ces organisations

---

[4] Le chapitre 5 du présent ouvrage fournit une analyse approfondie du ministère de la FATEB dans cette crise.

est toujours pleinement équilibrée par des fondements théologiques adéquats. Alors que ce chapitre a souligné que ces organisations sont sensibles aux besoins humains dans leur contexte, le fait que ces organisations aient souvent besoin d'un soutien financier pourrait également impliquer qu'elles doivent être sensibles aux préoccupations des donateurs. Et naturellement, cela soulève d'autres types de questions possibles[5].

Dans un corps du Christ relié à l'échelle mondiale, où il existe de grandes disparités économiques à travers le monde, il est clair qu'il sera important pour les dirigeants chrétiens africains et les institutions éducatives qui les forment de continuer à se confronter à des modèles de leadership postcolonial sains dans le monde moderne. Et dans un monde où les chrétiens sont engagés dans un large éventail de domaines axés sur l'épanouissement humain, il est important que les pasteurs et les théologiens chrétiens étayent adéquatement cette démarche sur des fondements théologiques. Les institutions et les écoles bibliques en Afrique ne doivent pas se contenter de reproduire le programme de l'enseignement théologique occidental, mais elles doivent inclure les sujets et les disciplines (y compris les sciences sociales) qui aideront les dirigeants d'Églises et d'organisations à s'engager avec connaissance et sagesse dans leurs propres contextes. Le programme d'études doit renforcer les deux volets de la mission, en soutenant les ministères de la parole et de l'action. En d'autres termes, les chrétiens doivent être formés à articuler la foi chrétienne et à agir avec sagesse dans une grande variété de domaines qui touchent à l'épanouissement humain.

Les organisations chrétiennes doivent allier la parole et l'action. Elles doivent s'assurer que les connaissances théologiques et contextuelles soutiennent les besoins locaux et les problèmes prioritaires. Elles doivent travailler dans le cadre de partenariats qui respectent la communauté locale et ses dirigeants. Les modèles malsains de leadership colonial ou néocolonial doivent être rejetés. Les efforts improvisés pour répondre aux besoins humains doivent être soutenus par une vision théologique et des recherches locales. Chaque projet doit être ancré dans la communauté et doit servir des objectifs individuels et communautaires.

La croissance du christianisme en Afrique a parfois été décrite comme « un kilomètre de large et un centimètre de profondeur ». L'Afrique a souvent été dépeinte comme un continent sombre et sans espoir, comme l'illustre l'article de couverture datant du 11 mai 2000 de *The Economist* intitulé « The Hopeless Continent ». Pourtant, ces perceptions évoluent, comme en témoigne l'article de couverture de *The Economist* du 3 décembre 2011 intitulé « Africa Rising », repris dans un article de couverture portant le même titre dans le magazine *Time* (décembre 2012). Ce chapitre rend compte de l'évolution du profil des organisations chrétiennes nouvellement créées ou redynamisées qui allient la parole et l'action, en présentant le message de l'Évangile et en répondant aux besoins de la population. C'est le nouveau visage d'une Afrique et d'une Église qui réussit.

---

[5] Voir chapitre 7.

RÉFÉRENCES CITÉES

BORNSTEIN Erica (2005). *The Spirit of Development. Protestant NGOs, Morality, and Economics in Zimbabwe*, Stanford, CA, Stanford University Press.

GIFFORD Paul (1998). *African Christianity. Its Public Role*, Bloomington, IN, Indiana University Press.

SAMUEL Vinay, SUGDEN Chris (1986). « Evangelism and Social Responsibility. A Biblical Study on Priorities », dans *Word and Deed. Evangelium and Social Responsibility*, p. 199-202.

THOMPSON T. Jack (2002). « Light on the Dark Continent. The Photography of Alice Seeley Harris and the Congo Atrocities of the Early Twentieth Century », *International Bulletin of Missionary Research* 26/4, p. 146-149.

WOODBERRY Robert (2012). « The Missionary Roots of Liberal Democracy », *American Political Science Review* 106, p. 244-274.

Chapitre 7

Les organisations chrétiennes africaines et le développement socioéconomique

Michael Bowen

Comment les institutions religieuses peuvent-elles contribuer à la promotion du développement socioéconomique ? Dans leur contribution au bien commun, les organisations chrétiennes n'existent pas en vase clos. Même au niveau de l'expression religieuse, elles font partie d'un groupe plus large d'institutions connues comme des organisations d'inspiration religieuse (OIR). Julia Berger (2003) définit les OIR comme des organisations formelles dont l'identité et la mission découlent des enseignements de la tradition religieuse et qui fonctionnent sur une base non lucrative, afin de promouvoir des idées claires sur le bien public à différents niveaux. Les organisations d'inspiration religieuse sont souvent liées à la communauté de foi par le biais du personnel et ont des déclarations pour une mission à orientation religieuse (Wuthnow, 2004, 2009). Clarke et Jennings (2008) proposent une définition plus large d'une organisation d'inspiration religieuse, à savoir « toute organisation qui tire l'inspiration de ses activités des enseignements et des principes de la foi ».

Selon Pew (2010), la majorité des habitants de l'Afrique subsaharienne s'identifient comme des adeptes du christianisme ou de l'islam, et environ 75 % des Africains font confiance à leurs chefs religieux. Ces résultats indiquent la possibilité de mettre à profit l'influence des leaders religieux et de la religion pour promouvoir le développement socioéconomique.

Les Objectifs du millénaire pour le développement décrivent clairement les objectifs du développement socioéconomique : éradiquer l'extrême pauvreté et la faim ; assurer l'éducation primaire pour tous ; promouvoir l'égalité des sexes et l'autonomisation des femmes ; réduire la mortalité des enfants de moins de cinq ans ; améliorer la santé maternelle ; combattre les maladies ; et assurer un environnement durable, entre autres. Ce chapitre se concentre sur certains d'entre eux et tire ses thèmes des Objectifs du millénaire pour le développement.

Dans le cadre de nos recherches, nous avons demandé à plus de huit mille chrétiens africains d'identifier les organisations chrétiennes dirigées par les Africains qui, selon eux, avaient le plus d'impact sur leurs communautés. En fonction de la fréquence à laquelle les répondants les ont cités, nous avons identifié plusieurs dizaines d'organisations ayant un impact positif significatif. Parmi elles, nous en avons sélectionné trente-deux pour une recherche de suivi, en menant des entretiens avec des dirigeants et en recueillant des informations supplémentaires en ligne et sur papier concernant chacun d'eux. L'une de ces organisations (BWA) n'était pas une organisation d'inspiration religieuse. Une autre (CITAM) était plus une Église qu'une organisation d'inspiration religieuse, et la recherche sur une troisième (FATEB) n'était disponible qu'après la fin de la rédaction de ce chapitre. Sur les vingt-neuf autres, cinq se concentraient exclusivement sur des questions spirituelles, tandis que vingt-quatre (82,8 %) se concentraient sur une ou plusieurs préoccupations socioéconomiques. Ce chapitre se concentre sur ces vingt-quatre organisations.

Les données de nos entretiens indiquent que plus de la moitié de ces organisations d'inspiration religieuse (54,2 %) offrent des services de santé tout en fournissant, avec le même pourcentage, des services de création de revenus/d'emplois, ainsi que l'éducation et le développement du leadership, qui, pour les objectifs de ce chapitre, n'étaient inclus que si l'éducation et le développement du leadership se concentraient plus largement sur les arènes sociales et/ou économiques que sur les domaines purement spirituels. Un tiers des organisations mettent un accent central sur l'environnement et/ou l'agriculture. Un plus petit nombre (17,2 %) donne la priorité à l'approvisionnement en eau de la communauté. Près de la moitié (45,8 %) des organisations d'inspiration religieuse donnent la priorité à d'autres services sociaux tels que la consolidation de la paix, l'égalité des sexes, la bonne gouvernance, les droits de l'homme, les services aux personnes vulnérables comme les personnes handicapées et les personnes âgées, la sensibilisation et le soutien aux toxicomanes, la formation aux compétences de vie ou l'implication dans la politique.

La plupart des organisations d'inspiration religieuse que nous avons étudiées ne limitent pas leur intérêt à un seul domaine socioéconomique. Sur les vingt-quatre organisations d'inspiration religieuse à vocation socioéconomique, douze se concentrent sur trois domaines distincts ou plus. Cela peut être due à la complémentarité des activités ou à la nécessité d'une portée et d'un impact plus importants. Autrement dit, ce modèle peut aussi répondre aux attentes de ceux qui financent les organisations d'inspiration religieuse.

LES OPPORTUNITÉS ET AVANTAGES DU DÉVELOPPEMENT SOCIOÉCONOMIQUE

Les organisations chrétiennes sont des institutions morales qui stimulent le développement socioéconomique. Au fil du temps, de telles organisations gagnent la confiance des communautés par leurs performances passées et leurs enseignements et pratiques découlant de leur foi. La motivation chrétienne de ces organisations d'inspiration religieuse est une force motrice dans la réalisation de leurs activités pour le développement et est une réponse au commandement de Jésus-Christ de servir les autres, en particulier les pauvres et les défavorisés. Hefferan, Adkins, et Occhipinti (2009) sont d'avis que les organisations chrétiennes apportent une perspective différente en matière de développement en adoptant une approche philosophique et en contextualisant la pauvreté dans des cadres religieux. Ces organisations perçoivent le développement comme le fait de sauver les gens conformément aux enseignements bibliques, ce qui va au-delà du simple fait de les sauver de la pauvreté, puisqu'il s'agit de sauver les âmes et promouvoir la dignité humaine. Pour les organisations chrétiennes, le développement va donc au-delà des conditions matérielles de la pauvreté et s'étend à la dimension spirituelle.

En outre, les organisations chrétiennes ont certains avantages par rapport aux autres institutions en ce qui concerne le développement. Certains de ces avantages incluent la capacité de mobiliser les communautés et les ressources locales au plus bas niveau de la société. Ces organisations ont souvent des réseaux locaux et internationaux qui leur donnent un avantage dans les activités du développement. Un autre atout clé pour les organisations chrétiennes qui s'engagent dans le développement socioéconomique est la confiance que la société leur accorde. Cette confiance est normalement acquise au cours d'une période de fonctionnement. Leur présence à la base est un autre avantage distinct. Cela leur permet d'identifier de manière précise les besoins de la communauté et de proposer des interventions adéquates. Ci-dessous, je présente chacun de ces différents avantages, en commençant avec les écrits des autres chercheurs et en les soutenant avec les données provenant des organisations chrétiennes que nous avons recherchées.

La mobilisation

Les organisations chrétiennes peuvent mobiliser des ressources et opérer même aux niveaux les plus bas de la société avec des liens étroits avec la base (Lunn, 2009). Elles peuvent mobiliser les adhérents, y compris ceux qui peuvent se sentir éloignés des programmes de développement séculiers. Un exemple de ce cas provient des données collectées auprès de l'une des organisations. St. Martin's Catholic Social Apostolate est une organisation religieuse créée en 1999 près de la ville de Nyahururu pour mobiliser et former les communautés à soutenir les personnes vulnérables en leur sein. Tout a commencé par un programme pour les personnes handicapées. Ensuite, il s'est étendu avec le lancement d'un programme pour les enfants nécessiteux, comme ceux qui vivent dans la rue. Il s'est encore élargi avec un programme communautaire de promotion de la non-violence active et des droits de l'homme, passant à l'élaboration de programmes de lutte contre le VIH/SIDA et l'abus des drogues et, enfin, avec la création d'une organisation d'épargne et de microcrédit en 2002. St. Martin's s'attache à renforcer les capacités des membres de la communauté, afin qu'ils puissent prendre soin de manière adéquate des plus vulnérables d'entre eux. L'organisation recrute et forme plus d'un millier de bénévoles chaque année ; ils forment le noyau de la main-d'œuvre communautaire. L'approche de Saint-Martin se concentre sur l'engagement de la communauté dans la recherche de solutions.

Les réseaux

Plusieurs organisations d'inspiration religieuse ont déjà une présence à long terme établie dans les communautés, ce qui leur permet de connaître les contextes et les réseaux locaux. Les organisations d'inspiration religieuse bénéficient normalement de bons réseaux locaux et internationaux, s'appuyant sur les structures et les liens de la communauté religieuse à laquelle elles appartiennent. Elles peuvent également être en mesure de se servir de ce réseau pour le financement et la collecte de fonds, ce qui les rend moins dépendantes des donateurs que d'autres ONG (Leurs, 2012 ; Pereira, Angel et Angel, 2009). Ces atouts organisationnels signifient que les organisations d'inspiration religieuse peuvent souvent être particulièrement efficaces sur le terrain.

Le National Council of Churches of Kenya (NCCK), qui a cent ans d'histoire au Kenya, est un exemple d'organisation qui possède les atouts d'un tel réseau. Le NCCK a cherché à améliorer la vie des Kenyans grâce aux programmes de défense des droits, de justice et d'équité, de réduction de la pauvreté, de médiation politique, d'éducation et d'élaboration de la constitution. Cette organisation œcuménique regroupe vingt-sept Églises membres protestantes, neuf Églises membres fraternelles et six organisations religieuses paraecclésiastiques. Le NCCK a des partenaires et des réseaux nationaux et internationaux, dont certains sont très influents en matière de finances et de ressources intellectuelles. Il s'agit notamment de la East Africa Venture Company, qui a été créée conjointement avec le Christian Council of Tanzania pour publier deux journaux chrétiens ; et le programme des petites et microentreprises (SMEP), l'organisation de microfinance du NCCK, qui a reçu la reconnaissance et le soutien de l'USAID. Parmi les autres réseaux et partenaires du NCCK figurent l'association éducative des Églises chrétiennes, l'association chrétienne de la santé au Kenya, le centre de leadership des étudiants chrétiens (Ufungamano House), le fonds de prêt de l'Église œcuménique du Kenya, l'institut de droit public et St. Paul's University à Limuru. Le NCCK est également membre de la All Africa Conference of Churches (AACC), une fraternité œcuménique d'Églises et d'institutions travaillant ensemble pour le témoignage commun de l'Évangile. Le NCCK a une liste d'une trentaine de donateurs ; elle comprend World Vision, le Conseil œcuménique des Églises, le UNHCHR, ONU Femmes, USAID, Diakonia et la GTZ allemande. Compte tenu de cet éventail important de réseaux mondiaux et locaux, le NCCK peut effectivement s'appuyer sur des ressources financières, techniques et humaines pour mener à bien son mandat, même aux niveaux locaux et de base.

La confiance

Les gens font souvent confiance aux organisations chrétiennes et celles-ci sont perçues comme légitimes et honnêtes (Rivlin, 2002). Tout comme le NCCK, le CICA (Conseil des Églises chrétiennes d'Angola) est une organisation-cadre pour plusieurs dénominations protestantes qui a acquis une certaine confiance en vertu de ses efforts pour instaurer un Angola pacifique. Pendant la guerre en Angola, le CICA s'est associée à d'autres institutions religieuses pour la consolidation de la paix. Le CICA a rédigé des lignes directrices pour préparer les dirigeants et les communautés aux élections de 1992 et a également préparé un document pour la paix et la résolution des conflits. Les lignes directrices et les documents du CICA ont été largement utilisés, et leur large acceptation a permis d'instaurer un climat de confiance entre les différents dirigeants politiques. Le NCCK utilise la confiance qu'il a avec le gouvernement du Kenya et le public pour influencer les décideurs (y compris les politiciens, mais pas seulement) sur des questions de gouvernance éthique et démocratique et de formulation de politiques. Au fil des ans, le NCCK s'est taillé une place de choix en tant que défenseur respecté des citoyens kenyans sur des questions d'intérêt national, telles que les transitions politiques, l'insécurité et l'économie nationale. Le NCCK a joué un rôle important en contribuant à la gestion du changement au Kenya pour la transition vers une politique multipartite. Cela s'est fait grâce à une diplomatie discrète et des communiqués de presse.

Tableau 7.1. Services socioéconomiques fournis par chaque organisation d'inspiration religieuse

	Organisation	Santé	Environnement et agriculture	Génération de revenu et emploi	Éducation et développement du leadership	Approvisionnement en eau	Autres domaines sociaux
ANGOLA	Conselho de Igrejas Cristãs em Angola	√			√		√
	Departemento de assistência Social Estudos e Projectos	√			√		√
	Formação Feminina	√		√	√		
	Instituto Superior de Teologia Evangélica no Lubango				√		
	Mocidade para Cristo	√	√				
	Mulher da Igreja Evangélica Reformada de Angola	√			√		
	Adonai Missio International			√			
RCA	Ambassade Chrétienne (Radio Néhémie)	√		√	√	√	
	Association centrafricaine pour la Traduction de la Bible et l'Alphabétisation				√		√
	Campus pour Christ	√			√		√

Les organisations chrétiennes africaines 129

KENYA	Chaptebo Rural Development Centre	✓				✓	✓
	Christian Partners Development Agency	✓	✓	✓	✓	✓	✓
	Daraja La Tumaini		✓	✓			
	Kwiminia Community-Based Organization	✓	✓	✓			
	Magena Youth Group		✓	✓			✓
	Mombasa Church Forum			✓			✓
	Mothers' Union of Kenya	✓		✓			
	Narok Pillar of Development Organization	✓					
	National Council of Churches of Kenya		✓	✓	✓		
	Redeemed Academy				✓		
	Scripture Union						
	St. Martin's Catholic Social Apostolate	✓		✓			✓
	Tenwek Community Health & Development		✓	✓		✓	
	Transform Kenya				✓		✓
	TOTAL	**54,2%**	**33,3%**	**54,2%**	**54,2%**	**20,8%**	**45,8%**

La motivation par la foi

Les organisations chrétiennes qui font partie du groupe plus large des organisations d'inspiration religieuse sont considérées comme ayant un engagement à servir les communautés sur la base de leur motivation religieuse (Occhipinti, 2013). Par conséquent, elles peuvent miser sur et puiser dans l'engagement et l'enthousiasme religieux de plusieurs personnes à servir les individus et les communautés. Les organisations d'inspiration religieuse sont considérées comme spéciales par les universitaires et les donateurs, non seulement parce qu'elles se servent des valeurs spirituelles et morales communes, mais aussi parce qu'elles influencent les institutions qui inculquent des valeurs, telles que les écoles et les familles (Leurs, 2012 ; Berger, 2009). C'est ce qui ressort de la vision et de la mission de plusieurs organisations chrétiennes que nous avons examinées. Par exemple, Perspectives Réformées Internationales en République centrafricaine (RCA) a pour vision d'aider les hommes et les femmes à être de vrais disciples de Christ, engagés de manière active dans leurs Églises locales, et capables d'influencer positivement leur environnement social. Conformément à sa vision et à sa mission, cette organisation dispose des ministères suivants : les programmes radiophoniques, les croisades d'évangélisation, et les programmes de formation de disciples, tous visant à conduire les gens à Christ et à changer leur vie d'une manière positive. Il existe un lien visible entre la foi et l'influence sociale dans la vision de cette organisation. On découvre une vision similaire chez l'Instituto Superior de Teologia Evangélica no Lubango (ISTEL) en Angola. Sa vision est d'avoir des leaders formés – serviteurs et disciples – qui vivent et enseignent une solide doctrine, et promeuvent le leadership, l'unité dans la diversité et l'engagement social. L'ISTEL recherche l'éducation intégrée où la connaissance, le caractère et les capacités sont formés en vue de l'amélioration de la société. Le résultat est que de nombreux anciens étudiants de l'ISTEL assument des rôles de direction dans leurs églises et communautés. Son engagement social est clairement illuminé par la foi qui s'enracine dans une solide doctrine biblique. Toutes les organisations chrétiennes que nous avons examinées établissent un lien entre leur motivation par leur foi et leur engagement dans une activité socioéconomique.

Présence au niveau local

Les organisations d'inspiration religieuse se caractérisent souvent par leur indépendance, leur flexibilité, et leur créativité (James, 2009). Cela leur permet de fournir des services efficaces en matière de développement, d'atteindre les plus pauvres au niveau local, d'accomplir leur tâche avec des objectifs à long terme et, enfin, de susciter un service engagé et bénévole qui encourage le plaidoyer de la société civile. Les organisations religieuses sont souvent considérées comme sensibles aux besoins locaux, flexibles, honnêtes, et promouvant le développement du capital social.

L'agence kenyane Christian Partners Development Agency (CPDA) est un exemple d'organisation bénéficiant d'un fort soutien et d'une forte mobilisation de la base. La CPDA a été créée par un groupe de chrétiens pour faire face aux effets de la sécheresse dans l'est du Kenya. Elle est passée du statut d'organisation chrétienne en 1985 à celui d'ONG en 1993, avec des priorités allant au-delà de l'objectif initial, mais fondées sur les besoins de la population. Plus précisément, la CPDA a un programme de genre et de gouvernance qui donne la priorité aux préoccupations de genre dans un objectif plus large de renforcement de la gestion participative aux niveaux local et national grâce à des mécanismes améliorés et en renforçant les capacités des communautés de base. Ces mécanismes comprennent le renforcement des assemblées de quartiers qui agissent comme des forums où la communauté se réunit pour délibérer sur les problèmes et proposer des solutions. CPDA a également un programme d'autonomisation des jeunes qui se concentre sur la gouvernance et le développement du leadership, le renforcement des capacités pour la gouvernance participative et l'éducation civique et électorale. Tout cela est réalisé au niveau de la base en utilisant le modèle de développement participatif.

LES DOMAINES D'IMPACT SOCIOÉCONOMIQUES

Les différentes organisations que nous avons étudiées donnent la priorité à plusieurs domaines d'intérêt socioéconomique qui incluent la santé, l'éducation et la formation, les activités génératrices de revenus et l'emploi, la réduction de la pauvreté, l'environnement et l'agriculture, et l'eau. Ces domaines sont abordés ci-dessous.

La santé

L'Organisation mondiale de la santé (OMS) estime que 30 à 70 % des infrastructures de soins de santé sur le continent africain sont détenues ou gérées par des organisations d'inspiration religieuse (OMS, 2007). Le premier recensement en Afrique sur le secteur des soins de santé à but non lucratif réalisé par l'Ouganda en 2001, par exemple, a montré que 70 % de tous les établissements de santé privés à but non lucratif en Ouganda sont détenus par des diocèses et des paroisses autonomes (ministère de la Santé/Église catholique ougandaise, 2001). Un sondage aléatoire de dispensaires et de centres de santé gouvernementaux et confessionnels en Tanzanie a montré que les dispensaires confessionnels offraient des soins curatifs et des services d'accouchement de meilleure qualité, tandis que les dispensaires gouvernementaux offraient des services d'éducation sanitaire et de vaccination de meilleure qualité aux femmes et aux enfants (Gilson et al., 1995). Ces statistiques attestent du rôle important que jouent les organisations chrétiennes dans le domaine de la santé.

Les données recueillies lors des entretiens mettent en évidence une organisation chrétienne qui met en œuvre des programmes de santé innovants et étendus dans les zones rurales du Kenya. La Tenwek Community Health and Development (TCHD) est une organisation communautaire pionnière fondée en 1983. Il s'agit d'une branche de Tenwek Hospital, qui était auparavant enregistré en tant qu'organisation d'inspiration religieuse et lancé par la World Gospel Mission en 1961. La TCHD a été créée en réponse à l'augmentation des maladies évitables. À l'époque de sa création, 80 % des personnes qui se rendaient à l'hôpital souffraient de maladies évitables. L'organisation a été créée pour mettre en œuvre une stratégie de santé communautaire. Chaque site administratif a été divisé en trois sous-sites sur lesquels une équipe composée d'un mari et de son épouse a été formée pendant trois semaines dans le but d'offrir des services sanitaires dans leur village en qualité d'assistants de santé communautaires. Le mode de fonctionnement de chaque assistant était de servir pendant trois jours par semaine et d'atteindre vingt ménages sous le slogan « mieux vaut prévenir que guérir ».

La TCHD a pour vision de donner aux communautés les moyens d'identifier et de répondre à leurs besoins en matière de santé. Sa mission est de servir le Christ en facilitant le changement au moyen des soins de santé communautaires et du développement approprié au sein des communautés nécessiteuses. L'organisation s'est agrandie en établissant des relations solides avec les communautés, les Églises et d'autres parties prenantes telles que les départements gouvernementaux. Sur le plan géographique, le programme s'est étendu à une agence de développement de premier plan dans le South Rift Valley, couvrant les comtés de Bomet, Kricho, Narok et Nakuru.

La TCHD offre plusieurs programmes comprenant les soins de santé pour la mère et l'enfant ; la prévention et le traitement en matière de VIH/SIDA ; la sécurité alimentaire ; les activités relatives à l'eau, l'hygiène et l'assainissement. Le projet a encouragé les populations locales à entreprendre des activités génératrices de revenus principalement liées à la nutrition, c'est-à-dire les jardins potagers, la production laitière et l'élevage de volaille. Des filtres à eau bio-sable sont également fournis dans les communautés avec la construction de vingt-cinq mille réservoirs à eau de pluie et des activités de protection des sources. Le programme de sécurité alimentaire est amélioré au moyen des banques alimentaires communautaires. L'organisation s'associe aux communautés pour le stockage des aliments mobilisés après les récoltes et de ceux qui sont fournis par le gouvernement. Pendant les périodes de soudure, cette nourriture stockée est vendue aux commerçants avec un profit. L'organisation gère également un projet de chèvres laitières.

Les principales réalisations comprennent une réduction de 90 % de l'incidence de maladies, la vaccination des enfants et les soins prénatals par le moyen des cliniques mobiles, l'amélioration de la nutrition et la réduction de 90 % des infections liées à la nutrition, et l'expansion d'un à cinq comtés. La TCHD a fourni un modèle pour d'autres Églises. Les Églises suivantes ont adopté ce modèle : Africa Inland Church, l'Église catholique, Deliverance Church, l'Église adventiste du septième jour et Full Gospel Church of Kenya. La TCHD a été le fer de lance d'un processus qui appartient aux personnes. Elle a réussi à atteindre les régions marginalisées et a formé entre trente et trente-cinq chefs communautaires dans chaque village. En ce moment, la TCHD compte soixante-dix membres du personnel, certains dirigeants ayant servi pendant quarante ans.

La TCHD a également été capable de prévenir la dépendance à travers les projets de développement communautaire et d'emploi rémunéré. Actuellement, 70 % du soutien financier est fourni par la communauté locale, alors que la TCHD n'apporte que 30 % du soutien financier pour la mise en œuvre des projets d'eau et de sécurité alimentaire. Dans la plupart des projets, la TCHD aide uniquement la communauté à renforcer ses capacités. Depuis 2011, les communautés où la TCHD opère ont pu développer et posséder environ dix projets d'une valeur de 690 000 $ US. Les projets comprennent les dispensaires et les écoles.

D'autres organisations chrétiennes qui offrent des services de santé comprennent la CPDA, la Kwiminia CBO et la Narok Pillar of Development Organisation, pour n'en citer que quelques-unes. Leurs activités s'étendent de la lutte contre le VIH/SIDA à la sensibilisation et à l'éducation sur diverses maladies, l'assainissement, la nutrition et l'engagement dans l'élaboration de politiques sanitaires.

Dans nos recherches sur les organisations chrétiennes considérées comme ayant un impact positif important, treize sont impliquées dans des programmes de santé. Parmi celles-ci, sept (54 %) fournissent des services spécifiques dans le domaine du VIH/SIDA. Cet accent reflète la gravité du problème du VIH/SIDA en Afrique. Elle démontre par ailleurs que les organisations chrétiennes ont relevé ce défi et s'attaquent au problème.

L'éducation, la formation et le développement du leadership

Woodberry (2004) souligne que l'éducation conduit à une accumulation du capital humain, ce qui contribue directement à une plus grande croissance économique et au développement. La valeur de l'éducation a été reconnue par de nombreuses organisations chrétiennes. Lorsque les premiers missionnaires chrétiens sont venus en Afrique, ils se sont impliqués directement ou indirectement dans des projets pédagogiques. Le premier impact majeur de l'activité chrétienne en Afrique subsaharienne a été l'introduction de l'éducation formelle et de l'alphabétisation (Okpala et

Okpala, 2006). Selon Jack Goody (1968), une fois que l'alphabétisation est introduite dans une société traditionnelle, des changements se produisent dans les schémas de pensée qui modifient le statut socioéconomique de l'ensemble de la société. En Afrique subsaharienne, le taux d'alphabétisation des adultes est de 59 %, et celui des jeunes de 70 % (UNESCO, 2013). Le secteur de l'éducation en Afrique nécessite encore beaucoup de travail.

Les données recueillies à partir de notre enquête suggèrent que de nombreuses organisations chrétiennes sont largement impliquées dans le secteur de l'éducation. Autrement dit, les organisations chrétiennes autochtones se sont appuyées sur les fondations posées par les premiers missionnaires et ont remplacé les organisations éducatives dirigées par des missionnaires par des organisations dirigées par des Africains. Par exemple, le Cheptebo Rural Development Centre, l'une des organisations chrétiennes que nous avons examinées, a, en collaboration avec le ministère de l'Éducation, parrainé des entretiens annuels de motivation pour les candidats aux examens nationaux. Ce parrainage aurait entraîné une amélioration mesurée du rendement scolaire. Grâce au financement de partenaires, Cheptebo Rural Development Centre aide à payer les frais de scolarité des élèves dans le besoin au sein de la communauté. Il offre également aux étudiants universitaires des possibilités de stages dans le domaine de l'agriculture et est en train de créer une école spécialisée dans l'agriculture des terres arides.

Un autre exemple est le NCCK, qui a créé des écoles polytechniques de village qui dispensent une formation professionnelle aux jeunes qui abandonnent l'école. Le NCCK offre également des bourses d'études, dont plus de cinq mille étudiants bénéficient.

La Redeemed Academy est une école fondée par la Redeemed Gospel Church in Ukunda à Mombassa au Kenya. Son objectif principal est d'offrir à la communauté locale une éducation de qualité à faible coût. Elle dispense un enseignement de la maternelle jusqu'au lycée à 350 enfants, dont les musulmans représentent au moins la moitié. L'école offre également des bourses aux élèves du secondaire dans le besoin.

L'Ambassade Chrétienne en RCA aide les jeunes à acquérir des compétences professionnelles telles que la formation en informatique, avec 232 personnes formées à ce jour. Cette organisation d'inspiration religieuse fait également don d'ordinateurs aux écoles. Le CICA en Angola forme du personnel à l'administration, aux finances et à l'alphabétisation, tandis que le Departamento de Assistência Social Estudos e Projectos (DASEP) de l'Église évangélique congrégationaliste d'Angola a construit deux internats. En outre, les femmes de l'Église évangélique réformée d'Angola cherchent à motiver les femmes à rejoindre des programmes d'alphabétisation.

En Angola, l'organisation dénommée Formação Feminina forme les filles (et plus récemment des garçons également) dans les domaines de l'agriculture, de la broderie, de la décoration, de la cuisine et de l'enseignement à domicile. Les jeunes sont formés en économie domestique pour devenir des personnes productives dans leurs communautés.

De toute évidence, la plupart des organisations chrétiennes que nous avons examinées sont profondément impliquées dans les questions relatives à l'éducation dans leurs pays respectifs. Cette implication couvre tout le spectre de l'éducation, de l'enseignement fondamental à l'enseignement supérieur, ainsi que le renforcement des compétences et des capacités.

La génération de revenus, l'emploi et la réduction de la pauvreté

Les organisations chrétiennes font désormais partie intégrante de la réalité sociale en Afrique, avec un impact significatif sur le développement. Ellis et Ter Haar (2007 ; 2004) ont fait valoir que la religion « forme désormais le lien le plus important » que « l'Afrique subsaharienne [a]… avec le reste du monde ». La religion est un élément central de la pensée de la plupart des Africains, et elle est de plus en plus évidente dans le domaine public et politique. Naturellement, l'attention a été attirée sur la nécessité d'envisager l'avenir du développement en Afrique dans le cadre d'un changement plus large, d'un paradigme économique étroit à quelque chose de plus large qui inclut des dimensions spirituelles et religieuses.

« Historiquement, les groupes religieux ont fourni des services sociaux et d'autres activités de développement communautaire qui favorisent l'autonomisation de la communauté » (Littlefield, s.d.). Les organisations d'inspiration religieuse ne sont donc pas nouvelles dans le domaine du développement. Elles ont été des actrices importantes de la vie sociale, économique et politique des pays en développement depuis la période coloniale, lorsqu'elles fournissaient des services d'éducation et de santé en collaboration avec les gouvernements coloniaux.

La Banque Mondiale reconnaît maintenant qu'il est impossible de vaincre la pauvreté sans porter un regard sur la dimension spirituelle et ses manifestations dans les institutions et mouvements religieux (Marshall et Keough, 2004). Le Programme d'Action de Beijing de 1995 (cité par James, 2009) reconnaît que la religion joue un rôle central dans la vie de millions de femmes et d'hommes. Cela a conduit à une réévaluation du rôle de la foi dans le développement.

L'expérience du Nigeria a montré que les organisations d'inspiration religieuse sont des agents importants du développement en Afrique (Olarinmoye, 2012). Leur portée et leur flexibilité de programmation inspirent la confiance des communautés dans lesquelles elles opèrent. L'État a besoin du soutien des organisations d'inspiration religieuse, compte tenu des différents défis auxquels il est confronté. La coopération entre l'État et les organisations d'inspiration religieuse est nécessaire pour la mise en œuvre efficace des programmes visant à garantir le développement.

Le Cheptebo Rural Development Centre gère un centre de conférence construit en 1997. Il génère des fonds pour gérer le centre et ses activités. Le centre a une capacité de cent lits et deux salles de conférence. Il y a actuellement trente-deux employés. Ces salariés ont plusieurs personnes à charge qui bénéficient de l'emploi créé par le centre. De plus, CPDA a permis aux jeunes d'être autonomes et de s'engager dans des entreprises entrepreneuriales dans le comté de Vihiga. Une autre organisation chrétienne (Daraja La Tumaini) a mis en place un programme de microfinance qui aide ses membres avec des prêts de démarrage pour les petites entreprises. De nombreuses personnes locales ont lancé de petites entreprises dans des bidonvilles à la suite de cette entreprise.

Les femmes de Mothers' Union de l'Église anglicane forment des sociétés coopératives où les membres se soutiennent mutuellement dans le développement. Mothers' Union a présenté des propositions à des donateurs tels que Act Alliance, Action Aid et World Vision. Le financement provenant de ces sources est utilisé pour améliorer le niveau de vie. De nombreuses branches de Mothers' Union ont également construit des salles paroissiales qui sont louées contre rémunération, générant ainsi des revenus. Mothers' Union a également construit Bishops Towers à Nairobi, un bâtiment qui abrite le bureau national et génère des revenus en louant des bureaux à de nombreuses entreprises.

Le NCCK a amélioré la vie des Kenyans grâce à un certain nombre de programmes. L'un d'eux est le SMEP, qui est l'organisation de microfinance du NCCK. En 2010. Le SMEP a été agréé par la Banque centrale du Kenya en tant qu'agence de microfinance de dépôt à l'échelle nationale. Actuellement, elle se prépare à devenir une banque à part entière. Le SMEP gère actuellement un budget annuel de 22 988 505 $ US. Le NCCK possède également des propriétés dans des emplacements de premier choix qui comprennent des hôtels et des bureaux dans les grandes villes du Kenya. Ces propriétés rapportent un revenu annuel combiné d'environ 6 896 551$ US, permettant au NCCK d'employer des milliers de Kenyans. De même, St. Martin's Catholic Social Apostolate a lancé son programme communautaire d'épargne et de microcrédit en 2002.

L'Ambassade Chrétienne en RCA cherche à réduire la pauvreté en formant des femmes ; trois mille d'entre elles avaient été formées au moment de la réalisation de cette étude. L'organisation a créé environ 352 associations de femmes qui gèrent des micro-projets générateurs de revenus.

La protection de l'environnement et l'agriculture durable

Selon le rapport de 2012 de l'Africa Society, les problèmes environnementaux constituent l'un des principaux défis du continent africain au vingt et unième siècle (Chukwunonyelum et al., 2013). La qualité et la richesse de l'environnement terrestre, de l'eau douce et marine ont été polluées. Les problèmes environnementaux ont été aggravés par la croissance démographique rapide, l'urbanisation, la consommation de l'énergie, le surpâturage et la surexploitation des terres.

Chukwunonyelum et al. (2013) suggèrent que « la crise environnementale à laquelle est confronté le continent africain est de plus en plus considérée comme une crise de valeurs, et la religion, une source première de valeurs humaines [...] est essentielle dans la recherche de solutions durables ». Ils notent que l'environnement a été créé par Dieu pour répondre à nos besoins présents et futurs et que la destruction de l'environnement est en partie le résultat de l'avidité des élites dirigeantes.

En Afrique, les chrétiens sont préoccupés par l'environnement (Conradie, 2007) et ancrent cette préoccupation dans une théologie du « soin de la création ». Cependant, la pauvreté est un obstacle à la protection de l'environnement. Pour la plupart des pauvres, la protection de l'environnement est considérée comme un passe-temps de riches, à des fins esthétiques. Les riches sont parfois perçus comme plus préoccupés par les ressources environnementales telles que la faune que par le bien-être des êtres humains. Les pauvres craignent que l'attention portée aux problèmes environnementaux détourne les ressources de besoins humains plus pressants. Il est nécessaire de gérer cette tension.

La littérature sur les préoccupations environnementales indique parfois que les acteurs religieux ne sont pas impliqués dans la conservation de l'environnement. Cependant, la All Africa Conference of Churches et certains de ses conseils régionaux ont accueilli plusieurs conférences sur le thème de l'environnement au cours des dernières années et ont publié de nombreuses déclarations (AACC, n.d.). La conférence maintient une unité thématique intitulée « Le changement climatique et le soin de la création ». Cette insistance s'enracine pleinement dans les engagements théologiques chrétiens.

Les données recueillies lors des entretiens dans cette étude révèlent un certain nombre d'organisations impliquées dans la protection de l'environnement. L'une de ces organisations est le Cheptebo Rural Development Centre, situé dans la Kerio Valley au Kenya. L'endroit est semi-aride, avec des niveaux de pauvreté dépassant largement les 60 %. Le centre a créé des unités de démonstration spécifiquement liées à l'environnement et à l'agriculture. L'objectif est que les membres de la communauté viennent et apprennent à partir des unités de démonstration au sein du centre, puis rentrent et mettent en œuvre les mêmes technologies dans leurs fermes. Le centre a créé des unités de démonstration dans les domaines suivants : unités de vaches laitières et de chèvres, techniques d'élevage en terres arides, irrigation goutte à goutte, pépinières avec plants fruitiers certifiés, apiculture, ferme de verger, unité de volaille, agriculture durable et technologie de serre. Le Cheptebo Development Centre a fourni des plants de qualité à la communauté qui l'entoure. Le centre a eu un impact sur les populations du monde entier, les semis étant vendus jusque dans le sud du Soudan.

Grâce à la ferme de démonstration du centre, bon nombre de ménages ont planté des manguiers et d'autres arbres fruitiers et reçoivent des revenus importants. La région est maintenant plus verte. À mesure que de plus en plus de gens cultivent des arbres fruitiers, le microclimat de cette région changera probablement. D'autres ménages élèvent maintenant des vaches et des chèvres laitières qui sont d'une grande aide pour sortir la communauté de la pauvreté. Le nombre d'Églises a également augmenté, ainsi que l'adhésion à ces Églises.

L'approvisionnement en eau

Allen, Davila et Hofmann (2006) signalent qu'il existe un écart remarquable entre les pauvres et les riches en matière d'accès aux services d'eau. En réalisant une étude portant sur cinq villes de pays en voie de développement, ils ont constaté que les pauvres souffrent de graves privations de services d'eau. Cela les relègue à des systèmes d'eau alternatifs qui ne sont pas sûrs en matière de santé. Certaines organisations d'inspiration religieuse examinées dans cette étude sont intervenues pour combler ce besoin et fournir de l'eau au bétail, aux cultures et aux personnes, en particulier les pauvres.

La CPDA, l'une des organisations d'inspiration religieuse étudiées, se concentre sur l'amélioration de l'eau et de l'assainissement au sein des communautés où elle opère. Elle y parvient grâce à un partenariat avec la population pour promouvoir l'assainissement de l'eau et l'accès à une eau propre et salubre. De 1997 à 2009, la CPDA a construit plus de 120 réservoirs d'eau, protégé plus de 400 sources et construit 174 latrines pour subvenir aux besoins dans les comtés de Vihiga et Kakamega au Kenya. De 1998 à 2003, la CPDA a soutenu la construction de cinquante puits peu profonds, onze réservoirs d'eau, cinquante abreuvoirs pour le bétail et dix pompes manuelles dans le comté de Machakos.

La Kwiminia CBO a construit treize barrages de sable en 2006 et treize autres en 2007-2008. Le groupe a construit un total de dix barrages de sable et a également fait don de vingt-huit réservoirs d'eau à des écoles. Les programmes d'eau de la TCHD comprennent l'approvisionnement en eau potable, l'assainissement et l'hygiène. Il a fourni des filtres à eau bio-sable à la communauté et a construit des réservoirs de captage d'eau de pluie qui contiennent vingt-cinq mille litres d'eau. Il a également protégé les sources communautaires de la pollution. L'Ambassade Chrétienne en RCA a creusé un puits d'eau qui fournit de l'eau propre à trois mille personnes dans la communauté, évitant ainsi les maladies d'origine hydrique.

LA TYPOLOGIE DES ORGANISATIONS D'INSPIRATION RELIGIEUSE

Selon Hefferan, Adkins et Occhipinti (2009), il existe six façons de catégoriser les organisations en matière de foi : imprégnées de foi, centrées sur la foi, affiliées à la foi, fondées sur la foi, partenariats foi-laïques et laïques. Cette catégorisation représente un continuum allant de celles qui sont dites imprégnées de foi à celles qui ne professent aucune foi (laïques). Alternativement, ces mêmes auteurs proposent de classer les organisations d'inspiration religieuse en fonction des aspects suivants : la description de soi, le fait que le fondateur soit croyant ou non, le fait que le personnel ou les bénévoles doivent professer la foi, la source de financement, les pratiques religieuses au sein de l'organisation, le contenu religieux du programme et les symboles religieux. La plupart des organisations étudiées étaient très claires quant à leurs fondements chrétiens, et quelques-unes ont modifié leur vision et leur mission au fil du temps. Aucune des organisations examinées ne se dit laïque, bien que quelques-unes aient du personnel non chrétien. La plupart des organisations chrétiennes reçoivent un soutien et s'associent à des institutions qui ne sont pas nécessairement chrétiennes.

Il existe de nombreuses façons d'évaluer l'expression de la religion liée à la fourniture de services sociaux. Les chercheurs définissent la portée de l'emphase religieuse au sein des organisations d'inspiration religieuse pour comprendre le rôle de la religion en tant que composante des services offerts par les organisations d'inspiration religieuse. Les différentes typologies partagent de nombreux points communs avec trois grandes catégories d'évaluation : l'expression de la religion (voir paragraphe précédent), le contrôle organisationnel et la mise en œuvre du programme. Le contrôle organisationnel est examiné à travers les sources de financement, la religiosité des participants et la définition des mesures des résultats. La mise en œuvre du programme est examinée à travers la sélection des services fournis, l'intégration d'éléments religieux dans la prestation de services et la participation volontaire ou obligatoire à des activités religieuses spécifiques au sein de l'organisation et des processus décisionnels.

Les données recueillies à partir des entretiens montrent que la composition du conseil d'administration et le personnel des organisations que nous avons examinées en RCA et en Angola sont chrétiens. Au Kenya, les organisations présentent une image légèrement différente, avec quatre organisations ayant des conseils d'administration ou des employés qui ne sont pas exclusivement chrétiens. Ces organisations sont la CPDA, la Kwiminia CBO, la Narok Pillar of Development Organization et la TCHD. Par exemple, la Narok Pillar of Development Organization rapporte que certains membres du personnel ne sont pas chrétiens, mais tous les membres du conseil le sont. De plus, la vision et la mission de ces organisations sont plus exclusivement sociales que celles dont le conseil d'administration et le personnel sont entièrement chrétiens. Une autre observation est que les organisations dont les conseils d'administration et le personnel ne sont pas exclusivement chrétiens ont un éventail de donateurs internationaux et nationaux laïcs et chrétiens. Le défi d'avoir de puissants donateurs non chrétiens est que leurs fonds sont assortis de conditions, et certaines d'entre elles peuvent aller à l'encontre des aspirations d'une organisation chrétienne, comme gagner des convertis.

LES TENSIONS ET LES DÉFIS DANS LE DÉVELOPPEMENT SOCIOÉCONOMIQUE

Le maintien de l'identité religieuse face à de puissantes forces de sécularisation est un défi pour les organisations chrétiennes (Occhipinti, 2013). La mission et la vision d'une organisation aident à maintenir une identité religieuse et remplissent la fonction importante d'attirer et de motiver les employés et les bénévoles. L'identité religieuse des employés devrait être non négociable comme moyen de résistance aux pressions souhaitant la sécularisation. Le réseautage entre des organisations similaires ayant les mêmes convictions et effectuant un travail similaire dans différents endroits aide les organisations à renforcer l'identité religieuse par des contacts réguliers et des échanges de personnes et d'idées. Les employés et les bénévoles expriment leur religion à travers leurs activités quotidiennes et la culture qu'ils créent peut, à son tour, influencer l'organisation religieuse qui parraine. La flexibilité et l'adaptation sont très importantes pour la survie de l'organisation ; cependant, cette flexibilité et cette adaptation peuvent amener les organisations à se détacher de leur identité religieuse.

Deux organisations dirigées par la même personne, Cosmas Maina, illustrent les tensions présentes alors que les organisations chrétiennes travaillent avec les communautés. Cosmas Maina travaille avec les toxicomanes pour les aider à se libérer de leur dépendance. Pour interagir avec deux groupes de parties prenantes différents, il a créé deux organisations parallèles qui desservent la même population à risque : Teens Watch et Set the Captives Free. Teens Watch est une organisation communautaire qui fait appel à des pairs éducateurs pour sensibiliser la communauté à la réduction des risques dans des domaines tels que la toxicomanie, l'alcoolisme et la prostitution. Ce n'est pas une organisation explicitement chrétienne. Et pourtant, Cosmas Maina est convaincu que Jésus et les ressources fournies dans l'Évangile et à travers l'Église jouent un rôle stratégique dans la transformation de la vie des toxicomanes. Il utilise donc une organisation complètement distincte et explicitement chrétienne appelée Set the Captives Free pour venir aux côtés de ces mêmes toxicomanes et leur fournir une éducation et des soins spirituels. Avec les deux organisations distinctes, Cosmas peut mobiliser des ressources provenant de diverses sources religieuses et laïques et peut gérer les ressources séparément, de manière conforme à la nature et aux valeurs des donateurs, et également favoriser le bien-être des toxicomanes.

Teens Watch a reçu un financement d'une organisation internationale non chrétienne. Les employés et les bénévoles de Teens Watch se déplacent dans les rues de Mombasa, au Kenya, très tôt le matin pour repérer les personnes qui se droguent. Les employés et les bénévoles ne prêchent pas à ces toxicomanes, car ils ne sont pas autorisés à le faire ouvertement avec les fonds qu'ils reçoivent ; les toxicomanes ont la possibilité de visiter Set the Captives Free, où ils reçoivent la Parole de Dieu. Dans le cadre de Teens Watch, les employés fournissent des seringues propres, des préservatifs et des lubrifiants aux travailleurs du sexe. Ils parlent également aux gens de la santé sexuelle et reproductive et ont eu l'occasion de parler à des filles qui pratiquaient la bestialité ainsi que l'homosexualité. Ils s'adressent également aux travailleurs du sexe. Ils essaient de les conseiller en plus de leur donner de l'argent pour leur entretien.

Ce cas particulier est en quelque sorte unique, mais il répond aux tensions auxquelles la plupart de ces organisations chrétiennes sont confrontées. D'une part, elles aimeraient servir la communauté ; d'autre part, elles ne disposent pas des ressources nécessaires. Elles s'adressent alors à des organisations pour obtenir un soutien, mais toutes ne sont pas favorables à la composante religieuse de leur travail, ce qui peut les décourager activement d'intégrer leur foi dans leurs services. Cette tension peut être ressentie non seulement par les donateurs, mais aussi par les bénéficiaires, qui peuvent ne pas être chrétiens. Les attentes des soutiens chrétiens peuvent également compliquer les choses. Offrir des préservatifs et des seringues propres peut être considéré par certains chrétiens comme une manière inacceptable de servir la communauté. Les Églises de Mombasa ont refusé de coopérer avec Teens Watch pour cette même raison. Ce sont les tensions auxquelles les organisations chrétiennes continueront à faire face, et elles auront besoin d'aide pour relever ces défis.

CONCLUSION

Les données de cette étude montrent que la plupart des organisations d'inspiration religieuse qui ont un impact significatif sur le bien public ont également un objectif socioéconomique. En partie à cause de leur orientation spirituelle, ces organisations sont particulièrement motivées et positionnées pour répondre aux besoins de la société. En effet, la plupart de ces organisations chrétiennes offrent des services de santé, des programmes de génération de revenus et de réduction de la pauvreté, l'éducation et la formation, et/ou des programmes environnementaux et agricoles. La moitié des organisations chrétiennes interrogées se concentrent sur trois domaines ou plus de l'économie sociale.

Certaines des organisations chrétiennes ont noué des liens très étroits avec le gouvernement et d'autres agences dans leurs domaines d'activité. Cela crée une synergie et garantit une acceptation et une efficacité plus larges du programme. Il est également à noter que les organisations chrétiennes ne servent pas seulement les chrétiens, mais aussi les personnes d'autres confessions.

Un certain nombre de ces organisations font preuve d'une étonnante capacité à mobiliser les gens pour travailler et atteindre leurs objectifs, une organisation locale a ainsi réussi à mobiliser plus de mille volontaires de manière continue. Ces organisations ont été capables de former et de motiver ces volontaires pour qu'ils fournissent gratuitement divers services. La motivation par la foi semble être un aspect clé de ce volontariat. Beaucoup de ces organisations ont développé des réseaux étendus et solides avec des partenaires locaux et internationaux qui les aident à mobiliser des ressources financières, techniques et autres.

En outre, un certain nombre d'organisations que nous avons examinées ont établi une relation de confiance avec le gouvernement, les politiciens et d'autres institutions, ce qui leur permet de jouer un rôle clé dans des domaines tels que la consolidation de la paix. La perception que ces organisations incarnent des valeurs positives (telles que l'honnêteté ou le souci des pauvres et des nécessiteux) et qu'elles contribuent au bien-être humain leur vaut une confiance généralisée. Cette confiance leur confère une voix publique, ce qui leur donne une influence significative dans divers domaines.

Dans le domaine de la santé, une organisation affirme de manière crédible avoir réduit de 90 % l'incidence des maladies dans certaines zones rurales grâce à une stratégie de santé communautaire. De tels modèles ont été reproduits ailleurs, avec des effets positifs. D'autres organisations chrétiennes gèrent des hôpitaux et des centres de santé, et forment la population dans les domaines qui touchent à la santé.

L'éducation permet d'accumuler du capital humain, ce qui contribue directement à la croissance économique et au développement. Un certain nombre d'organisations chrétiennes sont impliquées directement ou indirectement dans des projets éducatifs, certaines d'entre elles créant des établissements de formation professionnelle et universitaire, tandis que d'autres accordent des bourses d'études à un grand nombre d'étudiants.

Dans le domaine de la génération de revenus, de l'emploi et de la réduction de la pauvreté, les organisations chrétiennes font désormais partie intégrante de la réalité sociale en Afrique et ont un impact considérable, notamment dans les domaines suivants : l'emploi, les compétences entrepreneuriales, la microfinance, la lutte contre la discrimination dans l'emploi, l'acquisition d'actifs générateurs de revenus, les systèmes d'épargne et le capital social par le biais de groupes.

En ce qui concerne l'environnement et l'agriculture, un certain nombre d'organisations chrétiennes ont appris à la population à planter des arbres à double usage (bons pour l'environnement et portant des fruits comestibles), à créer des pépinières et des parcelles de démonstration pour l'agriculture en milieu aride, et à promouvoir l'agriculture durable. Ces activités se traduisent par un changement notable de l'environnement, les arbres plantés en grand nombre sont susceptibles de modifier le microclimat. En ce qui concerne l'eau, les organisations chrétiennes ont construit des réservoirs d'eau, protégé des sources, installé des pompes à eau et creusé des puits peu profonds, des forages et des barrages de sable. La combinaison de ces activités permet de fournir de l'eau potable à de nombreuses personnes en Afrique, réduisant ainsi le risque de maladies d'origine hydrique.

Les organisations chrétiennes sont confrontées à de nombreuses tensions dans le processus de service aux communautés. Leur identité religieuse est un facteur essentiel de leur réussite. Et pourtant, leur identité religieuse leur pose parfois des problèmes lors de leurs interactions avec différentes parties prenantes, qui ne partagent pas toutes leurs engagements religieux. La manière dont ces tensions seront traitées dans les années à venir est une question ouverte qui mérite des recherches et une réflexion plus approfondies.

RÉFÉRENCES CITÉES

AACC (n.d.). « Departments and Programmes », All Africa Conference of Churches, http://aacc-ceta.org.

ALLEN Adriana, DAVILA Julio, HOFMANN Pascale (2006). « The Peri-urban Water Poor. Citizens or Consumers? », *Environment and Urbanization* 18/2, p. 333-351.

BERGER Julia (2003). « Religious Nongovernmental Organizations. An Exploratory Analysis », *Voluntas. International Journal of Voluntary and Nonprofit Organizations* 14/1, p. 15-39.

BERGER Peter L. (2009). « Faith and Development », *Society* 46/1, p. 69-75.

CHUKWUNONYELUM Ani Casimir Kingston, CHUKWUELOBE Matthew, OME Ema (2013). « Philosophy, Religion, and the Environment in Africa. The Challenge of Human Value Education and Sustainability », *Open Journal of Social Sciences* 1/6, p. 62-72.

CLARKE Gerard, JENNINGS Michael, sous dir. (2008). « Introduction », dans *Development, Civil Society, and faith-Based Organizations*, New York, Palgrave MacMillan, p. 1-16.

CONRADIE Ernst M. (2007). « Christianity and the Environment in (South) Africa. Four Dominant Approaches », dans *Christian in Public. Aims, Methodologies, and Issues*, sous dir. Len HANSEN, Stellenbosch, South Africa, African Sun Media, p. 227-250.

ELLIS Stephen, TER HAAR Gerrie (2004). *Worlds of Power. Religious Thought and Political Practice in Africa*, Oxford, Oxford University Press.

ELLIS Stephen, TER HAAR Gerrie (2007). « Religion and Development », *Harvard International Review*, http://hir.harvard.edu.

GILSON L., MAGOMI M., MKANGAA E. (1995). « The Structural Quality of Tanzanian Primary Health Facilities », *Bulletin of the World Health Organization* 73/1, p. 105-114.

GOODY Jack, sous dir. (1968). *Literacy in Traditional Society*, London, Cambridge University Press.

HEFFERAN Tara, ADKINS Julie, OCCHIPINTI Laurie, sous dir. (2009). « Faith-Based Organizations, Neoliberalism, and Development. An Introduction », dans *Bridging the Gaps. Faith-Based Organizations, Neoliberalism, and Development in Latin America and the Caribbean*, Lanham, MD, Rowman and Littlefield, p. 1-34.

JAMES Rick (2009). « What Is Distinctive about FBOs? How European FBOs Define and Operationalise Their Faith », *Praxis Paper 22*.

LEURS Robert (2012). « Are Faith-Based Organizations Distinctive? Comparing Religious and Secular NGOs in Nigeria », *Development in Practice* 22/5–6, p. 704-720.

LITTLEFIELD Mari B. (n.d.). « The Impact of Religion and Faith-Based Organizations on the Lives of Low-Income Families », National Poverty Law Center, University of Michigan, http://www.npc.umich.edu.

LUNN Jenny (2009). « The Role of Religion, Spirituality, and Faith in Development. A Critical Theory Approach » *Third World Quarterly* 30/5, p. 937-951.

MARSHALL Katherine, KEOUGH Lucy (2004). *Mind, Heart, and Soul in the Fight against Poverty*, Washington DC, The World Bank.

Ministère de la Santé de l'Ouganda, en collaboration avec l'Uganda Catholic Church (2001). *Facility-Based Private Not-for-Profit Health Providers. A Quantitative Survey*.

OCCHIPINTI Laurie (2013). « Liberating Development. Religious Transformations of Development Discourse », *Perspectives on Global Development and Technology* 12, p. 427-443.

OKPALA Amon, OKPALA Comfort (2006). « The Effects of Public School Expenditure and Parental Education on Youth Literacy in Sub-Saharan Africa », *Journal of Third World Studies* 23/2, p. 203-212.

OLARINMOYE Omobolaji Ololade (2012). « Faith-Based Organizations and Development. Prospects and Constraints », *Transformation. An International Journal of Holistic Mission Studies* 29/1, p. 1-14.

PEREIRA Javier, ANGEL Ronald J., ANGEL Jacqueline L. (2009). « A Chilean Faith-Based NGO's Social Service Mission in the Context of Neoliberal Reform », dans *Bridging the Gaps. Faith-Based Organizations, Neoliberalism, and Development in Latin America and the Caribbean*, sous dir. Tara HEFFERAN, Julie ADKINS et Laurie OCCHIPINTI, Lanham, MD, Rowman and Littlefield, p. 151-164.

PEW (2010). « Tolerance and Tension. Islam and Christianity in Sub-Saharan Africa », *Pew-Templeton Global Religious Futures Project*, http://www.pewforum.org.

RIVLIN Benjamin (2002). « Thoughts on Religious NGOs at the UN. A Component of Global Civil Society », dans *Civil Society in the Information Age. NGOs, Coalitions, Relationships*, sous dir. Peter HAJNAL, Aldershot, Ashgate, p. 155-173.

UNESCO (2013). « Adult and Youth Literacy », UNESCO Institute for Statistics, http://www.uis.unesco.org.

WOODBERRY Robert (2004). « The Cost of Bigotry. The Educational and Economic Consequences of Restricting Missions », Association for the Study of Religion, Economics, and Culture Conference, octobre 2004, Kansas City, MO, Unpublished conference paper.

World Health Organization (WHO) (2007). « Faith-Based Organizations Play a Major Role in HIV/AIDS Care and Treatment in Sub-Saharan Africa », *World Health Organization*, http://www.who.int.

WUTHNOW Robert (2004). *Saving America? Faith-Based Services and the Future of Civil Society*, Princeton, NJ, Princeton University Press.

WUTHNOW Robert (2009). *Boundless Faith. The Global Outreach of American Churches*, Berkeley and Los Angeles, University of California Press.

Chapitre 8

Le leadership des femmes en Afrique
Réalités et possibilités

Truphosa Kwaka-Sumba et Elisabet le Roux

Partout dans le monde, nous trouvons des femmes qui ont réussi à diriger et à transformer leur société ; cependant, cela est rarement considéré comme la norme et souvent difficilement accepté. Dans une grande partie de l'Afrique, les structures et traditions patriarcales ont freiné les femmes dirigeantes. Néanmoins, les femmes africaines ont été et continuent d'être des leaders. Les exemples incluent Nzinga Mbandi (1581-1663), qui a mené l'Angola à résister au colonialisme et à l'influence portugaise (UNESCO, 2014). Au Kenya, la professeure Wangari Maathai (1940-2011) a fondé le Green Belt Movement et a obtenu un prix Nobel en reconnaissance de son travail dans le domaine de la conservation de l'environnement. La présidente libérienne Ellen Johnson Sirleaf a été la première femme chef d'État démocratiquement élue en Afrique. Son Excellence Catherine Samba-Panza, en République centrafricaine (RCA), a été élue présidente par intérim au milieu du récent conflit civil, dans l'espoir qu'elle serait une leader capable de ramener la paix en RCA (McGregor, 2014).

Ce chapitre présente sept femmes[1] qui sont identifiées comme faisant partie des leaders les plus influents dans l'enquête de l'ELA. Grâce à leurs interviews, nous apprenons à connaître les femmes africaines dans le domaine du leadership – leurs réalités et leurs possibilités. En Angola, nous avons interviewé la Dr Adelaide Catanha, Mme Eunice Chiquete et la femme pasteur Luisa Mateus ; en RCA, Mme Marie Paule Balezou et Mme Marie-Louise Yakemba ; et au Kenya, Alice Kirambi et la professeure Esther Mombo.

Nous présenterons d'abord brièvement ces leaders, puis nous analyserons ce que nous avons appris. La Dr Adelaide Catanha a été identifiée dans notre enquête comme l'un des dix pasteurs les plus influents d'Angola.

---

[1] Toutes les informations relatives à ces femmes et organisations étaient à jour et correctes au moment de la recherche.

La Dr Catanha a été la deuxième femme ordonnée issue des Ovimbundu, l'un des trois plus grands groupes ethniques de son pays. Elle enseigne dans un séminaire théologique, est impliquée dans l'association des femmes de son Église et a été très bien notée dans l'enquête pour sa formation des leaders. Mme Eunice Chiquete, professeure dans un institut théologique, a été identifiée comme un leader non membre du clergé ayant un impact significatif, notée pour sa capacité à former des leaders et pour sa bonne réputation. Titulaire d'un master en missiologie, elle espère poursuivre des études doctorales. Sa passion et la majeure partie de son travail sont axées sur les enfants et leur formation. La femme pasteur Luisa Mateus a été identifiée comme l'un des trois pasteurs les plus influents d'Angola. Elle est pasteur de l'Igreja Evangélica Reformada de Angola (IERA) et secrétaire du synode provincial de Luanda, Bengo, Cuanza Sul et Cunene.

En République centrafricaine, Mme Marie Paule Balezou a été citée comme une personne laïque qui a exercé une grande influence sur les autres. Originaire du Cameroun et titulaire d'une maîtrise en économie, elle est femme d'affaires à Bangui et a également un ministère de radio pour enfants. Mme Marie Yakemba était une autre des leaders laïcs les plus influents de RCA, avec une note élevée pour la formation des leaders. Elle travaille pour le gouvernement en tant qu'inspectrice des impôts et est également impliquée dans deux ONG : Aglow International et Samaritan's Purse. En outre, elle est responsable du groupe de femmes de son Église. Elle est allée à l'université, avec une formation de niveau supérieur en administration, et de 2003 à 2005 elle a été conseillère nationale auprès du gouvernement de transition.

Alice Kirambi et Esther Mombo ont été identifiées comme des leaders laïcs au Kenya. Alice Kirambi est une quakeresse qui travaillait auparavant au département des femmes de la Conférence des Églises de toute l'Afrique. En 2013, elle s'est présentée sans succès au poste de représentante des femmes à l'Assemblée nationale. Actuellement, Mme Kirambi est la directrice exécutive de la Christian Partners Development Agency (CPDA), ainsi que la présidente du Western Women Empowerment Network. Esther Mombo est professeure d'histoire de l'Église à l'université St. Paul et, au moment de l'étude, elle était également vice-chancelière adjointe pour les affaires académiques. En outre, elle est une membre active du Circle of Concerned African Women Theologians.

En outre, nous avons également pris en compte trois organisations centrées sur les femmes et identifiées par nos répondants à l'enquête comme des organisations de premier plan. En Angola, Mulher da Igreja Evangélica Reformada de Angola (MIERA) était l'une des vingt-cinq principales organisations. Il s'agit de l'organisation principale à laquelle se rattachent toutes les organisations féminines au sein de la dénomination, et son adhésion est réservée aux personnes âgées de trente-sept ans et plus. Elle a été très bien notée en ce qui concerne la formation des leaders et pour sa réputation dans la communauté. Une autre organisation, Formação

Feminina, était la quatrième organisation chrétienne la plus fréquemment citée par les Angolais comme ayant un impact positif. Elle a été créée en 1914 sous la forme d'un centre dédié à la formation des jeunes filles, bien qu'en 2011 elle ait commencé à admettre les garçons. Au Kenya, Mothers' Union a été identifiée comme l'une des organisations les plus influentes et est la principale organisation de femmes de l'Église anglicane du Kenya. Elle a été créée en 1918 par des femmes européennes dans le contexte de la colonisation et se concentrait principalement sur les familles et les enfants. Elle a évolué et est désormais ouverte à toutes les femmes de l'Église anglicane. Bien que l'Union des Soeurs ait été identifiée comme une organisation influente en RCA, nos chercheurs n'ont pas été en mesure de mener des entretiens approfondis avec son personnel, elle n'est donc pas abordée dans ce chapitre.

Le questionnaire de l'ELA demandait aux répondants dans quelle mesure leur Église offrait des possibilités aux femmes dans le leadership. Le tableau 8.1 présente les résultats des trois pays.

Les participants à l'enquête ont noté qu'il existe des possibilités pour les femmes dans le leadership des Églises. Le Kenya a le plus de possibilités disponibles, suivi par l'Angola et la RCA. Ce chapitre examine plus en détail ces possibilités et ces limites en explorant les expériences des sept femmes dirigeantes et des trois organisations de femmes.

Diverses métaphores ont été utilisées pour décrire le parcours difficile auquel sont confrontées les femmes leaders. L'expression « plafond de vitrail » est couramment utilisée dans la littérature religieuse. Elle désigne l'existence d'une barrière créée par l'homme qui empêche les femmes chrétiennes d'accéder à des postes de direction au sein des organisations religieuses. Cette barrière varie en fonction de la tradition ecclésiastique (Stanley, 1996 ; Adams, 2007). Nos données, cependant, soutiennent l'utilisation de la métaphore du labyrinthe (Eagly et Carli, 2007). Le labyrinthe exprime l'idée d'un voyage complexe qui n'est pas simple ou direct et qui exige de la persévérance, de la concentration et de la connaissance. Klenke (2011) utilise également la métaphore du labyrinthe, notant que les femmes leaders dans les contextes ecclésiastiques sont confrontées à la doctrine religieuse et aux pratiques culturelles et traditionnelles qui, en elles-mêmes, créent des obstacles dans le parcours de leadership des femmes. Ces obstacles sont différents pour chaque femme leader en fonction de son contexte.

Tableau 8.1. Possibilités de leadership offertes par les Églises aux femmes

		Angola	RCA	Kenya
Dans quelle mesure votre église offre des possibilités de leadership aux femmes ?	Pas du tout	10,3 %	13,8 %	5,9 %
	Très peu	26,5 %	31,7 %	18,7 %
	Un peu	32,8 %	29,1 %	34,2 %
	Beaucoup	30,5 %	25,4 %	41,2 %

Néanmoins, Klenke soutient que ces obstacles peuvent être surmontés ou contournés, et que cela en vaut la peine. Comme le montre la discussion de ce chapitre, tel a été le parcours de nos femmes leaders.

LES RÉALITÉS

La marginalisation et la discrimination

Des années de militantisme pour l'égalité et l'action positive ont permis de créer des espaces de leadership que les femmes peuvent occuper. Cependant, bien que les possibilités existent, elles sont souvent à des niveaux subalternes, tandis que les hommes occupent des postes plus élevés (Ngunjiri, 2010 ; Sullins, 2000). La recherche montre également que si les congrégations peuvent offrir des possibilités aux femmes dans l'Église, elles résistent à l'idée que des femmes puissent servir comme pasteurs (Sullins, 2000). Des études sur la formation théologique montrent qu'historiquement très peu de femmes ont étudié la théologie, parce que la formation théologique était liée à l'ordination (Mombo, 2008 ; Oduyoye, 1990). L'ordination reste une question controversée. Même dans les Églises où l'ordination des femmes est théoriquement autorisée, la mise en œuvre varie, et le nombre réel de femmes ordonnées est relativement faible (Mombo, 2008).

Esther Mombo a connu la marginalisation dès l'enfance, parce qu'elle allait à l'encontre de la norme en faisant des études supérieures et en résistant au mariage précoce. Cela a continué lors de son premier poste d'enseignement théologique dans une école de théologie à Eldoret. Elle a été traitée avec suspicion, parce qu'elle était femme et célibataire. Elle raconte l'accueil qu'elle a reçu :

> L'évêque Muge me fait passer cet entretien, mais le conseil refuse. Le conseil est composé à 100 % d'hommes. Ils disent donc qu'ils ne peuvent pas avoir une femme qui enseigne… [parce que] elle est célibataire… Les étudiants étaient tous des hommes, et ils n'étaient pas d'accord sur le rôle des femmes dans le leadership et l'ordination. Mais je ne cherchais pas à être ordonnée. Muge leur dit donc : « Je vous donne six mois pour trouver un homme aussi qualifié qu'elle. » Au bout de six mois, ils n'avaient trouvé personne, et il avait besoin de quelqu'un pour enseigner. On m'invite donc à venir, et j'arrive dans un climat très hostile en termes d'ethnicité et de genre… Ils sont confrontés à la question de la place et du rôle des femmes dans l'Église. Parmi les problèmes que rencontraient les femmes de mon époque qui enseignaient à l'école de théologie, il y avait d'abord le lieu d'hébergement. C'était une question délicate : vous donnait-on une maison ou une chambre, ou viviez-vous avec votre famille, ou étiez-vous seule, et comment s'assuraient-ils d'avoir un œil sur vous ?

On me loge avec un curé local. Quand je viens en classe, il y a cinq
étudiants masculins, et l'un d'entre eux [est le prêtre dans la maison
duquel] je vis.

Elle a ensuite quitté Eldoret pour poursuivre ses études et a obtenu
son doctorat. Cependant, elle a continué à faire face à la suspicion et à la
discrimination, même de la part des femmes, dans son nouveau poste au
sein de ce qui était alors St Paul's United Theological College. Elle décrit
son expérience là-bas :

> Non pas que ce soit devenu plus facile ; les hommes m'ont fait vivre
> un enfer. Ils disaient : « Aujourd'hui, c'est une femme qui nous di-
> rige. » Le défi était de savoir comment vous allez être acceptée par
> les gens. Les femmes vous jugent sur le fait que vous ne correspondez
> pas au modèle qu'elles connaissent. Les hommes ne peuvent pas
> vous supporter, car comment pouvez-vous être avec eux et au-dessus
> d'eux ? [...] Comment convaincre la secrétaire que je suis une femme
> normale, comme elle ? D'autres disaient : « Je n'aime pas les femmes
> célibataires parce qu'elles sont une menace pour la famille. »

D'autres femmes leaders que nous avons interrogées ont également
vécu de multiples expériences de marginalisation et de discrimination.
Eunice Chiquete, d'Angola, note qu'en tant que femme leader, elle est
confrontée à l'insensibilité des dirigeants masculins, ainsi qu'à des rè-
glements qui confinent les femmes à certaines activités et les tiennent à
l'écart d'autres. Par exemple, les femmes ne peuvent enseigner qu'à l'école
du dimanche, aux enfants ou aux femmes ; elles ne sont pas autorisées à
prêcher depuis la chaire principale. Mme Yakemba a également connu sa
part de suspicion, d'accusations et de marginalisation. Au début de son
parcours de leader, elle a été accusée par sa dénomination de créer une
organisation sectaire dans le but d'attirer les femmes loin de leurs Églises.
Alice Kirambi, une ancienne aspirante politique, note qu'elle a dû sortir
de sa zone de confort et choisir de rester concentrée et déterminée, même
face à une société patriarcale et à l'hostilité envers les femmes.

Ainsi, s'il existe des possibilités pour les femmes leaders, elles sont aussi
systématiquement victimes de marginalisation et de discrimination, quel
que soit le niveau de leadership auquel elles aspirent.

L'approche holistique

Il convient de noter que sur les sept femmes dirigeantes identifiées par
l'Étude sur le Leadership en Afrique (ELA), aucune ne s'intéresse exclusivement aux problèmes des femmes et à leur autonomisation. Malgré
la résistance fondée sur le genre à leur propre ascension à des postes de

direction, ces femmes ont une approche holistique du ministère. Même Esther Mombo, qui a continuellement résisté et transformé des constructions de genre limitées et limitantes, déclare néanmoins que « chaque fois que l'occasion me sera donnée, je ferai en sorte de marcher avec les femmes et les hommes marginalisés ».

Parmi les femmes leaders que nous avons interrogées, Esther Mombo est celle qui a le plus clairement exprimé un programme progressiste en matière de genre. Dès son plus jeune âge, elle a ressenti le besoin de défendre les droits des femmes et, pour cette raison, elle avait initialement prévu d'étudier le droit. Les préjugés dont elle a fait l'objet en raison de son statut de femme et de célibataire l'ont amenée à donner la priorité à la déconstruction et à la reconstruction des stéréotypes culturels et des constructions de genre néfastes, ce qu'elle a fait, non seulement par sa présence en tant que théologienne, doyenne d'université et vice-recteur adjoint, mais aussi en donnant la priorité à l'épanouissement des jeunes femmes. Toutefois, comme le montre la citation ci-dessus, elle se concentre sur les marginaux, ce qui inclut parfois les hommes, mais qui, dans son contexte kenyan, concerne le plus souvent des femmes.

Alice Kirambi, bien qu'elle se soit principalement intéressée aux questions féminines à un moment de sa carrière, et qu'elle ait été présidente du Western Women Empowerment Network, est aujourd'hui directrice exécutive de la CPDA, une organisation qui se concentre sur la réduction de la pauvreté en général. L'un des sept principaux domaines d'intervention de l'organisation est la promotion de l'égalité des sexes – par exemple, la mise en œuvre du projet « Genre et gouvernance » avant les élections de 2013 au Kenya – avec l'aide d'ONU Femme. Mais la majorité de ses activités visent à autonomiser et à développer les communautés en général. C'est également le cas de Marie-Louise Yakemba, de RCA. Si Aglow International, dont elle est la responsable nationale, est une organisation chrétienne féminine, elle s'adresse également aux hommes et aux jeunes. Et dans le cadre de son travail avec Samaritan's Purse, elle vient en aide aux enfants des deux sexes. Ainsi, bien que le travail avec les femmes et les jeunes filles soit une priorité pour elle, ce n'est pas sa seule préoccupation.

Les entretiens avec les femmes leaders n'ont pas permis d'enquêter explicitement sur leur implication et la priorité qu'elles accordent aux femmes et aux questions féminines. Ce n'est pas pour autant qu'elles ne s'intéressent pas, ou qu'elles ne se sont pas intéressées à un moment donné, à ces questions. Luisa Mateus (Angola), par exemple, a été directrice du département de la condition féminine de l'IERA pendant huit ans, tandis qu'Adelaide Catanha (Angola) a été à un moment donné secrétaire générale nationale du département de la condition féminine. Cependant, au moment des entretiens, toutes ces femmes identifient leur ministère comme ayant une orientation générale ou une orientation spécifique vers un groupe autre que les femmes (par exemple, les enfants, dans le cas d'Eunice Chiquete).

Les trois organisations féminines qui ont été identifiées comme des organisations de premier plan – Formação Feminina en Angola, MIERA en Angola et Mothers' Union au Kenya – font également preuve d'une attitude holistique. Formação Feminina est un projet de la Dondi Mission Station qui a été lancé dans le but de former des jeunes filles ; depuis 2011, il forme également des garçons. La promotion 2014 incluait quarante-cinq filles et dix-sept garçons. MIERA – la branche féminine de l'Église évangélique d'Angola – a le programme pour les femmes le plus explicite des trois organisations. Si son programme officiel est assez holistique et comprend des domaines d'intérêt général tels que l'évangélisation et le rétablissement de la paix, il donne la priorité à la « libération dans la sphère des femmes ». Elle propose des séminaires de formation et un enseignement théologique aux femmes membres de l'IERA, ce qui est sans doute assez efficace, puisque l'organisation a obtenu une note de 4,0, la note la plus élevée possible, pour la formation des responsables. La Mothers' Union du Kenya, en revanche, ne semble pas accorder la priorité à l'autonomisation générale des femmes et à leur émancipation des stéréotypes et restrictions patriarcales. Elle ne mentionne aucune activité visant le développement et l'autonomisation des femmes en général, et se concentre assez exclusivement sur les rôles traditionnels des femmes au sein du mariage et de la vie familiale.

Ainsi, bien que cette question n'ait pas été directement abordée dans les entretiens, leurs réponses ont révélé que ces femmes leaders ont tendance à adopter une approche holistique de leur travail. L'effet possible de cette approche sur la libération des femmes à long terme est un sujet qui sera abordé plus loin dans ce chapitre.

L'impact stratégique

Les données de l'enquête de l'ELA montrent que, bien que les femmes dirigeantes aient un certain impact en tant que membres du clergé, leur impact est plus fortement ressenti dans les rôles de direction hors du clergé. Comme l'illustre le tableau 8.2, le pourcentage de dirigeantes influentes hors du clergé est beaucoup plus élevé que celui des dirigeantes influentes du clergé. Cela permet de supposer que la majorité des femmes leaders chrétiennes trouvent l'expression de leur leadership dans des rôles hors du clergé. En même temps, il convient de noter que si les participants à l'enquête ont été invités à mentionner au moins une femme leader non membre du clergé dans leur liste des trois principaux leaders avant d'être invités à sélectionner le principal leader unique, il ne leur a pas été demandé d'inclure une femme dans leur liste de trois pasteurs. Il s'ensuit donc naturellement que l'on pourrait s'attendre à ce que les femmes leaders du clergé soient mentionnées moins souvent que leurs homologues non membres du clergé.

Tableau 8.2. Pourcentage des femmes identifiées comme membres du clergé vs non membres du clergé

	Clergé	Laïc
Angola	10 %	25 %
RCA	0,5 %	35 %
Kenya	8 %	43,5 %

Les ONG et organisations dédiées aux femmes semblent offrir un espace plus flexible pour que le leadership féminin soit accepté et affirmé. Les données de notre enquête indiquent que les organisations dédiées aux femmes sont plus susceptibles d'avoir des femmes à des postes de direction[2]. En fait, de nombreuses femmes dirigeantes s'épanouissent dans les secteurs public et non gouvernemental. Par exemple, Mme Yakemba, à qui sa propre dénomination s'opposait, a été conseillère auprès du gouvernement national. Dans le cadre de la guerre actuelle en République centrafricaine, elle a joué un rôle essentiel en menant des pourparlers de paix et de réconciliation qui transcendent les clivages religieux. La professeure Esther Mombo a également trouvé d'autres espaces d'influence, en particulier par le biais du courtage de ressources. Elle a utilisé son réseau d'agences externes de financement des Églises pour obtenir des fonds pour ce qui était alors le St Paul's United Theological College. En outre, elle a obtenu des parrainages de doctorat pour ses collègues, essentiellement masculins, augmentant ainsi le nombre de doctorants, ce qui a contribué à l'accréditation de l'école en tant qu'université. Grâce à ce type de relation, la professeure Mombo s'est fait connaître comme « le visage de St Paul's », ce qui a probablement été un facteur décisif dans sa nomination au poste de directrice des relations internationales et des anciens élèves. Ce poste dépend de ses réseaux mondiaux et externes et les utilise.

Le rôle de la professeure Mombo dans le courtage de ressources confirme l'argument de Kersten Priest (2015) selon lequel les femmes dirigeantes trouvent de plus en plus l'expression de leur leadership en dehors de l'Église en tirant parti du « travail de protection » qu'elles effectuent et en utilisant leurs réseaux pour collecter des ressources. De cette manière, elles augmentent leur influence et leur visibilité en matière de leadership et, par conséquent, leur leadership est accepté et même affirmé au sein de l'Église.

Toutefois, leur leadership n'est pas nécessairement apprécié au même titre que celui des dirigeants masculins. Lorsque nous examinons les données de l'enquête sur le leadership en Afrique, nous constatons l'émergence d'un modèle dans lequel les répondants évaluent l'influence des femmes dirigeantes et des organisations dédiées aux femmes comme étant plus lo-

---

[2] Angola – t(1781) = 5,898, p<.001 ; RCA – t(1580)=2,479, p<.05 ; Kenya – t(2794) = 4,558, p<.001.

cale que nationale, par rapport aux hommes dirigeants et aux organisations en général. Les femmes leaders non membres du clergé sont considérées comme ayant surtout un impact local, notamment au sein des foyers et des familles. De même, les organisations dédiées aux femmes sont également considérées comme ayant un impact important sur les foyers et les familles[3]. Les autres domaines d'impact incluent l'éducation, la santé et, en particulier en RCA et au Kenya, la résolution des conflits.

Par ailleurs, les répondants à l'enquête ont estimé que les organisations dédiées aux femmes sont moins susceptibles d'avoir une bonne réputation dans la communauté[4]. Ainsi, les données de l'ELA ont, dans deux cas, fourni des données déroutantes sur l'impact du leadership des femmes. Tout d'abord, elles montrent que les organisations de femmes sont considérées comme ayant un impact local tout en n'ayant pas une réputation aussi positive que les autres organisations. On aurait pu s'attendre à ce que ces organisations de femmes aient une bonne réputation, puisque ce sont les ménages qui en bénéficient. Deuxièmement, alors que le leadership des femmes est perçu comme ayant un impact au niveau local, et celui des hommes comme ayant un impact plus national et international, en RCA et au Kenya, les leaders masculins sont perçus comme ayant plus de sagesse et de connaissance du contexte local que les leaders féminins[5].

Une explication possible à ces données déroutantes est envisagée par Prime, Carter et Welbourne (2009). Ils notent que les concepts de genre influencent la manière dont les hommes et les femmes sont évalués en matière de leadership. Les perceptions de genre déforment la façon dont les gens voient les dirigeants masculins et féminins, ce qui signifie qu'ils les évaluent selon des critères différents. Des études telles que celles d'Eagly et Mladinic (1994) et d'Eagly et Karau (2002) suggèrent que les femmes dirigeantes sont défavorisées, parce que la capacité de leadership des hommes est souvent évaluée sur la base d'une norme inférieure à celle des femmes. Eagly et Mladinic (1994) montrent que les gens peuvent être subjectifs dans l'évaluation des femmes dirigeantes, en particulier lorsqu'elles semblent occuper un poste de direction dans un domaine qui aurait été traditionnellement considéré comme masculin. En outre, Eagly et Karau (2002) montrent qu'en raison de l'incongruité des rôles, il est plus difficile pour les femmes dirigeantes d'être acceptées et de réussir. Bien que notre étude n'ait pas exploré l'étendue ou les raisons de ces perceptions de l'impact et de la réputation des hommes et des femmes, nos dirigeantes ont témoigné de la difficulté de faire accepter leur leadership.

---

[3] $t(1183) = 2,949$, $p<.01$; $t(1970) = 3,11$, $p<.01$; $t(3215) =3,411$, $p<.01$; $t(3280) =3,03$, $p<.01$.
[4] RCA – $t(1603) = 3,218$, $p<.01$; Kenya – $t(2804) = 4,004$, $p<.001$.
[5] $t(1911) = 3,535$, $p<.001$; et $t(3106) = 3,16$, $p<.01$.

L'éducation

Les sept femmes dirigeantes ont toutes suivi un enseignement supérieur, sous une forme ou une autre. Esther Mombo et Adelaide Catanha ont toutes deux un doctorat ; Eunice Chiquete et Marie Paule Balezou ont une maîtrise ; et Luisa Mateus, Marie-Louise Yakemba et Alice Kirambi ont toutes fait des études supérieures. En outre, presque tous les dirigeants (hommes et femmes) identifiés dans l'Étude sur le Leadership en Afrique sont instruits. Tous ont reçu une éducation de base, près de la moitié ont un master ou sont en train de l'obtenir, et trois ont un doctorat (voir chapitre 2). Si cela confirme que l'éducation est importante pour le développement du leadership, cela montre que les femmes africaines sont également confrontées à des obstacles structurels pour accéder à des postes de direction. Et les femmes ont tendance à être moins éduquées que les hommes dans deux des trois pays où nos recherches ont été menées.

Comme le montre le tableau 8.3, dans les trois pays, les femmes sont moins susceptibles d'être alphabétisées que les hommes. Alors qu'au Kenya la marge est très faible, en Angola et en RCA l'écart est de 21 % et de 27 % respectivement. L'alphabétisation étant le fondement de l'éducation, l'analphabétisme élimine la possibilité de toute forme d'éducation formelle. Bien que les taux d'alphabétisation varient selon les pays, dans les trois pays, les pourcentages des femmes sont inférieurs à ceux des hommes. Ainsi, dans ces trois pays, les femmes sont moins nombreuses que les hommes à disposer des éléments de base nécessaires pour se former.

Tableau 8.3. Taux d'alphabétisation selon chaque pays (UNESCO, Institut des Statistiques, 2015a)

	Total alphabétisation	Alphabétisation des hommes	Alphabétisation des femmes
Angola	71 %	82 %	61 %
RCA	37 %	51 %	24 %
Kenya	78 %	81 %	75 %

Tableau 8.4. Taux d'inscriptions (UNESCO, Institut des Statistiques, 2015b)

	Pourcentage des élèves inscrits à l'école primaire qui sont des filles	Pourcentage des élèves inscrits au collège qui sont des filles	Pourcentage des élèves inscrits au lycée qui sont des filles
Angola	39 %	39 %	27 %
RCA	43 %	34 %	27 %
Kenya	50 %	48 %	41 %

Cet écart entre les hommes et les femmes se creuse lorsqu'on examine les inscriptions dans les écoles primaires, secondaires et supérieures. Le tableau 8.4 montre le pourcentage d'étudiantes inscrites aux différents niveaux d'enseignement.

En Angola, comme en RCA, les filles sont moins nombreuses que les garçons à s'inscrire à l'école primaire. Seulement 39 % de ces étudiants en Angola sont des filles, et 43 % en RCA. Le Kenya est l'exception, car il y a autant de filles que de garçons inscrits à l'école primaire. Au niveau de l'enseignement secondaire, le rapport filles/garçons reste pratiquement inchangé ; toutefois, en RCA, le pourcentage de filles inscrites tombe à 34 % seulement. Au niveau de l'enseignement supérieur, la disparité entre les femmes et les hommes est plus grande au Kenya, où les femmes ne représentent plus que 41 % des étudiants inscrits. En Angola et en République centrafricaine, le pourcentage de femmes inscrites dans l'enseignement supérieur est beaucoup plus faible – un étudiant sur quatre inscrit à ce niveau d'enseignement est une femme. Cela montre que l'inégalité entre les sexes en matière d'éducation est présente dans les trois pays, la plus grande disparité étant observée en Angola et en RCA. Le manque d'alphabétisation et d'éducation est un facteur structurel inhibiteur du leadership des femmes. On pourrait s'attendre à ce que cet obstacle soit plus important dans les pays où la différence d'éducation est plus marquée. Bien que le Kenya ait besoin de plus de femmes dans l'enseignement supérieur pour atteindre la parité avec les hommes, des efforts comme ceux d'Esther Mombo sont plus nécessaires dans des pays comme l'Angola et la RCA, où l'éducation des femmes est vraiment inférieure à celle des hommes.

Tableau 8.5. Les auteurs préférés des femmes interrogées

Nom de l'auteur féminin préféré	Pourcentage de répondants féminins qui ont cité cet auteur	Nom de l'auteur masculin préféré	Pourcentage de répondants féminins qui ont cité cet auteur
Karen Kingbury	100 %	Joel Osteen	58 %
Francine Rivers	100 %	Max Lucado	50 %
Stormie Omartian	100 %	Dax Heward	50 %
Rebecca Brown	75 %	T. D. Jakes	48 %
Joyce Meyer	71 %	Myles Munroe	24 %

LES POSSIBILITÉS

Privilégier la littérature féminine

Une découverte intéressante des recherches de l'ELA porte sur les modes de lecture des chrétiens africains (voir le chapitre 10), en particulier en ce qui concerne les femmes. 42 % des répondants kenyans étaient des femmes, mais seulement 12 % des répondants ont nommé un auteur préféré qui était une femme. Même parmi les femmes interrogées, 19 % seulement ont cité un auteur féminin préféré, tandis que 7 % seulement des hommes interrogés ont cité un auteur féminin.

Le genre des auteurs cités est statistiquement lié au genre des répondants. Cependant, il est également vrai que les répondantes ont eu tendance à nommer des auteurs favoris, hommes ou femmes, qui écrivent sur les réalités des femmes. Ainsi, alors que les femmes n'ont fourni qu'une faible proportion des nominations d'auteurs favoris pour de nombreux auteurs masculins, elles ont constitué une proportion élevée des nominations de certains auteurs masculins qui écrivent beaucoup sur les réalités des femmes.

Toutes les femmes leaders ont fortement affirmé l'importance de la lecture et de l'écriture et ont déclaré qu'elles lisaient régulièrement leur bible et d'autres ouvrages. Dr Catanha d'Angola note qu'elle aime les livres qui l'influencent, et qu'elle achète des livres pour sa croissance spirituelle et intellectuelle. Mme Marie-Louise Yakemba de RCA déclare être intéressée par les livres écrits par la présidente de Aglow International en raison de leur utilité pour les femmes. Le pasteur Luisa aime aussi lire, en particulier les auteurs africains, et affirme que « les gens meurent, mais les œuvres restent ». Mme Balezou, de RCA, lit régulièrement les livres qui l'aide à découvrir davantage de choses sur Dieu, ainsi que des livres qui lui racontent comment Dieu a influencé une personne à devenir un modèle.

Malgré l'affirmation par les femmes leaders de l'importance de l'écriture, très peu d'entre elles ont écrit des ouvrages publiés. La professeure Mombo et Mme Marie Balezou de RCA ont publié. Esther Mombo a beaucoup écrit – livres, chapitres de livres et articles de journaux sur le genre, et le genre et la théologie. Le livre de Mme Balezou, qui vise à aider les chrétiens à changer leur mentalité d'échec, a cependant été retiré après sa publication, car il comportait trop d'erreurs. Toutes les autres femmes leaders ont exprimé le souhait et l'intention d'écrire. Marie-Louise Yakemba note : « Franchement, j'ai l'intention d'écrire. J'ai des idées, mais je n'ai pas encore commencé à écrire. J'aimerais écrire sur moi, sur qui j'étais avant de devenir celle que je suis aujourd'hui. » En résumé, même si les femmes relèvent le défi du leadership, elles ne transmettent pas les informations essentielles sur la manière de cheminer avec succès dans le labyrinthe et de devenir des femmes leaders performantes. Cela limite la portée et l'impact de leur leadership.

Le manque d'écrivains africains sur les réalités africaines est un constat commun à tous les dirigeants de l'Étude sur le Leadership en Afrique (ELA), et pas seulement aux femmes. Pourtant, on peut dire que les femmes dirigeantes ont grand besoin d'écrire, notamment sur les questions et les réalités des femmes dans le contexte africain. De tels écrits pourraient fournir des repères sur la façon de cheminer dans le labyrinthe du leadership africain. Priest, Barine et Salombongo[6] donnent plusieurs raisons pour lesquelles il y a une pénurie d'écrivains africains (et pas seulement d'écrivaines africaines) et ce qui peut être fait pour changer cela. L'une des principales conclusions est liée à la faible qualité des écrits et des publications. Le livre de Mme Balezou, qui a dû être retiré en raison d'erreurs, illustre ce point. Il est donc nécessaire de développer les capacités d'écriture et de publication des femmes leaders. Si les femmes sont plus susceptibles de lire des auteurs qui écrivent sur les réalités des femmes, surtout si ces auteurs sont des femmes, il est impératif que les femmes leaders écrivent davantage. Plus qu'un héritage, ce sera un moyen d'étendre leur influence et leur impact sur le continent et au-delà.

Les femmes chrétiennes africaines leaders sont de plus en plus appelées à raconter leur histoire. Entre autres raisons, c'est pour que le message du rôle des femmes chrétiennes africaines soit entendu et connu dans l'histoire de l'Église, pour qu'elles fournissent des modèles aux futures générations de filles et pour qu'elles transforment les vies et les sociétés en Afrique (Phiri, Govinden et Nadar, 2002).

Privilégier le mentorat

Le développement du leadership est essentiel pour assurer la continuité d'un bon leadership. Notre enquête montre que, statistiquement parlant, il n'y a pas de différence dans la manière dont les dirigeants féminins et masculins forment d'autres dirigeants[7]. Cependant, une grande partie de ce développement du leadership prend la forme d'une formation dans des cadres formels et informels tels que des ateliers, des conférences et des séminaires. Allio (2005, p. 1072) affirme que, bien que ce type de développement du leadership soit important, il peut ne pas produire des dirigeants efficaces. Le leadership se développe en accomplissant délibérément des actes de leadership. Les études montrent que le mentorat est particulièrement important et qu'il est considéré comme un facteur essentiel pour accroître la confiance des femmes en matière de leadership et leur

---

[6] Voir le chapitre 10.
[7] Dans l'enquête de l'ELA, la question : « Parmi les trois pasteurs ci-dessus, qui, selon vous, a le plus d'impact », est suivie par des questions sur le genre/sexe et l'aptitude de cette personne à former les autres comme leaders. (Q.24 et Q.29). En Angola et au Kenya, il n'existe aucune différence statistiquement significative entre les hommes et les femmes.

permettre d'assumer davantage de responsabilités (Dahlvig et Longman, 2010 ; Lafreniere et Longman, 2008).

Les femmes dirigeantes elles-mêmes considèrent le mentorat comme un outil puissant de développement du leadership. La professeure Mombo note que le mentorat est « le véhicule le plus puissant pour transférer l'apprentissage et les expériences de vie. Il prend différentes formes, mais est crucial pour le développement du leadership de la jeune génération ». Le mentorat, s'il est bien structuré, peut être un outil puissant, parce qu'il fournit un contexte dans lequel les bénéficiaires peuvent pratiquer leur leadership et obtenir un retour d'information, une possibilité de croissance et une exposition à des situations réelles. La professeure Mombo encadre les étudiantes en théologie non pas en faisant du mentorat un simple accompagnement de groupe, mais plutôt en se concentrant sur les besoins individuels et la situation sociale de chaque personne accompagnée et, sur cette base, elle définit les besoins de développement spécifiques de chacune. Elle prend soigneusement en compte le fait que l'étudiant est célibataire, marié, veuf, handicapé ou atteint du VIH/SIDA, et elle se concentre sur des questions différentes pour chacun d'entre eux. Par exemple, lorsqu'elle encadre des étudiants célibataires, elle se concentre sur la création d'un sentiment de communauté et sur l'affirmation de leurs capacités et de leurs dons ; lorsqu'elle encadre des femmes mariées, elle les aide à trouver une place dans leur société patriarcale (Mombo, 2013).

Alors que toutes les femmes dirigeantes et les organisations sont impliquées dans le développement du leadership, la professeure Mombo semble être la seule à donner la priorité au mentorat et à avoir une approche claire et structurée à cet égard. Pourtant, toutes ces dirigeantes ont eu des mentors qui ont joué un rôle clé dans leur vie. Par exemple, Mme Marie-Louise Yakemba (RCA) a déclaré que ce qu'elle a appris de son mentor, Julienne Kette, l'aide dans son ministère aujourd'hui. Kette était à la tête de la Maison Dorcas et faisait toujours appel à Yakemba pour l'aider à organiser des conférences. Grâce à cela, Yakemba a acquis des compétences et gagné en confiance. Eunice Chiquete (Angola) déclare également que son mentor, une missionnaire suisse nommée Teresa, a joué un rôle décisif dans sa vie. Teresa s'était installée en Angola pour travailler spécifiquement avec les enfants et coordonnait un programme radio évangélique pour enfants. Eunice l'a rencontrée en 1997, lorsque Teresa l'a invitée à former d'autres enfants dans le cadre de ce programme. En 1999, cette missionnaire a été tragiquement assassinée et Eunice, bien que profondément choquée, a reçu la responsabilité de poursuivre les programmes et de maintenir ce que son mentor avait commencé. Eunice déclare que « la vie de Teresa a laissé une marque à jamais sur [s]a vie ».

Les organisations féminines ne donnent pas non plus suffisamment la priorité au mentorat. Les données de l'enquête montrent que les organisations féminines du Kenya et de RCA sont moins susceptibles d'être considérées comme contribuant à la formation des dirigeants que les autres organisations[8]. Alors que la Mothers' Union du Kenya déclare que dans le cadre de son recrutement pour le leadership, ses dirigeantes forment et encadrent d'autres femmes, le mentorat ne fait pas partie des objectifs explicites de l'organisation, et il y a une grande apathie parmi les jeunes femmes. Ce problème pourrait être résolu de manière efficace par un mentorat intentionnel, qui pourrait combler le fossé entre les femmes les plus âgées et les plus jeunes, et assurer un leadership fort et continu.

Une autre raison de l'importance du mentorat dans les organisations est que les organisations féminines sont plus susceptibles d'avoir des femmes à la direction[9]. Pourtant, avoir des femmes dirigeantes n'est utile que si elles sont de bonnes dirigeantes. C'est pourquoi, dans le cadre du développement et de la croissance du leadership des femmes en Afrique, il est impératif que les femmes dirigeantes (à la fois au sein des organisations de femmes et en tant qu'individus) encadrent intentionnellement d'autres femmes, en particulier sur la façon de cheminer dans le labyrinthe. Comme le note la professeure Mombo, « le mentorat signifie le transfert de connaissances professionnelles, d'expertise technique et de conscience organisationnelle et, par conséquent, l'étudiant (lire le mentoré) est plus motivé, productif et innovant » (Mombo, 2013).

Les approches directes

L'Afrique a eu sa part d'injustices, dont l'inégalité entre les sexes. Ainsi, la priorité est souvent donnée à la lutte contre les injustices telles que l'oppression coloniale, la discrimination raciale et la marginalisation tribale plutôt qu'à l'inégalité entre les sexes. Ces multiples domaines d'oppression mènent à des luttes compartimentées pour la liberté, et souvent les droits des femmes sont négligés au profit d'autres problématiques (Rao, 1995, p. 172).

Cependant, l'impact des actions d'Esther Mombo plaide en faveur de l'importance de donner la priorité à l'égalité des sexes et de s'attaquer directement aux systèmes et structures patriarcales qui marginalisent les femmes. La lutte d'Esther pour l'ordination des femmes au sein du diocèse d'Eldoret illustre bien ce point. Pendant cette période, elle a été constamment marginalisée, entravée et restreinte en raison de son statut de femme. Cependant, Esther ne s'est pas battue uniquement pour surmonter la façon dont elle était personnellement dénigrée et restreinte, mais aussi pour s'attaquer aux restrictions auxquelles les femmes en général sont confrontées, comme l'illustre la question de l'ordination des femmes dans le diocèse. Elle s'est battue pendant des années pour l'ordination des femmes, et une

---

[8] $t(2778) = 2,437$, $p<.05$; Angola = pas de différences ; RCA $t(1576) = 5,284$, $p<.001$.
[9] $t(2794) = 4,558$, $p<.001$ (Kenya) ; $t(1781) = 5,898$, $p<.001$ (Angola) ; $t(1580) = 2,479$, $p<.05$ (RCA).

première femme a finalement été ordonnée en 2002. Mais cette femme n'était pas Esther. Cette dernière n'a jamais été ordonnée. Pourtant, elle a vu que le système marginalisait injustement les femmes, et elle s'est battue pour le changer.

Ainsi, nous soutenons qu'il est important que les femmes dirigeantes incluent des activités et des stratégies qui s'efforcent de s'attaquer directement aux systèmes et structures patriarcaux et de les transformer. Même si les femmes dirigeantes contribuent, simplement par leur présence et leurs activités de dirigeantes, à la déconstruction progressive des rôles des hommes et des femmes, on peut se demander si cela est suffisant en soi. Une brève discussion de la différence entre les approches féministes libérales et radicales peut servir à éclairer ce point[10].

Le féminisme libéral soutient que les femmes doivent se libérer des rôles restrictifs des hommes et des femmes, mais qu'elles doivent le faire dans le cadre des structures et systèmes sociétaux existants (Haralambos et Holborn, 2013, p. 106). Le féminisme radical, quant à lui, affirme que l'égalité des sexes ne peut être atteinte dans le système sociétal patriarcal établi et que le patriarcat doit donc être aboli (Rowland et Klein, 1997, p. 11, 12). Les approches féministes libérales sont sans doute plus faciles à mettre en œuvre, car elles permettent aux individus de continuer à mener leurs activités, puisqu'elles ne demandent pas de réforme du statu quo culturel. Pourtant, on peut se demander si une véritable autonomisation de toutes les femmes est possible avec une telle approche. Peut-être qu'une approche plus radicale, ou du moins une combinaison d'approches radicales et libérales qui cherchent activement à transformer les structures et les systèmes qui restreignent et inhibent les femmes et le leadership féminin, est nécessaire pour garantir que chaque génération ultérieure de femmes n'ait pas à naviguer à nouveau dans le même labyrinthe complexe.

Des voies alternatives

Les femmes dirigeantes dont il est question dans ce chapitre ont toutes montré d'autres façons de naviguer dans le labyrinthe et d'accéder à des postes de direction. Esther Mombo a obtenu un doctorat et est devenue un leader universitaire, et elle s'est battue pour l'ordination des femmes, sans être elle-même ordonnée. Marie-Louise Yakemba a obtenu des postes

---

[10] Ces approches caractérisent deux manières différentes de surmonter les rôles restrictifs des hommes et des femmes. Notons que les dirigeantes interrogées dans ce chapitre ne se sont identifiées à aucun de ces termes. Cependant, en utilisant la terminologie féministe, nous nous inspirons du travail de Sylvia Tamale, féministe ougandaise de renom, qui défend l'importance d'utiliser le terme féminisme et la terminologie féministe dans un contexte africain, afin d'éviter « la réticence apathique, la complaisance confortable, la diplomatie dangereuse et même l'impuissance » lorsqu'on s'engage dans la défense des droits des femmes (Tamale, 2006, p. 39).

de direction et une influence au sein de la communauté et du pays en travaillant dans la fonction publique et pour diverses ONG. Alice Kirambi a choisi de se concentrer sur la lutte contre la pauvreté et le développement au sein du secteur non gouvernemental et est devenue un leader auprès de partenaires et de bailleurs de fonds internationaux de renom.

Les voies empruntées par ces dirigeantes ont été fortement influencées par les contextes dans lesquels elles se trouvaient, ce qui est très marquant lorsqu'on examine les dirigeantes angolaises. Il est remarquable que ces trois dirigeantes angolaises occupent des postes traditionnellement considérés comme masculins. Adelaide Catanha est pasteur et professeure dans un institut de théologie ; Luisa Mateus est pasteur et secrétaire d'un synode provincial de l'IERA ; et Eunice Chiquete est professeure dans un institut de théologie. Il semble que les femmes angolaises soient plus à même d'atteindre les rôles traditionnellement masculins au sein de l'Église et des institutions théologiques que leurs homologues centrafricaines et kenyanes. Cette hypothèse est soutenue par les données de l'enquête, où 10 % des pasteurs identifiés comme les plus influents en Angola étaient des femmes, alors que seulement 0,5 % des pasteurs les plus influents en RCA et 8 % au Kenya étaient des femmes. Cette situation s'explique sans doute par la guerre civile qui a sévi pendant quarante ans en Angola, car les conflits armés offrent la possibilité de transformer les rôles des hommes et des femmes, ce qui permet aux femmes d'être plus libres et d'avoir une plus grande autonomie. Dans les situations de conflit, les rôles et restrictions sociétaux liés au genre sont moins appliqués et les femmes sont autorisées à s'engager dans de nouveaux rôles (Sideris, 2000, p. 44 ; Gardam et Jarvis, 2000, p. 30 ; Puechguirbal, 2010, p. 180). Comme nous le verrons au chapitre 9, en ce qui concerne l'Église en Angola, les femmes ont été autorisées à jouer un rôle plus central au sein de l'Église, de la direction religieuse et de l'éducation.

Si la section précédente souligne la nécessité d'une approche plus concertée et directe de l'égalité des sexes et de l'autonomisation des femmes afin de renforcer le leadership des femmes en général, il faut également reconnaître les autres moyens et contextes dans lesquels le leadership peut être atteint. En naviguant dans le labyrinthe, les femmes ont emprunté des voies alternatives et ont tiré profit des contextes variés et difficiles dans lesquels elles se trouvaient. Afin de reconnaître la légitimité et la valeur de ces voies alternatives, il convient de les « signaler ». En d'autres termes, comme cela a été fait dans le cadre de cette Étude sur le Leadership en Afrique, ces histoires devraient être retenues et communiquées aux autres. Chaque nouvelle dirigeante ne devrait pas avoir à naviguer dans le labyrinthe toute seule, mais devrait pouvoir voir ce que celles qui l'ont précédée ont fait afin de suivre ces panneaux indicateurs, s'ils sont utiles dans sa situation.

Informer les femmes et la communauté en général sur les voies alternatives, ainsi que sur la légitimité et la valeur de ces voies, peut se faire de différentes manières. L'Étude sur le Leadership en Afrique a mis en évidence l'importance de l'écriture et du mentorat, qui sont des ressources inexploitées pour l'autonomisation et le développement du leadership des femmes.

CONCLUSION

Ce chapitre a examiné sept des femmes leaders individuelles et trois des organisations de femmes identifiées dans l'Étude sur le Leadership en Afrique comme ayant un grand impact. En explorant les expériences et les priorités de ces dirigeantes et de ces organisations, nous avons appris à connaître les occasions et les limites que rencontrent les femmes dirigeantes africaines.

Nous avons constaté que les femmes dirigeantes sont souvent discriminées et marginalisées, tant au sein de l'Église que dans la société en général. Les données de l'Étude sur le Leadership en Afrique montrent que les gens considèrent que les femmes dirigeantes et les organisations ont une réputation moins positive que les hommes dirigeants et les organisations à vocation générale, et envisagent la possibilité que les gens aient tendance à évaluer et à juger les femmes dirigeantes plus sévèrement que leurs homologues masculins. Néanmoins, elles continuent à se concentrer sur le service de la communauté en général, en incluant les hommes. Les femmes dirigeantes et les organisations de femmes ont tendance à avoir une approche holistique. Avec cette orientation communautaire, il est logique que l'impact des femmes dirigeantes et des organisations de femmes soit ressenti au niveau local plutôt que national et international. Les dirigeantes chrétiennes ont également tendance à se tourner vers des postes de direction alternatifs, tels que les affaires, lorsqu'elles se voient refuser des postes de direction ecclésiastiques.

L'éducation s'est révélée être un obstacle structurel à l'accès des femmes aux postes de direction. L'éducation, en particulier l'enseignement supérieur, a été identifiée comme un indicateur important pour les dirigeants. Pourtant, dans les trois pays, les femmes sont moins à même de commencer à gravir les échelons de l'éducation, car elles ont moins accès à l'enseignement primaire.

En étudiant ces réalités et les façons dont les femmes dirigeantes les ont surmontées, nous avons identifié quatre moyens de faciliter et de soutenir le leadership des femmes.

1. Elles doivent être encouragées et soutenues dans l'écriture d'ouvrages ou d'articles sur le leadership et leurs expériences en matière de leadership.

2. Le mentorat des femmes dirigeantes par des femmes dirigeantes doit être une priorité, car les femmes peuvent apprendre beaucoup de celles qui ont été confrontées aux mêmes défis.

3. Nous avançons la possibilité qu'un programme féministe un peu plus radical puisse entraîner des changements plus importants pour les femmes en général, et pas seulement pour les femmes dirigeantes. L'histoire

d'Esther Mombo nous montre la manière dont la confrontation directe avec l'oppression patriarcale peut conduire à des changements structurels qui libèrent les femmes et leur ouvrent des possibilités.

4. Une possibilité de leadership pour les femmes est liée au fait que de nombreuses femmes se voient refuser les rôles traditionnels de leadership au sein des cercles ecclésiastiques et trouvent donc d'autres voies et d'autres manières d'être des leaders. Ces rôles et ces voies alternatives devraient être indiqués aux futures femmes dirigeantes, ce qui faciliterait leurs parcours.

La réalité est que, comme d'autres études l'ont également montré, les femmes dirigeantes font face à une résistance considérable dans les Églises, les communautés et les sociétés qu'elles servent. Néanmoins, l'Étude sur le Leadership en Afrique et l'étude subséquente des leaders et des organisations nous montrent que les femmes leaders africaines surmontent ces défis et ont un impact. Elles sont capables de naviguer dans le labyrinthe, un voyage complexe qui exige persévérance, concentration et ténacité. Beaucoup de choses peuvent et doivent être faites pour rendre le labyrinthe moins intimidant. Les défis auxquels elles sont confrontées rendent encore plus louable le fait que ces femmes soient prêtes à les relever et à en sortir gagnantes.

RÉFÉRENCES CITÉES

ADAMS Jimi (2007). « Stained Glass Makes the Ceiling Visible. Organizational Opposition to Women in Congregational Leadership », *Gender and Society* 21/1, p. 80-105.

ALLIO J. Robert (2005). « Leadership Development Teaching Versus Learning », *Management Decision* 43/7-8, p. 1071-1077.

EAGLY Alice Hendrickson, CARLI Linda Lorene (2007). *Through the Labyrinth. The Truth about How Women Become Leaders*, Boston, Harvard Business Press.

EAGLY Alice H., KARAU J. Stephen (2002). « Role Incongruity Theory of Prejudice towards Women », *Psychological Review* 109/3, p. 573-598.

EAGLY Alice H., MLADINIC A. (1994). « Are People Prejudiced against Women? Some Answers from Research on Attitudes, Gender Stereotypes, and Judgments of Competence », *European Review of Social Psychology* 5, p. 1-35.

GARDAM Judith, JARVIS Michelle (2000). « Women and Armed Conflict. The International Response to the Beijing Platform for Action », *Columbia Human Rights Law Review* 32/10, p. 1-65.

HARALAMBOS Michael, HOLBORN Martin (2013). *Sociology. Themes and Perspectives*, London, Collins.

KLENKE Karin (2011). *Women in Leadership. Contextual Dynamics and Boundaries*, Bingley, Emerald Group Publishing Limited.

Lafreniere L. Shawna, Longman A. Karen (2008). « Gendered Realities and Women's Leadership Development. Participant Voices from Faith-Based Higher Education », *Christian Higher Education* 7/5, p. 388-404.

McGregor Jena (2014). « For the Central African Republic, Hope Takes Female Form », *Washington Post,* janvier 2023.

Mombo Esther (2008). « The Ordination of Women in Africa. A Historical Perspective », dans *Women and Ordination in the Christian Churches,* sous dir. Jan Jones, Kirst Thorpe, et Janet Wooten, London, T and T Clark International, p. 123-143.

Mombo Esther (2013). « Mentoring Younger Scholars in Theological Education », dans *A Handbook of Theological Education in Africa,* sous dir. Isabel Apawo Phiri et Dietrich Werner, Pietermaritzburg, South Africa, Cluster Publications, p. 853-857.

Ngunjiri W. Faith (2010). *Tempered Radicals and Critical Servant Leaders,* Albany, State University of New York Press.

Oduyoye Mercy (1990). *Who Will Roll the Stone Away? The Ecumenical Decade of the Churches in Solidarity with Women,* Geneva, World Council of Churches.

Phiri A. I., Govinden D. B., Nadar S. (2002). « Called at Twenty-seven and Ordained at Seventy-three! The Story of Rev. Victory Nomvete Mbanjwa in the United Congregational Church in Southern Africa », dans *Her Stories. Hidden Histories of Women of Faith in Africa,* sous dir. Isabel Apawo Phiri, Betty Govinden et Sarojini Nadar, Pietermaritzburg, South Africa, Cluster Publications.

Priest Kersten Bayt (2015). « Breaking through the Stained-glass Ceiling. Christian Women's Short-term Mission Travel and the Emergence of Grassroots Leadership and Resource-Brokering », Andrews U. Swallen Lectureship (non publié).

Prime, J. L., Carter N. M., Welbourne T. M. (2009). « Women "Take Care", Men "Take Charge". Managers' Stereotypic Perceptions of Women and Men Leaders », *The Psychologist-Manager Journal* 12, p. 25-49.

Puechguirbal Nadine (2010). « Discourses on Gender, Patriarchy, and Resolution 1325. A Textual Analysis of UN Documents », *International Peacekeeping* 17/2, p. 172-187.

Rao Arati (1995). « The Politics of Gender and Culture in International Human Rights Discourse », dans *Women's Rights, Human Rights. International Feminist Perspectives,* sous dir. Julie Peters et Andrea Wolper, New York, Routledge, p. 167-175.

Rowland Robyn, Klein Renate (1997). « Radical Feminism. History, Politics, Action », dans *Radically Speaking. Feminism Reclaimed,* sous dir. Diane Bell et Renate Klein, Melbourne, Spinifex Press, p. 9-36.

Sideris Tina (2000). « Rape in War and Peace. Some Thoughts on Social Context and Gender Roles », *Agenda. Empowering Women for Gender Equity* 43, p. 41-45.

STANLEY Susie C. (1996). « The Promise Fulfilled. Women's Ministries in the Wesleyan/Holiness Movement », http://www.wesleyanholinesswomenclergy.org.
SULLINS Paul (2000). « The Stained-Glass Ceiling. Career Attainment for Women Clergy, *Sociology of Religion* 61/3, p. 243-266.
TAMALE S. (2006). « African Feminism. How Should We Change? » *Development* 49/1, p. 38-41.
UNESCO (2014). « Women in Africa », http://en.unesco.org.
UNESCO Institute for Statistics (2015a). *Education. Literacy Rate*, http://data.uis.unesco.org.
UNESCO Institute for Statistics (2015b). *Education MetaData. Percentage of Female Enrolment by Level of Education*, http://data.uis.unesco.org.

Chapitre 9

Renforcer le leadership
Une nouvelle aube pour le leadership chrétien africain

H. Jurgens Hendriks

Le leadership chrétien en Afrique a été influencé de manière significative par plusieurs facteurs : les chefferies africaines, le patriarcat culturel, les vestiges du modèle colonial maître-serviteur, et plus tard les modèles de pensée rationnelle et les modèles religieux occidentaux, entre autres (Adeyemo, 2006, p. 546). Les dirigeants chrétiens contemporains en Afrique sont confrontés à une sorte de crise dans leurs tentatives d'identifier et d'adopter le meilleur modèle de leadership qui inspirera les autres et servira les meilleurs intérêts de ceux qu'ils dirigent.

Cette crise n'est pas nouvelle. Les disciples de Jésus ont été confrontés à des problèmes similaires lorsque Jacques et Jean ont demandé à Jésus s'ils pouvaient être assis à sa droite et à sa gauche lorsqu'il gouvernerait. Les autres disciples l'ont appris et ont été contrariés. Jésus a répondu par des mots qui résument le sujet de ce chapitre : « Vous savez que ceux que l'on considère comme les chefs des nations dominent sur elles et que leurs grands les tiennent sous leur pouvoir. Ce n'est pas le cas au milieu de vous, mais si quelqu'un veut être grand parmi vous, il sera votre serviteur, et si quelqu'un veut être le premier parmi vous, qu'il soit l'esclave de tous. En effet, le Fils de l'homme est venu non pour être servi, mais pour servir et donner sa vie en rançon pour beaucoup » (Mc 10.42-45). La question soulevée ici par Jésus a également été reconnue comme particulièrement pertinente en Afrique par Gottfried Osei-Mensah dans son livre de 1990 intitulé *Wanted. Servant Leaders. The Challenge of Christian Leadership in Africa Today*.

Ce chapitre s'appuie sur une recherche récente menée par une équipe de chercheurs de l'Étude sur le Leadership en Afrique (ELA) auprès de plus de huit mille chrétiens dans trois pays : Kenya, Angola et République centrafricaine (RCA). L'un des objectifs de la recherche était d'explorer les styles de leadership exercés par ceux que les répondants ont identifiés comme influents. Nombre de ces leaders facilitaient le changement social dans leurs communautés tout en illustrant de nouveaux modèles de « leadership au service des autres » (Osei-Mensah, 1990 ; Greenleaf, 2007). Ils ont favorisé l'autonomisation descendante tout en continuant à gagner le respect et l'influence et en donnant l'exemple de la puissance des principes bibliques de base dans leur vie.

Peut-on tirer de ces leaders des leçons sur le leadership au service des autres et sur le renforcement du leadership ? Comment ces leaders comprennent-ils leur style de leadership, et qu'est-ce qu'un tel leadership implique ? Qui ou qu'est-ce qui les a poussés à adopter un modèle de leadership qui va à l'encontre de ce qui est plus communément pratiqué dans leur contexte ?

Nous présenterons brièvement le concept de leadership au service de l'autonomie, des exemples et un résumé de certaines caractéristiques de ce leadership telles qu'identifiées par les participants. Pour rester fidèles aux données, ces exemples sont pour la plupart donnés sous forme de narration exprimée par les participants.

LE LEADERSHIP AU SERVICE DES AUTRES ET UNE NOUVELLE ÈRE DANS LE RENFORCEMENT DU LEADERSHIP

Dans *Whose Religion Is Christianity ?* Lamin Sanneh souligne que l'expansion postcoloniale du christianisme en Afrique a eu lieu sous la direction des Africains. « Les Africains se sont avancés pour mener l'expansion sans le désavantage du compromis étranger. Les jeunes, en particulier les femmes, ont reçu un rôle dans l'Église » (Sanneh, 2003, p. 18). Et pourtant, l'héritage permanent du colonialisme est trop souvent évident dans les modèles de leadership qui sont exploitation et égoïsme. Ceux qui étudient le leadership en Afrique contemporaine suggèrent que les dirigeants avides de pouvoir et d'exploitation sont souvent à l'ordre du jour (Castells, 2000, p. 82-128)[1]. Cependant, notre recherche suggère qu'un autre modèle de leadership au service de l'autonomie est également présent en Afrique.

Que signifie exactement le concept d'autonomisation, en particulier dans le contexte du leadership ? Selon Naas Swart, expert en théologie et en développement, « le terme d'autonomisation signifie littéralement que l'on donne de l'autonomie aux gens. Il fait référence à un processus dans lequel les gens acquièrent la capacité de contrôler les décisions qui affectent

---

[1] Le célèbre sociologue Manuel Castells souligne que la situation critique de l'Afrique est liée à la montée du capitalisme mondial. De nombreux facteurs jouent un rôle dans les difficultés économiques du continent, mais le rôle des « États prédateurs » et des « règles prédatrices » aggrave la situation (2000, p. 95-99). William Easterly, par exemple, attire l'attention sur le lien entre le colonialisme et le nouvel impérialisme (2006, p. 269-305).

leur vie » (2006, p. 220). L'autonomisation permet donc aux gens de se définir et de construire leur propre identité.

Selon Henri Nouwen, l'expression « mobilité descendante » fait référence à l'autonomisation des personnes ayant moins d'accès au pouvoir. En tant que telle, elle constitue une manière de servir les autres (Beck, 2013). D'un point de vue théologique, la vie du Christ incarne l'autonomisation descendante. Gorman (2009, p. 16-17) utilise le terme *kenosis* (Ph 2.7) à cet égard et explique que « l'histoire maîtresse de Paul » dépeint le dépouillement ou l'abaissement du Christ en devenant humain et en servant l'humanité. Ce mouvement descendant sert également d'illustration à l'identité chrétienne authentique ainsi qu'au leadership chrétien. Dans son travail approfondi sur le leadership chrétien, Nouwen a appelé à la mobilité descendante (1989 ; 2007) comme une façon d'exercer l'autorité/ le leadership d'une manière contraire à la course ascendante, plus habituelle de l'élite, vers l'honneur et le pouvoir. La mobilité descendante et l'autonomisation sont des signes d'intégrité dans le leadership, qui font passer l'autre avant soi.

LES OUTILS DE L'AUTONOMISATION VERS UN LEADERSHIP AU SERVICE DES AUTRES

Les sections suivantes portent sur les différentes manières dont les dirigeants chrétiens africains favorisent l'autonomie des autres par leur manière de diriger, ainsi que sur la manière dont les autres ont renforcé leur autonomie.

L'autonomisation par l'éducation

Le rôle de l'éducation dans l'autonomisation ne peut être surestimé. « Un enseignant habilité est par excellence capable de développer le potentiel des apprenants de manière optimale », déclare l'éducateur Arend Carl (2012, p. 1). La plupart des dirigeants chrétiens éminents identifiés dans la recherche sur l'Étude sur le Leadership en Afrique ont été encadrés pour acquérir une bonne éducation. L'éducation les a aidés à atteindre leurs objectifs et, en tant que chrétiens, à avoir un impact dans tous les domaines de la vie, que ce soit dans l'agriculture, l'éducation, le service public ou le ministère de l'Église. Ce qui a fait une différence dans leur vie, c'est que ces dirigeants ont tous discerné un appel clair de Dieu à servir et à utiliser leurs positions d'influence pour renforcer l'autonomie des autres. Ils ont donné l'exemple d'un leadership au service des autres. Leur appel a façonné leur identité et, finalement, celle des autres. D'un point de vue théologique, on peut appeler cela une *identité chrétienne*, puisque au moins quelque chose de la ressemblance et de l'image du Christ se reflétait dans leurs vies et leurs actions. Nous présentons ci-dessous quelques exemples de leaders chrétiens qui ont été rendus autonomes par l'éducation et qui ont œuvré à l'autonomisation des autres par l'éducation.

De nombreux Kenyans ont identifié l'évêque John Bosco de la Redeemed Gospel Church au Kenya comme un pasteur influent. Une mère célibataire l'a élevé dans le tristement célèbre bidonville de Kibera à Nairobi. Dès l'âge de huit ans, Bosco a fréquenté l'école primaire, et plus tard le Kiambu Institute of Technology (l'Institut de Technologie de Kiambu), où il a étudié la construction avec enthousiasme. Les compétences qu'il a acquises lui ont ouvert de nombreuses portes alors qu'il servait à Mombasa. Il a alors remarqué que les hommes envoyaient leurs femmes et leurs enfants dans d'autres villes pour recevoir une éducation. Étant habile en construction et ayant reçu une formation théologique « sur le tas », son ministère d'autonomisation a commencé par la construction d'une école, la Redeemed Academy. Dans l'entretien avec le directeur de la Redeemed Academy, il a été rapporté que l'école avait une seule mission et un seul but, à savoir « offrir une éducation de qualité à tous les enfants indépendamment de leur race, religion ou milieu socioéconomique ». L'école est située dans une zone à prédominance musulmane et Digo[2]. Dans sa propre interview, Bosco fait référence au fait que « la moitié des élèves sont musulmans et reçoivent tous une éducation religieuse chrétienne à l'école ». Cette école est devenue l'une des écoles privées les plus performantes du quartier. Le directeur de l'école a pu partager de nombreux exemples d'élèves qui ont fréquenté cette école et qui, par la suite, sur la base des résultats de leurs examens, ont pu fréquenter « certaines des écoles secondaires nationales les plus importantes du Kenya ».

Le type de leadership de Bosco est un leadership au service des autres qui renforce l'autonomie. Il est un exemple du fait que l'éducation prépare à l'autonomie. Au cours de l'entretien, Bosco a raconté que toute sa famille a contribué financièrement à des projets de construction pour atteindre l'objectif de préparer et de former les gens. Bosco met en garde les jeunes dirigeants contre le danger d'un faux évangile et du matérialisme « où Dieu veut que l'on devienne riche rapidement, que l'on conduise une bonne voiture et que l'on ait une grande maison ». Au moment de l'entretien, le leadership de Bosco n'a pas seulement eu un impact sur l'éducation, mais s'est également reflété dans les quarante églises de la dénomination Redeemed Gospel Church implantées dans le comté de Kwale, au Kenya.

Un autre exemple kenyan est celui de la théologienne Esther Mombo. Elle a fait face au défi de la pauvreté et des préjugés sexistes, et a résisté à la pression culturelle en faveur du mariage précoce. Elle a finalement obtenu son doctorat et est devenue la première doyenne des étudiants, et plus tard vice-chancelière adjointe des affaires académiques à St. Paul's University, à Limuru. Dans son entretien, Esther a raconté comment elle utilisait chaque

---

[2] Pour en savoir plus sur le peuple Digo, voir http://en.wikipedia.org/wiki/Digo_people et http://joshuaproject.net/people_groups/11557/KE.

poste pour autonomiser les défavorisés et créer des possibilités pour ses élèves. Au cours de son mandat à St. Paul's University, par exemple, Esther a été confrontée à une vive opposition de la part des conservateurs, parce qu'elle n'était ni ordonnée ni mariée au moment de sa nomination. Cependant, avec le soutien du principal et du corps étudiant, elle est devenue la première doyenne de théologie, ouvrant ainsi la voie à d'autres femmes. À ce stade, l'étude de la théologie était liée à l'ordination, mais sous sa direction, cela a changé. Le résultat a été une forte augmentation du nombre d'étudiants en théologie. Plus important encore, le nombre de femmes diplômées en théologie à l'université est passé de cinq en 2000 à trente-cinq en 2012. Le plafond de verre des préjugés de genre se fissurait (Mombo et Joziasse, 2011).

Au cours de la recherche, les personnes angolaises interrogées ont considéré l'éducation comme étant très importante. Cinq des six dirigeants chrétiens angolais interrogés ont reçu une formation théologique. Le sixième, Manuel Missa, instituteur et catéchiste de soixante ans, a déploré le fait qu'il ne puisse pas étudier la théologie à cause de la maladie et de la guerre civile. Dans un pays en proie à des décennies de guerre civile, ces six dirigeants de foi, aux convictions fermes et aux valeurs claires, s'imposent comme des espoirs phares. Ils valorisent tous l'éducation théologique, tous exercent un leadership dans le contexte de l'Église (en tant que pasteurs, enseignants de l'école du dimanche, chefs de chorale), et tous jouent un rôle significatif d'autonomisation en tant que mentors. Le pasteur Dinis Eurico en est un bon exemple. Ayant servi comme haut fonctionnaire du gouvernement pendant la guerre civile, il a quitté son emploi en 1987, a étudié la théologie, puis a commencé à exercer son ministère en tant que pasteur en 1992.

Une autre personne interrogée, Adelaide Catanha, est devenue en 1978 la deuxième femme Ovimbundu à être ordonnée et à ensuite consacrer sa vie à la formation théologique. Enfin, des entretiens avec des représentants d'organisations chrétiennes clés en Angola ont montré que les membres de leur personnel partageaient largement la conviction que l'autonomisation théologique des gens ordinaires était essentielle. L'autonomisation était clairement considérée comme une activité holistique dans ces entretiens. En tant que telles, l'éducation et la formation à différentes compétences sont considérées comme faisant partie intégrante de la vie d'Église et apportent de l'espoir dans les moments difficiles.

Trois des dirigeants chrétiens interrogés en RCA ont obtenu leur doctorat (deux doctorats, un doctorat en médecine) aux Pays-Bas, au Canada et aux États-Unis. La plupart des hauts dirigeants de RCA que nous avons interrogés avaient étudié à l'étranger, et tous avaient une grande expérience et de nombreux contacts au niveau international. Les rapports de la RCA illustrent comment l'éducation permet aux gens d'améliorer l'Église et la société.

David Koudougueret a terminé son doctorat à l'université de Leiden. Plus tard, il a été nommé directeur académique et directeur de la recherche et des publications à la Faculté de Théologie Évangélique de Bangui. En tant que chercheur dans le domaine de la traduction de la Bible, Koudougueret a développé un réseau international. Il a servi comme missionnaire parmi « les Pygmées » et les Peuls. Il est actuellement pasteur dans une assemblée de plus de sept mille membres. Il ressort clairement de l'entretien que nous avons eu avec lui qu'il croit que le message de l'Évangile devrait donner du pouvoir aux chrétiens et les motiver à servir Dieu et leur prochain dans tous les domaines de la vie – social, politique et économique.

Le professeur Nestor Mamadou Nali, docteur en médecine, est également membre du Royal College of Surgeons du Canada, chirurgien en chef à l'Hôpital de l'Amitié de Bangui, ancien doyen de la faculté de médecine et recteur de l'Université de Bangui ; il a été ministre de la Santé de RCA de mars 2003 à juin 2005. Tout au long de sa carrière, Nali a joué un rôle important dans la reconstruction des infrastructures de santé publique effondrées de son pays. Cela comprenait la mise en place de dépôts pharmaceutiques régionaux, l'allocation de ressources aux centres de santé communautaires et le lancement du programme national d'assainissement pour fournir de nouvelles normes et standards pour de meilleures pratiques. Nali est également actif dans l'Église, ayant été président de l'association pour l'évangélisation des enfants, président de l'union des travailleurs médicaux chrétiens et membre du conseil d'administration de la FATEB. Il travaille activement pour l'unité de l'Église, ce qui, selon lui, est son plus grand défi en RCA.

Un dernier exemple de RCA est l'ingénieur civil Evariste Dignito. Dignito a travaillé pour plusieurs entreprises, mais a ensuite créé la sienne. Il a servi son pays de nombreuses manières, notamment en drainant des terres et en construisant des routes. En même temps, il a servi de coordinateur de groupes de maison dans son Église locale et de vice-président d'un orphelinat.

Pour conclure cette section, il est significatif que les personnes interrogées, avec leurs différents modes de vie, leur implication dans l'éducation des autres et leurs styles de leadership utilisent souvent un langage qui fait référence au royaume de Dieu (Mc 1.15). Autrement dit, ils ne se concentrent pas uniquement sur la partie spirituelle et salvifique de l'Évangile, mais sur le fait d'être « une source de bénédiction » (Gn 12.1-3). Dignito explique sa mission comme « faire du bon travail pour glorifier Dieu ». Nali dit : « Nous devons amener la vision chrétienne du monde dans l'arène politique. La politique est la vie. » Ces dirigeants envisagent un état de fait où la justice et la paix règnent et où Dieu est obéi.

L'autonomisation par l'expérience

Les dirigeants centrafricains cités dans ce chapitre comprennent un médecin, un architecte, un ingénieur, une femme d'affaires et un fonctionnaire du gouvernement. Ils ont tous eu un impact sur la société par leurs dons et leur leadership. Les entretiens avec ces personnes ont mis en évidence le lien entre l'expérience internationale et un service efficace dans leurs communautés (chapitre 4). Grâce à une expérience internationale, ces dirigeants ont développé un cadre de référence plus large qui les a aidés à sortir des sentiers battus et à discerner et à répondre aux besoins sociaux urgents de leur pays.

Un exemple du Kenya peut aider à clarifier ce point. Lorsque les pasteurs Bosco et Munene ont été appelés à servir à Mombasa, c'était leur première véritable rencontre avec l'islam. Nairobi et Mombasa représentent des mondes différents. Ne se laissant pas enfermer dans la « boîte » de Mombasa avec ses préjugés sur les musulmans, Bosco et Munene ont vu des possibilités, et ils ont tendu la main aux musulmans. Selon Munene, « indépendamment de ce que les gens disent [à propos] d'une ville islamique, c'étaient des gens comme partout ailleurs qui avaient besoin de Jésus comme leur Seigneur et Sauveur ». Leur expérience dans un contexte différent s'est donc finalement traduite par l'autonomisation des membres de la congrégation et leur a servi d'exemple pour faire de même.

L'autonomisation par les chorales/la musique

La musique a traditionnellement joué un rôle important dans la plupart des cultures africaines. Le rôle de la musique a changé tout au long de l'histoire de l'Afrique et continue de se transformer à mesure que de nouveaux idéaux et genres émergent. La musique remplit diverses fonctions dans les sociétés africaines et est utilisée par des personnes de tous âges de différentes manières. Pas étonnant qu'en Angola, par exemple, la musique serve de moyen de choix pour l'autonomisation.

Les références récurrentes au rôle des chorales et à la façon dont le développement en tant que dirigeants allait de pair avec l'appartenance à une chorale ou la prise de direction de chorales sont tout à fait remarquables dans les données. Par définition, le leadership, en particulier le leadership au service des autres, est davantage une attitude qu'une connaissance spécifique. On ne peut pas acquérir ce type de leadership simplement en suivant un programme académique particulier. Il n'est pas piloté par un programme, mais doit jaillir du plus profond d'une personne, comme une fontaine qui jaillit d'un réservoir souterrain. Le désir d'appartenir et de partager, d'harmoniser et de profiter de la beauté et du message d'une chanson illustre la profonde conscience communautaire fondée sur les relations qui fait des chœurs une partie si importante de la vie africaine.

« Je suis parce que tu es » peut facilement être traduit par « nous sommes parce que nous chantons » et « nous croyons parce que nous témoignons de ce que nous chantons ».

Quatre des six dirigeants chrétiens interrogés en Angola ont explicitement mentionné l'influence des chorales sur leur vie et leur ministère. Un exemple est celui de Manuel Missa, cité quatrième parmi les dirigeants non membres du clergé ayant un impact significatif. Le rapport décrit ce professeur et directeur de soixante ans comme chef de chorale, « chanteur aussi bien que compositeur de musique religieuse ». Missa a affirmé que le chant témoignait de sa qualité de leader. Dans chaque communauté ou Église où il est allé, il a été reconnu comme ayant ce don.

Diamantino Laurindo Doba a également été cité par les répondants angolais comme un chef non membre du clergé ayant un impact énorme. Depuis l'école du dimanche, il a chanté dans des chorales, est devenu chef de chorale et s'est développé en tant que leader dans le domaine de la jeunesse, servant et responsabilisant les autres par le biais de chorales, de festivals de chorales et de programmes pour la jeunesse. Actuellement, il est directeur national du département jeunesse de l'IERA, coordinateur de la chorale régionale évangélique de Luanda et conseiller du comité exécutif de l'IERA.

Les répondants angolais ont identifié la femme pasteur Adelaide Catanha comme l'un des pasteurs les plus influents en Angola. Dans son interview, Catanha fait également référence au rôle important que les chorales, et sa participation à celles-ci ont joué dans sa formation spirituelle. Il en va de même pour l'influente femme pasteur Luisa Mateus, qui a même rencontré son mari, pasteur, dans une chorale. Toute sa famille reste impliquée dans les chorales, et elle explique que les chorales lui ont inculqué de nombreuses valeurs positives, incluant l'appréciation de l'unité, de l'amour et du respect entre les membres de la chorale, les traitant comme des frères et des sœurs.

Trois responsables de la RCA, René Malépou, Marie-Louise Yakemba et David Koudougueret, mentionnent également l'importance des chorales. Koudougueret est décrit comme « un homme qui a passé toute sa vie dans l'église : la chorale, le groupe de jeunes, [et] l'Union de la Jeunesse Chrétienne. [...] Il a donc été façonné par l'église ». Au Kenya, les chorales sont également mentionnées. Le général Jeremiah Kianga « a grandi en étant membre de la chorale de l'école du dimanche, de la chorale de l'école et de la chorale de l'église ». Il est clair que les chorales sont un moyen de développer et de renforcer le leadership.

L'autonomisation par la prière

En lisant les rapports de l'Étude sur le Leadership en Afrique, on est frappé par la fréquence à laquelle la prière est mentionnée. Deux dirigeants centrafricains, Yakemba et Nali, par exemple, soulignent l'importance de la prière pour faire face à la situation politique désastreuse de leur pays, tandis que l'ingénieur Dignito évoque à six reprises le rôle de la prière dans la prise de décision de sa famille. Les personnes interrogées angolaises mentionnent toutes la prière et partagent un sens clair du rôle intégral et stimulant de la prière dans leur vie, en particulier dans les circonstances liées à la longue guerre civile. Huit rapports kenyans faisaient également référence à la prière. John Bosco souligne l'importance de la prière pour quiconque exerce un ministère dans le contexte difficile de Mombasa : « Si vous êtes ici pour vous amuser, vous serez finis. Votre ministère ne peut aller nulle part. Il faut donc prier, prier sérieusement, prier constamment ».

Ces dirigeants ont fait l'expérience directe d'être confrontés à des réalités où les ressources dont ils disposaient n'étaient plus en mesure de relever les défis. C'est là qu'ils ont dû faire preuve de foi et de confiance, en remettant leur vie entre les mains de Dieu. La prière est un autre exemple de refuge qui procure, dans ce cas, une sécurité spirituelle.

L'autonomisation par le mentorat

L'autonomisation ne passe pas uniquement par l'éducation formelle. Les mentors, eux aussi, ont des capacités uniques pour guider et former les autres, et cela peut également se produire dans le contexte de l'éducation. Selon l'enquête mondiale sur l'éducation théologique (2011-2013), l'intégrité des dirigeants est considérée comme l'élément le plus important pour déterminer la qualité de l'éducation théologique. Les mentors sont respectés pour leur style de vie sans compromis et fondé sur des valeurs (Tutu, 1999). Ils donnent l'exemple d'un service désintéressé à travers lequel ils renforcent l'autonomie de leaders exceptionnels.

Les mentors cités dans la recherche sur le leadership en Afrique excellent tous par leur sagesse, leurs valeurs religieuses, leur intégrité, leur identité claire et leur capacité à favoriser l'autonomie de leurs « étudiants » et à les accompagner. Ils fondent leur rôle de mentor sur leurs convictions chrétiennes et leur foi. La plupart d'entre eux ont reçu une formation théologique qui a façonné leurs opinions et leur sens de la vocation.

Kwame Bediako (1992), un éminent érudit ghanéen, a aidé les Africains à comprendre l'importance de l'identité africaine et de l'existence de mentors africains. Le mentorat africain est lié à la famille, la foi et la responsabilité sociale. Un pourcentage élevé des dirigeants interrogés a mentionné le rôle d'un père, d'une mère ou d'une grand-mère dans leur propre vie. La famille, en particulier, est d'une importance capitale dans la plupart des cultures africaines, ce que les entretiens ont également illustré[3]

---

[3] Pour le rôle de la famille dans la formation des dirigeants, voir également le chapitre 3 de cet ouvrage.

En ce qui concerne le mentorat, l'Étude sur le Leadership en Afrique a révélé que la foi chrétienne constitue la base éthique de la confiance entre le mentor et la personne guidée, ainsi que la motivation de la relation entre ces derniers. Elle a également constaté que l'attitude et les styles de mentorat des mentors étaient fondés sur le respect de la dignité et du potentiel des autres êtres humains. Un bon exemple est la manière dont Esther Mombo a respecté les étudiants de St. Paul's University et a aidé ceux qui étaient dans le besoin – tant les femmes que les hommes. Elle exerçait son autorité en collaboration avec ses collègues « et impliquait le corps étudiant dans les décisions ». Le rapport mentionne qu'elle est connue pour sa « douceur à l'égard du personnel administratif ». Cette attitude de respect pour l'humanité et les talents d'autrui aboutit souvent à une relation durable dans laquelle un mentor reprend la responsabilité d'accompagner un mentoré, même si cela nécessite du temps, de l'énergie et des ressources. Le juge Onesmus Makau, chrétien de première génération issu d'une famille paysanne, est un autre exemple kenyan de mentorat chrétien dans la recherche sur le leadership en Afrique. Dans son entretien, Makau a mentionné la compétence du mentorat et la force de l'empathie dans le mentorat en décrivant comment il a encadré deux jeunes avocats qui ont été promus au niveau de magistrat.

Les caractéristiques d'un bon mentor qui ont été identifiées dans l'étude sont particulièrement bien illustrées dans la relation entre le mentoré kenyan Edward Munene et deux de ses mentors, Catherine Njoki et le pasteur Ron Sonnas. Le pasteur Munene a décrit cette relation comme étant très personnelle, qui favorise l'autonomie, guide et qui est fondée sur le respect mutuel. Njoki et Sonnas ont remarqué son potentiel de leadership, et l'ont encadré et responsabilisé en lui faisant confiance et en lui donnant l'occasion d'utiliser ses talents exceptionnels.

LES CARACTÉRISTIQUES DU LEADERSHIP AU SERVICE DES AUTRES

Accessibilité et autonomisation

Les mentors et les leaders qui réussissent ont la particularité d'être accessibles et disponibles. La disponibilité fournit la matrice dans laquelle le leadership au service des autres peut croître et se développer. Le mentor est disponible pour ceux qui souffrent, qui sont dans le besoin ou qui doutent, et pour ceux qui ont besoin de conseils. Le mentorat est un processus de direction et d'enseignement par l'exemple, de manière interactive et personnelle.

Edward Munene exprime clairement ce principe : « Dieu m'a appelé à être un serviteur, et j'ai besoin d'être disponible pour les personnes que je touche. Ce que je veux dire, c'est que si vous m'envoyez un message Facebook, je devrais pouvoir y répondre. » Munene illustre son argumentation avec quelques exemples. Un mari l'a contacté sur Facebook au sujet d'un divorce imminent. Il a immédiatement répondu et a trouvé un moyen de l'aider. Une dame qui voulait se suicider à cause d'une grossesse non désirée a répondu à son blog. Il lui a répondu via le blog, a suivi le cas, et finalement, grâce à la réconciliation familiale, a aidé à résoudre les problèmes. Munene est un pasteur, et l'un des moyens par lesquels il est resté accessible est par le biais des réseaux sociaux, mais pas de la façon dont les réseaux sociaux fonctionnent souvent, en tant que créateur et constructeur de sa propre image. Les exemples que Munene donne montrent à quel point il suit les appels à l'aide de ceux qui le contactent et comment il s'implique dans leur vie et leur douleur. Sa disponibilité ainsi que son engagement à emmener et à accompagner les personnes dans le besoin dans un voyage sont vraiment exemplaires : « J'ai commencé à chercher une solution dans la Bible et j'ai réalisé que Jésus ne nous a jamais envoyés faire des convertis, il nous a envoyés faire des disciples. Alors j'ai commencé à faire des disciples… J'ai commencé à enseigner la Parole pour pouvoir atteindre le monde. »

Munene et son épouse ont commencé leur ministère à Mombasa en 2008 au moment des violences postélectorales au Kenya. En l'absence d'aide extérieure, ils ont été contraints de développer leur équipe de direction locale. Ils ont commencé par une équipe de deux et ont touché principalement des jeunes de tous les horizons de la région. Depuis lors, grâce à la formation de disciples, aux stages et à l'enseignement, Munene estime qu'ils ont formé environ deux cents leaders. Beaucoup d'entre eux ont par la suite suivi une formation à l'école biblique et ont même fait des études de niveau master en leadership et théologie chrétienne.

Tout au long de ce chapitre, le mot *mentor* a été utilisé, mais en termes bibliques, le *discipulat* décrit à peu près le même phénomène[4]. L'un des principes importants du mentorat, clairement visible dans la vie d'Edward Munene, est de donner constamment du pouvoir. En outre, les jeunes convertis et ceux qui ont été formés par Munene ont suivi leur vocation dans divers domaines, et pas seulement dans les lieux liés à l'Église. Ce sont de véritables exemples de diffusion de lumière et de sel de la terre. En fait, il ressort clairement de l'entretien que l'objectif de Munene n'était pas centré sur l'Église en tant que telle. Munene a développé un système efficace de croissance et de multiplication des leaders sans avoir besoin d'une structure et d'un processus institutionnel ou hiérarchique centralisé. Ce système a toutefois permis à la congrégation d'envoyer dans le monde des personnes équipées pour le rendre meilleur en menant une vie morale et fondée sur des principes, quelle que soit leur profession. La congrégation

---

[4] Deux livres classiques sur la formation des disciples qui décrivent le sentiment de Munene sont Robert E. Coleman, *The Master Plan of Evangelism* (Old Tappan, Revell, 1963) et Alexander B. Bruce, *The Training of the Twelve* (Grand Rapids, MI, Kregel, 1971).

a été mise au défi et formée pour aller vers le monde et faire des disciples, mais dans le cadre d'un ministère nettement missionnaire et non purement bureaucratique. En aucun cas les questions bureaucratiques n'ont éclipsé ou entravé les conditions préalables de la maturité spirituelle et d'une vie disciplinée. On y trouve en effet un sentiment de liberté disciplinée mais stimulante pour aller là où l'Esprit conduit, dans ce monde souffrant et brisé où il y a plus qu'assez de travail de sauvetage à faire.

Lorsqu'on a demandé à John Bosco pourquoi, selon lui, les gens l'identifiaient comme un pasteur influent, il a répondu avec hésitation que c'était peut-être parce que les gens savent que lorsqu'ils lui soumettent un problème, il fait tout son possible pour les aider, que la demande émane d'un croyant né de nouveau ou non. De plus, il dit que sa propre expérience de croissance et de familiarité avec la vie dans les bidonvilles surpeuplés lui a appris la valeur du bon voisinage et l'importance d'aider les autres. Comment, alors, demande-t-il, ne pourrait-il pas aider les autres, même ceux de la communauté musulmane ? Cela est devenu particulièrement crucial lorsque Bosco a déménagé de Nairobi à Mombasa, d'une situation de liberté religieuse à une zone où les chrétiens étaient en danger. Une fois à Mombasa, il s'est de nouveau installé dans l'une des régions les plus pauvres. Avec peu de soutien extérieur, Bosco a travaillé parmi des personnes qui ne sont tenues en haute estime par personne. De plus, la population de ces zones était en constante transition. En raison de la pauvreté, les gens partent dès qu'ils ont été équipés et responsabilisés. Il estime que les membres de l'Église restent généralement dans la région pendant deux à quatre ans avant de partir. Bosco a rapporté qu'il avait formé des centaines de dirigeants dans son institut de formation au leadership, y compris plusieurs pasteurs éminents. Il n'est donc pas surprenant que les répondants à l'Étude de Leadership en Afrique lui aient donné une bonne note pour sa capacité à former des leaders – 3,84 sur 4 ! Avec des pasteurs comme Bosco, qui donnent l'exemple, qui servent et autonomisent les personnes et les communautés, et qui leur sont disponibles, il n'est pas non plus surprenant que la Redeemed Gospel Church se développe à un rythme remarquable dans la région côtière du Kenya. Cependant, le leadership au service des autres et l'autonomisation qu'il implique comportent non seulement des possibilités, mais aussi des risques.

Vers un leadership au service des autres et la capacité d'identifier les possibilités et les risques

Le leadership au service des autres se développe lorsque les mentors et les institutions font confiance aux plus jeunes pour les aider à identifier les défis et les possibilités. La grand-mère d'Esther Mombo l'a « encouragée à rêver d'une vie meilleure » et a protesté lorsque son père voulait l'engager dans un mariage arrangé. John Bosco a mentionné le Dr Lai comme mentor, qui lui a offert des possibilités « de servir dans des fonctions plus importantes ». Catherine Njoki a recommandé que son protégé Edward Munene soit autorisé à prêcher lorsqu'un prédicateur ne s'est pas présenté au culte. Un tel encouragement a définitivement influencé la vie de ces dirigeants. De nombreuses influences, des chorales aux groupes de jeunes en passant par les amitiés internationales ont affecté David Koudougueret, le faisant finalement passer du génie civil au pastorat. Marie-Louise Yakemba, haut fonctionnaire du Trésor de RCA, a parlé de l'influence de sa grand-mère en tant que chrétienne engagée dans la conduite et l'encouragement de ses études. Yakemba mentionne également le rôle de la chorale dont elle était membre et les conseils de mentors qui l'ont amenée à étudier, jetant ainsi les bases de son avenir en tant que dirigeante de premier plan en RCA. Surtout, tout en étant encore jeunes, ces leaders ont non seulement répondu aux défis présentés par leurs mentors, mais ont également profité des possibilités qui leur étaient offertes. Cela impliquait bien sûr aussi de prendre des risques, notamment le risque de l'échec.

Pour devenir un leader au service des autres qui favorise l'autonomie des autres, il faut trouver des havres de paix qui offrent stabilité et sécurité en cas de risque. Un refuge classique est un contexte familial sain[5] Bien sûr, une bonne éducation et la stabilité financière jouent également un rôle. Mais le plus grand refuge que partagent ces leaders chrétiens est peut-être leur foi en Jésus-Christ. Spirituellement, cela implique une transformation radicale de l'identité : se détourner de soi pour se tourner vers le Christ.

Des expériences spécifiques ont influencé la vie de ces dirigeants et, bien que cela présente des risques, elles ont souvent marqué un tournant dans leur vie. Ces dirigeants ont adopté une nouvelle vision et mission, comme le montrent les exemples présentés ci-dessus. En RCA, David Koudougueret, qui étudiait le génie civil avec le parrainage du gouvernement au Canada, raconte comment sa vie a été influencée par l'Église et les « frères », de sorte qu'il est finalement devenu un pasteur bien qualifié. Il a pris des décisions courageuses, il a pris des risques, mais il a pu le faire grâce au refuge offert par le soutien de son Église.

Edward Munene a mentionné le soutien et l'amitié dont il a bénéficié à l'école de la part d'amis issus de différents milieux culturels : un Ougandais, un Éthiopien et un asiatique. « Cela m'a aidé à un très jeune âge à apprécier d'autres cultures. » Munene mentionne également qu'il a grandi dans une Église presbytérienne où 70 à 80 % de la congrégation était plus âgée, mais il témoigne qu'il a été « sauvé » dans un camp de jeunes de cette Église presbytérienne. Trois mois après avoir donné sa vie à Christ, un prédicateur ne s'est pas présenté à un rassemblement de jeunes qui était programmé, ce qui a donné l'occasion à Munene de prêcher et d'enseigner. Après cela, il a été en contact avec plusieurs groupes de jeunes qui lui ont donné l'occasion de faire de même et de traverser ainsi les frontières. Son plus grand défi, raconte-t-il, est venu quand il a créé un centre chrétien

---

[5] C'est également le thème d'autres chapitres de ce livre (voir chapitres 2 et 3).

international à Mombasa en 2008 « en partant de zéro ». Déménager de Nairobi à Mombasa était une frontière à franchir, une entreprise risquée, en particulier pour sa sécurité et celle de sa famille. Munene raconte :

> Je suis arrivé avec ma famille, et nous avons démarré les cultes au moment des violences postélectorales. À un moment donné, j'ai vraiment pensé que j'étais venu au mauvais moment. Mais à partir de là, nous avons réalisé que Dieu nous avait amenés dans une ville qui est dans le besoin à bien des égards. Quoi qu'on dise d'une ville islamique, il y a des personnes comme partout ailleurs qui ont besoin de Jésus comme Seigneur et Sauveur. Ce que les violences postélectorales ont entraîné, et qui est un avantage pour moi aujourd'hui, c'est que peu de gens voulaient se rendre dans d'autres villes que celles où ils étaient nés. Par exemple, les personnes qui travaillaient à Nairobi ne voulaient pas partir et aller travailler ailleurs.

La capacité à prendre des risques et à franchir les frontières est liée à l'existence de refuges, de fondations ou de plateformes solides à partir desquels les activités sont lancées. Munene avait de la famille et une certaine sécurité financière. Il avait également de bons mentors et une solide éducation. Le plus remarquable, cependant, était son sens aigu de l'objectif, fondé sur une expérience de conversion qui a confirmé sa passion pour l'aide aux personnes (il utilisait souvent le mot sauvetage). Il utilise également les occasions qui se présentent dans son ministère, l'une d'entre elles étant les réseaux sociaux. L'âge moyen des membres de son Église de Mombasa est de trente ans, et Munene utilise les possibilités offertes par les réseaux sociaux (Skype, Facebook, Twitter, etc.) pour les servir.

Se libérer des modèles culturels établis, prendre le risque de franchir les anciennes frontières, c'est ce qu'a illustré Munene lorsqu'on lui a demandé de citer les facteurs qui l'ont aidé à responsabiliser les autres :

> Le premier est ma capacité à continuer à former des leaders, car si je ne continue pas à offrir les choses que je fais, je ne pourrai pas continuer à faire les choses que je devrais faire. Vous savez, en tant que leader, il y a des choses que je suis le seul à pouvoir faire, mais il y a des choses que je fais en ce moment que quelqu'un d'autre peut faire, alors je dois continuer à trouver les choses que quelqu'un d'autre peut faire, et je les donne au fur et à mesure que je forme des leaders. Le développement de mon leadership a donc un impact critique sur ce que j'ai pu faire.

Dinis Eurico est classé comme le pasteur ayant eu l'impact le plus significatif en Angola. Il est président de l'Igreja Evangélica Sinodal de Angola (Église évangélique synodale d'Angola) et enseigne dans un institut de théologie. Il est devenu très connu dans tout l'Angola grâce à son rôle de diffuseur de radio chrétien. Ses programmes éducatifs chrétiens à la radio sont populaires. Cependant, le leadership d'Eurico et le respect que les gens ont pour lui ont un fondement plus profond. Comme nous l'avons mentionné plus haut, il travaillait au ministère du commerce intérieur de l'ancien gouvernement communiste et devait être promu à un poste influent (impliquant une sécurité financière et d'autres avantages). Cependant, lorsqu'il a senti que Dieu l'appelait au ministère pastoral, il a pris le risque de démissionner pour servir son peuple en tant que pasteur. Ce renoncement au pouvoir semble lui avoir valu le respect et la crédibilité de beaucoup.

Renoncer au pouvoir est certainement un défi difficile pour les dirigeants africains. Les gens pensent généralement que cela conduit à l'impuissance. Mais en termes chrétiens, l'abandon du pouvoir conduit souvent à des lieux et à des positions où Dieu peut confier des responsabilités encore plus difficiles. Les vies de Munene et d'Eurico en témoignent.

LE LEADERSHIP AU SERVICE DES AUTRES ET LA CAPACITÉ À SURMONTER LES DÉFIS DE L'AUTONOMISATION

Rien ne définit mieux le service du Christ que la croix. Les dirigeants et les organisations angolais ont témoigné de l'épreuve de quarante années d'indépendance et de guerre civile, mais aussi de la croissance de l'Église. Dans le creuset de ces quarante années, le leadership et la foi ont mûri. Le témoignage de Eunice Chiquete, jeune fille au moment de la guerre, en est une bonne illustration. Elle raconte comment ses parents (ses mentors) sont restés fidèles à leur vocation de ministres et d'éducateurs alors qu'autour d'eux les bombardements aériens détruisaient tout. Les voix prophétiques des dirigeants contemporains de la RCA ne passent pas inaperçues dans cette société. L'histoire d'Esther Mombo témoigne du fait que les préjugés culturels à l'encontre des femmes restent un défi de toute une vie, une croix constante à porter. Cependant, rien ne met plus en évidence et n'aiguise plus l'intégrité, la fidélité et la fiabilité d'un dirigeant que le fait de devoir faire face à de telles difficultés.

Les circonstances difficiles jouent donc souvent un rôle crucial dans la formation des leaders serviteurs. Les leaders sont façonnés par les défis auxquels ils sont confrontés. Les obstacles et les dangers auxquels ils sont confrontés testent leur caractère et forment leur foi. Une fois encore, l'exemple de l'évêque kenyan John Bosco s'impose. Lorsque Bosco a commencé à servir à Mombasa, avec sa forte représentation musulmane, il n'avait que deux participants réguliers aux services religieux ; il n'y avait pas une seule église chrétienne dans la région. Au moment de l'entretien, l'Église comptait environ trois mille fidèles. La congrégation incluait des personnes d'origines diverses (malgré la présence de seulement dix à vingt voitures). Les deux policiers armés qui montent la garde lors de ces services sont un témoignage silencieux de la menace de violence religieuse, une menace permanente qui a affecté son leadership.

Bosco et sa famille ont relevé un énorme défi. Rien n'a été facile. Cela a pris des années, et ils ont vécu pendant de longues périodes sans aucun revenu régulier. Ils ont affronté ces obstacles dans la foi, dans la prière et avec un travail acharné. Cependant, cela n'est pas passé inaperçu. Bosco a été identifié par plus de Kenyans que tout autre comme pasteur influent ayant un impact positif.

L'un des effets de la guerre en Angola était qu'il y avait très peu de soutien financier national ou international pour les ministères de l'Église. Ainsi, les personnes interrogées en Angola font référence au fait que leur principal soutien était local, et dans le cas des six dirigeants, provenait généralement de leurs propres ressources ou de celles de leur famille. La conduite et le caractère de ces leaders témoignent de leur vocation, de leur foi et de leur intégrité. Ainsi, les gens les respectent et leur font confiance, et suivent leur exemple.

Les problèmes médicaux constituent un autre obstacle au leadership dans un continent avec peu de médecins, d'hôpitaux et de cliniques. Manuel Missa a eu deux accidents de moto presque mortels, ainsi que d'autres problèmes de santé. Dans leur témoignage sur leur père, les enfants de Missa évoquent les neuf années pendant lesquelles il était malade : « Nous avons vu notre mère porter notre père sur son dos et l'emmener au poste de santé. » Comme tout le monde, les leaders sont souvent mis à l'épreuve, mais leur persévérance témoigne de leur foi et de leur engagement envers leurs rêves, et c'est ce qui les distingue en tant que leaders.

Dans la première section de ce chapitre, nous avons examiné d'un point de vue plus théorique la signification du leadership au service des autres, de l'autonomisation et de la mobilité descendante en tant que concepts fondamentaux. Dans les deuxième et troisième sections, une sélection d'« outils » à utiliser pour favoriser l'autonomie des leaders vers un leadership au service des autres a été discutée, ainsi que certaines caractéristiques du leadership au service des autres. Ces deux sections se sont éloignées des réflexions théoriques et ont utilisé les données générées par l'Étude sur le Leadership en Afrique, notamment en se référant à la vie et au travail de leaders chrétiens influents en Angola, au Kenya et en RCA. Un aspect que ces exemples ont montré est que, comme cela a été suggéré au début de ce chapitre, « l'autonomisation du leadership au service des autres n'est pas éteinte en Afrique ».

CONCLUSION : LE LEADERSHIP AU SERVICE DES AUTRES, UNE NOUVELLE AUBE PORTEUSE D'ESPOIR

Dans l'Évangile de Marc, il est rapporté que Jésus a dit : « Vous savez que ceux que l'on considère comme les chefs des nations dominent sur elles et que leurs grands les tiennent sous leur pouvoir. Ce n'est pas le cas au milieu de vous, mais si quelqu'un veut être grand parmi vous, il sera votre serviteur » (Mc 10.42-43). Au-delà de nombreux cas de domination abusive sur le continent africain, notre recherche a démontré que de nombreux dirigeants chrétiens en Afrique sont des exemples de leadership au service des autres.

Nous avons constaté que deux concepts de leadership jouaient un rôle crucial : l'autonomisation et la mobilité descendante. L'autonomisation permet aux gens de se définir eux-mêmes et de construire leur identité et leur avenir. La mobilité descendante est le contraire de la course ascendante typique, vers le pouvoir et les honneurs. Pour les chrétiens, la meilleure façon de l'expliquer est de dire que cette mobilité suit le modèle du Christ, qui s'est dépouillé ou abaissé en devenant humain, en servant l'humanité et en sacrifiant sa vie au service du monde (Ph 2.6-8). Il y a là un étrange paradoxe : c'est en renonçant au pouvoir, en servant et en donnant du pouvoir à ceux qui en ont besoin que le véritable leadership s'épanouit et, paradoxalement, qu'il reçoit pouvoir et honneur.

Ce chapitre a raconté les histoires de dirigeants chrétiens influents. Dans chaque cas, l'éducation a joué un rôle clé dans leur formation. Dans presque tous les cas, l'Église et la formation théologique ont joué un rôle important d'une manière ou d'une autre. Ainsi, le processus d'éducation allait de pair avec des qualités spirituelles comme la foi et l'appel, le service, le sacrifice et surtout la prière. Dans des contextes de pauvreté, de guerre et d'incertitude, les dirigeants formés étaient ceux qui pouvaient faire la différence et qui apportaient à la fois soulagement et espoir.

La famille et les mentors ont également joué un rôle crucial dans la formation des dirigeants, tandis que le rôle des chorales et de la musique permet de comprendre quelque chose de l'âme africaine. Cette aspiration à l'appartenance et au partage, à l'harmonisation et à l'appréciation de la beauté et du message de la chanson, illustre la profonde conscience communautaire fondée sur les relations qui fait que les chorales font tellement partie de la vie africaine. *Je suis parce que tu es. Nous sommes parce que nous chantons.* Un autre facteur qui a joué un rôle est l'accessibilité, qui peut être considérée comme une inclination naturelle dans une communauté fondée sur les relations.

La formation des leaders au service des autres qui favorisent l'autonomie de leurs communautés a commencé par leur créer des possibilités. Ils avaient la liberté de prendre des risques et étaient exposés à des situations de leadership, ce qui les a aidés à sortir des sentiers battus et à franchir les frontières. Les défis, cependant, devaient être équilibrés par la sécurité des communautés religieuses, la prière, la confiance des mentors et les moyens nécessaires pour tendre la main.

En bref, l'intégrité des dirigeants est reconnue par leur volonté de servir, de céder le pouvoir et de se sacrifier par un leadership au service des autres. Quand « le monde s'effondre » (Achebe, 2000), ces dirigeants restent fermes en raison de leur foi et de leur engagement, renforçant et créant des lueurs d'espoir.

RÉFÉRENCES CITÉES

ACHEBE Chinua (2000). *Le monde s'effondre*, trad. Michel Ligny, Paris, Éditions Présence Africaine.
ADEYEMO Tokunboh, sous dir. (2006). « Leadership », dans *African Bible Commentary*, Nairobi, World Alive, p. 546.
BECK Richard (2013). « Downward Mobility », article de blog. Blog sur la théologie expérimentale, s'appuyant sur l'ouvrage d'Henri Houwen, *The Selfless Way of Christ*, mars 2019, http://experimentaltheology.blogspot.com/2013/03/downward-mobility.html.
BEDIAKO Kwame (1992). *Theology and Identity. The Impact of Culture upon Christian Thought in the Second Century and in Modern Thought*, Oxford, Regnum.
CARL Arend E. (2012). *Teacher Empowerment through Curriculum Development – Theory into Practice*, 4ᵉ éd., Cape Town, Juta.
CASTELLS Manuel (2000). *End of Millennium. The Information Age – Economy, Society, and Culture*, volume 3, 2ᵉ éd., Oxford, Blackwell.
« Global Survey on Theological Education » (GSTE) (2011-2013). World Council of Churches, http://www.globethics.net/web/gtl/research/global-survey.
GORMAN Michael J. (2009). *Inhabiting the Cruciform God. Kenosis, Justification, and Theosis in Paul's Narrative Soteriology*, Grand Rapids, MI, Eerdmans.
GREENLEAF Robert K. (2007). « The Servant as Leader », https://greenleaf.org/what-is-servant-leadership/.
MOMBO Esther, JOZIASSE Heleen (2011). *If You Have No Voice, Just Sing! Narratives of Women's Lives and Theological Education at St. Paul's University*, Limuru, Kenya, Zapf Chancery.
NOUWEN Henri J. M. (1989). *In the Name of Jesus. Reflections on Christian Leadership*, New York, Crossroad.
NOUWEN Henri J. M. (2007). *The Selfless Way of Christ. Downward Mobility and the Spiritual Way of Christ*, Maryknoll, NY, Orbis Books.
OSEI-MENSAH Gottfried (1990). *Wanted: Servant Leaders. The Challenge of Christian Leadership in Africa Today*, Achimota, Ghana, African Christian Press.
SANNEH Lamin (2003). *Whose Religion Is Christianity? The Gospel beyond the West*, Grand Rapids, MI, Eerdmans.
SWART Ignatius (2006). *The Churches and the Development Debate. Perspectives on a Fourth Generation Approach*, Stellenbosch, SUN.
TUTU Desmond M. (1999). *No Future without Forgiveness*, New York, Double-day.
World Health Organization (2006). « Professor Nestor Mamadou Nali. Medicine Is a Lifelong Religion; It Is a Calling », Heroes for Health in the Central African Republic, http://www.who.int/world-health-day/previous/2006/car/nali/en/.

Chapitre 10

Lire et diriger
Défis pour les dirigeants chrétiens africains

Robert J. Priest, Kirimi Barine et
Alberto Lucamba Salombongo

LES CHRÉTIENS AFRICAINS EN TANT QUE LECTEURS

En tant que personnes du Livre, les chrétiens accordent souvent une grande valeur à la lecture. Alors qu'à des époques antérieures les élites d'une grande partie du monde monopolisaient l'alphabétisation au service du statut et du pouvoir, les chrétiens ont souvent été à l'avant-garde de l'alphabétisation des masses. Les protestants en particulier ont mis l'accent sur le fait de permettre à chacun de lire la Bible et de l'interpréter avec compétence. Partout où ces chrétiens ont exercé une influence, cette valeur a eu une influence positive sur l'éducation, les taux d'alphabétisation, la publication d'ouvrages et d'articles et la lecture elle-même (Woodberry, 2012, p. 249-251). Et pourtant, les chercheurs ont largement échoué à étudier les habitudes de lecture des chrétiens du monde entier et à considérer ce que ces habitudes nous disent sur le christianisme mondial. Ce chapitre est conçu comme une première étape vers la recherche et l'analyse de ces habitudes, en considérant comment une compréhension de ces habitudes pourrait être utile pour ceux qui écrivent, publient et diffusent des documents chrétiens aujourd'hui.

Les trois pays examinés sont majoritairement chrétiens[1]. La base de données mondiale sur les chrétiens fait état d'un taux d'alphabétisation des adultes de 57 % pour la République centrafricaine (RCA), de 70 %

---

[1] L'Angola, avec une population de 14 millions d'habitants, compte environ 60 % de catholiques romains et 28 % de protestants. La RCA, qui compte 4,5 millions d'habitants, était, lors de son dernier recensement, à moitié protestante et à 29 % catholique romaine. Le Kenya, avec une population de

pour l'Angola et de 72 % pour le Kenya. Bien que chaque pays soit multilingue, nous avons effectué nos recherches dans la langue officielle de l'Angola (le portugais), dans les deux langues officielles du Kenya (l'anglais et le swahili) et en français pour la RCA[2]. Le questionnaire n'a été soumis qu'à des chrétiens et ciblait principalement ceux qui étaient alphabétisés et avaient donc une éducation formelle supérieure à la moyenne, ainsi que ceux qui étaient actifs dans leurs Églises[3]. 9 % de nos répondants étaient des pasteurs.

On dit souvent que les communautés africaines doivent développer une culture de la lecture plus forte (Chakava, 1996, p. 34 ; Otike, 2011 ; Commeyras et Mazile, 2011). Cependant, les résultats de notre enquête montrent que de nombreux chrétiens africains lisent beaucoup. Un tiers des personnes interrogées ont indiqué avoir lu au moins six livres au cours de l'année précédente, et 60 % des pasteurs ont déclaré avoir lu au moins six livres. Cela peut être comparé aux résultats de Pew, qui montrent que la moitié des adultes américains avaient lu cinq livres ou moins au cours de l'année précédente (Pew, 2014). Autrement dit, si les chrétiens africains lisent moins de livres que les Américains, la différence est moins importante que ce à quoi on pourrait s'attendre. Les pasteurs africains lisent plus que la population adulte américaine dans son ensemble[4].

Lors de nos entretiens, de nombreux dirigeants africains influents ont déclaré être des lecteurs assidus, citant souvent les livres de leur bureau ou de leur bibliothèque et faisant part de leur intention de les collectionner et d'en lire davantage. Le pasteur René Malépou, président de la Communauté des Églises Baptistes Indépendantes en RCA, par exemple, a souligné le désordre qui règne parmi les livres de son bureau, preuve qu'il les utilise fréquemment. Il a déclaré se réveiller régulièrement à minuit et lire jusqu'à 4 heures du matin. Le pasteur angolais Dinis Eurico, prédicateur radio et président national de Igreja Evangelica Sinodal de Angola, déclare lire la totalité de la Bible chaque année. Il lit une grande variété d'ouvrages d'auteurs chrétiens africains et américains, y compris les livres du théologien

---

43 millions d'habitants, compte environ la moitié de protestants et un quart de catholiques romains.

[2] Bien que le sango soit également une langue officielle de la RCA et qu'il soit largement parlé, le français est la langue de scolarisation, l'équipe de recherche de RCA a donc décidé que le français servirait à nos fins.

[3] 15 % des répondants kenyans étaient des pasteurs (13,2 %) ou des responsables confessionnels (2,1 %). En République centrafricaine, 12,7 % des répondants étaient soit des pasteurs (9 %), soit des responsables confessionnels (3,7 %). Et un peu plus de 4,6 % des répondants angolais étaient soit des pasteurs (4,2 %), soit des responsables confessionnels (0,4 %).

[4] Les résultats de l'enquête ont également montré que plus de la moitié des répondants ont indiqué qu'ils lisaient la Bible quotidiennement, les trois quarts indiquant qu'ils la lisaient au moins une fois par semaine. En comparaison, environ 21 % des chrétiens s'identifiant comme tels aux États-Unis lisent la Bible quotidiennement et 50 % au moins une fois par semaine (Barna Group, 2014, p. 11).

nigérian Tokunboh Adeyemo et de l'évêque ougandais Festo Kivengere. Il s'estime privilégié de les avoir rencontrés. Patrick Nyachogo, écologiste kenyan de 26 ans, déclare lire au moins un livre par mois, principalement d'auteurs africains. *Le monde s'effondre* de Chinua Achebe est l'un de ses préférés.

Plusieurs dirigeants ont déclaré lire dans leur domaine d'expertise. Par exemple, le professeur de médecine Nestor Mamadou Nali, de RCA, a déclaré qu'il lisait des ouvrages techniques liés à sa spécialité de professeur de médecine, mais qu'il lisait également des ouvrages sur le leadership. L'ingénieur civil et propriétaire d'entreprise Evariste Dignito de RCA a déclaré lire principalement des livres sur le génie civil, mais aussi la Bible, dans laquelle il apprécie particulièrement les livres historiques des Rois et des Chroniques. L'architecte Edouard Nvouni (RCA) lit de la littérature technique dans son domaine, mais aussi de la littérature chrétienne en général et la Bible. La lecture, dit-il, l'aide à se développer intellectuellement. Le général Kianga (Kenya) a indiqué aimer lire sur d'autres dirigeants africains comme Julius Nyerere et Nelson Mandela. Cosmas Maina, quarante ans, directeur fondateur de Teens Watch, une organisation au service des toxicomanes, des alcooliques et des prostituées, lit beaucoup sur Internet et ailleurs. Il indique qu'il lit presque exclusivement des sources écrites par des non-africains, parce qu'il ne trouve pas d'auteurs africains abordant les thèmes de la toxicomanie, de l'action communautaire et de la réduction des risques qui sont au cœur de ses préoccupations.

Des pasteurs de premier plan ont souvent souligné l'importance des lectures générales pour leur ministère. Par exemple, le pasteur Edward Munene des Assemblées de Dieu du Kenya a déclaré : « J'aime me dire que si je n'apprends pas, je ne grandis pas. Et si je ne grandis pas, je meurs. » Il rapporte qu'il s'est fixé comme objectif pour 2013 de lire 130 livres, objectif qu'il a atteint. Le pasteur Oscar Muriu de Nairobi Chapel a déclaré qu'il demande régulièrement à d'autres pasteurs de lui recommander des livres qu'il devrait lire. Il recrute intentionnellement des stagiaires pasteurs qui sont formés à l'université et « qui ont l'amour des livres » – ce qu'il considère comme un atout pastoral essentiel dans le monde urbain moderne. Ses lectures, rapporte-t-il, sont de plus en plus orientées vers des livres portant sur le leadership, le ministère et les questions spécifiques qu'il doit aborder dans sa prédication. L'évêque Bosco du Kenya a indiqué lire dans le cadre de la préparation de ses sermons et a cité comme ses auteurs préférés Dag Heward-Mills du Ghana, David Oyedepo du Nigeria et John C. Maxwell des États-Unis.

Certains dirigeants chrétiens africains que nous avons interrogés ont souligné le coût des livres et ont déclaré qu'ils préféraient donc utiliser un ordinateur ou un téléphone portable pour lire des ressources sur Internet, souvent gratuitement. Patrick Nyachogo fait remarquer, par exemple, que les livres de Joel Osteen coûtent cher, mais qu'il peut régulièrement lire gratuitement de courts messages sur la page web d'Osteen. Dans chaque pays, plus de 20 % des personnes interrogées ont indiqué qu'elles lisaient tous les jours l'actualité, des articles ou des livres sur leur téléphone portable. Et pourtant, plus de la moitié des personnes interrogées ont déclaré acheter, au moins occasionnellement, des livres dans les librairies chrétiennes locales[5]. Dans les trois pays, les chrétiens africains lisent en utilisant une combinaison de ressources imprimées et électroniques.

LES AUTEURS PRÉFÉRÉS DES CHRÉTIENS AFRICAINS

L'un des éléments de notre enquête demandait : « Si vous avez un auteur préféré, quel est son nom ? » Alors que 3 614 personnes ont répondu à cette question, de nombreuses réponses étaient illisibles, incomplètes (n'utilisant qu'un prénom ou un nom de famille) ou faisaient référence à un auteur d'un livre de la Bible. Certains ont fourni le nom d'un traducteur ou d'une traduction de la Bible (Louis Segond en RCA, João Almeida en Angola). De plus, de nombreux noms n'apparaissent qu'une ou deux fois, ce qui s'avère difficile à identifier. En limitant l'analyse aux noms d'auteurs apparaissant trois fois ou plus dans un même pays, nous avons pu déterminer l'identité de chaque auteur nommé. Cela nous a donné un ensemble de données gérable et suffisamment grand pour l'analyse. Les données de ce chapitre font référence à quatre-vingt-huit noms identifiés par les répondants kenyans comme auteurs préférés, quarante-quatre noms par des répondants centrafricains et trente noms par ceux d'Angola[6]. D'un côté, on trouve des auteurs qui n'ont reçu que trois votes. D'autre part, nous trouvons 162 entrées de Kenyans identifiant Ben Carson, un neurochirurgien afro-américain de l'Université Johns Hopkins à la retraite, comme leur auteur préféré. Le tableau 10.1 donne le classement des principaux noms dans chaque pays, en commençant par les noms mentionnés le plus fréquemment. (Si deux noms sont répertoriés un nombre égal de fois, ils reçoivent le même classement numérique.)

Parmi les auteurs angolais préférés figuraient le poète et premier président de l'Angola António Agostinho Neto (#1) ; le psychiatre Augusto Cury (#8) ; des musiciens comme Irmã Sofia (#5) ; le poète Luís Vaz de Camões (# 23), ainsi que d'autres personnalités littéraires, romanciers et pasteurs. Les favoris de RCA comprenaient l'auteur de fiction Ahmadou Kourouma (#5) ; le réalisateur et producteur Ousmane Sembène (#8) ; l'ethnologue et écrivain Amadou Hampâté Bâ (#8) ; le folkloriste et poète Birago Diop (#33) ; avec d'autres personnalités littéraires, romanciers et pasteurs. Les auteurs préférés du Kenya comprenaient l'historien Assa Okoth, (#32) ; le politologue Ali Mazrui, (#56) ; l'ancien politicien Miguna Miguna (#22) ; l'ancien criminel John Kiriamiti (#20) ; le théologien John Mbiti (#26) ; et diverses autres figures littéraires, romanciers et pasteurs.

---

[5] En Angola, 57,7 % ; En RCA, 56 % ; et au Kenya, 72,1 %.
[6] Voir l'annexe B, Q.93.

Dans les trois pays, des personnalités littéraires de premier plan dont les œuvres n'étaient ni religieuses ni chrétiennes figuraient également dans les principaux noms donnés. Il s'agissait souvent d'auteurs de leur propre pays. Ainsi, les répondants de RCA ont identifié deux personnalités littéraires locales, Pierre Sammy Mackfoy (#1) et Étienne Goyémidé (#2) comme leurs auteurs préférés. Les répondants angolais ont identifié deux personnalités littéraires angolaises comme leurs auteurs préférés, António Agostinho Neto (#1) et l'écrivain angolais blanc « Pepetela » – Artur Carlos Maurício Pestana dos Santos (#2). Légèrement plus bas dans le classement, les Kenyans ont noté les personnalités littéraires kenyanes Ngugi Wa Thiong'o (#3), Wallah Bin Wallah (#14), Ken Walibora (#17), Francis Imbuga (#30), Grace Ogot (#48) et Marjorie Oludhe Macgoye (#70). Les Kenyans ont également identifié les principales personnalités littéraires africaines d'autres pays comme favorites, notamment le Nigérian Chinua Achebe (#4) et le tanzanien Said Ahmed Mohammed (#20). Les répondants de RCA ont identifié les principaux auteurs littéraires d'autres pays africains francophones, tels Ahmadou Kourouma (#5) de Côte d'Ivoire, Camara Laye (#8) de Guinée, Amadou Hampâté Bâ (#8) du Mali et Ousmane Sembène (#8) et Léopold Sédar Senghor (#12) du Sénégal. Les répondants angolais ont principalement choisi des personnalités littéraires angolaises, notamment Oscar Ribas (#8) et Penelas Santana (#11), mais en ont également mentionné certaines du Brésil, Augusto Cury (#8) et du Portugal, Luis Camões (#23). Bien entendu, des personnalités littéraires extérieures à l'Afrique ont également fait leur apparition dans ces listes : pour les répondants kenyans, William Shakespeare (#19) et C. S. Lewis (#38) ; pour les répondants de RCA, Albert Camus et Victor Hugo (à égalité au #14), Jean-Jacques Rousseau (#19), Émile Zola (#28) et Jean-Paul Sartre (#33). Dans les trois pays, des romanciers que nous ne considérons peut-être pas comme des personnalités littéraires ont été cités comme favoris : au Kenya, Sidney Sheldon (#15), John Grisham (#22), Francine Rivers (#32), Danielle Steele (#38), James Patterson (#41), Robert Ludlum (#58), Karen Kingsbury (#58), Dan Brown (#70) et J. K. Rowling (#70).

Un pourcentage étonnamment élevé d'auteurs préférés étaient des pasteurs et des prédicateurs ordonnés, dont beaucoup étaient des pasteurs de mégaéglises. Au Kenya, les auteurs pastoraux préférés étaient Joel Osteen (#2), John C. Maxwell (#5), Joyce Meyer (#6), Rick Warren (#6), T. D. Jakes (#8), Ellen G. White (#8), Billy Graham (#25), Kenneth Hagin (#26), John Mason (#26), Benny Hinn (#32), Max Lucado (#32), Bill Hybels (#41), Mark Finley (#58), John Hagee (#58), John Piper (#58), Juanita Bynum (#70) et Robert Schuller (#70) des États-Unis. Les favoris du Nigeria incluaient David Oyedepo (#11) et Chris Oyakhilome (#32) ; du Ghana, Dag Heward-Mills (#12) ; des Bahamas, Myles Munroe (#10) ; et de Grande-Bretagne, William Booth (#12), John Stott (#16),

Derek Prince (#45) et Charles Spurgeon (#48). Les pasteurs kenyans comprenaient John Mbiti (#26), Joe Kayo (#32) et Simon Mbevi (#48).

Les Angolais ont également identifié des pasteurs comme auteurs préférés, y compris les Angolais Augusto Chipesse (#14) et Joaquim Hatewa (#23), un prêtre catholique romain. Les écrivains pastoraux angolais préférés des États-Unis étaient John Maxwell (#3), Billy Graham (#8), Tim LaHaye (#13), Rick Warren (#14), Joyce Meyer (#17), Mike Murdock (#17), Jaime Kemp (#17) et Benny Hinn (#23). Du Brésil, on retrouve Silas Malafaia (#11), et de Grande-Bretagne, John Stott (#23).

Les répondants de RCA ont identifié les pasteurs auteurs préférés de France Alfred Kuen (#6) et Henri Blocher (#22) ; de Suisse, Jules-Marcel Nicole (#22) et René Pache (#28) ; du Cameroun, Zacharias Tanee Fomum (#3) ; de la RDC, Paul Bunga Mpindi (#6) ; de RCA, David Koudougueret (#33) ; du Nigeria, David Oyedepo (#14) et Emmanuel Eni (#33) ; de Corée du Sud, David Yonggi Cho (#20) ; de Chine, Watchman Nee (#28) ; de Grande-Bretagne, John Stott (#14), Derek Prince (#22) et Charles Spurgeon (#33) ; et des États-Unis, Billy Graham (#4), Martin Luther King Jr. (#14), Tommy Lee Osborn (#20) et Bill Bright (#33).

Pour les auteurs qui sont des pasteurs, l'affiliation confessionnelle est une variable qui a parfois influencé le choix de l'auteur préféré. Certains auteurs de référence (Billy Graham, T. D. Jakes, John Maxwell, Joyce Meyer, Myles Munroe, Joel Osteen, John Stott, Rick Warren) sont lus dans toutes les dénominations. Pour d'autres, il existe un lien beaucoup plus étroit avec une Église particulière. Ainsi, en Angola, les quatorze nominations de Luís « Aires » Samakumbi proviennent de sa propre dénomination, Igreja Evangelica Congregacional de Angola. En RCA, quatorze des quinze nominations de Silas Ali provenaient de sa propre dénomination, la Communauté des Églises Apostoliques en Centrafrique. Au Kenya, 74 % des cinquante voix d'Ellen G. White provenaient d'autres adventistes du septième jour ; 76 % des dix-sept voix de Nancy Van Pelt provenaient également d'autres adventistes du septième jour ; et les trente voix de William Booth provenaient des membres de sa propre Armée du salut. De même, au Kenya, le pasteur ghanéen Dag Heward-Mills et les pasteurs nigérians David Oyedepo et Chris Oyakhilome ont été cités en grande partie, mais pas exclusivement, par des membres de leurs propres associations d'Églises (Redeemed Gospel Church, Winner's Chapel et Christ Embassy) .

Selon J. Kwabena Asamoah-Gyadu, un éminent spécialiste du christianisme africain, dans certaines de ces grandes Églises axées sur la prospérité, les pasteurs transforment régulièrement leurs sermons en livres et s'attendent à ce que tous les dirigeants de leurs associations religieuses lisent ce qu'ils écrivent tout en décourageant parfois les adeptes de lire les écrits des autres. Dans de tels contextes, la lecture est intimement liée à un certain type de spiritualité et est fonction de la relation des gens avec leur chef spirituel, qui est censé être la médiation de la spiritualité et du succès.

Tableau 10.1. Auteurs favoris par pays

Angola	RCA	Kenya
1. António Agostinho Neto	1. Pierre Sammy Mackfoy	1. Ben Carson
2. Pepetela	2. Étienne Goyémidé	2. Joel Osteen
3. John Maxwell	3. Zacharias Tanee Fomum	3. Ngugi Wa Thiong'o
4. Rebecca Brown	4. Billy Graham	4. Chinua Achebe
5. Irmã Sofia	5. Ahmadou Kourouma	5. John C. Maxwell
6. Canguimbo Ananas	6. Alfred Kuen	6. Joyce Meyer
6. Luís « Aires » Samakumbi	6. Paul Mbunga Mpindi	6. Rick Warren
8. Augusto Cury	8. Amadou Hampâté Bâ	8. T. D. Jakes
8. Billy Graham	8. Camara Laye	8. Ellen G. White
8. Oscar Ribas	8. Ousmane Sembène	10. Myles Munroe
11. Silas Malafaia	11. Silas Ali	11. David Oyedepo
11. Penelas Santana	12. Léopold Sédar Senghor	12. William Booth
13. Tim LaHaye	13. Aimé Fernand David Césaire	12. Dag Heward-Mills
14. Augusto Chipesse	14. Albert Camus	14. Wallah Bin Wallah
14. Rick Warren	14. Victor Hugo	15. Sidney Sheldon
14. Wanhenga Xitu	14. Martin Luther King	16. John Stott
17. Bambila (Manuel Simão)	14. David Oyedepo	17. Nancy Van Pelt
17. Jaime Kemp	14. John Stott	17. Ken Walibora
17. Fritz Laubach	19. Jean-Jacques Rousseau	19. William Shakespeare
17. Lor Mbongo	20. David Yonggi Cho	20. John Kiriamiti
17. Joyce Meyer	20. Tommy Lee Osborn	21. Said Ahmed Mohammed
17. Mike Murdock		

Ce que le principal dirigeant écrit est parfois considéré comme une « parole magique ». En lisant cette parole, les disciples « reçoivent l'onction[7] ».

LES HABITUDES DE LECTURE DANS UNE SOCIÉTÉ MONDIALISÉE

L'une des observations les plus évidentes à partir des données sur les auteurs de livres et leurs lecteurs est que nous évoluons dans une société mondialisée. Le tableau 10.2 fournit des informations sur le pourcentage de lecteurs dans chacun des trois pays (Angola, RCA, Kenya) qui ont identifié un auteur préféré provenant de pays spécifiques du monde et indique les langues nationales des pays d'origine des auteurs.

Les observations suivantes sont fondées sur le tableau 10.2 :

1. Les chrétiens africains lisent et apprécient les auteurs du monde entier. Alors qu'une légère majorité (57 %) des Angolais a un auteur préféré qui est angolais, seuls 26 % des personnes interrogées en RCA identifient un auteur préféré de RCA et seulement 19 % des Kenyans préfèrent un auteur kenyan.

2. La langue affecte les flux mondiaux d'influence par l'écriture. Au total, 98 % des Kenyans identifient un auteur préféré dans un pays où l'anglais est la langue nationale, mais il convient de noter que certains auteurs kenyans préférés écrivent à la fois en anglais et en swahili (comme Ngugi Wa Thiong'o). En RCA, 79 % des personnes interrogées nomment un auteur d'un pays où le français est une langue nationale, et en Angola, 67 % nomment un auteur d'une nation où le portugais est la langue nationale. Les auteurs anglophones semblent avoir un avantage concernant la traduction de leurs œuvres, étant donné que les livres anglais ont été traduits en portugais ou en français et lus en Angola et en RCA plus fréquemment que les auteurs de langue française ou portugaise sont traduits et lus en anglais par les Kenyans.

3. Le nombre d'auteurs favoris originaires des États-Unis est important dans tous les pays, avec 12 % en RCA, 29 % en Angola et 56 % au Kenya.

4. Les écrits d'auteurs africains suscitent un vif intérêt. 59 % des Angolais, 60 % des personnes interrogées en RCA et 33 % des Kenyans identifient un auteur préféré qui est africain.

LES CONTEXTES DES LIVRES DES AUTEURS PRÉFÉRÉS

Si l'on examine les livres écrits par les auteurs préférés, certains sont des romans situés dans des contextes africains, tels que *Le monde s'effondre* de Chinua Achebe, *The Concubine* d'Elechi Amadi, *Les bouts de bois de Dieu* d'Ousmane Sembène et *The River Between* de Ngugi Wa Thiong'o.

---

[7] Communication personnelle, 22 juin 2014.

Tableau 10.2. Pourcentages de lecteurs citant des auteurs
préférés en fonction de leur pays d'origine

Langue nationale	Nationalité des auteurs	Langues des auteurs	Favoris du Kenya	Favoris de RCA	Favoris d'Angola
Anglais	Bahamas	Anglais	2,8 %	—	—
	Canada	Anglais	0,3 %	—	—
	Ghana	Anglais	2,0 %	—	—
	Kenya	Anglais / Swahili	19,2 %	—	—
	Nigeria	Anglais	9,7 %	2,6 %	—
	Afrique du Sud	Anglais	0,2 %	—	—
	Tanzanie	Anglais / Swahili	1,1 %	—	—
	Royaume-Uni	Anglais	6,8 %	3,7 %	1,1 %
	États-Unis	Anglais	56,4 %	11,6 %	29,4 %
Français	Cameroun	Français	—	6,6 %	—
	République centrafricaine	Français	—	26 %	—
	Côte d'Ivoire	Français	—	5,7 %	—
	République démocratique du Congo	Français	0,5 %	4,4 %	1,4 %
	France	Français	—	15,5 %	—
	Guinée	Français	—	4,4 %	—
	Mali	Français	—	3,8 %	—
	Martinique	Français	—	3,6 %	—
	Sénégal	Français	—	6,8 %	—
	Suisse	Français	—	2,0 %	—
Portugais	Angola	Portugais	—	—	57,4 %
	Brésil	Portugais	0,3 %	—	8,2 %
	Portugal	Portugais	—	—	1,1 %
Autre	Chine	Chinois	0,3 %	0,9 %	—
	Allemagne	Allemand	0,5 %	0,7 %	1,4 %
	Coré du Sud	Coréen	—	1,5 %	—

D'autres sont des romans écrits par des non-Africains et sans contexte africain, tels que *The Firm* de John Grisham, *The Bourne Identity* de Robert Ludlum et *Nothing Lasts Forever* de Sidney Sheldon.

De nombreux auteurs préférés écrivent des livres pratiques sur la réussite financière, tels que *Think and Grow Rich* de Napoleon Hill ou *Rich Dad, Poor Dad* de Robert Kiyosaki. Dans l'ordre socioéconomique en évolution rapide de nos répondants, avec des schémas sociaux radicalement nouveaux qui façonnent de nouveaux modèles de richesse et de pauvreté, les répondants sont manifestement très soucieux de comprendre comment évoluer avec succès dans ce monde. Bien sûr, le fort intérêt pour la théologie de la prospérité que certains des auteurs illustrent (T. D. Jakes, Joyce Meyer, Joel Osteen) soulève d'importantes questions. La question est de savoir si la préoccupation des gens pour l'épanouissement dans le monde moderne est informée et guidée par une sagesse théologique qui contribue vraiment à un épanouissement humain sain.

D'autres auteurs préférés écrivent des livres de développement personnel. Il s'agit notamment de *The Seven Habits of Highly Effective People* de Stephen Covey ; *An Enemy Called Average* de John Manson ; *New Day, New You* de Joyce Meyer ; *Inspired for Destiny* de Pepe Minambo ; *You Were Born to Be an Answer to Your Generation* d'Erick Opingo ; *Your Best Life Now. Seven Steps to Living Your Full Potential* de Joel Osteen ; *The Greatness Guide* de Robin Sharma et *The Purpose Driven Life* de Rick Warren. Divers auteurs préférés écrivent des livres fournissant des conseils pour devenir un leader efficace, tels que *Courageous Leadership* de Bill Hybels ; *The Twenty-one Irrefutable Laws of Leadership* de John Maxwell et *Becoming a Leader* de Myles Munroe. Là encore, il n'est pas étonnant que les auteurs qui écrivent sur le leadership soient attrayants, dans un monde qui évolue rapidement, dans les régions où le taux de croissance du christianisme a dépassé le nombre de leaders matures, et où beaucoup de nos répondants occupent des postes de direction dans l'Église et la société.

De nombreux auteurs préférés s'adressent particulièrement aux femmes, comme *The Confident Woman* de Joyce Meyer ou *Woman, Thou Art Loosed* de T. D. Jakes. D'autres s'adressent spécifiquement aux hommes, tels que *Understanding the Purpose and Power of a Man* de Myles Munroe et *Dad Is Destiny* de Simon Mbevi. Les dynamiques familiales sont également souvent présentées par des auteurs préférés, tels que *Dare to Discipline* de James Dobson ; *Point Man. How a Man Can Lead a Family* de Steve Farrar ou *The Power of a Praying Wife* de Stormie Omartian. Le mariage apparaît comme un thème fréquent, avec notamment *Highly Effective Marriage* de Nancy Van Pelt.

Alors que 42 % de nos répondants kenyans étaient des femmes, seuls 12 % d'entre eux ont désigné un auteur préféré de sexe féminin, 19 % des femmes ayant désigné un auteur féminin et seulement 7 % des hommes. De nombreux auteurs favoris ont été désignés principalement par des femmes :

Karen Kingsbury (100 %), Francine Rivers (100 %), Stormie Omartian (100 %), Rebecca Brown (75 %) et Joyce Meyer (71 %). Dans ces cas, le genre des auteurs nommés est en lien avec le genre des répondants[8]. Cependant, il est également vrai que les femmes ont cité à des proportions élevées comme auteurs préférés des hommes ou des femmes qui écrivent sur des réalités pour les femmes. Les femmes ont indiqué peu ou pas d'auteurs préférés parmi les nombreux prédicateurs masculins – Benny Hinn (0 %), Reinhard Bonnke (0 %), John Piper (0 %), John Stott (15 %), John Maxwell (17 %), Billy Graham (18 %), Chris Oyakilome (20 %), Myles Munroe (24 %). Cependant, elles constituaient une forte proportion de ceux qui désignaient d'autres prédicateurs masculins : Joel Osteen (58 %), Dag Heward-Mills (50 %), Max Lucado (50 %), T. D. Jakes (48 %). Certains de ces auteurs abordent les réalités liées aux femmes. Dans nos entretiens avec des femmes dirigeantes, celles-ci ont souvent cité des auteurs féminins qu'elles appréciaient. Par exemple, Mme Nelly Owilla, enseignante et aumônier d'école au Kenya, a cité quatre auteurs préférés féminins, Margaret Ogolla, Grace Ogot, Carol Mandi et Terresia Wairimu, et trois auteurs masculins, Reinhardt Bonke, Joel Osteen et Chinua Achebe. La femme pasteur angolaise Adelaide Catahna déclare avoir été particulièrement touchée par Women at the Top de Diane Halpern et Fanny Cheung.

Dans les livres d'auteurs religieux et non religieux, les thèmes du pouvoir, de la réussite et de l'épanouissement de l'être humain apparaissent sans cesse sur fond de lutte contre une enfance douloureuse, la pauvreté et les défis de la vie moderne. Les exemples de réussite sur une telle toile de fond sont particulièrement attrayants, tels que le favori kenyan, Ben Carson. Une grande partie de ces auteurs, en dehors de leurs écrits, ont réussi et/ou sont célèbres dans un domaine de la vie. Certains, tels que les pasteurs de l'évangile de prospérité nigérians David Oyedepo de la Winner's Chapel et Chris Oyakhilome de Christ's Embassy, sont extrêmement riches[9].

LES AUTEURS CHRÉTIENS PRÉFÉRÉS

La prédominance des prédicateurs influents, en particulier les pasteurs de mégaéglises, parmi les auteurs préférés, mérite une attention particulière. Pour les Angolais, cela inclut John Maxwell, Billy Graham et Rick Warren ; pour les répondants de RCA, David Yonggi Cho et David Oyedepo ; et pour les Kenyans, Joel Osteen, T. D. Jakes, Myles Munroe, Chris Oyokhilome, Robert Schuller, Rick Warren et Dag Heward-Mills. Près d'un tiers des répondants centrafricains et angolais et la moitié des Kenyans ont identifié un prédicateur/pasteur comme leur auteur préféré. Cela s'explique

---

[8] $X2(1, N=1465) = 47,33, p<.001$.
[9] La valeur nette d'Oyedepo a été estimée à 150 millions de dollars américains et celle d'Oyakhilome à 30 à 50 millions de dollars américains (Mfonobong Nsehe [contributeur], « The Five Richest Pastors in Nigeria », Forbes, 7 juin 2011).

sans doute en partie par le fait que la base institutionnelle de ces individus, parfois dans une grande mégaéglise, et souvent avec une présence à la télévision, les positionne comme des personnes ayant réussi et donc dignes que l'on apprenne d'elles. Cependant, contrairement aux professeurs de théologie, qui ont tendance à enseigner et à écrire en fonction de critères académiques, les pasteurs qui ont réussi ont atteint leur position grâce à leur capacité à s'adresser à un large public. De plus, la structure même de la mégaéglise en tant que phénomène moderne implique une concentration de ressources et un accès à un large public. Ces facteurs donnent au pasteur de la mégaéglise une plateforme de lancement idéale pour le succès de l'édition.

Au Kenya, l'affiliation confessionnelle était fortement liée au fait que l'auteur préféré de la personne interrogée soit africain ou non. Les catholiques romains étaient presque deux fois plus susceptibles de citer un auteur favori originaire d'Afrique que d'ailleurs. En revanche, les anglicans, les membres de l'African Inland Church et les pentecôtistes étaient plus que susceptibles de citer un auteur favori non africain.

Un résultat notable de notre recherche est qu'une proportion significative de répondants a identifié un auteur préféré qui écrit explicitement avec une voix/un point de vue chrétien. 38 % des personnes interrogées en RCA, 53 % des personnes interrogées en Angola et 65 % des personnes interrogées au Kenya ont identifié un auteur favori dont les écrits sont explicitement chrétiens.

Cependant, les auteurs qu'ils identifient comme favoris sont beaucoup plus susceptibles d'être chrétiens s'ils sont américains que s'ils sont africains[10]. Lorsque les personnes interrogées identifient un auteur favori des États-Unis – dans 88 % des cas au Kenya, 94 % des cas en RCA et 100 % des cas en Angola – cet auteur est explicitement chrétien. Cependant, lorsqu'ils désignent un auteur favori de leur propre pays, ils ne sont explicitement chrétiens que dans 27 % des cas en Angola, 3 % en RCA et 11 % au Kenya.

Dans notre enquête, nous avons constaté que les chrétiens africains lisent relativement peu d'auteurs qui ne sont ni africains ni chrétiens (9,7 %). En d'autres termes, nos répondants ne lisent pas beaucoup d'auteurs européens et américains qui écrivent dans un langage séculier. Ils ont identifié un pourcentage élevé de leurs auteurs favoris comme étant africains (41,6 %) et un pourcentage élevé comme étant chrétiens (58,2 %). Cependant, le

---

[10] En RCA, lorsqu'un auteur d'un pays non africain est désigné comme favori, il est chrétien dans 63 % des cas, mais lorsqu'un auteur d'une nation africaine est désigné, il n'est chrétien que dans 22 % des cas. En Angola, lorsqu'un auteur d'un pays non africain est désigné comme favori, il est chrétien dans 87 % des cas, mais lorsqu'un auteur d'une nation africaine est désigné, il n'est explicitement chrétien que dans 29 % des cas. Au Kenya, lorsqu'un auteur d'un pays non africain est désigné comme favori, il est chrétien dans 87 % des cas, mais lorsqu'un auteur d'une nation africaine est désigné, il n'est explicitement chrétien que dans 21 % des cas.

degré de recoupement entre les deux était faible, avec relativement peu de répondants (9,5 %) identifiant des auteurs favoris qui étaient à la fois africains et chrétiens.

LE BESOIN D'AUTEURS CHRÉTIENS AFRICAINS

Si Tim Stafford a raison lorsqu'il affirme que la force d'une « église nationale est directement proportionnelle à la force de son corpus de littérature chrétienne locale » (cité dans Jewell, 2009), alors cette situation devrait être un sujet de préoccupation. Le poète sénégalais Birago Diop a soutenu que « la vérité dépend non seulement de qui écoute, mais aussi de qui parle » (cité dans Julien, 2014, p. 209). Si nous comprenons que Diop écrit sur la plausibilité subjective et la pertinence de la vérité, alors celui qui parle (et écrit) est aussi important que celui qui écoute (et lit) si les lecteurs doivent saisir, apprécier et appliquer de manière significative toute vérité articulée à leurs vies. À maintes reprises, les dirigeants chrétiens africains que nous avons interrogés ont signalé leur mécontentement face à la disponibilité limitée de publications de qualité d'auteurs chrétiens africains. Ces dirigeants ont souvent mentionné à la fois l'étendue de leurs lectures et leur préférence déclarée pour les auteurs africains. Par

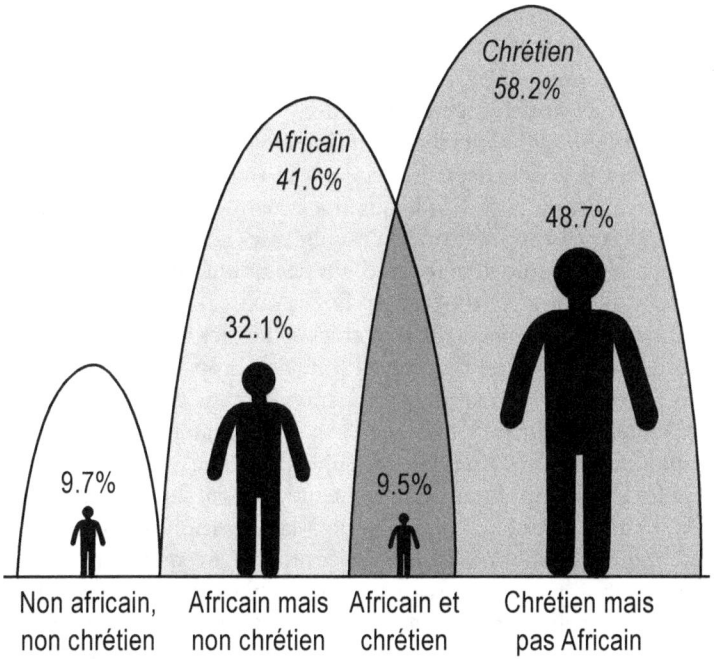

Figure 10.1. Identité des auteurs favoris des Africains chrétiens

exemple, le Dr David Koudougueret, de la République centrafricaine, lit de la littérature « africaine », « asiatique » et « américaine », mais déclare être plus attiré par les livres d'« auteurs africains parce qu'ils expriment les réalités africaines ». Le responsable de dénomination René Malépou appelle les théologiens africains à laisser un héritage non pas de « vieilles voitures ou maisons », mais de « livres à lire » – ce dont il pense que l'Église africaine a besoin. Les principales organisations africaines identifiées et examinées dans le cadre de notre enquête ont parfois souligné cette valeur. Par exemple, dans le plan stratégique de 2012 de l'Angolan Instituto Superior de Teologia Evangélica de Lubango, le manque de disponibilité de littérature contextuelle est identifié comme une menace importante pour une éducation théologique saine. La solution proposée était « d'inciter les théologiens angolais à écrire des articles et des livres » ; de « promouvoir un atelier sur la façon d'écrire des livres » ; et de traduire et de publier des ouvrages qui portent sur les contextes africains en portugais, afin de les rendre disponibles en Angola.

De nombreux dirigeants chrétiens que nous avons interrogés ont indiqué que d'autres les avaient encouragés à écrire, pensant que leurs histoires seraient intéressantes ou que leur sagesse dans leur contexte serait plus utile que ce qui était écrit par des étrangers. Beaucoup avaient écrit des thèses ou des dissertations. D'autres (tels que Alice Kirambi, directrice exécutive de Christian Partners Development Agency) avaient rédigé des propositions ou des rapports pour des donateurs. Certains, tels que Cosmas Maina, avaient préparé des brochures à copier et à distribuer, ou avaient mis leurs écrits en ligne. Plusieurs ont déclaré des manuscrits non publiés. Cependant, relativement peu avaient publié, et ce qui a été publié ne semble pas avoir été largement diffusé.

Un bon nombre des hauts dirigeants interrogés ont fait part de leur désir d'écrire et ont pris des dispositions dans ce sens, mais ils ont également exprimé une certaine incertitude quant à la manière de procéder. Le général kenyan Kianga rapporte que de nombreuses personnes l'ont approché pour écrire ses mémoires, mais qu'il n'a pas donné son accord, bien qu'il y « pense ». Il s'inquiète du fait qu'il n'a jamais tenu de journal et qu'il ne serait donc pas en mesure d'être précis ou exact. En outre, la loi sur la sécurité du Kenya limiterait ce qu'il pourrait rapporter. L'évêque Bosco (Kenya) rapporte qu'il a commencé à travailler sur cinq livres différents. Des personnes lui ont proposé leur aide, et il a rassemblé du matériel bibliographique, mais il n'a pas encore publié. Il estime que les contraintes de temps et les restrictions financières limitent les possibilités. Dans le meilleur des cas, il aimerait obtenir une tribune à la télévision. Il souhaite consacrer les quinze prochaines années à l'écriture. L'évêque Maisha (Kenya) rapporte qu'il prépare un bureau avec une bibliothèque où figureront des personnes clés et des auteurs que Dieu a utilisés en Afrique dans différents domaines et qu'il aimerait commencer à écrire. Il aimerait raconter son histoire, mais aussi écrire sur l'expérience et les défis du développement d'un ministère réussi. Il met actuellement la dernière main aux plans d'organisation et d'enregistrement d'un magazine à Nairobi.

Le pasteur Oscar Muriu (Kenya) a exprimé le désir, dans la « troisième saison » de sa vie, d'être un sage et d'être disponible « pour la jeune génération, mais pas nécessairement face à face ou physiquement, mais plus dans le sens où je peux écrire. [...] Je peux être disponible et accessible pour eux, mais je ne suis pas celui qui court partout ». Cependant, il dit lutter avec l'écriture, avec les activités, avec le sentiment d'être incompétent, avec l'impression qu'il pense mieux en parlant dans un contexte social (plutôt qu'en s'isolant pour écrire), et avec les questions qu'il se pose concernant la manière dont il pourrait travailler avec d'autres pour que ses idées soient publiées. Patrick Nyachogo, un écologiste et chef d'entreprise kenyan de 26 ans, a publié des articles en ligne et écrit un « livre de développement personnel fondé sur la vie biblique de Joseph » destiné à combler le fossé entre l'obtention d'un diplôme et le premier emploi. Il n'a pas été précisé s'il avait trouvé un éditeur. La professeure Eunice Chiquete d'Angola prévoit d'écrire un livre prenant appui sur des conversations avec des filles et orienté vers les réalités de la vie des filles et des femmes. Cependant, elle ne sait pas qui le publiera. Isaac Mutua, un Kenyan de 42 ans qui enseigne l'éducation sexuelle (et le VIH/SIDA) dans les écoles kenyanes, a reçu le plus grand nombre de nominations pour le titre de leader non religieux le plus influent du Kenya. Il avait rédigé ses cours d'éducation sexuelle et en avait partagé une partie avec notre équipe de recherche, mais il est clair qu'il n'avait guère d'idées sur la manière d'explorer les possibilités de publication.

Certains leaders chrétiens clés identifiés dans notre recherche ont publié des articles et/ou des livres. Le professeur Nestor Mamadou Nali de RCA a publié plus d'une centaine de rapports médicaux. Mme Marie Paule Balezou de RCA, une femme d'affaires prospère, a écrit un livre qui a été largement diffusé en RCA, bien qu'il ait été par la suite retiré de la circulation à cause d'erreurs et nécessités de corrections. La Dr Esther Mombo, du Kenya, a publié de nombreux articles théologiques et un livre portant sur les réalités africaines contemporaines. Simon Mbevi, fondateur et directeur de Transform Kenya, a publié plusieurs livres sur la prière, la pureté sexuelle, les garçons et le fait d'être un bon père. Le pasteur Dinis Eurico a publié un livre au Brésil et a plusieurs autres manuscrits achevés qui n'ont pas encore été publiés. Il s'agit toutefois d'exceptions, et non de la règle.

À maintes reprises, les principaux dirigeants ont exprimé le désir d'avoir davantage d'écrits de dirigeants chrétiens africains pertinents pour « une utilisation quotidienne à la maison, à l'école ou à l'église » (Mugambi, 2013, p. 110). Plusieurs des organisations que nous avons étudiées ont formellement affirmé l'importance d'améliorer la quantité et la qualité des écrits chrétiens africains. FOCUS Kenya, un mouvement étudiant national, a déclaré avoir récemment créé un département de recherche et de publication, et a indiqué qu'il aimerait devenir « un éditeur comme

InterVarsity Press ». Cependant, les ressources nécessaires à cette fin ne sont pas encore disponibles.

Ainsi, nos recherches démontrent une lacune. Même si une forte proportion de chrétiens africains a cité un auteur préféré qui était africain, et qu'une grande proportion de chrétiens africains a cité un auteur préféré qui était chrétien, dans notre enquête, seul un petit pourcentage de chrétiens africains a cité un auteur préféré qui était à la fois africain et chrétien. Cela mérite un sérieux examen. Quels sont les facteurs qui contribuent à cela ?

LES FACTEURS QUI CONTRIBUENT À CES HABITUDES DE LECTURE

Le premier facteur est le rôle central du secteur de l'éducation dans la vente et l'exposition des livres. L'une des influences sur ce que les Africains lisent, et donc sur leur sélection d'auteurs favoris, est tout naturellement leur système éducatif national (Chakava, 1996). Au Kenya, par exemple, depuis 2004, le Kenya Institute of Education (aujourd'hui Kenya Institute of Curriculum Development) a spécifié les livres recommandés pour les écoles kenyanes, et de nombreux auteurs favoris proviennent de cette liste de livres approuvés. Les livres *Gifted Hands* et *Think Big* de Ben Carson sont sur cette liste, ce qui a sans aucun doute influencé le choix de Carson comme premier auteur préféré au Kenya. Quatre livres du Kenyan Ngugi Wa Thiong'o (#3) sont approuvés, dont l'un en swahili. Cinq des livres du Nigérian Chinua Achebe (#4) sont sur la liste ; sept de Wallah Bin Wallah (#14), en swahili ; onze de Ken Walibora (#17), dix d'entre eux en swahili ; un de William Shakespeare (#19), quatorze de Said Ahmed Mohammed (#20), tous en swahili ; un de Francis Imbuga (#30) ; un de Elechi Amadi (#45) ; trois de Kithaka Wa Mberia (#48) ; un de Ali Mazrui (#58), un de Shellomith Nderitu (#58) et quatre de Marjorie Oludhe Macgoye (#70). La majorité des auteurs désignés sont africains. De toute évidence, le fait que les écoles kenyanes attribuent ces auteurs contribue à leur succès économique en tant qu'auteurs et expose également leur travail à un large public, influençant ainsi la probabilité que les gens les choisissent comme auteurs préférés. Les jeunes répondants étaient beaucoup plus susceptibles de choisir l'un de ces auteurs approuvés par l'éducation que les répondants plus âgés[11]. De même, les livres attribués dans les écoles publiques angolaises sont écrits par les auteurs préférés António Agostinho Neto (#1), Pepetela (#2), Oscar Ribas (#8) et Wanhenga Xitu (#14). Et les livres attribués dans les écoles publiques de RCA sont écrits par les auteurs préférés Pierre Sammy Mackfoy (#1), Étienne Goyémidé (#2), Ahmadou Kourouma (#5), Camara Laye (# 8), Amadou Hampâté Bâ (#8), Ousmane Sembène (#8), Léopold Sédar Sen-

---

[11] $T(3706) = 7{,}79$, $p < .001$.

Tableau 10.3. Quinze auteurs préférés classés par
ordre de présence dans les bibliothèques

1.	John Stott
2.	Andrew Murray*
3.	Billy Graham
4.	James Dobson
5.	C. S. Lewis
6.	Charles Spurgeon
7.	Tim LaHaye
8.	John Piper
9.	Watchman Nee
10.	Philip Yancey
11.	John Mbiti
12.	Max Lucado
13.	John C. Maxwell
14.	Bill Hybels
15.	Derek Prince

* Bien qu'Andrew Murray soit sud-africain, nous le considérons, pour les besoins de ce chapitre, comme faisant partie du monde européen

ghor (#12), Aimé Fernand David Césaire (#13), Albert Camus (# 14), Victor Hugo (#14) et Jean-Jacques Rousseau (#19).

Les établissements d'enseignement chrétiens ne fonctionnent pas avec une liste comparable d'auteurs agréés. Cependant, ils signalent quels auteurs sont jugés importants par d'autres moyens, par exemple par le choix des livres stockés dans les bibliothèques théologiques. Nous avons donc examiné les fonds de bibliothèque de cinq universités ou institutions théologiques chrétiennes clés au Kenya (Africa International University, Daystar University, International Leadership University, Pan African University, St. Paul's University), afin d'explorer dans quelle mesure elles stockaient des livres écrits par des auteurs qui figurent sur notre liste. Les quinze auteurs suivants, dans l'ordre, sont les auteurs de notre liste les plus présents dans ces bibliothèques. Tous les quinze sont chrétiens[12].

Les auteurs évangéliques européens et américains les plus connus y occupent une place centrale. Le seul chrétien africain à figurer dans cette liste des quinze premiers est John Mbiti (#11). D'autres écrivains chrétiens

---

[12] Nous avons pris le nombre de titres séparés de chaque auteur dans chaque bibliothèque et nous les avons additionnés pour obtenir un nombre final par auteur dans les cinq bibliothèques.

africains favoris étaient soit complètement absents de ces bibliothèques (tels que Joe Kayo, Chris Oyakhilome, David Oyedepo), soit ne possédaient qu'un seul livre dans une bibliothèque (Dag Heward-Mills) ou dans deux (Simon Mbevi). Selon Phiri et Werner (2013, p. xxix), il est courant à travers l'Afrique que les bibliothèques des institutions théologiques soient « pleines de livres donnés par le monde occidental qui abordent des questions théologiques contextuelles émanant d'autres contextes et que l'Église africaine elle-même ne se pose pas ». Étant donné que les bibliothèques des écoles de théologie et des universités chrétiennes au Kenya, comme ailleurs, sont coûteuses à approvisionner et dépendent donc largement des dons de particuliers et d'organisations non africaines (tels que le Theological Book Network), il n'est pas étonnant que les critères des donateurs influencent le processus d'acquisition et que, dans de nombreux cas, les auteurs étrangers eux-mêmes apportent leurs propres livres aux bibliothèques. L'association Langham Partnership, fondée par John Stott, contribue aux acquisitions des bibliothèques des institutions théologiques en Afrique au moyen d'une subvention annuelle. Il n'est pas surprenant que les livres de John Stott apparaissent dans ces bibliothèques plus fréquemment que n'importe quel autre auteur de notre liste. De plus, si les critères des donateurs influencent les acquisitions, il est logique que les fonds des bibliothèques aient une incidence sur les auteurs que les étudiants en théologie et les chrétiens africains formés à l'université connaissent[13]. Lorsque les pasteurs africains qui ont étudié dans de telles écoles s'inspirent des livres qu'ils ont lus et y font référence, il faut s'attendre à ce qu'il s'agisse souvent de livres d'auteurs chrétiens non africains.

La principale façon dont nos répondants ont été exposés aux auteurs africains a été par le biais des systèmes éducatifs nationaux de l'Angola, de la RCA et du Kenya, qui avaient des programmes d'études qui exigeaient et priorisaient la lecture de ces auteurs. Cette exigence signifiait que les livres de ces auteurs se vendaient largement. Cela a également permis aux gens d'apprendre à les apprécier. L'une des raisons pour lesquelles les répondants étaient moins susceptibles de choisir les auteurs chrétiens préférés qui étaient africains est que le programme et les bibliothèques des institutions éducatives chrétiennes fournissent un soutien moins prioritaire aux auteurs africains et moins d'exposition aux auteurs africains que les écoles nationales.

Parce que nous étions également intéressés par la vente de livres à Nairobi, nous avons examiné six librairies chrétiennes (deux magasins Keswick, un New Day, un de Scripture Union et deux magasins Wakestar), trois

---

[13] À Africa International University (AIU), la librairie du campus avait des livres des auteurs suivants sur notre liste : Charles Spurgeon – 15 titres ; John Piper – 7 titres ; John Stott – 5 titres ; Bill Hybels – 2 titres ; John C. Maxwell – 2 titres ; et Max Lucado et Andrew Murray – 1 titre chacun. Il serait intéressant d'examiner les programmes de ces écoles pour voir quels auteurs de notre liste apparaissent comme lectures recommandées.

vendeurs de livres commerciaux non religieux (Nakumat, Uchumi Hyper et Textbook Central Ltd[14]), et un grand nombre de vendeurs ambulants, afin de déterminer les quinze auteurs dont les livres sont les plus présents dans chacune de ces trois catégories de points de vente (voir tableau 10.4).

Le tableau 10.4 est intéressant tant pour ce qui est absent que pour ce qui est exposé. Les trois catégories sont dominées par la présence de Joyce Meyer, T. D. Jakes, Myles Munroe et Joel Osteen – pasteurs de mégaéglises et/ou personnalités de la télévision, tous charismatiques et/ou pentecôtistes, et tous non africains. Aucun de ces quatre n'apparaît dans la liste des quatorze premiers de la liste des bibliothèques. Il convient également de noter que John Stott, l'auteur numéro un présent dans les bibliothèques de théologie, ne figure dans aucune des listes des quatorze premières librairies. Nous n'avons trouvé aucun des livres de Stott en vente chez les vendeurs de rue.

Dans la liste des librairies chrétiennes, le pasteur ghanéen de la mégaéglise Dag Heward-Mills (n° 6) était le seul auteur africain dans les quinze premiers ; Simon Mbevi était n° 30. Aucun autre auteur chrétien africain de notre liste n'était présent dans aucune des librairies chrétiennes. Parmi les librairies commerciales, aucun auteur chrétien africain ne faisait partie des quinze premiers, et Heward-Mills était le seul auteur chrétien africain de notre liste qui avait un seul livre dans un magasin. En ce qui concerne les vendeurs ambulants, si aucun de nos auteurs chrétiens africains ne figure dans le top 15, plusieurs d'entre eux y vendent des livres (Heward-Mills, Kayo, Oyakhilome, Oyedepo).

Outre le classement dans les bibliothèques et les librairies, la visibilité et la publicité à la radio et à la télévision influencent également les résultats en matière d'exposition et de lecture des livres. Prenons le rôle de la télévision chrétienne au Kenya. Une lecture attentive de la chaîne de télévision Family TV montre qu'une grande partie de la programmation est chrétienne. Cependant, en examinant la programmation de la semaine du 19 mai 2014, on constate que les personnalités religieuses américaines occupent une place centrale. Joel Osteen (n° 2) était à l'honneur le dimanche à 9 heures et à 19 heures, ainsi que le samedi à 13 h 30, et en début de matinée le lundi et le vendredi. Joyce Meyer (n° 6) était présente à 10 h 30 et 22 h 30 du lundi au vendredi, et le dimanche après-midi à 16 heures. T. D. Jakes (n° 8) était présent à 12 heures le samedi, à 14 h 30 le jeudi, et tôt le matin les autres jours de la semaine. Billy Graham (n° 25) était présent à 5 heures et à 10 h 30 le dimanche matin. Benny Hinn (n° 32) était présent du lundi au vendredi à 15 h 30. Max Lucado (n° 32) était présent à 12 h 30 le mercredi. John Hagee (n° 58) est apparu à 19 heures du lundi au vendredi et à 11 h 30 le dimanche. Robert Schuller (n° 70) est apparu le dimanche à 4 heures du matin. Aucune personnalité religieuse

---

[14] Nakumat et Uchumi sont de grandes chaînes de grands magasins (avec respectivement trente-quatre et vingt-huit succursales) au Kenya, et chacune a une grande section de livres.

kenyane n'est apparue dans une émission régulière, et une seule autre personnalité africaine, le pasteur nigérian de la mégaéglise Chris Oyakhilome (n° 32), est apparu dans la grille de programmation, le lundi à 19 h 30 et le mercredi à 14 heures.

On peut aussi envisager la radio, où certains des mêmes auteurs sont omniprésents. Une station de radio de Nairobi (Hope FM) propose un programme de critique de livres, où les livres des auteurs suivants de notre liste en dehors de l'Afrique ont été recensés : Reinhard Bonnke, Juanita Bynum, Ben Carson, Morris Cerrulo, Stephen Covey, James Dobson, Billy Graham, John Hagee, Bill Hybels, T. D. Jakes, C. S. Lewis, Max Lucado, John Maxwell, Joyce Meyer, Myles Munroe, Stormie Omartian, Joel Osteen, Derek Prince, John Stott, Rick Warren et Philip Yancey. D'après un membre du personnel de Hope FM, les auteurs africains Simon Mbevi et David Oyedepo de notre liste ont également été recensés. Cependant, les frais facturés à l'auteur ou à l'éditeur pour une heure de critique de livre sont élevés[15]. Un tel coût est inaccessible pour l'auteur africain ordinaire.

Tableau 10.4. Les quinze meilleurs auteurs préférés classés par présence en librairie

Librairies chrétiennes	Autres vendeurs de livres	Vendeurs de livres ambulants
1. Joyce Meyer	1. Joyce Meyer	1. Joyce Meyer
2. T. D. Jakes	2. T. D. Jakes	2. T. D. Jakes
3. John C. Maxwell	3. Myles Munroe	3. Myles Munroe
4. Myles Munroe	4. Joel Osteen	4. C. S. Lewis
5. Karen Kingsbury	5. Robert H. Schuller	5. Tim LaHaye
6. Dag Heward-Mills	6. Stormie Omartian	6. Robert H. Schuller
7. Francine Rivers	7. John C. Maxwell	7. James Dobson
8. James Dobson	8. Ben Carson	8. Benny Hinn
9. Joel Osteen	9. James Dobson	9. Karen Kingsbury
10. Derek Prince	10. Rebecca Brown	10. John C. Maxwell
11. Kenneth Hagin	11. Steve Farrar	11. Joel Osteen
12. John Mason	12. Billy Graham	12. Stormie Omartian
13. Max Lucado	13. Karen Kingsbury	13. Ben Carson
14. Andrew Murray	14. John Mason	14. Billy Graham
15. Stormie Omartian	15. Francine Rivers	15. Francine Rivers

---

[15] Si l'auteur est présent dans le studio pour parler de son livre, le coût est de 330 $ US ; si le livre est discuté en l'absence de l'auteur, le coût est de 200 $ US (Kirimi Barine).

Si, par conséquent, nous devons identifier certains des facteurs clés qui contribuent à une situation où les écrivains africains ont fourni un grand nombre d'œuvres littéraires africaines qui ne sont pas explicitement chrétiennes, mais où un christianisme africain par ailleurs dynamique n'a pas produit la littérature que les chrétiens africains semblent désirer et dont ils ont besoin, voici les dynamiques fondamentales à garder à l'esprit.

1. L'édition et la commercialisation sont coûteuses et nécessitent des ressources économiques adéquates. La plupart des chrétiens africains vivent dans des contextes socioéconomiques très différents de ceux auxquels sont confrontés les chrétiens d'Amérique du Nord, d'Europe et de certaines régions d'Asie. Les modèles actuels du marché financier mondial liés à l'édition chrétienne vont à l'encontre de l'épanouissement des auteurs chrétiens africains. Des efforts délibérés sont nécessaires pour y remédier.

2. Bien qu'un milliard de personnes vivent en Afrique, ce qui représente un marché potentiel important, ces personnes sont réparties sur une zone géographique énorme et sont divisées par de nombreuses frontières politiques et linguistiques – une proportion importante étant analphabète. Les aspirants écrivains de RCA travaillent dans un pays géographiquement vaste, doté d'une infrastructure de transport médiocre et d'une petite population de 4,5 millions d'habitants, dont beaucoup sont analphabètes ou parlent des langues différentes. Contrairement aux aspirants écrivains américains, qui disposent d'un marché ouvert de plus de 300 millions d'Américains parlant une seule langue, les auteurs de RCA se heurtent à des barrières linguistiques, géographiques et politiques, ainsi qu'à des réalités démographiques qui vont à l'encontre d'une large diffusion de leurs œuvres. Les aspirants écrivains chrétiens angolais, avec un marché de 21 millions d'Angolais, sont isolés par les frontières politiques et la langue de tous leurs voisins proches et se trouvent dans un pays où l'édition a toujours été « largement sous le contrôle de monopoles d'État » (Zell, 1995, p. 4). L'auteur chrétien angolais n'a que peu d'options : s'autoéditer ou publier au Brésil avec un éditeur établi qui a une présence limitée en Angola. Il n'y a pas d'éditeurs chrétiens en Angola. Même au Kenya, il y a peu d'éditeurs, et ils ont une diffusion limitée en dehors du Kenya. Une grande partie des auteurs chrétiens africains qui figurent sur nos listes sont autoédités, et ils commercialisent leurs ouvrages de manière plutôt improvisée et limitée – peu d'entre eux ont une large distribution. Certains écrivent pour des éditeurs aux États-Unis ou en Europe, mais ces livres sont généralement beaucoup trop chers pour les particuliers ou les institutions africaines, coûtant parfois l'équivalent de 100 $ US ou plus. Une fois encore, le système va à l'encontre d'une présence chrétienne africaine dans l'édition.

3. L'édition est un milieu compétitif, où ceux qui ont une plus grande présence à la télévision et à la radio sont mieux placés auprès des grands éditeurs (qui fournissent une édition et une impression de haute qualité ainsi que des prix raisonnables et un bon placement sur le marché). Ils

disposent également d'une base financière plus solide, ce qui constitue un avantage certain. S'il n'est pas vrai que chaque livre vendu par un auteur américain empêche la vente d'un livre par un auteur africain, il est vrai que si une station de télévision de Nairobi remplit son temps d'antenne avec des auteurs américains, ces créneaux horaires ne sont pas disponibles pour les auteurs africains. En outre, la plupart des auteurs africains ne sont pas en mesure de se battre sur un pied d'égalité sur le plan financier. Il convient de s'interroger sur la manière dont le succès même de Joyce Meyer, Joel Osteen, T. D. Jakes et Myles Munroe – qui s'appuient tous sur des plateformes impressionnantes – entre en concurrence avec les auteurs chrétiens africains et les empêche de s'épanouir. Comme ces autres auteurs, John Stott a connu un succès mondial considérable. Toutefois, à la différence de ces derniers, il a su, grâce à Langham Partnership, tirer parti de son succès pour apporter un soutien solide aux auteurs chrétiens africains.

4. De tout temps, les missionnaires chrétiens ont distribué des publications subventionnées ou gratuites. La fonctionnalité des publications était parfois plus importante que leur qualité. De même, les éditeurs chrétiens internationaux envoyaient souvent leurs livres invendus en Afrique pour les donner ou les vendre à des prix réduits. Compte tenu de ces schémas, on considérait que les auteurs apportaient une contribution spirituelle gratuite en écrivant. On n'attendait pas d'eux qu'ils gagnent réellement leur vie en écrivant d'excellents livres qui se vendraient sur un marché concurrentiel. Il en résulte que les attentes des chrétiens africains en matière d'édition chrétienne vont parfois à l'encontre des habitudes, des compétences et des valeurs culturelles nécessaires au succès de l'écriture dans le monde moderne. Par exemple, les anciens schémas – où les livres chrétiens étaient subventionnés ou gratuits – ont créé des attentes culturelles qui font qu'il est difficile de demander aux acheteurs de payer le prix fort pour un livre chrétien. En outre, les éditeurs signalent que de nombreux dirigeants chrétiens africains sont réticents à commercialiser et à vendre activement leurs livres, estimant que cela n'est pas spirituel.

5. La diffusion des livres en Afrique est un problème (Chakava, 1996 ; 2007). La plupart des livres d'auteurs africains sont publiés localement, rarement commercialisés dans leur propre pays, beaucoup moins au-delà, et sont rarement réimprimés. Sur les vingt-trois pays anglophones d'Afrique, seuls quatre ont des diffuseurs de livres en gros relativement adéquats : le Kenya, le Nigeria, le Ghana et l'Afrique du Sud. Dans ces pays, les libraires peuvent acquérir leur stock localement. Étant donné que la plupart des titres en anglais proviennent d'autres pays, dans les dix-neuf autres pays, les libraires locaux doivent importer la plupart des livres qu'ils vendent – une tâche ardue. Pour compliquer davantage les choses, il est souvent difficile, voire impossible, d'importer des livres des pays africains voisins (en raison des tensions aux frontières, des infrastructures faibles ou inexistantes, des droits d'importation et des pots-de-vin extorqués aux douanes). Ainsi, il

est souvent beaucoup plus facile d'acquérir des livres aux États-Unis ou en Grande-Bretagne[16].

LES IMPLICATIONS ET LES BESOINS

Jesse Mugambi, éditeur et théologien de longue date, écrit :

> Comment l'élite africaine peut-elle tracer l'avenir de ce continent alors que son éducation est fondée sur des politiques et des idées destinées à d'autres cultures ? Comment la jeunesse africaine peut-elle développer de nouvelles idées pour résoudre des problèmes dans le contexte de sa propre culture, alors qu'elle n'est exposée qu'à la littérature venant d'autres cultures ? Le temps est venu pour l'élite africaine de contribuer à façonner l'avenir de ce continent en publiant les connaissances et l'expérience accumulées dans le pays et à l'étranger. (Mugambi, 2013, p. 1102.)

Le problème évoqué par Mugambi est particulièrement vrai pour l'Église chrétienne africaine. Les écrivains africains ont produit un ensemble important de littérature de grande qualité que les autres Africains connaissent et apprécient, mais la plupart du temps, cette littérature n'est pas chrétienne. D'autre part, les chrétiens africains n'ont pas produit en parallèle un nombre important d'ouvrages de bonne qualité explicitement chrétiens. Il en résulte que les chrétiens africains lisent leurs auteurs africains préférés et leurs auteurs chrétiens préférés, mais le nombre de ceux qui citent un auteur préféré à la fois africain et chrétien est très faible. Et pourtant, comme le suggère notre analyse ci-dessus, le changement ne se produira que si les facteurs structurels plus larges sont compris, et si une grande variété de parties prenantes chrétiennes, tant en Afrique que dans le monde, parviennent aux constats et aux engagements suivants :

1. L'écriture et la lecture, et pas seulement l'oralité, sont importantes dans le monde contemporain pour la force de l'Église africaine.
2. Une culture de la lecture doit être soutenue et encouragée. Pour cela, il faut publier des livres pour enfants adaptés au contexte et favorisant le plaisir de la lecture. Cela nécessite des efforts pour promouvoir la lecture dans les foyers, les écoles et les églises, en encourageant la création de bibliothèques dans chaque cas (Chakava, 1996). Il convient de favoriser les clubs de lecture et d'autres initiatives visant à stimuler la lecture et son plaisir, ainsi qu'à encourager une lecture plus vaste dans le cadre de la spiritualité (Chakava, 1996 ; Hedstrom, 2013).
3. L'épanouissement des écrivains chrétiens africains est essentiel à la faculté à long terme de l'Église africaine de faire face aux réalités pour les-

---

[16] La plupart des informations contenues dans ce paragraphe peuvent être attribuées à Edward Elliott d'Oasis International.

quelles les chrétiens africains ont besoin d'aide. Des engagements profonds de la part de diverses parties prenantes sont nécessaires pour parvenir à un tel résultat.

4. L'édition et la diffusion de livres chrétiens en Afrique doivent être renforcées et devenir une priorité, comme le fait Oasis International ou HippoBooks et LivresHippo (des marques éditoriales de Langham Publishing, un ministère de Langham Partnership). Il y a des leçons à tirer des succès des éditeurs laïcs en Afrique tels que Longmans (Davis, 2015) ou Heinemann, comme l'illustre l'exposé fascinant de Bejjit (2015) sur la manière dont Heinemann a contribué au succès de Ngugi Wa Thiong'o dans le domaine de l'écriture. Encore une fois, le remarquable ouvrage de Henry Chakava (1996) *Publishing in Africa* est rempli d'expériences pratiques et concrètes d'un éditeur et rédacteur kenyan à succès (voir également Chakava, 2007 ; Mlambo, 2007 ; Zell, 2013). Il est nécessaire de « faire circuler les livres d'une région africaine vers d'autres régions » (Phiri et Werner, 2013, p. xxix). L'édition électronique et l'impression à la demande devraient être mises à profit.

5. Une culture de l'écriture doit être encouragée, au moyen de concours d'écriture, de cérémonies de lancement de publications d'auteurs chrétiens africains et de cours d'écriture dans les institutions théologiques, les facultés de théologie et les écoles bibliques. L'une des raisons de la prolifération des écrivains africains francophones est une longue « histoire de culture de prix pour la littérature africaine [de langue française] », qui a créé « des structures significatives de reconnaissance et de réception dans le domaine littéraire » (Bush et Cucournau, 2015). De même, au Kenya, le « prix Jomo Kenyatta pour la littérature, créé en 1972, a contribué à un élan de créativité » (Chakava, 1996, p. 36), bien que le prix ait disparu par la suite, faute de financement. Les écrivains chrétiens africains qui réussissent doivent être célébrés. Leurs livres devraient être lus et discutés par des groupes de lecture, assignés dans les programmes d'études, achetés pour les bibliothèques et commercialisés sur tout le continent, ainsi que dans le monde entier (Phiri et Werner, 2013, p. xxix).

6. L'identification, l'accompagnement et la formation des écrivains chrétiens en Afrique doivent être renforcés et étendus. Cela est déjà fait dans une certaine mesure, par exemple par Kirimi Barine de Publishing Institute of Africa par le biais de Media Associates International, et par David Waweru de Word Alive Publishers. Cependant, il faut en faire davantage.

7. Une grande variété d'aides aux écrivains (royalties ou avances sur royalties, congés sabbatiques, coaching, aide à l'édition, groupes d'écriture, partenariats d'écriture) devrait être étendue. Parmi les leaders que nous avons étudiés, Esther Mombo est un exemple d'écriture de haute qualité et soutenue. De plus, le Circle of Concerned African Women Theologians est reconnu comme ayant fourni cette structure de soutien pour elle – un

soutien pour engager les réalités contextuelles théologiquement dans une écriture de qualité supérieure (Phiri, 2009).

8. Il faut donner la priorité à la recherche sur la lecture et l'écriture chrétiennes. Cette recherche doit examiner les intérêts et les besoins des lecteurs, et elle doit appuyer les initiatives stratégiques et la planification liées à l'écriture et à l'édition.

9. Enfin, il est important que nous examinions attentivement dans quelle mesure et de quelle manière les chrétiens européens et américains qui tentent de s'engager en Afrique peuvent contribuer à des modèles néo-colonialistes et malsains qui, par négligence, vont à l'encontre de l'épanouissement de la littérature chrétienne africaine.

Le moment est venu de donner la priorité à la valeur des dirigeants chrétiens africains qui contribuent à façonner l'avenir du christianisme africain à travers la publication des connaissances et des expériences accumulées au pays et à l'étranger. La manière d'y parvenir devrait intéresser un large éventail de parties concernées.

RÉFÉRENCES CITÉES

Barna Group (2014). « The State of the Bible Report 2014 », site internet de l'American Bible Society, <http://www.americanbible.org.

Bejjit Nourdin (2015). « Heinemann's African Writers Series and the Rise of James Ngugi », dans *The Book in Africa. Critical Debates*, sous dir. Caroline Davis et David Johnson, New York, Palgrave Macmillan, p. 223-244.

Bush Ruth, Cucournau Claire (2015). « Francophone African Literary Prizes and the "Empire of the French Language" », dans *The Book in Africa. Critical Debates,* sous dir. Caroline Davis et David Johnson, NewYork, Palgrave Macmillan, p. 201-222.

Chakava Henry (1996). *Publishing in Africa. One Man's Perspective*, Nairobi, Kenya, East African Educational Publishers, Ltd.

Chakava Henry (2007). « Scholarly Publishing in Africa. The Perspective of an East African Commercial and Textbook Publisher », dans *African Scholarly Publishing. Essays,* sous dir. Alois Mlambo, Uppsala, Dag Ham-marskjold, p. 66-75.

Commeyras Michelle, Mazile Bontshetse Mosadimotho (2011). « Exploring the Culture of Reading among Primary School Teachers in Botswana », *The Reading Teacher* 64/6,4 p. 18-28.

Davis Caroline (2015). « Creating a Book Empire. Longmans in Africa », dans *The Book in Africa. Critical Debates,* sous dir. Caroline Davis et David Johnson, New York, Palgrave Macmillan, p. 128-152.

Hedstrom Matthew S. (2013). *The Rise of Liberal Religion. Book Culture and American Spirituality in the Twentieth Century*, Oxford, Oxford University Press.

Jewell Dawn Herzog (2009). « LittWorld Boosts Creation of Culturally Relevant Books and Articles », site internet de Lausanne World Pulse, http://www.lausanneworldpulse.com.

Julien Eileen (2014). « Literature in Africa », dans *Africa,* 4ᵉ éd., sous dir. Maria Grosz-Ngate, John H. Hanson et Patrick O'Meara, Bloomington, Indiana University Press, p. 209-232.

Mlambo Alois, sous dir. (2007). « The Case for Publishing African Scholarship in Africa », dans *African Scholarly Publishing Essays*, Uppsala, Dag Hammarskjold, p. 11-24.

Mugambi Jesse N. K. (2013). « Challenges for Theological Publishing and Scholarly Books in Africa », dans *Handbook of Theological Education in Africa,* sous dir. Isabel Apawo Phiri et Dietrich Werner, Oxford, UK, Regnum Books International, p. 1101-1105.

Nsehe Mfonobong (2011). « The Five Richest Pastors in Nigeria », site internet *Forbes Magazine*, 7 juin 2011, http://onforb.es/nkBSd4.

Otike Fredrick Wawire (2011). « Reading Culture, Cultivation, and Its Promotion among Pupils. A Kenyan Perspective », *International Research Journal of Library, Information, and Archival Studies* 1/1, p. 1-5.

Pew (2014). « A Snapshot of Reading in America in 2013 », site internet Pew Research Center, http://www.pewinternet.org.

Phiri Isabel Apawo (2009). « The Circle of Concerned African Women Theologians », *The Ecumenical Review* 57, p. 34-41.

Phiri Isabel, Werner Dietrich, sous dir. (2013). « Editorial. Handbook of Theological Education in Africa », dans *Handbook of Theological Education in Africa,* Oxford, UK, Regnum Books International, p. xxvii-xxxiii.

Woodberry Robert D. (2012). « The Missionary Roots of Liberal Democracy », *American Political Science Review* 106/2, p. 244-274.

Zell Hans M. (1995). « Publishing in Africa », dans *International Book Publishing. An Encyclopedia*, sous dir. Philip G. Altbach et Edith S. Hoshhino, New York, Garland Publishing, p. 366-373.

Zell Hans M. (2013). « How Many Books Are Published in Africa? The Need for More Reliable Statistics », *The African Book Publishing Record* 40/1, p. 397-406.

Chapitre 11

Développer des leaders transformateurs
Implications des résultats de l'Étude sur le Leadership en Afrique pour les programmes d'études

John Jusu

L'excellence dans le développement du leadership en Afrique est souvent assimilée à la qualité de l'enseignement dans les institutions formelles d'apprentissage. La qualité de l'enseignement est souvent mesurée par le degré d'attention centrale accordée aux ressources institutionnelles (bâtiments, bibliothèque, faculté), aux produits (nombre de dirigeants formés) et aux résultats (compétence des dirigeants formés). Par conséquent, les établissements de formation dotés de grandes bibliothèques, d'un corps professoral de haut niveau et de campus de qualité attirent le plus l'attention des parties prenantes. Mais trop souvent le développement des programmes dans ces établissements est étroitement lié à la satisfaction des exigences des agences d'accréditation qui reproduisent le programme d'autres établissements d'enseignement.

Cependant, la véritable mesure de l'excellence, dans toute institution qui entend former des leaders transformateurs, est de savoir si ces leaders finissent par avoir un impact significatif dans leur communauté. Répondre à cette question nécessite des recherches. L'Étude sur le Leadership en Afrique a fourni de telles recherches. En identifiant les leaders chrétiens que les croyants locaux considèrent comme efficaces et qui ont un impact, et en examinant de près la nature de leur leadership, l'Étude sur le Leadership en Afrique fournit les bases pour identifier les domaines pertinents dans les programmes de formation au leadership qui nécessitent une attention particulière.

Dans ce chapitre, le *programme d'études* fait référence à tous les processus institutionnels impliqués dans la formation des dirigeants dans les facultés de théologie, les universités chrétiennes d'arts libéraux et les institutions de formation de dirigeants d'Église – des dirigeants qui serviront les Églises, les organisations chrétiennes et la société en général. Le programme d'études englobe l'ensemble de l'expérience vécue par les futurs dirigeants sous la direction d'institutions éducatives chrétiennes formelles.

Ce chapitre explore les implications des résultats de la recherche discutés dans les chapitres précédents pour l'examen, le développement et l'administration des programmes au sein des établissements d'enseignement supérieur chrétiens qui sont destinés à former des leaders transformateurs. Il examine les ramifications de ces résultats pour les éducateurs, les concepteurs de programmes et les administrateurs à la recherche de l'excellence dans le développement du leadership en Afrique.

LE RÔLE DE LA FAMILLE DANS LE PROGRAMME D'ÉTUDES DES INSTITUTIONS ÉDUCATIVES CHRÉTIENNES FORMELLES

Les leaders que nous avons étudiés ont souvent commencé à acquérir des caractéristiques et des compétences pertinentes pour leur leadership bien avant de poursuivre des études formelles avancées. Les premières influences formatrices sont venues de la famille. À maintes reprises, comme expliqué dans les chapitres 2 et 3, nous apprenons que les parents, les grands-parents et d'autres personnes proches ont joué un rôle formateur dans le développement des leaders chrétiens africains. Des psychologues comme Erik Erikson ont longtemps souligné l'importance cruciale de la parentalité pour l'ego ou le développement de la personnalité des enfants. C'est grâce aux parents et aux autres membres de la famille que les enfants apprennent à résoudre les conflits et à surmonter les défis.

Les éducateurs doivent reconnaître le rôle stratégique des « autres mieux informés » (Vygotsky, 1978) dans la formation éducative des enfants. Des personnes clés en dehors des établissements d'enseignement, comme les parents, offrent également des connaissances, des compréhensions et des compétences approfondies acquises par l'expérience et la transmission culturelle. Et ces « autres bien informés » démontrent et présentent des idées, des valeurs et des stratégies que les enfants intériorisent. Il est important que les éducateurs reconnaissent et interagissent efficacement avec ces autres personnes bien informées.

Étant donné que la maison est un facteur essentiel dans le développement du leadership, il est important que les établissements d'enseignement formels impliquent les parents et les tuteurs dans les entreprises du programme d'études. D'une part, cela implique de reconnaître que les parents africains expérimentés et doués ont vraiment des connaissances qui peuvent profiter aux établissements d'enseignement. Inviter des parents sélectionnés à participer à des séminaires et à des cours enrichit le programme en complétant les lectures assignées (comme les chapitres 2 et 3 du présent ouvrage) par les connaissances basées sur l'expérience des parents.

Les professeurs peuvent également demander aux étudiants de mener leur enquête auprès de proches expérimentés et ayant réussi, sur la dynamique et les défis de la famille et des parents en Afrique aujourd'hui. Les doctorants ou les professeurs peuvent eux-mêmes mener des recherches systématiques (à l'aide de questionnaires, d'entretiens ou de groupes de discussion) sur la parentalité en Afrique aujourd'hui et publier ce qu'ils apprennent. En d'autres termes, ils peuvent contribuer à générer une littérature élargie sur l'art d'être parent qui soit adaptée au contexte africain, qui s'appuie sur la sagesse africaine et qui puisse ensuite être utilisée dans des contextes éducatifs. Avec ces modèles d'engagement, les éducateurs seront aidés à conceptualiser, développer et mettre en œuvre un programme de formation au leadership adapté au contexte.

Les établissements d'enseignement formel ne doivent pas se contenter d'apprendre des parents et des autres personnes qui s'occupent des enfants. Ils doivent également prendre ce qu'ils ont appris et mettre en œuvre des programmes éducatifs formels conçus pour permettre aux autres personnes bien informées au sein de la famille de s'acquitter de leurs responsabilités avec succès. Les familles manquent souvent de compétences pour répondre aux exigences de la parentalité. Il est donc important que les institutions formelles de développement du leadership les aident à perfectionner leurs compétences parentales grâce à des programmes de sensibilisation communautaire, des ateliers et d'autres événements. Les établissements devraient concevoir des programmes de leadership parental qui offrent des possibilités de croissance personnelle et qui aident à développer les compétences, les connaissances et les dispositions nécessaires pour fonctionner en tant que leaders avec la voix et le charisme nécessaires pour façonner leurs fils et leurs filles. Les institutions devraient s'efforcer de créer des partenariats significatifs avec les parents et les aider à créer un environnement qui favorisera la croissance de leurs enfants – un environnement dépourvu de conflits, de drogues ou d'abus.

En résumé, les établissements amélioreront leurs programmes de développement du leadership s'ils reçoivent la contribution des parents pour éclairer leurs programmes d'études. Dans le même temps, les éducateurs continueront d'améliorer leurs compétences si les établissements d'enseignement les soutiennent par des programmes qui sont destinés aux parents.

LES INSTITUTIONS SECONDAIRES DANS LE PROGRAMME DES INSTITUTIONS ÉDUCATIVES CHRÉTIENNES FORMELLES

Si la famille est l'institution de socialisation la plus fondamentale, les enfants entrent rapidement en contact avec d'autres influences ou unités de socialisation secondaires, y compris les écoles, les églises et les organisations paraecclésiastiques. Les leaders que nous avons étudiés ont souvent rapporté avoir été influencés positivement dans l'enfance ou en tant que jeunes adultes par une ou plusieurs institutions qui n'étaient pas des écoles, mais qui ont néanmoins contribué à leur formation en tant que leaders. En effet, les dirigeants étaient moins susceptibles de nommer les établissements d'enseignement formel comme essentiels à leur formation que ces établissements secondaires. Les établissements secondaires comprennent des organisations angolaises telles que Mocidade para Cristo et Formação Feminina, des organisations kenyanes telles que FOCUS Kenya, Transform Kenya, Scripture Union, Magena Youth Group, St. Martin's Catholic Social Apostolate et Kenya Students Christian Fellowship ; et des organisations de RCA telles que Campus pour Christ et Perspectives Réformées.

Les écoles, bien sûr, favorisent des habitudes de pensée et des modèles qui permettent aux gens de réussir dans la vie. Ils fournissent des connaissances pour une utilisation future. Mais souvent, lorsque de telles connaissances ou compétences sont utilisées, l'influence éducative d'origine est à peine reconnue. Les dirigeants que nous avons interrogés étaient plus susceptibles de reconnaître et d'articuler ce qu'ils ont appris dans des contextes relationnels, naturels et réels, tels que ceux fournis par ces unités de socialisation secondaires informelles, que de mettre en évidence ce qu'ils ont appris dans des écoles formelles en dehors de leur contexte.

Ces institutions complémentaires conçoivent des programmes de divers types pour aider leurs groupes cibles à développer leur potentiel de leadership. Tout en utilisant des modes non formels de socialisation, ces unités secondaires offrent un environnement dans lequel les personnes de tous âges apprennent à interagir avec leurs pairs, à se faire concurrence et à coopérer tout en développant des compétences de vie. Ils jouent un rôle important dans le développement de carrière et l'apprentissage du contenu culturel. Ils offrent également des possibilités de stages, de bénévolat et de formation pour les étudiants de l'enseignement formel.

Pour avoir un impact, les établissements d'enseignement supérieur qui souhaitent former des dirigeants africains devraient élargir leur cercle de partenaires pour l'élaboration des programmes d'études. Les principaux leaders de ces unités de socialisation secondaires devraient être entendus et, le cas échéant, leurs points de vue devraient être intégrés aux programmes d'études. Les écoles devraient encourager l'inclusion des unités de socialisation secondaires dans leurs activités pédagogiques, afin de fournir aux étudiants un espace informel pour construire leur capital culturel, social et spirituel. Les lectures assignées devraient inclure ces institutions. Par exemple, on pourrait demander aux étudiants de lire et de discuter les rapports de dix pages de l'Étude sur le Leadership en Afrique sur trente de ces organisations[1]. Les étudiants diplômés et les professeurs devraient être encouragés à faire des recherches et à écrire sur le travail stratégique de ce type d'institutions africaines, puis à en faire un point central de l'enseignement en classe.

---

[1] Disponible sur www.AfricaLeadershipStudy.org.

LES QUALITÉS ET LES RÔLES DES LEADERS D'INFLUENCE DANS LE PROGRAMME D'ÉTUDES

Notre recherche a identifié un profil de leaders exceptionnels que la plupart des institutions seraient fières de compter parmi leurs anciens élèves. Ces leaders sont engagés dans l'Église, engagés dans la communauté, et font preuve d'excellence professionnelle et de flexibilité culturelle dans le cadre d'un leadership au service des autres. Ayant ce profil en vue, et en utilisant la « conception à rebours » (Wiggins et McTighe, 2005), les personnes chargées de l'élaboration des programmes d'études peuvent maintenant se demander : que devons-nous fournir aux dirigeants pour qu'ils développent et montrent ces qualités ? Cette approche, qui consiste à commencer l'élaboration du programme d'études en gardant la finalité à l'esprit, est complètement différente des autres modèles de conception qui commencent la rédaction du programme d'études à partir du développement des cours plutôt que du point de vue des résultats escomptés. Ainsi, au lieu de commencer par définir les cours à enseigner, la conception des programmes d'études devrait se concentrer sur les résultats souhaités et, à partir de là, sélectionner des cours appropriés et d'autres activités d'apprentissage. Cette approche pourrait exclure certains cours traditionnels axés sur le contenu, tout en en incluant d'autres qui sont nouveaux et fondés sur des problématiques.

Les caractéristiques souhaitées ne peuvent pas être cultivées uniquement dans la salle de classe. Les établissements d'enseignement peuvent se mettre en lien avec d'autres organismes au sein de la communauté. Le programme d'études, dans sa conception et sa mise en œuvre, devrait favoriser un engagement envers l'Église. Il devrait encourager la flexibilité culturelle grâce à des stages interculturels et des cours pertinents. L'essentiel est que le programme d'études conduise les élèves à s'engager dans l'Église et la communauté à travers des activités de transformation contextuellement stimulantes.

Les dirigeants chrétiens africains sont impliqués dans une variété d'activités fréquemment liées à la justice sociale et à la réhabilitation. Ils traitent de la toxicomanie, de l'alcoolisme, de la prostitution, de l'éducation des enfants et des jeunes, de la santé et des affaires. Souvent, il n'y a pas de lien étroit entre le programme éducatif et la formation professionnelle d'un leader donné et ce qu'il finit par faire. Pourtant, les dirigeants que nous avons examinés avaient souvent un esprit d'entreprise et des capacités qui étaient clairement renforcées par des connaissances avancées, des compétences intellectuelles et des capacités de réflexion critique acquises grâce à une formation supérieure. Ils étaient capables d'identifier les problèmes sociaux, moraux et économiques et d'y répondre de manière constructive, que les situations précises auxquelles ils répondaient aient été ou non au centre de leur formation professionnelle formelle.

Nos recherches suggèrent que tout programme d'études adéquat en matière de leadership doit comporter des compétences en matière de pensée critique et créative, tant au niveau du contenu (dans des cours spécifiques) que des processus (illustrés dans tous les cours). Le rôle de l'enseignant doit être recadré, le professeur n'étant pas la principale source de connaissances, mais plutôt un facilitateur d'apprentissage – aidant les étudiants à acquérir des connaissances et des compétences en matière de pensée critique. Les pratiques en classe doivent éviter de dépendre d'un environnement contrôlé par l'enseignant et caractérisé par un « dépôt de contenu », mais plutôt mettre en avant des méthodologies orientées vers l'apprentissage et encourager l'indépendance et la créativité dans l'apprentissage.

Les établissements d'enseignement doivent également s'efforcer d'améliorer l'intégration des matières. Trop souvent, les programmes et les départements universitaires fonctionnent en « silos », avec un faible niveau d'intégration des programmes d'études. Les réalités et les questions africaines doivent être intégrées dans le programme d'études par le biais de stratégies pluridimensionnelles et interdisciplinaires. Par exemple, si le programme doit aborder les questions liées à la pauvreté, il doit être conçu de telle sorte que les sujets théologiques, missiologiques, économiques, sociaux, politiques et environnementaux qui touchent à la pauvreté soient intégrés dans un cours spécifique. Les étudiants sortant d'un tel cours seraient capables de voir la pauvreté d'une manière holistique, et auraient donc les compétences nécessaires pour réagir de manière nouvelle et transformatrice.

La critique formulée à l'encontre de l'enseignement supérieur est qu'il est souvent déconnecté des réalités contextuelles, avec pour résultat que les personnes dotées de grandes capacités intellectuelles ont peu d'impact pratique. L'intégration de la foi, de la vie et de l'apprentissage devrait atténuer cette critique, car le développement du leadership englobe bien plus que les aptitudes intellectuelles.

LE CAPITAL SOCIAL DANS LE PROGRAMME DES INSTITUTIONS ÉDUCATIVES CHRÉTIENNES FORMELLES

La recherche sur le leadership en Afrique, telle que résumée au chapitre 4 par Steven Rasmussen, a révélé que les relations sociales de réciprocité et de confiance sont essentielles à tout leadership chrétien africain efficace. Ce constat pose un défi de taille quant à la manière dont les dirigeants sont formés. Les programmes d'études des institutions formelles vont souvent à l'encontre de l'acquisition du capital social. Les étudiants sont généralement assis en rangs face au professeur et n'écoutent que lui. Ils sont normalement tenus de travailler seuls, même en concurrence les uns avec les autres, et sont évalués de manière individuelle. Compte tenu de la charge de travail importante, les étudiants ont souvent du mal à développer des relations personnelles, qui sont essentielles à la réussite du leadership.

Mais si l'acquisition du capital social est vraiment un résultat éducatif souhaitable, des ajustements sont nécessaires. Cela peut être aussi simple que de réarranger les sièges en cercle, afin que les étudiants se fassent face lorsqu'ils interagissent dans l'espace d'apprentissage. De manière plus substantielle, l'adoption d'un modèle d'enseignement et d'apprentissage collaboratif, où les étudiants passent beaucoup de temps à travailler sur des projets en groupe aura clairement un impact positif sur le capital social.

Rasmussen souligne que les chrétiens ont souvent déjà un fort « capital social d'attachement », c'est-à-dire des liens sociaux solides avec les membres de leur propre Église ou groupe ethnique. En revanche, la méfiance, l'hostilité et les conflits caractérisent souvent les relations au-delà des frontières ethniques et religieuses – et le type de capital social qui comble ces fossés (« capital social d'accointances ») est beaucoup moins courant. Et pourtant, comme le souligne Rasmussen, les leaders très efficaces que nous avons étudiés étaient souvent riches en capital social d'accointances. En d'autres termes, ils ont souvent eu beaucoup de succès en tant que leaders précisément parce qu'ils avaient des liens solides de réciprocité et de confiance avec des personnes d'autres confessions, d'autres groupes ethniques et même d'autres religions. Les programmes d'enseignement ne doivent donc pas se contenter d'encourager les relations avec d'autres personnes de la même confession ou du même groupe ethnique, mais doivent favoriser des relations solides au-delà des frontières confessionnelles, ethniques et même religieuses.

Étant donné que les établissements d'enseignement supérieur chrétien rassemblent souvent des personnes d'ethnies et de dénominations différentes, ils sont idéalement placés pour contribuer au capital social d'accointances, en particulier s'ils conçoivent leur programme dans l'objectif de le favoriser. Un programme d'études qui favorise l'apprentissage dans la communauté par le biais de projets, de voyages missionnaires, de programmes d'échange, de stages, de jeux, de groupes étudiants et de cultes communautaires a non seulement le potentiel de contribuer au capital social d'attachement, mais, correctement structuré, il a aussi le potentiel de contribuer au capital social d'accointances. Les travaux de cours et les lectures conseillées mettant en vedette la culture, l'ethnicité, l'anthropologie, l'islam et la communication interculturelle peuvent favoriser la sensibilité et la compréhension, qui améliorent le capital social d'accointances.

Enfin, Rasmussen souligne les incroyables niveaux de richesse, de statut et de pouvoir qui caractérisent le monde moderne, tant au sein des communautés ou des États-nations qu'au niveau mondial. Les relations significatives de confiance et d'obligation mutuelle qui relient verticalement les personnes au travers de telles hiérarchies d'éducation, de statut, de pouvoir, de richesse et d'influence (« capital social instrumental ») sont extrêmement rares et extrêmement importantes. Son chapitre souligne que bon nombre des leaders les plus efficaces étudiés disposaient d'un capital social instrumental exceptionnellement fort, de vastes relations de confiance et d'engagement partagé avec d'autres personnes au-delà de ces divisions verticales, vers le haut et vers le bas, au niveau local et international. C'est souvent dans le contexte d'engagements chrétiens communs que ces relations locales et internationales ont été forgées. Et Rasmussen montre qu'un tel capital social instrumental a joué un rôle essentiel dans leur réussite en tant que dirigeants.

Le programme éducatif doit reconnaître l'importance (et les défis) de ce type de relation et devrait créer des structures qui aident à produire des formes saines de capital social instrumental. Il peut s'agir d'établir une interface avec des groupes tels que FOCUS Kenya, qui permet à des milliers de jeunes d'être encadrés par des chrétiens plus âgés, bien éduqués et très performants, exerçant une grande variété de professions. Il peut s'agir d'encourager les relations internationales par le biais de programmes d'échange, d'études à l'étranger ou de voyages missionnaires. Les cours devraient porter à la fois sur les communautés caractérisées par la pauvreté et sur les partenaires mondiaux ou locaux avec lesquels une collaboration est envisagée. Il convient de valoriser les stages et les travaux pratiques qui impliquent une collaboration au-delà des hiérarchies d'éducation, de statut, de pouvoir, de richesse et d'influence au nom des objectifs du royaume.

Les doctorants et les professeurs africains devraient étudier de tels projets de collaboration en tant qu'études de cas et fournir des documents écrits pouvant être utilisés dans le cadre de cours pour former d'autres personnes aux défis et aux avantages du capital social instrumental pour les objectifs du royaume. Le matériel pédagogique devrait également mettre l'accent sur le développement du caractère, des compétences et des aptitudes liées au développement et au maintien des relations de confiance nécessaires dans de tels partenariats. L'action entrepreneuriale et l'élaboration d'une vision dans le cadre d'engagements mutuels sont essentielles. Les leaders doivent développer des relations avec les chrétiens disposant d'un capital culturel et de ressources matérielles, qu'ils soient situés à proximité ou dans des lieux éloignés, et doivent aider ces chrétiens à comprendre comment leurs ressources peuvent réellement servir les objectifs du royaume. Ils doivent contribuer à encourager une culture philanthropique au sein des Églises africaines, plutôt que de se contenter de rechercher des partenariats à l'étranger. En outre, la capacité à favoriser et à maintenir la confiance dans le temps est essentielle. Les partenariats de ressources se développent mieux lorsqu'il existe une conviction profonde que ceux qui gèrent les ressources sont dignes de confiance. Une gestion digne de confiance requiert du caractère, mais aussi des compétences et des habitudes pertinentes. Lorsque les relations et les partenariats dépassent non seulement les frontières économiques, mais aussi les frontières nationales et culturelles, le risque d'erreurs de compréhension qui nuisent aux relations saines est présent. Tout cela doit être abordé dans le programme de développement du leadership chrétien en Afrique aujourd'hui.

ÉQUIPER LES LEADERS POUR LES ORGANISATIONS QUI ONT UN IMPACT

Le chapitre 7, rédigé par Michael Bowen, ne s'intéresse pas seulement aux dirigeants, mais aussi aux organisations qu'ils dirigent. Les dirigeants, hommes et femmes, gèrent des organisations chrétiennes qui fournissent un large éventail de services liés à l'agriculture durable, à la santé communautaire, à la gouvernance et à la démocratie, à l'égalité des sexes, au développement environnemental et institutionnel, aux projets d'eau, à la microfinance, à l'éducation théologique, aux systèmes de formation, à la santé, à la paix et à la réconciliation, et à la formation du personnel. Il souligne que ces organisations d'inspiration religieuse (OIR) ont la capacité de mobiliser un grand nombre de personnes et de ressources pour des causes spécifiques en utilisant leurs réseaux. Elles sont très motivées par la foi et sont présentes sur le terrain. Elles ont des connaissances et une confiance locale. Et elles épousent souvent des valeurs chrétiennes qui méritent l'attention de l'enseignement théologique.

Une critique courante de l'éducation théologique formelle porte sur son manque de lien avec les réalités contextuelles. L'éducation théologique, et l'éducation formelle en général, s'est enfermée dans la prison de « l'école » au point que sa présence est rarement ressentie en dehors des murs de l'institution. Certaines entités en Afrique s'efforcent de briser ce schéma en créant des départements ou des instituts spéciaux, tels que l'Africa International University's Institute for the Study of African Realities.

Les OIR fournissent un groupe de recherche prêt pour les institutions théologiques et les universités qui s'intéressent aux réalités africaines, car elles traitent directement de ces questions. Les OIR peuvent également fournir des possibilités de stages et d'expériences pratiques pour les dirigeants en formation grâce au développement de relations et de réseaux avec des organisations qui ont démontré leur impact sur les communautés.

Les institutions présentées au chapitre 7 font rarement partie des organisations que les étudiants apprennent à connaître dans leur étude des organisations. Ils ont tendance à se familiariser avec les systèmes bureaucratiques formels et les organisations de services dotées de ressources, avec des structures définies et des hiérarchies de contrôle rigoureuses. Les OIR sont généralement différentes, et nécessitent donc des compétences particulières en matière de gestion et de leadership. Les programmes de formation théologique pour les dirigeants doivent revoir leur programme de gestion organisationnelle pour refléter les réalités des OIR. Par exemple, les personnes dans ces organisations considèrent leur travail comme un ministère et un service pour l'humanité. Elles considèrent leur travail comme une responsabilité personnelle devant Dieu et estiment qu'elles ont un rôle important dans l'organisation. Cependant, si le personnel des ressources humaines de ces organisations religieuses est orienté vers la théorie de la gestion, il peut considérer les travailleurs comme de simples employés qui ont un intérêt limité dans l'organisation et les traiter comme tels. Cela crée naturellement des conflits. Notre programme d'études devrait former des dirigeants suffisamment compétents pour comprendre ces structures et savoir comment les diriger.

Les institutions théologiques et les universités peuvent également aider ces organisations d'inspiration religieuse en ajoutant de la valeur à leurs processus, par exemple en les aidant à produire des manuels de formation et en formant leurs animateurs. Ainsi, le prestataire de services éducatifs More than a Mile Deep a contribué à fournir les manuels de formation utilisés par la Church Missionary Society pour former des milliers de personnes, avec un impact significatif dans des endroits tels que le Kenya, l'Ouganda et le Soudan du Sud. Les établissements de formation devraient établir de tels partenariats dans l'intérêt des deux parties.

L'EXEMPLE, LE MENTORAT, L'ACCOMPAGNEMENT ET LE DISCIPULAT DANS LE DÉVELOPPEMENT DU LEADERSHIP

Le chapitre 9 de Jurgen Hendriks relève que les leaders efficaces présentent certains traits de caractère, tels que le leadership au service des autres, qu'il peut être difficile d'enseigner dans le cadre de cours formels. En effet, les institutions académiques peuvent trop facilement donner l'exemple contraire, avec des enseignants exerçant un pouvoir flagrant d'une manière qui ne renforce pas l'autonomie, mais favorise plutôt les rapports hiérarchiques. Hendriks a identifié les qualités du leadership au service des autres telles que l'accessibilité, le mentorat, la capacité d'identifier et d'offrir aux autres des possibilités, et la sagesse de les guider en terrain difficile. Il s'agit moins du programme explicite que du programme implicite. Le leadership au service des autres implique des valeurs, des habitudes et des attitudes que les enseignants doivent adopter et démontrer pour que les élèves les voient et les imitent. Leur responsabilité ne consiste pas seulement à enseigner des connaissances et des compétences, mais aussi à former des hommes et des femmes pour qu'ils deviennent des leaders efficaces à l'image du Christ. Les programmes de mentorat, l'accompagnement des compétences et le style de vie des disciples devraient être utilisés pour favoriser le leadership serviteur. Les étudiants doivent être en mesure de voir comment les enseignants « influents » utilisent leur autorité au profit de ceux qu'ils servent. Les étudiants doivent voir que leurs enseignants s'intéressent sincèrement à eux et sont prêts à les aider à grandir. Les éducateurs doivent se rendre disponibles pour leurs étudiants dans des contextes non formels et non menaçants où les traits de leadership sont « saisis plutôt qu'enseignés ». Lorsque le corps enseignant participe avec les étudiants à diverses activités non académiques et à des groupes de travail, cela donne l'occasion d'être un modèle et un mentor. Les études indépendantes dirigées par le corps enseignant peuvent également offrir la flexibilité nécessaire pour approfondir les intérêts et les contextes particuliers des étudiants de manière à les responsabiliser et à les encadrer.

Un programme d'études qui permettrait aux dirigeants d'apprendre à se multiplier doit avoir le mentorat au cœur de ses préoccupations. Par exemple, il pourrait prévoir que les étudiants les plus âgés encadrent les étudiants les plus jeunes au fur et à mesure qu'ils suivent leur programme d'études. Par la suite, ces étudiants juniors seront les mentors de la génération suivante. L'établissement devrait coordonner de telles relations avec une contribution significative des étudiants sur la façon dont ces relations sont formées et fonctionnent. De cette façon, le programme d'études implicite devient formateur en matière de développement du leadership.

LA LECTURE DANS LES PROGRAMMES D'ÉTUDES DES INSTITUTIONS DE FORMATION CHRÉTIENNE

Kennedy Buhere (2016) a observé que « certaines des personnes les plus accomplies dans le milieu universitaire et le monde des affaires – dans les affaires, la politique et le gouvernement – ont nourri leur intellect et ce que nous admirons chez eux par des lectures approfondies ». Cette observation est conforme aux conclusions de Priest, Kirimi et Salombongo, selon lesquelles de nombreux dirigeants africains lisent beaucoup à des fins de développement personnel, spirituel et professionnel. La lecture stimule la recherche ; elle aide les dirigeants à générer des idées, les incite à penser au-delà de leur champ d'influence et de leurs spécialités habituelles, et encourage l'ouverture d'esprit et la souplesse de pensée. La lecture accroît le vocabulaire et les compétences linguistiques qui améliorent la communication des dirigeants. Les leaders qui lisent des documents pertinents dans leur domaine sont susceptibles d'en savoir plus sur les responsabilités de leadership que ceux qui ne le font pas (Coleman, 2012).

Les efforts de renouvellement du programme d'études visant à améliorer les capacités et les habitudes de lecture des dirigeants en formation doivent commencer par les professeurs, car ils contrôlent ce que les étudiants lisent. La sélection des lectures assignées est essentielle. Les manuels doivent fournir un contenu pertinent pour le cours spécifié et doivent être choisis pour leur intelligibilité et leur pertinence contextuelle. Pourtant, la pratique de la lecture de manuels et de lectures assignées hautement académiques en vue de préparer des examens ne contribue pas nécessairement à créer une habitude et un amour pour la lecture tout au long de la vie. Par conséquent, il est également important d'attribuer ou de créditer des lectures ayant un fort intérêt humain contemporain et des livres avec une narration personnelle, une pertinence pratique et une facilité de lecture. Il est important que les contextes africains et les auteurs africains fassent partie de ce mélange. Les apprenants doivent recevoir des ouvrages qui leur donneront le goût de la lecture.

Nos recherches ont montré que les dirigeants africains, même ceux qui exercent des professions comme celle d'ingénieur ou dans le monde des affaires, lisent leur Bible. Les professeurs devraient encourager et capitaliser sur ce phénomène en concevant un programme d'études qui garantisse que même les chrétiens étudiant dans d'autres domaines reçoivent des outils pour comprendre et appliquer la Bible. Cela pourrait se faire par le biais de cours ou de modules de courte durée, ou en s'associant à d'autres organisations qui dispensent des formations à cet effet, telles qu'un groupe d'étude biblique.

Les établissements d'enseignement doivent favoriser le développement des compétences critiques en lecture, non seulement pour la lecture de la Bible, mais aussi pour toute autre lecture. La capacité d'évaluer et de tirer des conclusions et des jugements significatifs à partir de ce qui est lu est une compétence essentielle pour les dirigeants. La pensée critique donnera aux dirigeants la capacité de porter des jugements éclairés sur les idées à intégrer dans leurs pratiques de leadership et celles à éviter.

Les activités hors de la salle de classe, souvent appelées « programme implicite », sont également importantes. Que ce soit en classe ou en dehors de la classe, les professeurs doivent faire preuve d'un amour de la lecture et d'un plaisir à discuter avec les étudiants de ce qu'ils pourraient lire. Le corps enseignant peut encourager les étudiants à organiser un club de lecture dans lequel ils lisent des documents ayant des applications pratiques pour les questions qu'ils abordent en classe. Ces documents peuvent avoir trait au mode de vie des étudiants, à la réussite professionnelle, à un mode de vie équilibré et holistique, aux problèmes mondiaux qui affectent les carrières, à la pauvreté, au pouvoir et à l'argent, et/ou peuvent être des guides pratiques. Selon Priest, Kirimi et Salombongo (chapitre 10), ces types de documents figurent rarement dans les bibliothèques des institutions qui forment les dirigeants, mais sont largement lus et appréciés par les lecteurs africains en général.

L'ÉCRITURE DANS LE PROGRAMME D'ÉTUDES DES ÉTABLISSEMENTS D'ENSEIGNEMENT CHRÉTIENS

L'écriture est étroitement liée à la lecture. En effet, l'un des défis identifiés par Priest, Kirimi et Salombongo est que les lecteurs chrétiens africains rencontrent une pénurie de publications d'auteurs chrétiens africains, et lisent donc principalement des auteurs chrétiens qui ne sont pas africains. Cela présente des défis importants que les institutions d'enseignement supérieur chrétiennes doivent relever. Il est essentiel que les auteurs chrétiens africains acquièrent et partagent une sagesse et une compréhension adaptées au contexte par l'écriture et la publication. Les établissements d'enseignement doivent y contribuer.

Les professeurs doivent prendre l'habitude d'écrire non seulement des livres et des articles universitaires, mais aussi des ouvrages que des publics plus larges trouveront accessibles, intéressants et utiles. Cela doit faire partie de la vocation du corps enseignant. Le corps enseignant doit confier des travaux d'écriture aux étudiants et leur apporter un soutien et des commentaires attentifs sur l'art de l'écriture. Les travaux d'écriture peuvent inclure des rapports de lecture, des articles universitaires, la tenue d'un journal personnel, des reportages d'actualité et même des articles de magazine.

Les institutions peuvent encourager les groupes d'écriture, les présentations lors de conférences universitaires et les publications d'étudiants, et parrainer des magazines ou des forums en ligne sur lesquels les étudiants peuvent travailler et contribuer. Les établissements devraient utiliser les nouvelles technologies d'impression à la demande pour étendre leur rôle dans l'édition. L'excellence en matière d'écriture doit être reconnue, récompensée et honorée. Pour former des leaders capables d'écrire toute leur vie, les membres du corps enseignant devraient explicitement donner la priorité à une formation à l'écriture dans le programme d'études. L'importance exceptionnelle de l'écriture chrétienne africaine doit être affirmée et soutenue de diverses manières.

LES QUESTIONS DE GENRE DANS LE PROGRAMME DES INSTITUTIONS D'ÉDUCATION CHRÉTIENNE FORMELLES

Notre recherche de l'Étude sur le Leadership en Afrique a révélé que de nombreuses femmes chrétiennes africaines exercent un leadership efficace dans une grande variété de domaines. Et pourtant, ces femmes rencontrent souvent des obstacles et des défis majeurs dans leur leadership, comme l'ont examiné Kwaka-Sumba et le Roux (chapitre 8). Les traditions culturelles et les systèmes ecclésiastiques peuvent contribuer à créer des barrières et des préjugés contre les femmes, rendant le parcours de leadership de ces femmes difficile et compliqué.

Kwaka-Sumba et le Roux soulignent que la scolarisation des filles et des femmes dans les établissements d'enseignement formel est en progression, avec un pourcentage de 50 % d'étudiantes dans le primaire au Kenya. Néanmoins, à d'autres niveaux d'enseignement, en Angola et en République centrafricaine, la proportion d'étudiantes reste très inférieure à celle des étudiants. Dans l'enseignement supérieur, et en particulier dans l'enseignement théologique, les étudiantes sont généralement moins soutenues que les étudiants. Et le taux d'abandon des jeunes femmes est plus élevé en raison de mariages précoces, de difficultés financières et de grossesses.

Comment le programme des établissements d'enseignement doit-il alors aborder la question du genre ? Les cours doivent inclure une attention particulière à la vie et aux expériences des femmes aussi bien que des hommes. Cela doit inclure une attention particulière aux réalités de la vie quotidienne des femmes ordinaires, telles que les difficultés pastorales que posent les cas de stérilité féminine dans les cultures qui définissent l'identité de la femme essentiellement en termes de maternité. Mais cela devrait également inclure une attention particulière aux histoires des femmes leaders. Par exemple, dans l'histoire de l'Église et des missions, de nombreuses femmes ont apporté des contributions importantes au développement de l'Église, mais elles sont rarement mentionnées dans nos cours. Les étudiants, hommes et femmes, ont besoin d'étudier l'histoire de ces femmes – leurs luttes, leurs défis et leurs victoires – pour pouvoir changer et élargir leurs perspectives sur les femmes. Les enseignants et les professeurs devraient délibérément utiliser des illustrations pertinentes pour les femmes. Les salles de classe de l'enseignement supérieur devraient inclure des femmes professeures, fournissant ainsi des modèles de femmes dirigeantes.

Le programme ne doit pas seulement accorder une attention particulière aux femmes, à leur vie et à leur épanouissement, mais doit également prendre en compte l'inégalité des chances, les préjugés, la discrimination et l'oppression qu'elles rencontrent souvent, même dans le contexte de l'enseignement supérieur chrétien. Les cours magistraux et les lectures et discussions qui leur sont assignées devraient inclure cet aspect. L'ensemble du programme d'études devrait être revu, afin d'examiner et de corriger la manière dont il pourrait involontairement favoriser l'abandon du cursus par les femmes. L'importance du mentorat pour les femmes et de la création d'« espaces sûrs » pour examiner ces questions est cruciale. Il est nécessaire de mettre en place des pédagogies fondées sur la recherche, le dialogue, les perspectives multiples et la conscience critique. Les auteurs qui proposent des méthodes permettant d'intégrer la conscience critique dans le processus pédagogique (tels que Paulo Freire) doivent être encouragés. Les hommes comme les femmes devraient être invités à participer à une discussion sur la meilleure façon de soutenir l'épanouissement des filles et des femmes dans le monde moderne (ainsi que l'épanouissement des garçons et des hommes). Tous doivent défendre avec force la cause des femmes dans les milieux éducatifs et ministériels. Les professeurs et administrateurs masculins doivent défendre les intérêts des étudiantes aussi bien que ceux des hommes.

Les femmes qui ont connu le succès en matière de leadership devraient bénéficier d'un soutien supplémentaire pour guider les jeunes femmes dans le labyrinthe du leadership. Elles devraient être encouragées à documenter leurs luttes, afin que d'autres femmes puissent tirer des enseignements de leurs expériences et qu'elles indiquent des voies alternatives de leadership. Les étudiants et les professeurs devraient faire des recherches et écrire sur les réalités et les dynamiques du leadership liées au genre en général, et aux femmes en particulier. Ces écrits devraient faire l'objet de travaux de lecture et de discussions en classe.

LE LEADERSHIP EN TEMPS DE CRISE ET DE CONFLIT

Les guerres et autres conflits représentent des défis et des occasions pour les activités de leadership à travers l'Afrique. Dans le chapitre 5, Elisabet le Roux et Yolande Sandoua ont examiné la violence et le conflit en RCA. Elles expliquent que les leaders chrétiens ont joué un rôle clé de restauration en prêchant un message de réconciliation, en offrant l'hospitalité aux parties belligérantes et à leurs victimes, et en participant à des activités interreligieuses destinées à favoriser la paix.

Les conclusions concernant les situations de conflit sont importantes pour la conception des programmes de leadership dans la plupart des institutions académiques. Ces programmes supposent souvent des circonstances prévisibles et sont conçus pour donner aux dirigeants les moyens de diriger dans des situations de paix et de sécurité toutes relatives. Mais dans une grande partie de l'Afrique, la stabilité, la prédictibilité, la sécurité et la paix ne peuvent pas être simplement supposées ou considérées comme allant de soi. Si l'on considère les violences récentes en RCA, les violences interreligieuses en cours dans les régions côtières et orientales du Kenya, les violences postélectorales kenyanes de 2007-2008, ou la longue guerre civile en Angola (1975-2002), il est clair que la paix et la stabilité ne doivent jamais être supposées ou considérées comme acquises dans les programmes de développement du leadership.

Ceux qui conçoivent les programmes d'études pour les dirigeants doivent être conscients de ces conflits et de la dynamique qu'ils impliquent, et ils doivent garantir un engagement adéquat. Le contenu du cours doit se concentrer sur les sources communes de conflit dans l'Afrique contemporaine. Les lectures devraient inclure des études de cas, telles que celles que l'on trouve dans le chapitre 5 ou dans les rapports de l'ELA concernant les pasteurs et les organisations près de Mombasa. L'analyse des inégalités, des injustices et des anciens griefs doit être envisagée. Le rôle des Églises et des pasteurs chrétiens dans la contribution aux préjugés et aux conflits ou dans la contribution à la réconciliation et à la paix doit être discuté. Les rôles possibles des chrétiens dans le gouvernement, les entreprises, les médias et la société civile doivent également être analysés. Les étudiants devraient être encouragés ou obligés à visiter des régions en conflit et des camps de réfugiés ; ils pourraient faire partie d'un programme d'aide alimentaire ou être bénévoles dans des groupes de consolidation de la paix et d'intervention en cas de catastrophe. En classe, les élèves devraient s'engager dans des activités de résolution de problèmes à partir de situations de conflit réelles.

En bref, l'analyse minutieuse des situations de guerre et de conflit dans l'Afrique contemporaine devrait servir de base à la conception de programmes d'études sur le leadership. L'analyse du rôle de la FATEB dans la consolidation de la paix par l'éducation devrait sous-tendre le développement de programmes d'études qui contribueraient à la résolution des conflits, à la consolidation de la paix et à la résilience des communautés. Le programme d'études ne doit pas simplement répondre aux conflits, mais doit être actif pour éviter les conflits et promouvoir la paix.

FORMER DES LEADERS À L'ÈRE DU CHANGEMENT CONSTANT

Dans un monde en constante évolution, il est important que les dirigeants chrétiens dévoués soient préparés à s'engager dans cette réalité complexe, non seulement par le biais des ministères de l'Église, mais aussi dans les domaines de la politique et de la gouvernance, des affaires, de l'économie, du développement, de la santé, du genre, des communications et de l'éducation. Alors qu'auparavant l'enseignement supérieur chrétien en Afrique était souvent axé sur la formation théologique destinée aux dirigeants d'Églises, les instituts de théologie du continent élargissent leur champ d'action et deviennent des universités. Elles restent généralement axées sur la formation théologique et pastorale, mais s'engagent également à s'impliquer plus largement dans les disciplines académiques et à préparer les diplômés à servir dans une grande diversité de professions dans la société en général. Cet élargissement de la portée de l'enseignement coïncide, comme le souligne Nupanga Weanzana au chapitre 6, avec un changement de cap de la part des chrétiens africains, qui s'éloignent d'une orientation exclusive sur la Parole et l'Évangile pour se tourner vers une approche holistique généralisée où la parole et l'action se complètent. Presque tous les grands ministères chrétiens en Afrique aujourd'hui combinent les préoccupations sociales avec les préoccupations bibliques et évangéliques.

Cela signifie que l'enseignement supérieur chrétien connaît une expansion rapide, préparant les diplômés à des ministères au sein de l'Église ainsi qu'à des vocations dans la société en général. Les programmes d'enseignement du leadership doivent donc aborder les connaissances nécessaires pour avoir un impact sur le leadership dans une grande variété de professions telles que l'architecture, l'ingénierie, le journalisme et le droit. Mais il faut aussi que nos établissements d'enseignement se préparent à exercer un jugement théologique sur l'architecture, l'ingénierie, le journalisme et le droit, et pas seulement sur le travail pastoral. En bref, les universités doivent cultiver « le cœur, les mains et l'esprit du Christ en toutes choses » (Wood, 1985, p. 86-87).

De nombreux dirigeants que nous avons interrogés dans le cadre de l'Étude sur le Leadership en Afrique évoluaient dans deux mondes : l'Église et la communauté. La formation que reçoivent les dirigeants doit les préparer à ces deux mondes. La théologie doit continuellement jeter la lumière de la vérité biblique sur les réalités de chaque contexte, qu'il s'agisse de l'économie, du genre ou de la politique.

Si les avocats, les architectes, les écologistes et les soldats exercent un leadership chrétien dans la communauté, comme l'atteste l'Étude sur le

Leadership en Afrique, il incombe à l'enseignement supérieur chrétien de veiller à ce que leurs principes de leadership reposent fermement sur des bases théologiques et bibliques. Si les leaders portent le Christ dans la société par leur passion pour la justice, ils doivent alors porter le message authentique du Christ. Nous ne pouvons pas attendre des universités laïques qu'elles fournissent de tels fondements chrétiens. Étant donné la souveraineté de Christ en toute chose (Col 1.15 et suivants) et, par extension, dans tous les domaines de la connaissance, l'éducation théologiquement informée devrait s'ouvrir pour inclure d'autres disciplines. Lorsque cela sera fait, nous commencerons à avoir des professionnels chrétiens, et pas seulement des professionnels qui « se trouvent » être chrétiens.

CONCLUSION

L'Étude sur le Leadership en Afrique a identifié et étudié les principaux leaders chrétiens, hommes et femmes, membres du clergé et laïcs. Ce chapitre s'est inspiré des résultats de l'Étude sur le Leadership en Afrique pour faire des suggestions concernant le rôle de l'enseignement supérieur chrétien dans le développement du leadership. Le livre lui-même est destiné à servir de ressource importante pour le développement du leadership et à être utilisé dans les institutions éducatives africaines comme un texte de cours, et pas seulement comme une ressource de bibliothèque.

Nous espérons que le corps enseignant et les administrateurs des institutions chrétiennes africaines d'enseignement supérieur, ainsi que les organismes d'accréditation, reconnaîtront la valeur de ce chapitre, de ce livre et du site internet qui l'accompagne pour la conceptualisation, la conception, le développement et la mise en œuvre de programmes de formation au leadership transformateur, au service de l'Église et de la société en Afrique. Nous espérons également qu'en dehors de l'Afrique, les professeurs de missiologie et ceux qui enseignent le christianisme africain trouveront ces ressources utiles pour leurs propres programmes d'études et que les étudiants développeront une compréhension actualisée du christianisme en Afrique contemporaine et cultiveront la compréhension nécessaire à des partenariats solides avec les dirigeants chrétiens africains et les institutions qu'ils servent.

RÉFÉRENCES CITÉES

Buhere Kennedy (2016). « Voluntary Reading of Books by Students Has Immense Benefits », https://tuko.co.ke.

Coleman John (2012). « For Those Who Want to Lead, Read », *Harvard Business Review*, 15 août 2012.

Vygotsky Lev (1978). *Mind in Society. The Development of Higher Psychological Processes*, Cambridge, MA, MIT.
Wiggins Grant, McTighe Jay (2005). *Understanding by Design*, Alexandria, VA, Association for Supervision and Curriculum Development.
Wood Charles (1985). *Vision and Discernment. An Orientation in Theological Study*, Atlanta, GA, Scholars Press.

Chapitre 12

Engager l'Afrique
L'histoire de la Tyndale House Foundation

Mary Kleine Yehling

Il était une fois…
Les contes sont un élément essentiel de la vie et sont tenus en haute estime dans une grande partie de l'Afrique. En écoutant les événements d'une histoire, nos esprits et nos cœurs font l'expérience de la vérité et de la perspicacité. Nous participons, nous nous engageons, et nous pouvons être changés. De même, une grande partie du christianisme nous est parvenue par l'art du récit. Les racines de cet art, nourries en terre africaine par les premiers pères de l'Église d'Afrique du Nord et de la Méditerranée, ont façonné de manière spectaculaire l'histoire de notre foi (Oden, 2010). Les trames de vérité cachées dans les paraboles racontées par Jésus sont entrelacées dans notre compréhension du royaume de Dieu. Prenons la parabole du semeur :

« Écoutez ! Un semeur sortit pour semer. Comme il semait, une partie de la semence tomba le long du chemin ; les oiseaux vinrent et la mangèrent. Une autre partie tomba dans un sol pierreux, où elle n'avait pas beaucoup de terre ; elle leva aussitôt, parce qu'elle ne trouva pas un terrain profond, mais quand le soleil parut, elle fut brûlée et sécha, faute de racines. Une autre partie tomba parmi les ronces ; les ronces poussèrent, et l'étouffèrent, et elle ne donna pas de fruit. Une autre partie tomba dans la bonne terre ; elle donna du fruit qui montait et se développait, avec un rapport de 30, 60 ou 100 pour 1. Puis il dit : "Que celui qui a des oreilles pour entendre entende". » (Mc 4.3-9)

Comme dans cette parabole, le fruit de l'Étude sur le Leadership en Afrique (ELA) est le résultat de graines plantées auparavant par divers personnages de l'histoire. Ce chapitre raconte l'histoire du point de vue de la Tyndale House Foundation (THF) et de son engagement envers l'Afrique et l'Étude sur le Leadership en Afrique. La fondation n'était qu'un acteur parmi d'autres dans le cadre plus large de l'histoire.

L'histoire commence en 1955 avec le Dr Kenneth Taylor, directeur de publication à Chicago, qui lisait la Bible à ses dix enfants chaque jour. Les enfants avaient cependant du mal à comprendre la version autorisée (KJV) de la Bible qu'il lisait. Lorsqu'il interrogeait ses enfants sur la lecture du jour, ils ne pouvaient souvent pas répondre. Ainsi, chaque jour, alors qu'il voyageait en train de son domicile de Wheaton à son travail à Moody Press à Chicago, il posait une bible ouverte sur un genou et un bloc-notes sur l'autre. Travaillant paragraphe par paragraphe à partir des lettres de saint Paul, il transcrivait une partie de la Bible pour la lire à ses enfants le lendemain. Bientôt, lorsqu'il posait des questions, ses enfants comprenaient et pouvaient répondre.

Pendant sept ans, le Dr Taylor a travaillé à paraphraser les épîtres et, en 1962, il a publié *Living Letters*, créant ainsi Tyndale House Publishers. L'année suivante, grâce aux droits d'auteur, le Dr Taylor et son épouse, Margaret, ont fondé la Tyndale House Foundation. Son travail de reformulation des Écritures se poursuit jusqu'en 1971, année de la publication de *The Living Bible*. Il s'agissait d'un pas de foi dans le territoire inconnu des traductions modernes de la Bible, qui nous est maintenant familier

Figure 12.1. Ken et Margaret Taylor avec leurs dix enfants (1957)

à tous. Cette paraphrase de la Bible, facile à comprendre, a généré de fortes ventes, et la Tyndale House Foundation a reçu toutes les redevances. Lorsque la New Living Translation, traduite par des équipes de linguistes à partir des textes bibliques anciens originaux dans le style de *The Living Bible* l'a remplacée en 1996, ses redevances ont également été attribuées à la Tyndale House Foundation. En 2001, peu de temps avant sa mort, le Dr Taylor et son épouse ont fait don de Tyndale House Publishers à la Tyndale House Foundation.

Kenneth et Margaret Taylor auraient pu être riches. Au lieu de cela, ils ont donné la majorité de leur fortune « pour répondre aux besoins spirituels des gens, principalement par le biais d'une littérature conforme aux principes bibliques ». Ils ont investi leur richesse dans le royaume, et Dieu a richement multiplié ces graines – trente, soixante, et même cent fois.

Depuis sa création, la fondation a encouragé les ministères dans le monde entier, principalement en octroyant des subventions. Dans son autobiographie, le Dr Taylor décrit son « initiation à la mission » pendant son séminaire, au début des années 1940, et exprime sa conviction que les missionnaires doivent « travailler à préparer et à planifier la relève, pour que lorsqu'ils partent vers de nouveaux horizons, ils laissent derrière eux une Église autogérée et autosuffisante » (Taylor, 1991, p. 119). Le Dr Taylor et son épouse étaient profondément engagés dans les missions chrétiennes mondiales, un engagement illustré lorsqu'ils ont invité l'homme d'État missionnaire Dr Edwin (Jack) Frizen Jr à rejoindre le conseil d'administration de la Tyndale House Foundation nouvellement créée. Les Taylor, ainsi que Jack et son épouse Grace, ont été très impliqués dans la conception, la collaboration et le soutien d'un large éventail d'organisations.

Avant même de publier *Living Letters*, le Dr Taylor rêvait de créer une fondation pour investir dans des organisations chrétiennes du monde entier (Taylor, 1991, p. 284). Son travail au sein de la Moody Literature Mission et son intérêt pour la diffusion de l'Évangile l'avaient amené à faire de nombreux voyages. Dans la lettre de Noël de 1962 de la famille Taylor, il décrit son voyage de cette année-là à travers « l'Europe, l'Afrique, la Malaisie, le Moyen-Orient, la Hongrie et la Yougoslavie ». Mais l'Afrique, avec ses nations nouvellement indépendantes, a reçu une attention particulière. Il écrit dans cette lettre : « J'ai visité 14 des 28 nouvelles nations africaines qui ont été formées » (Taylor, 2000, p. 295-296). De tels voyages témoignent de son profond intérêt et de son engagement envers l'Afrique. On peut penser qu'il aurait beaucoup apprécié l'Étude sur le Leadership en Afrique et qu'il nous aurait encouragés, comme il le faisait lui-même, à « tout confier à Dieu dans la prière ».

ENGAGER L'AFRIQUE

Un bénéficiaire africain a dit un jour : « Votre soutien nous fournit une base pour travailler ensemble afin de créer un espace où Dieu peut agir. » Quelle description élégante de l'interaction entre la vision, le travail acharné et la provision. Elle souligne l'impact dynamique que peut avoir l'unité dans les relations, la marque de la communauté chrétienne. Lorsque toutes les personnes impliquées travaillent ensemble dans l'unité, cela crée un espace pour le Saint-Esprit.

La participation à l'ELA a représenté un nouveau chapitre de l'histoire du travail de la Tyndale House Foundation en Afrique. L'idéal serait d'écouter cette histoire autour d'un thé chaud avec du lait et un biscuit, assis confortablement à l'ombre, plutôt que de la lire. Les lecteurs devront plutôt faire appel à leur imagination pour se représenter les personnages et les événements.

Depuis sa création en 1963, la THF a investi en Afrique. Au fil des ans, nous avons vu des organisations se développer afin de répondre aux besoins d'un continent confronté à de nombreux défis. Nous avons assisté à la disparition de la domination coloniale et à l'émergence de nations indépendantes. La fondation a eu le privilège de travailler avec de nombreuses organisations qui ont joué un rôle essentiel dans ces changements et dans la formation de leaders chrétiens.

Figure 12.2. Le Dr Kenneth Taylor (avec Margaret Taylor) offre au président kenyan Daniel Arap Moi une copie de *Living Bible* et un Nouveau Testament en swahili (1984), d'après le Dr George Kinoti

Considérons trois des organisations de formation qui ont reçu le soutien de la THF dès leurs débuts. La Daystar University a été fondée au milieu des années 1960 dans le but de former des chrétiens à diverses professions. Aujourd'hui, avec plus de quatre mille étudiants, cette institution kenyane est une université chrétienne de premier plan, avec des compétences particulières en sciences de la communication. De même, à la fin des années 1970 et au début des années 1980, l'Association des évangéliques d'Afrique (AEA) a contribué, par le biais de ses réseaux, à la fondation de la Faculté de Théologie Évangélique de Bangui et de la Nairobi Evangelical Graduate School of Theology (qui fait désormais partie de l'Africa International University). Ces deux écoles réalisent le rêve de l'AEA, qui est de former des leaders chrétiens africains. Dans ces trois cas, la THF a accordé un financement initial. Aujourd'hui, les diplômés de ces institutions servent sur tout le continent et au-delà. La THF a récolté un avantage inattendu de cet investissement précoce : les professeurs et les étudiants de ces écoles ont joué un rôle essentiel dans l'Étude sur le Leadership en Afrique.

LES ARGUMENTS POUR UN ENGAGEMENT AUPRÈS DE L'ÉTUDE SUR LE LEADERSHIP EN AFRIQUE

L'expérience de la fondation au fil des ans a confirmé que nos investissements en Afrique étaient sagement gérés par les bénéficiaires et revêtaient une importance stratégique. Le monde, cependant, changeait rapidement. Nous avons reconnu des faiblesses dans notre compréhension de l'Afrique contemporaine. Nous voulions en savoir plus sur les initiatives et les possibilités qui pourraient mieux correspondre aux circonstances actuelles. La plupart des organisations avec lesquelles nous avions travaillé avaient des racines occidentales plutôt qu'africaines. Beaucoup se trouvaient dans des pays anglophones, moins dans des pays francophones et encore moins dans des pays lusophones. Nous nous sommes demandé ce qui se passait dans les Églises francophones et lusophones. Plus important encore, nous pensions que les ministères qui avaient des racines africaines pouvaient mieux comprendre le contexte culturel, définir les programmes et répondre aux besoins prioritaires en Afrique.

Au cours des cinq années précédentes, nous avions participé, avec d'autres fondations chrétiennes, à une étude en Inde, l'India Leadership Study (ILS)[1]. Au départ, le conseil d'administration de la THF a envisagé

---

[1] C'est parce que les responsables des fondations souhaitaient accorder de bonnes subventions pour le développement du leadership en Inde que plusieurs fondations (à l'initiative de First Fruit) ont collaboré pour soutenir l'étude sur le leadership en Inde, menée par le Dr David Bennett et conçue « premièrement, pour dessiner une carte, en quelque sorte, du développement du leadership en Inde aujourd'hui ; deuxièmement, pour définir les principes des subventions stratégiques, catalytiques, de renforcement des capacités ; troisièmement, pour

une étude similaire en Afrique. Edward Elliott, un membre du conseil qui a consacré une grande partie de sa vie professionnelle à l'édition en Afrique, a accepté d'explorer cette possibilité. Après de nombreuses conversations et réunions avec les responsables de diverses fondations, il est apparu que le lancement d'une telle initiative conjointe avec plusieurs fondations présentait des défis importants. Nous avions des circonstances différentes, avions des énoncés de mission différents et envisagions des priorités différentes pour l'étude. L'étude sur le leadership en Inde était en cours, et pour certaines des personnes impliquées, un travail supplémentaire en Afrique n'était pas possible. La reconnaissance de cette réalité a été un moment charnière dans notre histoire, car elle nous a poussés à envisager une toute nouvelle approche.

En 2008, une deuxième évolution décisive a eu lieu. Ed Elliott a invité le Dr Robert Priest de la Trinity Evangelical Divinity School à Deerfield, dans l'Illinois, aux États-Unis, et le Dr David Ngaruiya de l'International Leadership University à Nairobi, au Kenya, à effectuer des recherches et à identifier les questions clés qu'une telle étude devrait prendre en compte. Ils ont passé trois semaines à Nairobi à interroger un large éventail d'Africains et d'autres personnes impliquées dans le service et la formation au leadership sur le continent. Leur rapport résume ce qu'ils ont appris sur les réalités contemporaines de l'Afrique. Il nous a permis de comprendre la nécessité d'une étude sur le leadership en Afrique et a fourni une base pour l'organisation et la mise en œuvre de l'étude[2].

La participation de Robert Priest et de David Ngaruiya à ce travail préliminaire les a fait entrer dans l'histoire. Avec le temps, Robert Priest a assumé un rôle de leader en supervisant le processus de conception et de mise en œuvre de la recherche. Michael Bowen, de la Daystar University, s'est joint à David Ngaruiya pour superviser conjointement le projet au Kenya et a assuré la formation et l'encadrement des équipes de recherche des étudiants.

Robert (Bob) Reekie, originaire d'Afrique du Sud, s'est récemment retiré du conseil d'administration de la THF. Bob était cofondateur et premier président de Media Associates International et avait formé des éditeurs et des écrivains dans le monde entier. Convaincu que l'expérience et la maturité de Bob Reekie renforceraient l'étude, Ed Elliott lui a demandé de rejoindre le groupe de planification initial. À cette époque, il était devenu évident que l'Étude sur le Leadership en Afrique ne serait certainement pas l'effort conjoint d'un groupe de fondations. Bob Reekie a pris une

---

découvrir les pionniers, c'est-à-dire les personnes et organisations clés dans lesquelles Dieu est fortement à l'œuvre ; et quatrièmement, pour développer la collaboration, en particulier entre les dirigeants indiens qui ont des visions et des objectifs complémentaires » (David Bennett, « Insights from the India Leadership Study », présenté à The Gathering, 14 septembre 2002). Les fondations chrétiennes ont trouvé les résultats de cette étude sur le leadership en Inde extrêmement utiles pour l'octroi de leurs propres subventions.

[2] Voir http://www.africaleadershipstudy.org/about/#background.

position de leadership forte en nous encourageant à agir : « Nous devons faire cela par nous-mêmes. C'est trop important pour le laisser mourir. » Si l'un d'entre nous avait des doutes quant à la poursuite de l'action, les paroles de Bob l'ont convaincu. Le conseil d'administration de la THF a prouvé qu'il était prêt à investir de manière significative dans le projet, et nous étions prêts à démarrer.

PAS À PAS

Si vous écoutiez cette histoire plutôt que de la lire, vous me verriez penchée en avant sur ma chaise, parlant avec une intensité tranquille, soulignée par les gestes de la main que j'utilise lorsque je suis enthousiaste. Vous verriez que je considère que cette partie de l'histoire est d'une importance capitale. Elle a jeté les bases de tout le travail à venir.

La décision d'aller de l'avant sans autres fondations nous a donné plus d'espace pour travailler avec les partenaires africains et pour faire en sorte que leurs intérêts, leurs préoccupations et leurs idées soient primordiaux. Cette nouvelle orientation a éclairé la conception et la mise en œuvre de la recherche. L'étude sur le leadership en Inde, qui a impliqué plus de trois douzaines de fondations distinctes, a été organisée, conçue et réalisée par le personnel de la fondation. Il avait identifié des projets stratégiques à financer et mis au point une structure permettant aux fondations de travailler en étroite collaboration avec les organisations partenaires indiennes. En bref, les intérêts des fondations avaient été la force centrale et motrice de l'étude.

En revanche, dans l'espace créé par l'implication d'une seule fondation, l'Étude sur le Leadership en Afrique a pu procéder de manière à placer les partenaires africains au centre du projet de recherche. Alors que l'Étude sur le Leadership en Afrique continuerait de se concentrer sur les questions d'intérêt pour la fondation, elle élargirait son champ d'action pour inclure les questions et les dynamiques de leadership que les universitaires chrétiens africains et d'autres dirigeants ont identifiées comme étant prioritaires. Les universitaires chrétiens africains ont joué un rôle central dans la conception, la mise en œuvre et l'exécution de la recherche et de l'analyse, dans l'espoir que les résultats puissent remettre en question, façonner et éclairer notre compréhension de l'investissement en Afrique. Grâce à sa participation comme l'un des nombreux personnages de ce processus, la fondation elle-même a été façonnée et changée.

Une fois la décision prise d'aller de l'avant, nous avons immédiatement été confrontés à la tâche de clarifier notre objectif et de rechercher des partenaires appropriés. Le groupe de planification initial, avec les précieux conseils de Mark Taylor, le président de la fondation, a rédigé un premier énoncé des objectifs de l'Étude sur le Leadership en Afrique, décrivant ce que nous espérions être accompli du point de vue de la fondation.

C'est ainsi qu'a commencé un processus d'interaction et de communication, visant à discerner la prochaine étape. En avançant avec foi, nous avions confiance que notre vision deviendrait plus claire. Cela prenait du temps et exigeait un niveau d'engagement élevé de la part de l'équipe de planification de la THF, qui se réunissait régulièrement tout au long de l'étude. À certaines étapes, nous semblions tourner continuellement autour des mêmes questions. Le fait d'attendre patiemment ensemble que les choses deviennent claires a été une expérience pleine d'humilité et d'autonomie. Nous apprenions à marcher par la foi en communauté. Le soutien continu du conseil de la fondation nous a fourni un espace pour cette marche.

Au fur et à mesure que nous avancions, il est devenu évident que notre petit cercle devait s'agrandir. Nous avions besoin d'expertise, de perspicacité et de contexte pour élaborer des plans bien informés. Nous nous sommes donc tournés vers ceux avec qui nous avions travaillé en Afrique au fil des ans. Nous avons commencé par une enquête en ligne, qui a fourni des informations utiles, notamment que les enquêtes en ligne obtiennent des résultats irréguliers en Afrique. Bob Reekie nous a continuellement rappelé qu'en Afrique, il est important d'écouter les anciens et de solliciter leur soutien. L'association avec des personnes et des institutions connues et respectées est essentielle. Nous recevions nos premières leçons sur l'importance du capital social dans la culture africaine.

Ces premières expériences ont mis en évidence notre prochaine étape : nous devions réunir pendant plusieurs jours un groupe plus large de personnes, tant africaines qu'occidentales, afin que nous puissions nous écouter les uns les autres et concevoir l'étude conjointement. Nous avons recherché un équilibre entre hommes et femmes, anglophones et francophones[3], universitaires et professionnels. Nous avons invité des personnes travaillant dans les domaines de la recherche, de la formation et de l'enseignement, du développement des jeunes et du leadership, du développement de l'enseignement supérieur et des programmes d'études supérieures, du ministère des femmes, de la rédaction et de l'édition. Nous avons fait appel à des universités africaines qui proposent des formations à la recherche et à des ministères avec lesquels la THF a travaillé au fil des ans. Nous avons invité certains collègues et anciens partenaires de recherche de Robert Priest à se joindre à nous. Ce groupe est devenu le catalyseur de la conception et de la mise en œuvre du projet.

Notre première tâche en tant que groupe élargi a été de nous mettre d'accord sur l'objectif et les paramètres de base de l'étude. Les participants de la THF ont exposé les intentions de la fondation et ce que nous espérions que l'étude accomplisse. Un temps important a ensuite été consacré à une discussion de groupe pour définir les objectifs que les autres participants

---

[3] Ce n'est que plus tard que nous avons réalisé l'importance du portugais. Lors de notre deuxième réunion, nous avions deux leaders théologiques angolais présents, qui jouent un rôle continu et primordial dans nos recherches.

espéraient atteindre. Il s'agissait d'une étape critique qui, si elle n'avait pas reçu la priorité qu'elle méritait, aurait pu faire échouer le projet dès le départ.

Nous souhaitions tous découvrir des personnes et des organisations ayant un haut niveau d'influence, tel que l'ont estimé les chrétiens africains locaux bien informés. Mais nous avons eu besoin de dialoguer franchement. Pourquoi voulions-nous les découvrir ? Nous avons précisé que l'objectif de la THF n'était pas simplement de dresser une liste de bénéficiaires potentiels de subventions. Il s'agissait plutôt d'identifier les leaders et les organisations les plus importants, afin de comprendre ce qui les motive. Il s'agissait de mettre en lumière les domaines prioritaires des besoins du ministère qui, s'ils étaient abordés, avaient le potentiel d'apporter des changements positifs significatifs. Avec ces informations en main, la THF pouvait créer un modèle à utiliser pour évaluer tout projet en Afrique.

En ce qui concerne les participants africains, ils voulaient utiliser ce qu'ils avaient appris pour informer et façonner leur planification, leur ministère, leur programme d'études, leur vie quotidienne et leur travail. Ils allaient concevoir et mettre en œuvre des programmes, des projets et des pratiques susceptibles d'apporter des changements. Ils espéraient donc une documentation sur les domaines ayant le plus grand impact et les plus grands besoins. Ils voulaient un contexte et des outils qui leur permettent de concevoir des stratégies efficaces pour répondre à ces besoins.

La clarté apportée par cette conversation ouverte nous a permis de rédiger une déclaration sur les objectifs qui reflète les deux perspectives[4]. Nous avons conclu que chacun de nos objectifs pouvait être satisfait par les mêmes données de recherche si nous prenions soin de concevoir l'étude en gardant tous les objectifs à l'esprit.

Ce processus est devenu le cadre d'un dialogue permanent au sein du groupe. Sur une base de confiance, où la contribution de chacun était réellement appréciée, chaque participant a exprimé sa volonté de s'engager pleinement dans le projet. Cet engagement personnel et motivé était fiable, car tous les participants atteignaient leurs propres objectifs personnels ainsi que ceux du groupe. Cela a été l'une de nos principales forces.

La nature collaborative de ce projet a nécessité de la patience, des échanges réguliers et beaucoup de temps. Nous avons discuté, prié, envoyé des courriels et utilisé Skype. Nous nous sommes réunis régulièrement pour planifier, résoudre des problèmes, travailler et louer Dieu. Nous avons senti que le Saint-Esprit était à l'œuvre, nous attirant discrètement et avec persistance dans une communauté. Lorsque nous nous sommes réunis pour évaluer et discuter les données des questionnaires et des entretiens, nous sommes devenus une équipe. Nous avons travaillé ensemble au-delà des kilomètres, des langues et des cultures. Les Africains comme les Occidentaux ont fait l'expérience directe des défis quotidiens auxquels

---

[4] Voir l'annexe A.

sont confrontés les dirigeants d'autres pays : le Kenya, la RCA, l'Angola, l'Afrique du Sud et les États-Unis.

Des problèmes qui semblaient simples au départ pouvaient rapidement se transformer en obstacles majeurs qui absorbaient temps et énergie. Les circonstances dans chaque pays présentaient des défis uniques, mais un fil conducteur était clair : l'Afrique possède un grand trésor, des hommes et des femmes qui aiment le Seigneur, désirent servir ses desseins et dirigent et préparent efficacement les autres au leadership.

Le logo de l'Étude sur le Leadership en Afrique[5] est bien visible sur son site internet : des graines qui fleurissent dans la main ouverte d'un Africain. Il incarne la prière commune de l'équipe de l'Étude sur le Leadership en Afrique pour le développement du leadership en Afrique. Notre histoire est une histoire de célébration et de joie.

DES DÉCISIONS IMPORTANTES

Cette base étant posée, nous avons commencé à définir et à affiner les éléments de l'étude selon un processus guidé par Robert Priest. Nous nous sommes mis d'accord sur les informations spécifiques que nous souhaitions recueillir. Nous avons renforcé nos compétences en matière de collaboration de groupe en concevant le questionnaire initial et le protocole de sa mise en œuvre. Nous avons discuté des éléments de base à prendre en compte dans tout projet : budget, calendrier et domaines de responsabilité. Des décisions importantes ont été prises sur le fondement de notre sagesse collective.

Nous avons défini les paramètres géographiques de la recherche en fonction de facteurs pratiques. Les trois principales langues d'enseignement sur le continent sont l'anglais, le français et le portugais. Nous disposons de personnes sur le terrain au Kenya (anglais) et en République centrafricaine (français), et avons accès à l'Angola (portugais), il nous a donc semblé judicieux de recueillir nos informations auprès de ces trois nations. De cette façon, nous avons pu échantillonner les similitudes et les différences, et découvrir les facteurs communs liés au développement du leadership.

La fondation s'est engagée à soutenir une formation supplémentaire aux méthodes de recherche et aux compétences pratiques pour les étudiants chargés d'administrer les questionnaires. Nous espérions que le processus soutiendrait le développement du leadership en même temps que nous ferions des recherches à ce sujet. Les étudiants ont fait partie intégrante du succès de l'étude en administrant plus de huit mille questionnaires[6]. Au cours de ce processus, nous avons mis au point des outils que d'autres peuvent utiliser dans le cadre de recherches ou de cours sur les méthodes

---

[5] Africa Leadership Study. A Seedbed Resource, Http://www.africaleadership-study.org.
[6] Voir le chapitre 1.

de recherche. Ces outils sont disponibles sous la rubrique « Ressources » du site internet de l'Étude sur le Leadership en Afrique.

Il a été convenu que notre recherche serait mise en œuvre sous les auspices des établissements d'enseignement où nos professeurs de recherche enseignaient et où les étudiants étudiaient. Ces établissements ont généreusement offert le temps et le talent de leur personnel et de leurs étudiants. Chaque établissement partenaire est présenté sur notre site internet. L'engagement des dirigeants de ces organisations a apporté le soutien essentiel d'anciens très respectés. Cette approche a joué un rôle essentiel lorsque nous avons demandé aux répondants potentiels de donner de leur temps et d'apporter une contribution réfléchie. Grâce aux organisations locales reconnues qui ont parrainé la recherche, le processus de recherche est resté indépendant de tout intérêt pour la THF en tant que source de financement. En effet, le nom de la fondation n'a pas du tout été mentionné dans le processus de recherche lui-même.

LA RECHERCHE ET LES DONNÉES

Un aperçu du processus de recherche de la THF est présenté au chapitre 1 de cet ouvrage. Il serait difficile d'exagérer à quel point la THF est désormais mieux préparée pour envisager des recherches supplémentaires. Nous espérons que le fait de partager de manière transparente notre histoire de l'Étude sur le Leadership en Afrique profitera à d'autres organisations. Ce fut une expérience unique et formatrice que de faire partie d'un groupe aussi diversifié fonctionnant avec un objectif unique, une générosité d'esprit, une humilité les uns envers les autres et une réussite significative. Les données complètes ainsi que les instruments et protocoles de recherche sont disponibles sur le site internet de l'Étude sur le Leadership en Afrique et peuvent être téléchargés en portugais, français et anglais pour être utilisés par d'autres.

LES RÉSULTATS

L'examen et l'analyse des données se sont déroulés sur une période de plusieurs mois. Des conférences ont été organisées avec l'ensemble de l'équipe afin de partager les informations et les idées, pour une discussion et une évaluation dans la prière, et pour planifier les prochaines étapes. Des invités extérieurs à l'équipe de l'Étude sur le Leadership en Afrique, experts dans divers domaines, ont été invités à participer et à contribuer.

Un site internet de l'Étude sur le Leadership en Afrique doté d'un forum de discussion a été créé pour faciliter les conversations en cours et permettre à tous les membres de l'équipe d'accéder facilement aux données, aux rapports et aux documents de travail. Nous sommes devenus compétents dans l'utilisation des outils de réunion en ligne, bien que nous ayons fait l'expérience des limitations et des frustrations rencontrées quotidiennement dans une grande partie de l'Afrique avec un accès Internet limité et peu fiable.

L'équipe de recherche a élaboré un document de conclusions[7] qui distille et organise les concepts clés dans une vue d'ensemble. Ce document a servi d'outil au conseil d'administration de la THF dans son rôle de surveillance en tant que source de critiques et de financements importants. Il a également servi aux membres de l'équipe de l'Étude sur le Leadership en Afrique, qui ont choisi les conclusions qui les intéressaient particulièrement et ont commencé à collaborer à l'élaboration des chapitres de ce livre. Les conférences ont fourni un espace pour lire et critiquer le travail de chacun et pour maintenir la cohésion. Ce processus est traité en profondeur au chapitre 1.

Un thème récurrent est apparu au cours de nos discussions. Les participants ont souvent fait remarquer que certaines conclusions correspondaient à ce qu'ils pressentaient déjà comme étant la vérité, mais qu'ils n'avaient pas eu de recherches ou de données pour étayer leur conviction. Ils étaient ravis de découvrir que les données confirmaient leurs perceptions. Dans d'autres cas, les données ont mis en lumière des informations inattendues, nous surprenant par leurs résultats. C'est un joyeux voyage de découverte que nous avons eu le privilège de faire ensemble.

L'Étude sur le Leadership en Afrique est le fruit de graines plantées il y a de nombreuses années ; il espère être le semis de beaucoup de fruits à venir. À cette fin, nous avons développé le site internet de l'Étude sur le Leadership en Afrique. Avec de nombreuses photos et graphiques, il raconte l'histoire de l'ELA avec beaucoup de richesse et de profondeur. Il complète et soutient les idées de ce livre et met à disposition les données de recherche complètes pour téléchargement en portugais, français et anglais, afin que d'autres personnes qui le souhaitent puissent en bénéficier et s'en inspirer.

SEMER DES GRAINES ENSEMBLE

La page des ressources est un élément important du site internet. Organisée autour de sujets d'intérêt, c'est un espace où la croissance et le développement continus des graines qui ont été plantées peuvent être rendus disponibles, et où les fruits peuvent être célébrés et partagés. La Tyndale House Foundation envisage d'impliquer les utilisateurs du site dans un processus continu de compilation, de présentation et d'ajout de documents qui seront importants pour les personnes engagées dans le développement du leadership, l'éducation, la formation, l'écriture et la publication. Certains de ces sujets ont été traités en profondeur dans les chapitres de ce livre.

---

[7] Tyndale House Foundation (2016). « 17 Insights into Leadership in Africa », http://www.africaleadershipstudy.org/findings.

Certaines des ressources énumérées sous les titres des sujets sont fondées sur les conclusions de l'Étude sur le Leadership en Afrique. Nous espérons que d'autres personnes se joindront à nous pour continuer à apprendre et à s'appuyer sur les données recueillies dans le cadre de l'Étude sur le Leadership en Afrique. De nombreuses autres personnes ont effectué un travail considérable dans le domaine du développement du leadership. Des liens vers ces organisations et leurs documents sont également inclus par thème dans la page des ressources. Celle-ci sera enrichie et développée au fur et à mesure de la participation des utilisateurs du site. Nous prévoyons l'ajout de matériel en français, en portugais et en anglais.

La page des ressources comprend également un forum de discussion sur l'Étude sur le Leadership en Afrique. Il s'agit d'un espace permettant aux utilisateurs de publier des informations supplémentaires. Les conversations permettront aux utilisateurs d'apprendre à se connaître. C'est un endroit où ceux qui ont des intérêts communs peuvent apprendre ce que chacun fait et peut-être découvrir des moyens de travailler ensemble. Le forum peut être utilisé pour suggérer l'ajout de sujets d'intérêt et de liens vers des ressources à la fois sur la page des ressources et sur le forum. En particulier, les Africains qui utilisent le site auront une connaissance des ressources inconnues de la fondation. Au fur et à mesure que des ressources nouvelles et émergentes sont développées, elles peuvent être ajoutées aux différents sujets d'intérêt.

Les sujets d'intérêt qui ont été identifiés initialement sont issus des recommandations de l'ensemble de l'équipe de l'Étude sur le Leadership en Afrique. Il est naturel que la liste s'allonge et que des liens et des ressources soient ajoutés à chaque sujet, au fur et à mesure que d'autres personnes y participent[8].

COMMENT LA TYNDALE HOUSE FOUNDATION A ÉTÉ AIDÉE

Lorsque la Tyndale House Foundation s'est engagée dans l'Étude sur le Leadership en Afrique, nous avons espéré améliorer notre discernement concernant nos investissements de fonds en Afrique. Nous avons voulu soutenir le développement de leaders forts et pieux dans tous les secteurs de la société. À mesure que le projet avance, nous continuons à surveiller les effets de notre engagement en Afrique et ce que nous apprenons en cours de route en tant qu'organisation. Un projet de recherche d'une telle ampleur et d'une telle profondeur était un terrain inconnu pour le conseil d'administration de la fondation, et sa flexibilité – attestée par son ouverture à un processus d'examen alternatif et sa volonté d'offrir un financement constant pour la recherche en cours sur l'Étude sur le Leadership en Afrique – a donné des résultats importants. La Tyndale House

---

[8] Pour une liste complète, voir l'annexe C de ce livre ou visiter le site internet, http://www.africaleadershipstudy.org/als-forum/, et rejoindre la conversation.

Foundation continue à équilibrer soigneusement le processus d'examen des investissements et les collaborations stratégiques, tout en gardant à l'esprit les grands objectifs à long terme du projet. En outre, notre participation à l'Étude sur le Leadership en Afrique a eu un impact sur les considérations et les décisions du conseil d'administration, les modèles de dons de la THF en Afrique étant influencés par ce que nous avons appris grâce à l'Étude sur le Leadership en Afrique.

Prenons deux exemples d'initiatives récentes de la THF. Le premier est notre participation à l'Engagement de l'Afrique, un effort de collaboration impliquant trois écoles de théologie en Afrique francophone, trois ministères internationaux ayant une expertise dans l'éducation théologique, et trois fondations engagées pour comprendre les besoins et les problèmes critiques de l'Afrique francophone. Ces neuf organisations se sont engagées à travailler ensemble sur le long terme, afin d'équiper des dirigeants pour former la prochaine génération de leaders et pour répondre aux problèmes auxquels l'Église est confrontée en Afrique francophone. Une composante de cette collaboration a été un processus similaire à celui que l'équipe de l'Étude sur le Leadership en Afrique a adopté pour définir et planifier ensemble. Il s'agit d'un modèle radicalement différent du schéma d'interaction traditionnellement compris entre les fondations et leurs bénéficiaires. Nous n'aurions pas compris l'urgence et la profondeur des possibilités en Afrique francophone, et nous aurions été moins ouverts à ce type d'effort de collaboration si nous n'avions pas participé à l'Étude sur le Leadership en Afrique.

Le deuxième exemple est centré sur les questions décrites au chapitre 10. Bien qu'il s'agisse d'un effort à long terme, nous cherchons des moyens de répondre au besoin d'avoir un plus grand nombre d'éditeurs et d'auteurs africains. En raison de notre longue histoire de financement de projets littéraires, nous avons abordé l'Étude sur le Leadership en Afrique avec certaines connaissances et hypothèses concernant l'écriture, l'édition et la diffusion en Afrique. Les recherches menées dans le cadre de l'Étude sur le Leadership en Afrique ont permis de tester nos hypothèses, d'en vérifier certaines et d'en réfuter d'autres. Maintenant, avec les données et les résultats en main, nous avons une image plus claire qui peut nous aider, avec les éléments stratégiques qui ont le potentiel pour un impact plus grand.

La formation, le développement et l'autonomisation des écrivains africains qui traitent des questions africaines sont essentiels pour la formation des dirigeants. L'édition est un moyen essentiel de donner une voix à l'Église. En même temps, l'édition et la diffusion constituent un énorme défi sur tout le continent. Nous posons des questions, à savoir : qui est le mieux à même de former des écrivains et des éditeurs ? Qui a l'expérience de l'édition africaine ? Les systèmes d'impression à la demande ou les livres électroniques résoudront-ils les problèmes de diffusion ? L'expérience acquise dans le cadre de l'ELA a aiguisé notre curiosité. Nous recherchons des organisations qui travaillent dans chacun de ces domaines pour partager leurs informations et leur expertise, en collaborant de manière à permettre à toutes les parties concernées de remplir leur mission.

Ce sont là deux exemples de la manière dont l'Étude sur le Leadership en Afrique a rempli son objectif initial. Non seulement les données et les résultats ont donné à la THF une base de connaissances pour évaluer les subventions potentielles en Afrique, mais le processus nous a également changés et nous a permis de mieux comprendre comment un effort de collaboration peut être d'une utilité inestimable. Bien qu'il s'agisse d'une leçon difficile à vivre, nous devons rester ouverts à l'idée d'être changés lorsque nous travaillons avec d'autres et que nous devenons une communauté centrée sur des objectifs communs. C'est l'une des caractéristiques de l'Église : les autres peuvent voir l'amour que nous avons les uns pour les autres et qui s'exprime dans la communauté. S'il peut être tissé dans nos relations de travail, il dépassera les barrières religieuses, culturelles et ethniques. Il « crée un espace où Dieu peut agir ».

LA PERTINENCE POUR LA COMMUNAUTÉ DES BAILLEURS DE FONDS

La Tyndale House Foundation fait partie d'une communauté plus large de fondations, d'Églises et de particuliers désireux de soutenir l'œuvre du royaume dans le monde (Wuthnow, 2009). Les membres de cette communauté sont aussi bien des fondations disposant d'un personnel nombreux et de fonds de plusieurs millions de dollars que des mégaéglises, des particuliers fortunés ou des personnes aux moyens plus limités qui cherchent à gérer les ressources qui leur ont été confiées. Comme dans toute communauté, il existe un large éventail d'objectifs et de moyens pour les mettre en pratique. Certains fonctionnent avec des modèles traditionnels qui les ont bien servis au fil des ans. Beaucoup réexaminent et explorent les manières de s'adapter au rythme rapide des changements dans notre monde.

Il est de plus en plus reconnu que la recherche doit éclairer les dons. Par exemple, l'énoncé de mission du Foundation Center est de « renforcer le secteur social en faisant progresser les connaissances sur la philanthropie aux États-Unis et dans le monde entier[9] ». Un exemple d'une telle recherche peut être trouvé dans *Boundless Faith. The Global Outreach of American Churches* de Robert Wuthnow, dans lequel il examine les moyens stratégiques utilisés par les Églises américaines pour mettre leurs ressources matérielles au service d'objectifs chrétiens dans le monde entier (Wuthnow, 2009). L'Étude sur le Leadership en Afrique fournit donc à la fois une recherche dont d'autres peuvent tirer parti dans leurs subventions, et un modèle que d'autres peuvent imiter dans leur travail. Ce modèle implique un soutien et une collaboration avec les universitaires et les chercheurs pour acquérir des connaissances pertinentes.

---

[9] http://foundationcenter.org/.

La communauté des bailleurs de fonds comprend de plus en plus que nous pouvons être plus efficaces si nous travaillons ensemble plutôt que séparément. Les bailleurs de fonds qui s'intéressent à des objectifs ou à des zones géographiques spécifiques peuvent partager des informations et des expériences entre eux et avec une grande variété de parties prenantes, même s'ils ne disposent pas d'un cadre formel pour travailler ensemble. Les conversations doivent avoir lieu entre les universitaires et les spécialistes du terrain, ainsi que parmi les chercheurs de différentes disciplines, y compris la missiologie, l'éducation, les sciences sociales et les affaires. Une plus grande prise de conscience de chacun de l'ensemble et des rôles que les différents acteurs jouent dans cet ensemble augmente les chances de changement.

De nos jours, alors que la vie se déroule de plus en plus dans le monde virtuel de l'information sur Internet et des réseaux sociaux, la communauté des bailleurs de fonds continue de reconnaître l'importance vitale des relations entre les personnes pour le travail du royaume. L'expérience de la Tyndale House Foundation dans le cadre de l'Étude sur le Leadership en Afrique a permis de le prouver et de le justifier. Nous espérons que notre expérience pourra contribuer de manière positive à la conversation en cours au sein de la communauté des bailleurs de fonds.

LA SUITE DE L'HISTOIRE

L'histoire de l'Étude sur Leadership en Afrique comprend de nombreux personnages. Vous avez rencontré quelques-uns des principaux d'entre eux dans ce livre. Vous avez appris à les connaître au fil des chapitres soigneusement rédigés qui vous ont donné un aperçu des dons, de la perspicacité et de la sagesse qu'ils ont mis au service de leur mission. En visitant le site internet complémentaire de l'Étude sur le Leadership en Afrique, vous pourrez rencontrer l'équipe de recherche dans son ensemble et découvrir le rôle de ses membres dans ce récit, ainsi que leur vision de celui-ci. Si ce chapitre raconte l'histoire de la THF, nous n'étions qu'un des nombreux participants complémentaires de l'Étude sur le Leadership en Afrique. Chaque personne a été attirée par ce projet pour des raisons différentes. Mais tous ont apporté une attitude de respect et d'humilité ainsi que les atouts de leur formation, de leur sagesse et de leurs expériences de vie.

Je soupçonne que tous ceux d'entre nous qui cherchent à participer à l'histoire du royaume de Dieu, quel que soit leur rôle, ont des moments où ils auraient besoin d'un mot d'encouragement. Les principes à l'œuvre dans le royaume de Dieu sont radicalement différents de ceux qui sont à l'œuvre dans le monde qui nous entoure. Au cours de mes années de service au sein de la fondation (depuis 1975), j'ai eu le privilège et le défi personnel d'observer les nombreux exemples de ceux qui vivent humblement par la foi, parfois à grands frais. Cette réflexion a été un encouragement pour moi. Je prie pour qu'elle le soit aussi pour vous.

RÉFÉRENCES CITÉES

ODEN Thomas C. (2010). *How Africa Shaped the Christian Mind*, Downers Grove, IL, InterVarsity Press.
TAYLOR Ken (1991). *My Life. A Guided Tour*, Wheaton, IL, Tyndale House Publishers.
TAYLOR Margaret (2000). *The Way I Remember It! The Memoirs of Margaret West Taylor*, Wheaton, IL, Taylor Press.
TIEGREEN Chris (2003). *365 Pocket Devotions. Inspiration and Renewal for Each New Day*, Walk Thru the Bible/Tyndale House Publishers.
WUTHNOW Robert (2009). *Boundless Faith. The Global Outreach of American Churches*, Berkeley and Los Angeles, University of California Press.

Une réflexion sur la fidélité – Quand je me demande si mon service a un impact quelconque

Nous servons dans un Royaume fait de grains de blé, de graines de moutarde et de perles cachées – de petites choses qui ont un impact énorme. Le monde ne peut pas voir leur valeur. Dans nos moments les plus décourageants, nous ne le pouvons pas non plus…

[Mais] ne vous découragez pas si votre service fidèle à Dieu a des résultats imperceptibles. Ils ne sont imperceptibles qu'à l'œil nu. Ils ont une grande valeur dans le Royaume éternel, où ceux qui donnent leur vie la retrouvent.

En vérité, en vérité, je vous le dis, si le grain de blé tombé en terre ne meurt pas, il reste seul ; mais s'il meurt, il porte beaucoup de fruit. Jean 12.24

(Chris Tiegreen, *At His Feet*. 2003, jour 154)

Conclusion

Leçons apprises grâce à l'Étude sur le Leadership en Afrique

Kirimi Barine, Michael Bowen, Edward Elliott,
H. Jurgens Hendriks, John Jusu, Elisabet le Roux,
David K. Ngaruiya, Robert J. Priest,
Steven D. H. Rasmussen, Wanjiru M. Gitau,
Nupanga Weanzana et Mary Kleine Yehling

Les leaders chrétiens africains et les organisations chrétiennes africaines travaillent de manière créative et dynamique pour répondre à une grande diversité de problèmes et de possibilités locales dans le cadre des conceptions, des communautés et des ressources chrétiennes. Lors de notre dernière rencontre à Brackenhurst au Kenya, toute l'équipe de l'Étude sur le Leadership en Afrique s'est réunie pour discuter de ce que nous avions appris au cours de notre recherche. Les membres de l'équipe s'étaient préparés à l'avance en lisant tous les résultats de l'enquête, les entretiens et les rapports[1]. Voici un bref résumé de ce que notre équipe pense que la recherche a permis de révéler.

1. Les pasteurs sont très influents. Lorsqu'on leur a demandé de « citer un chrétien, en dehors de [leur] famille immédiate, qui [les] a le plus influencé », plus de la moitié des répondants au Kenya et en RCA, et plus d'un tiers en Angola, ont nommé un pasteur. Cela suggère que là où il y a des problèmes importants à aborder dans les sociétés africaines (comme le défi de la violence politique ethnique ou les problèmes généralisés du VIH/SIDA), il est logique que des initiatives s'associent aux pasteurs pour influencer les gens pour le bien. Parmi les pasteurs particulièrement influents

---

[1] Les contraintes d'espace ne nous permettent pas d'inclure les rapports complets que nous avons préparés sur les dirigeants chrétiens influents que nos enquêtes ont explorés ou les rapports complets sur les organisations chrétiennes dirigées par des Africains très dynamiques. Chacun de ces rapports et une variété d'autres ressources sont disponibles en anglais, français et portugais à l'adresse http://www.africaleadershipstudy.org.

du Kenya que nous avons interviewés et dont nous avons parlé, citons John Bosco, Joseph Maisha et Oscar Muriu ; de RCA, David Koudougueret et René Malépou ; et d'Angola, Adelaide Catanha et Dinis Eurico.

2. Les leaders non religieux jouent également des rôles stratégiques dans une grande variété de domaines. Parmi les leaders non religieux exceptionnels que nous avons interrogés, on trouve un architecte (Edouard Nvouni), un médecin (Nestor Mamadou Nali), un écologiste (Patrick Nyachogo), un général militaire à la retraite (le général Kianga), des professeures (Eunice Chiquete, Esther Mombo), la fondatrice d'une grande ONG prospère (Alice Kirambi), un formateur agricole (Joseph Kimeli), un professeur d'éducation sexuelle dans les écoles (Isaac Mutua) et le directeur fondateur de deux organisations qui travaillent avec les toxicomanes (Cosmas Maina). Non seulement ces personnes ont atteint une grande série d'objectifs stratégiques grâce à leur travail professionnel, mais leurs positions professionnelles et leurs réputations les ont positionnées pour servir et influencer plus largement que ce qui serait la norme pour le clergé. En outre, dans les contextes où la croissance de l'Église a dépassé la présence de pasteurs formés, les leaders chrétiens laïcs comblent souvent le vide en servant de leaders de ministères dans et à travers leurs Églises. Par exemple, l'Angolais Manuel Missa est un administrateur et enseignant d'école primaire très respecté, mais il sert également dans son Église en tant que chanteur, directeur de chorale, enseignant d'études bibliques et diacre. Ces leaders influents, qui ne font pas partie du clergé, sont souvent moins visibles que les leaders du clergé, et reçoivent parfois peu d'encouragements et de soutien de la part des Églises, mais ils sont extrêmement importants pour la force de l'Église et son témoignage en Afrique.

3. Sur un continent où 60 à 70 % de l'Église sont des femmes, les femmes sont stratégiques pour la force de l'Église mais elles sont souvent peu reconnues et peu soutenues. Les pays varient dans la mesure où les répondants ont indiqué que leurs Églises offraient des possibilités pour les femmes dans le leadership ; seuls la moitié des répondants de RCA et les trois quarts des répondants du Kenya l'ont affirmé. La majorité des organisations identifiées comme ayant un impact maximal étaient dirigées par des hommes, avec des conseils d'administration essentiellement masculins. Il n'était pas rare que les dirigeants interrogés regrettent le manque de présence féminine au sein du conseil d'administration – mais sans aucun plan déclaré pour changer cela. Les épouses des dirigeants masculins ont souvent joué un rôle important de partenaires (tels que Word of Life ou Redeemed Academy). Il en va de même pour les épouses des pasteurs, qui sont parfois nommées en tant que leaders de premier plan. Plusieurs associations de femmes dont nous avons parlé, comme Mothers' Union, ont été identifiées comme ayant un impact considérable. Les femmes identifiées en tant que leaders clés (telles que Esther Mombo et Alice Kirambi) ont fourni des preuves irréfutables de l'influence et du rôle stratégique des femmes dans l'Afrique contemporaine, mais aussi des défis auxquels elles sont confrontées. Il est clair qu'il s'agit là d'un domaine important à prendre en considération et à mieux soutenir. Les Églises jouent une diversité de rôles stratégiques dans la vie des chrétiens et des communautés africaines. Lorsqu'on leur a demandé de citer un chrétien qui les avait le plus influencés, 59 % des Angolais, 70 % des Kenyans et 76 % des personnes interrogées en RCA ont cité un dirigeant d'Église d'une manière ou d'une autre (y compris, mais sans s'y limiter, les pasteurs). Les Églises sont non seulement une base pour le mentorat et la formation au leadership, mais aussi pour l'influence stratégique sur les jeunes, les efforts de réduction de la pauvreté, les soins aux veuves, l'éducation sur les questions financières, l'éducation sur le VIH/SIDA, l'éducation sur les questions de violence ethnique et le processus politique et la diffusion de livres chrétiens.

4. Les organisations chrétiennes paraecclésiastiques dirigées par des Africains jouent un rôle central dans l'évangélisation, la formation de disciples et l'engagement social sur plusieurs fronts. N'appartenant pas à une seule Église, ces ministères favorisent l'unité interconfessionnelle et sont souvent dirigés par des personnalités entrepreneuriales – souvent laïques – qui identifient les besoins, conçoivent des programmes pour répondre à ces besoins, élaborent des stratégies pour solliciter un soutien et exécutent des programmes à fort impact. De telles organisations d'inspiration religieuse sont confrontées à une variété de défis, mais beaucoup font face à ces défis avec succès. La culture interconfessionnelle qui est encouragée est en elle-même une grande force pour l'Église au sens large et mérite d'être considérée comme un critère de soutien solide.

5. La Bible en tant que Parole de Dieu est importante dans la vie des chrétiens africains. Non seulement la Bible est centrale dans la prédication, mais plus de 60 % de nos répondants, presque tous alphabétisés[2], ont indiqué qu'ils lisaient leur bible quotidiennement (les chrétiens pentecôtistes étant les plus nombreux à la lire et les catholiques les moins nombreux). Nos recherches ont mis en évidence le rôle central de la Bible en tant que Parole de Dieu dans certains des mouvements de jeunesse kenyans que nous avons étudiés en profondeur, tels que FOCUS Kenya, Kenya Students Christian Fellowship (KSCF) et Scripture Union, mais aussi le rôle des traductions bibliques dans les langues vernaculaires en RCA (voir le rapport sur l'Association centrafricaine pour la Traduction de la Bible et l'Alphabétisation).

6. De nombreux Africains lisent des livres, en particulier des livres de développement personnel, des guides pratiques et orientés vers la réussite des lecteurs. Un tiers des personnes interrogées ont déclaré avoir lu au moins six livres au cours de l'année précédente, et environ 60 % des pasteurs ont lu six livres ou plus au cours de cette période. Les pasteurs déclarent également acheter des livres à des taux significativement plus élevés que les autres ; ils sont moins enclins à lire de la fiction que les autres. Les

---

[2] Nous avons intentionnellement donné la priorité à l'enquête auprès des personnes alphabétisées, un sous-ensemble des populations les plus importantes.

livres des pasteurs de mégaéglises des États-Unis (Joel Osteen, T. D. Jakes, Rick Warren) et d'ailleurs (Myles Munroe, David Oyedepo, Dag Heward-Mills, Chris Oyakhilome) ont été largement mentionnés comme favoris par les répondants kenyans, et beaucoup de ces livres mettent l'accent sur la façon d'atteindre le succès. Les livres de Ben Carson et de John Maxwell ont également été préférés. Les livres qui sont orientés vers la pratique et qui aident les lecteurs à réussir occupent une place centrale. De nombreux dirigeants interrogés ont indiqué qu'ils lisaient beaucoup, même s'il est clair que seuls quelques-uns font des lectures universitaires sérieuses.

7. Il existe un fort besoin d'auteurs chrétiens locaux. Alors que la plupart des répondants kenyans qui ont cité un auteur favori ont cité un auteur explicitement chrétien (67,4 %), 61,5 % d'entre eux étaient originaires des États-Unis. Moins de 2 % des répondants kenyans qui ont cité un auteur préféré ont mentionné un auteur chrétien kenyan. En République centrafricaine, 38 % des personnes interrogées ont cité un auteur chrétien spécifique, mais moins de 1 % (0,6 %) ont cité un auteur chrétien de la République centrafricaine. En d'autres termes, si 41,6 % des répondants africains chrétiens ont cité un auteur favori africain et 58,2 % un auteur favori chrétien, le degré de chevauchement entre les deux était relativement faible, avec seulement 9,5 % qui ont cité un auteur favori à la fois africain et chrétien (voir graphique 10.1).

D'après les entretiens, nous avons le sentiment que de nombreux dirigeants chrétiens africains ont des histoires intéressantes et fascinantes, mais qu'elles ne sont pas publiées. Il est intéressant de noter que la plupart des leaders que nous avons interrogés ont déclaré qu'ils aimeraient écrire un ou plusieurs livres sur leur vie ou leur ministère, qui, selon eux, pourraient intéresser d'autres personnes, mais beaucoup ont indiqué qu'ils n'avaient ni le temps ni les compétences nécessaires. Étant donné que ces leaders comprennent bien leur contexte local, et étant donné le manque apparent de livres chrétiens écrits par des auteurs locaux, il existe un besoin stratégique de soutenir des initiatives visant à aider les leaders chrétiens locaux à écrire et à publier des livres de qualité.

8. Les dirigeants et organisations chrétiens africains réussissent grâce à des réseaux relationnels. Un pourcentage surprenant de dirigeants ayant le plus grand impact ont vécu et/ou étudié à l'étranger (Brésil, Canada, France, Inde, Italie, Portugal, Royaume-Uni, États-Unis) et s'appuient sur des liens internationaux pour atteindre des objectifs stratégiques locaux. Les dirigeants et les organisations qui réussissent s'appuient également sur de vastes relations de réciprocité et de confiance au sein de leur pays. La capacité de forger des relations interconfessionnelles était essentielle à la réussite de la plupart des dirigeants et des organisations que nous avons étudiés (avec des exemples notables comme le NCCK et le Mombasa Church Forum). Même la capacité à nouer des relations de confiance avec les dirigeants musulmans s'avère être une dimension essentielle du succès des dirigeants et des organisations dans les régions à dominance musulmane (John Bosco, Mombasa Church Forum, Redeemed Academy, Word of Life). Les sociologues soulignent que dans notre monde moderne, le leadership s'exerce moins par un contrôle descendant au sein de structures bureaucratiques que par la capacité à activer des réseaux relationnels au nom d'objectifs stratégiques. Notre recherche de l'Étude sur le Leadership en Afrique tend à confirmer que le leadership chrétien africain s'exerce à travers un tel corps du Christ en réseau. Il semblerait également que si les partenaires étrangers veulent s'impliquer de manière stratégique, ils doivent comprendre ces réseaux, les soutenir et s'y adapter d'une manière culturellement contextuelle en plus de tout soutien financier fourni.

9. Les dirigeants chrétiens africains exercent leur ministère dans des contextes ethniques et interethniques où les aptitudes, les compétences et les engagements interculturels sont essentiels à la réussite. Notre enquête a confirmé que les dirigeants chrétiens proviennent de tous les principaux groupes ethniques. Lorsqu'il a été demandé à nos répondants de nommer un pasteur ou un leader laïc ayant eu le plus d'impact, une majorité au Kenya et en Angola a nommé quelqu'un de leur propre groupe ethnique, tandis qu'une majorité de répondants en RCA a nommé quelqu'un d'un groupe ethnique différent du leur[3]. Les données suggèrent donc que l'identité ethnique/culturelle partagée reste une dynamique importante en Afrique, même si les relations interethniques sont également centrales. Nos entretiens ont suggéré que le succès de nombreux dirigeants est dû en grande partie à leurs expériences, compétences et engagements interculturels. En d'autres termes, le fait qu'un grand nombre d'entre eux aient vécu à l'étranger ou dans des régions éloignées de chez eux semble avoir contribué non seulement à leurs réseaux, mais aussi à leur aisance et à leur capacité à établir des relations avec des personnes de cultures diverses. L'évêque Bosco, par exemple, a quitté ses racines à Nairobi pour s'installer à Mombasa, où il a appris à exercer son ministère en swahili et à procéder à d'autres ajustements culturels qui lui ont valu le respect des Digo musulmans. De nombreuses personnes interrogées ont attiré l'attention sur la diversité ethnique de leur personnel ou de leur conseil d'administration, et il est clair que certaines d'entre elles ont estimé qu'il était important que les dirigeants chrétiens servent de modèle et de guide pour des relations interethniques saines.

10. Les dirigeants chrétiens africains font de plus en plus partie d'un monde connecté, bien qu'avec des contraintes marquées. Plus de huit répondants sur dix en RCA et plus de neuf sur dix en Angola et au Kenya

---

[3] En Angola, 77 % des personnes interrogées ont désigné un pasteur de leur propre groupe ethnique et 80 % ont désigné un leader non religieux de leur propre groupe ethnique comme ayant le plus d'impact. Au Kenya, 65 % des personnes interrogées ont cité un pasteur de leur propre groupe ethnique, et 66 % ont cité un leader non membre du clergé de leur propre groupe ethnique. En République centrafricaine, 37 % ont nommé un pasteur de leur propre groupe ethnique et 48 % ont nommé un leader non membre du clergé de leur propre groupe.

possèdent un téléphone portable. Dans tous les pays, le taux de possession d'un téléphone portable est encore plus élevé chez les pasteurs.

Environ un tiers de nos répondants angolais et kenyans ont indiqué qu'ils possédaient un ordinateur, alors que moins d'un sixième d'entre eux en ont un en RCA – et les pasteurs des trois pays possédaient des ordinateurs dans une proportion moindre que les autres répondants. Un tiers des répondants de RCA (32,7 %), moins de la moitié des répondants angolais (48,8 %) et près des deux tiers des répondants kenyans (63,3 %) ont indiqué qu'ils avaient accès à Internet. Parmi ceux qui avaient accès à Internet, les répondants de RCA étaient les plus susceptibles d'y accéder dans un cybercafé, tandis que les Kenyans et les Angolais accédaient le plus souvent à Internet sur leurs téléphones portables, suivis par les ordinateurs à la maison ou au travail. Les Kenyans ont déclaré la plus grande fréquence d'utilisation d'Internet, l'Angola arrive juste en deuxième position et la RCA en troisième position. Alors que les pasteurs déclarent avoir moins accès à Internet que les autres, les pasteurs qui y ont accès déclarent des fréquences d'utilisation d'Internet plus élevées que les autres. Les dirigeants chrétiens qui ont un impact important et que nous avons interrogés font un usage intensif de diverses formes de communication, téléchargeant souvent des informations sur Internet et possédant une page Facebook. La plupart des organisations à fort impact que nous avons étudiées utilisent le courrier électronique, Facebook et d'autres formes de réseaux sociaux.

11. *Les initiatives axées sur les jeunes sont stratégiques.* Sur un continent où toute personne âgée de moins de trente ans est considérée comme un jeune, 74 % de la population en Angola, 69 % en RCA et 72 % au Kenya ont moins de trente ans. 59 % des répondants en Angola, 58 % en RCA et 82 % au Kenya ont indiqué que leur congrégation se concentrait « un peu » ou « beaucoup » sur le développement du leadership des jeunes. Au Kenya en particulier, il est clair qu'une majorité de dirigeants et d'organisations qui ont un impact important se concentrent sur les jeunes. Les grandes congrégations ont de plus en plus souvent des pasteurs pour les jeunes dans leur personnel. Il existe une perception répandue selon laquelle les jeunes sont confrontés à des défis et à des vulnérabilités spécifiques, mais sont aussi particulièrement ouverts à toute forme d'influence. Les dirigeants et organisations chrétiens peuvent généralement compter sur le soutien de diverses organisations chrétiennes, gouvernementales et de la société civile lorsqu'ils se concentrent sur le travail avec les jeunes. En outre, bon nombre des dirigeants que nous avons interrogés avaient eux-mêmes été formés dans leur jeunesse par des ministères tels que KSCF, Scripture Union ou FOCUS Kenya. Le renforcement de tels ministères et leur développement en RCA et en Angola semblent être une priorité absolue.

12. *Le mentorat est au cœur du développement du leadership en Afrique.* Le mentorat est un élément central du développement du leadership en Afrique. La majorité des dirigeants que nous avons interrogés ont fait référence au fait d'avoir été encadrés par d'autres personnes et aussi au mentorat dans lequel ils ont été impliqués (tels que l'évêque Maisha, la professeure Mombo, Oscar Muriu), utilisant parfois des programmes de stage en même temps que le mentorat. Dans notre enquête, nous avons demandé si les principaux dirigeants et organisations jouaient un rôle important dans le développement d'autres dirigeants, et si oui, quels moyens étaient utilisés. Plus de la moitié des répondants à notre enquête qui ont désigné un dirigeant clé comme étant particulièrement doué pour le développement du leadership ont répondu que cette personne utilisait le mentorat comme outil. Les organisations qui ont été identifiées comme étant exceptionnellement douées pour le développement de leaders (telles que FOCUS Kenya, KSCF), Scripture Union, Campus pour Christ) ont également été identifiées comme étant douées pour l'utilisation de mentors – avec certains des groupes d'étudiants qui font appel à d'anciens étudiants pour des stages et du mentorat, créant ainsi une boucle autonome.

13. *L'éducation formelle est clairement un élément central du développement du leadership.* Nos enquêtes, menées auprès de groupes de chrétiens et de dirigeants chrétiens, ont révélé un niveau extraordinairement élevé d'éducation formelle. Les leaders qui ont un fort impact que nous avons interrogés, même s'ils souhaitaient parfois souligner les avantages de leurs propres programmes informels de développement du leadership, avaient eux-mêmes un niveau d'éducation formelle extrêmement élevé. Malheureusement, notre questionnaire ne comportait pas de question explicite sur le rôle des universités et des séminaires, et nous sommes donc quelque peu limités dans ce que nous pouvons dire. En République centrafricaine, la FATEB a été choisie par le plus grand nombre de répondants comme étant l'organisation ayant le plus d'impact – ce qui est quelque peu surprenant, puisque la formulation de notre questionnaire mettait l'accent sur d'autres types d'organisations plutôt que sur les institutions de formation. D'après les résultats des entretiens, il semble que la plupart des dirigeants aient été façonnés par une combinaison d'éducation formelle de grande qualité et d'autres formes de relations informelles et de mentorat – la combinaison étant plus importante que n'importe lequel de ces éléments pris séparément.

14. *De nombreux dirigeants chrétiens africains sont hésitants à l'égard de la politique, mais reconnaissent que les enjeux sont importants et s'engagent donc souvent dans l'arène politique au nom du bien commun.* La plupart des dirigeants que nous avons interrogés associent la politique à la corruption et aux conflits. Une réponse naturelle est l'évitement. En Angola et en République centrafricaine, plus de 50 % des personnes interrogées ont répondu « pas du tout » à la question de savoir si leurs Églises dispensaient une éducation liée aux réalités politiques ; 25 % ont répondu « très peu ». Cela était particulièrement vrai pour les Églises pentecôtistes. Et pourtant, certains leaders chrétiens clés ont été profondément appréciés pour les rôles stratégiques qu'ils ont joués au sein du gouvernement (tels que Nestor Mamadou Nali en RCA). Certaines organisations (telles que le NCCK et le Mombasa Church Forum) ont été appréciées pour leur contribution chrétienne à l'examen des candidats et des lois politiques, et pour ne pas avoir simplement concédé l'arène politique aux musulmans ou aux laïcs. Au Kenya, seuls 19 % des personnes interrogées ont indiqué que leur Église ne les préparait pas aux réalités politiques, et près de la moitié ont déclaré que leur Église les préparait « un peu » ou « beaucoup ». La récente élection pacifique au Kenya doit presque certainement beaucoup au travail des Églises kenyanes, qui ont sensibilisé leurs membres à l'importance d'un processus politique non caractérisé par la violence ethnique ou religieuse. Les chrétiens africains d'autres pays pourraient tirer profit de l'expérience des Églises kenyanes.

15. Alors que la plupart des Églises, organisations et dirigeants chrétiens se concentrent peu sur les relations avec les musulmans, une minorité accomplit un travail impressionnant dans ce domaine stratégique. Bien que l'islam ait une présence significative en RCA et au Kenya, la plupart des personnes interrogées ont indiqué que leurs Églises faisaient peu ou rien pour se concentrer sur l'islam. Mais 11 % en RCA et 18 % au Kenya ont indiqué que leurs Églises faisaient « beaucoup » dans le domaine de la sensibilisation des musulmans. La phase 2 de notre recherche, en particulier sur les dirigeants et les organisations de la côte du Kenya où Al Shabaab a été actif et où la tension et le conflit avec l'islam sont élevés, a révélé une diversité de méthodes par lesquelles les chrétiens s'engagent auprès des musulmans en faveur de la paix et de relations positives, ainsi qu'au nom du témoignage chrétien. L'évêque John Bosco a reçu le plus grand nombre de nominations en tant que pasteur ayant le plus grand impact, et son ministère s'est développé dans une communauté en grande partie musulmane, avec pour objectif central de servir cette communauté et d'établir des relations positives. Cosmas Maina, qui a reçu le deuxième plus grand nombre de votes en tant que dirigeant laïc, s'est également associé avec des musulmans pour œuvrer auprès des toxicomanes. Le NCCK et le Mombasa Church Forum se sont efforcés de promouvoir les dirigeants musulmans en tant que partenaires de dialogue, en apportant leur soutien aux candidats politiques musulmans qui présentent des approches positives des relations interreligieuses, en s'associant à la police communautaire pour lutter contre la violence interreligieuse, etc. Au moment de notre recherche, la Redeemed Academy de l'évêque Bosco, qui opère dans une région essentiellement musulmane et qui a été initialement attaquée, comptait 350 étudiants, dont plus de la moitié étaient issus de familles musulmanes. Les modèles d'engagement forgés par ces chrétiens doivent être partagés avec les chrétiens africains sur tout le continent.

16. Les structures de soutien aux institutions et aux dirigeants chrétiens sont meilleures au Kenya qu'en Angola ou en RCA, et il est beaucoup plus difficile d'acquérir des connaissances sur les réalités du leadership en Afrique francophone et lusophone qu'en Afrique anglophone. Tout, de la disponibilité de livres chrétiens dans la langue nationale à la facilité et à la sécurité des déplacements, en passant par la disponibilité d'un accès Internet de qualité diffère considérablement entre le Kenya et les autres pays. Le fait que les chrétiens kenyans parlent la même langue que les chrétiens américains facilite grandement la communication et le partenariat. Et cela n'affecte pas seulement les partenariats dans le domaine du ministère, mais aussi le niveau de difficulté rencontré dans le cadre d'un partenariat pour une recherche efficace sur la dynamique du leadership. Il y a des obstacles plus exigeants à franchir en RCA et en Angola qu'au Kenya pour comprendre les réalités du leadership. Les implications sont importantes. Si le corps mondial du Christ veut établir des partenariats judicieux dans les régions d'Afrique non anglophones, il nous faudra travailler davantage pour trouver des informations liées aux défis et aux opportunités qui touchent les dirigeants chrétiens africains.

Après avoir examiné les données et identifié ce que nous avons appris, les membres de l'équipe de l'Étude sur le Leadership en Afrique ont exprimé leur satisfaction de voir que notre recherche a confirmé et prouvé ce que nous avions pressenti comme étant vrai : les chrétiens africains font preuve d'un grand dynamisme, d'initiative et de vision pour répondre aux réalités africaines et aux besoins perçus. Grâce à notre recherche, nous avons beaucoup appris sur les méthodes spécifiques utilisées par les dirigeants et les organisations chrétiennes africaines pour s'attaquer de manière créative et dynamique à un grand nombre de problèmes locaux et saisir les occasions dans le cadre des conceptions, des communautés et des ressources chrétiennes. Les participants ont dit espérer que les résultats de nos recherches contribueront à contrecarrer l'idée répandue selon laquelle les Africains ne font pas grand-chose pour changer la culture dominante de pauvreté, de conflit, de violence et de dépendance vis-à-vis de l'étranger.

Annexe A

Déclarations d'objectifs de l'Étude sur le Leadership en Afrique

COMME FORMULÉ À L'ORIGINE PAR LE GROUPE DE TRAVAIL SUR LE LEADERSHIP DE TYNDALE HOUSE FOUNDATION

L'objectif de l'Étude sur le Leadership en Afrique est d'identifier les opportunités stratégiques pour soutenir le développement des leaders chrétiens en Afrique francophone, anglophone et lusophone[4]. En collaboration avec les leaders chrétiens africains, cela sera accompli au moyen des étapes stratégiques suivantes :

- Évaluer ce qui se fait déjà en matière de développement du leadership. Identifier les possibilités où les donateurs occidentaux peuvent et doivent investir leurs ressources pour un effet optimal.
- Identifier les défis qui s'opposent à un déploiement efficace des ressources.
- Créer un moyen de suivi pour évaluer l'efficacité des ressources investies dans le développement du leadership.

COMME FORMULÉ PAR LES ÉRUDITS AFRICAINS IMPLIQUÉS DANS LE PROJET DE L'ÉTUDE SUR LE LEADERSHIP EN AFRIQUE

Les avantages et les résultats de l'étude informeront également les partenaires africains du projet de l'Étude sur le Leadership en Afrique et pourront servir de ressource aux Africains pour comprendre les modèles, les pratiques et les programmes actuels de leadership, afin de les utiliser

---

[4] La déclaration originale n'incluait pas le portugais, qui a été ajouté lors de la conférence de Nairobi en 2011.

dans leur vision et leur planification de l'avenir. Dans ce contexte, voici les étapes stratégiques :

- Fournir aux Églises africaines et aux responsables du marché des détails sur les initiatives efficaces, en tant que ressources dont ils peuvent s'inspirer et, dans certains cas, reproduire de manière appropriée.
- Fournir des études de cas pour les institutions d'enseignement supérieur.
- Générer des données que les gouvernements peuvent utiliser pour le développement et l'intervention en matière de leadership.
- Générer de la littérature sur le leadership.

Annexe B

Résultats de l'enquête sur le Leadership en Afrique

D'Angola (N=1783), de République centrafricaine (N=2294) et du Kenya (N=3964)

Sauf indication contraire, tout pourcentage indiqué est un pourcentage valide.

Q 1 : Citez un homme chrétien ou une femme chrétienne, en dehors de votre famille, qui vous a le plus influencé.

Échantillon de résultats pour cette question, avec la fréquence de mention. La plupart des noms cités n'apparaissent qu'une ou deux fois dans la liste.

Angola		RCA		Kenya	
Ananias Alberto	14	Jean Balezou	13	John Bosco	38
Adelaide Catanha	10	Ferdinand Bassala	17	Gideon Karanja	12
Abias Cauto	6	David Bendima	13	Julius Kilonzo	21
Bernardo Chimoiya	5	Paul Change	26	Wilfred Lai	21
Alberto Daniel	11	George Offong Edet	14	Steve Macharia	13
Diamantino Doba	7	Daniel Halola	22	Joseph Maisha	21
Eduardo Domingos	5	Theodore Kapau	40	Simon Mbevi	16
Dinis Eurico	15	David Koudougueret	17	Edward Munene	12
Marcello Malukissa	7	Paul Mbunga-Mpindi	13	Mathews Mururu	13
José Manuel	7	Jean-Pierre Mobia	25	Timothy Musonye	19
Luisa Mateus	4	Corneille Nguepelego	14	Isaac Mutua	11
Daniel Pinto	4	Gaston Oumonguene	18	Sammy Ngewa	11
Nelson Samaria	6	Jean Lefort Pougaza	31	Furaha Semo	13
Faustino Sikila	5	Geris Appolinaire Sengueteli	20	Philip Shitsukane	14
Mario Velho	4	Valentin Yakoma	15	John Waweru	1

Q 2 : Cette personne est ou était :

	Angola	RCA	Kenya
Un pasteur	35,4 %	50,4 %	56,2 %
Un autre dirigeant d'Église	23,2 %	25,3 %	13,7 %
Un enseignant	8,5 %	8,1 %	10,1 %
Un patron	1,6 %	2,0 %	2,4 %
Un ami	21,5 %	9,5 %	15,4 %
Autre	9,8 %	4,6 %	2,2 %

Q 3 : Dans quel domaine cette personne a-t-elle eu le plus d'impact sur vous ?

	Angola	RCA	Kenya
Dans votre relation avec les autres	8,3 %	5,9 %	10,0 %
Spirituellement, dans votre relation avec Dieu	73,3 %	68,8 %	67,0 %
Sur le plan professionnel et dans vos décisions de carrière	5,9 %	5,2 %	9,0 %
Sur le plan éthique	2,0 %	5,0 %	4,1 %
Financièrement	1,3 %	3,4 %	1,9 %
Sur le plan de l'éducation (compétence)	6,8 %	10,4 %	7,2 %
Autre	2,5 %	1 3 %	0,8 %

Q4 : Quel est en moyenne le nombre de personnes qui fréquentent votre Église dans un week-end ?

	Angola	RCA	Kenya
Moins de 40	6,7 %	5,8 %	8,5 %
41-100	12,2 %	26,0 %	24,6 %
101-250	20,2 %	27,3 %	22,9 %
251-500	21,8 %	15,4 %	19,7 %
501-1 000	21,8 %	9,0 %	12,4 %
Plus de 1 000	17,2 %	16,5 %	11,9 %

Q 5 : Quel est le nom de votre Église locale ?

[Résultats non diffusés ici]

Q 6 : Quel est le nom du pasteur principal de cette Église ?

[Résultats non diffusés ici]

Q 7 : Quelle est la dénomination de votre Église ?

Angola	Fréquence	Pourcentage
Asamblea de Deus Pentecostal	88	5,1 %
Convenção Baptista de Angola	6	0,3 %
Igreja Adventista do Sétimo Dia	27	1,6 %
Igreja Apostólica Africana em Angola	2	0,1 %
Igreja Católica	62	3,6 %
Igreja Cristã Evangélica	4	0,2 %
Igreja Evangélica Batista de Angola	298	17,2 %
Igreja Evangélica Congregacional de Angola	605	34,9 %
Igreja Evangélica dos Irmãos de Angola (Plymouth Br)	50	2,9 %
Igreja Evangélica Reformada de Angola	118	6,8 %
Igreja Evangélica Sinodal de Angola	209	12,1 %
Igreja Luterana	30	1,7 %
Igreja Metodista Unida de Angola	19	1,1 %
Igreja Nova Apostólica	8	0,5 %
Igreja Presbiteriana de Angola	6	0,3 %
Igreja Visão Cristã	19	1,1 %
Missão Evangélica Pentecostal em Angola	10	0,6 %
Uniao de Igrejas Evangelicas de Angola	82	4,7 %

RCA	Fréquence	Pourcentage
Assemblée de Dieu	15	0,7 %
Centre Évangélique Béthanie	15	0,7 %
Communauté des Églises Apostoliques en Centrafrique	470	21,4 %
Église adventiste du septième jour	10	0,5 %
Église catholique	168	7,7 %
Église Coopération Évangélique en Centrafrique	147	6,7 %
Église de la Fraternité Apostolique	13	0,6 %
Église de Plein Évangile	8	0,4 %
Église Évangélique de Réveil	14	0,6 %
Église Luthérienne	34	1,6 %
Église Méthodiste en Centrafrique	11	0,5 %

Église Protestante du Christ Roi	13	0,6 %
Églises Baptistes*	830	37,9 %
F.E.E.P.A.C	24	1,1 %
Fédération des Églises Évangélique des Frères	138	6,3 %
Indépendante/Non dénominationnelle	50	2,3 %
Mission des Églises Évangéliques en Centrafrique	16	0,7 %
Mission Internationale d'Évangelisation Vie Abondante	10	0,5 %
Union des Églises Évangélique de Elim	52	2,4 %
Union des Églises Évangélique des Frères	114	5,2 %
Union des Églises Évangéliques de la Fraternité Apostolique	15	0,7 %

*La catégorie Églises Baptistes englobe au moins cinq grandes dénominations baptistes différentes : UFEB, UEB, ANEB, CEBI, CEBEC.

Kenya	Fréquence	Pourcentage	WCD*
Africa Inland Church	374	9,7 %	5,4 %
African Brotherhood Church	28	0,7 %	0,6 %
African Gospel Church	96	2,5 %	0,5 %
African Independent Pentecostal Church of Africa	35	0,9 %	3,0 %
African Orthodox Church of Kenya	9	0,2 %	1,4 %
Anglican Church	336	8,7 %	10,9 %
Baptist Church	160	4,1 %	3,0 %
Christ is the Answer Ministries (CITAM)	87	2,3 %	--
Church of Christ in Africa	18	0,5 %	0,7 %
Church of God in East Africa	7	0,2 %	0,4 %
Church of Restoration	29	0,8 %	--
Deliverance Church	57	1,5 %	0,2 %
East Africa Pentecostal Churches	19	0,5 %	0,3 %
Evangelical Lutheran Church in Kenya	20	0,5 %	0,3 %
Free Pentecostal Fellowship	48	1,2 %	0,2 %
Friends Church (Quakers)	36	0,9 %	--
Full Gospel Churches of Kenya	71	1,8 %	0,8 %
Glory Outreach Assembly	17	0,4 %	--

Gospel Outreach	36	0,9 %	--
Gracious Restoration Christian Church	14	0,4 %	--
Independent or Nondenominational	129	3,3 %	--
International Gospel Ministries Migori	18	0,5 %	--
Jesus Celebration Center	23	0,6 %	--
Kenya Assemblies of God	160	4,1 %	2,8 %
Methodist Church in Kenya	14	0,4 %	0,6 %
Nairobi Chapel	54	1,4 %	--
Pentecostal Assemblies of God	98	2,5 %	1,8 %
Pentecostal Evangelistic Fellowship of Africa	74	1,9 %	1,0 %
Presbyterian Church of East Africa	120	3,1 %	4,3 %
Redeemed Gospel Church	178	4,6 %	--
Église catholique romaine	424	11,0 %	19,9 %
Armée de Salut	78	2,0 %	1,0 %
Églises adventiste du septième jour	389	10,1 %	2,2 %
Voice of Salvation and Healing Church	15	0,4 %	0,3 %
Chapelle des Vainqueurs	42	1,1 %	--
Worldwide Gospel Church	22	0,6 %	--

* Statistiques de la base de données chrétienne mondiale sur la répartition confessionnelle en pourcentage du nombre de Kenyans.

Q 8 : Dans quelle mesure votre Église prend-elle en charge les veuves âgées ?

	Angola	RCA	Kenya
Pas du tout	13,6 %	26,9 %	8,9 %
Un peu	46,8 %	42,4 %	29,4 %
Une bonne mesure	27,4 %	18,3 %	33,5 %
Beaucoup	12,1 %	12,4 %	28,2 %

Q 9 : Dans quelle mesure votre Église offre-t-elle une formation professionnelle ?

	Angola	RCA	Kenya
Pas du tout	13,6 %	26,9 %	8,9 %
Un peu	46,8 %	42,4 %	29,4 %
Une bonne mesure	27,4 %	18,3 %	33,5 %
Beaucoup	12,1 %	12,4 %	28,2 %

Q 10 : Dans quelle mesure votre Église offre-t-elle une formation financière ?

	Angola	RCA	Kenya
Pas du tout	44,3 %	21,1 %	16,3 %
Un peu	29,5 %	22,7 %	29,4 %
Une bonne mesure	15,9 %	27,6 %	30,8 %
Beaucoup	10,3 %	28,6 %	23,5 %

Q 11 : Dans quelle mesure votre Église assure-t-elle le développement du leadership des jeunes ?

	Angola	RCA	Kenya
Pas du tout	13,6 %	9,8 %	3,2 %
Un peu	27,7 %	32,0 %	15,0 %
Une bonne mesure	30,7 %	31,2 %	32,9 %
Beaucoup	27,9 %	27,0 %	48,9 %

Q 12 : Dans quelle mesure votre Église dispense-t-elle une éducation sur le VIH/SIDA ?

	Angola	RCA	Kenya
Pas du tout	21,0 %	20,6 %	12,1 %
Un peu	36,0 %	36,3 %	24,5 %
Une bonne mesure	25,5 %	19,6 %	29,2 %
Beaucoup	17,5 %	23,5 %	34,3 %

Q 13 : Dans quelle mesure votre Église prépare-t-elle les gens aux réalités politiques ?

	Angola	RCA	Kenya
Pas du tout	56,1 %	54,8 %	19,0 %
Un peu	25,3 %	25,7 %	31,7 %
Une bonne mesure	12,5 %	11,4 %	27,7 %
Beaucoup	6,1 %	8,0 %	21,5 %

Q 14 : Dans quelle mesure votre Église assure-t-elle le développement du leadership des adultes ?

	Angola	RCA	Kenya
Pas du tout	16,7 %	15,3 %	6,3 %
Un peu	31,6 %	32,1 %	20,3 %
Une bonne mesure	28,5 %	31,0 %	34,1 %
Beaucoup	23,2 %	21,5 %	39,3 %

Q 15 : Dans quelle mesure votre Église offre-t-elle des possibilités pour les femmes dans le leadership ?

	Angola	RCA	Kenya
Pas du tout	10,3 %	13,8 %	5,9 %
Un peu	26,5 %	31,7 %	18,7 %
Une bonne mesure	32,8 %	29,1 %	34,2 %
Beaucoup	30,5 %	25,4 %	41,2 %

Q 16 : Dans quelle mesure votre Église fournit-elle un enseignement éthique pour toute la vie ?

	Angola	RCA	Kenya
Pas du tout	9,5 %	7,9 %	4,5 %
Un peu	24,6 %	21,7 %	14,5 %
Une bonne mesure	29,7 %	34,3 %	29,6 %
Beaucoup	36,2 %	36,0 %	51,4 %

Q 17 : Dans quelle mesure votre Église fournit-elle des modèles de leadership serviteur ?

	Angola	RCA	Kenya
Pas du tout	17,7 %	7,2 %	4,4 %
Un peu	32,5 %	23,7 %	14,9 %
Une bonne mesure	28,8 %	33,8 %	32,9 %
Pas du tout	21,0 %	35,3 %	47,8 %

Q 18 : Dans quelle mesure votre Église propose-t-elle un ministère auprès des musulmans ?

	Angola	RCA	Kenya
Pas du tout	85,8 %	59,8 %	41,5 %
Un peu	7,5 %	20,0 %	23,2 %
Une bonne mesure	3,1 %	9,5 %	17,1 %
Beaucoup	3,6 %	10,7 %	18,2 %

Q 19 : Dans quelle mesure votre Église fournit-elle un accès aux bibles et aux livres chrétiens ?

	Angola	RCA	Kenya
Pas du tout	6,0 %	6,1 %	6,2 %
Un peu	15,6 %	14,6 %	18,0 %
Une bonne mesure	25,2 %	23,2 %	24,0 %
Beaucoup	53,1 %	56,2 %	51,8 %

Q 20-22 : Veuillez citer trois pasteurs qui, selon vous, font une différence importante dans votre région.

[Résultats non diffusés ici]

Q 23 : Selon vous, lequel de ces trois pasteurs a l'impact le plus important ?

Les pasteurs ayant un impact les plus fréquemment cités sont énumérés ci-dessous, avec la fréquence de leur mention :

Angola

Ananias Alberto	22	Antonio Eurico Lucamba	28
Marcos Andre	13	Marcelo Malukisa	37
Adelaide Catanha	20	Adelaide Tomás Manuel	17
Fernando Catanha	21	José Manuel	17
Lucia Chitula	23	Luisa Mateus	11
Martinho Diogo	21	Alberto Miguel	13
Afonso Dumbo	13	Elioth Moraine	14
Dinis Eurico	49	Matias Sambango	15
Manuel Felix	13	Filipe Tchissingui	24
Manuel Aurelio Kapamu	21	Bernardo Vongula	14

RCA

Daniel Alola	47	Raymond Gobo	30	Thierry Moinamse	18
Isaac Baletogbo	25	Theodore Kapau	111	Corneille Nguepelego	44
Jean Balezou	20	Pierre Keafei-Moussa	22	Gaston Ouamonguene	32
Ferdinand Bassala	34	David Koudougueret	111	Jean le Fort Pougaza	29
Marc Belikassa	20	Vincent Kpare	18	Mathias Tofio	25
David Bendima	30	René Malépou	17	Isaac Zokoue	42
Josue Binoua	54	Jean-Pierre Mobia	55		

Kenya

Tom Arati	15	Walter Kimutai	11	Paul Mutua	14
Olutande	19	Wilfred Lai	27	Sammy Ngewa	11
Stephen Bakare		Steve Macharia	25	Kenneth Odhiambo	13
John Bosco	46	Simon Mbevi	15	David Oginde	11
Benson Kago	16	Edward Munene	14	Gregory Otenga	20
Gideon Karanja	11	Martin Munyao	18	Cephas Wango	15
Julius Kilonzo	32	Mathews Mururu	19	Muriithi Wanjau	13

Parlez-nous de ce pasteur.

Q 24 : Quel est son genre/sexe ?

	Angola	RCA	Kenya
Homme	90,2 %	99,5 %	92,2 %
Femme	9,8 %	0,5 %	7,8 %

Q 25 : Quel âge pensez-vous qu'il ou elle a ?

	Angola	RCA	Kenya
Moins de 35 ans	7,9 %	3,5 %	7,9 %
Entre 35 et 44 ans	26,7 %	22,0 %	41,4 %
Entre 45 et 54 ans	38,4 %	41,9 %	34,0 %
Entre 55 et 64 ans	22,3 %	25,9 %	13,4 %
Plus de 64 ans	4,6 %	6,7 %	3,3 %

Q 26 : Quel est son statut marital ?

	Angola	RCA	Kenya
Marié	92,0 %	90,0 %	89,7 %
Célibataire	5,8 %	9,4 %	9,6 %
Autre	2,2 %	0,5 %	0,7 %

Q 27 : Quel est son groupe ethnique ?

Appartenance ethnique des pasteurs nommés par rapport à la population de ce groupe ethnique dans l'ensemble du pays.

Angola	Pasteur	Population
Bakongo	30,3 %	13 %
Bangala	0,4 %	
Chokwe/Cokwe	1,5 %	5 % ?
Ganguela	3,4 %	9 % ?
Kimbundu	5,7 %	25 %
Kwanyama	0,6 %	4 % ?
Nyaneka-Humbe	0,8 %	3 % ?
Ovimbundu	53,8 %	37 %

RCA	Pasteur	Population
Banda	17,2 %	27 %
Gbaya	18,3 %	33 %
Mandja	18,1 %	13 %
Mboum	1,1 %	7 %
Ngbaka	13,8 %	4 %
Ngbandi	12,0 %	11 %
Sara	3,0 %	10 %
Zande-Nzakara	2,0 %	2 %

Kenya	Pasteur	Population
Embu	0,9 %	2 %
Kalenjin	8,4 %	12 %
Kamba	17,2 %	11 %
Kikuyu	26,6 %	17 %
Kisii	14,3 %	6 %
Luhya	12,3 %	14 %
Luo	10,0 %	11 %
Maasai	1,4 %	2 %
Meru	1,9 %	6 %

Q 28 : Quelle est, selon vous, l'étendue de l'influence de ce pasteur ?

	Angola	RCA	Kenya
Principalement dans une zone locale	33,0 %	13,6 %	24,9 %
Dans une région du pays	23,3 %	32,8 %	29,5 %
Nationale	33,8 %	31,7 %	27,7 %
Internationale	9,9 %	21,9 %	17,8 %

Q 29 : Dans quelle mesure cette personne contribue-t-elle à développer ou à former d'autres personnes en tant que leaders ?

	Angola	RCA	Kenya
Pas du tout	0,9 %	1,7 %	0,6 %
Quelque peu	9,3 %	10,4 %	6,3 %
Un peu	30,9 %	28,5 %	26,1 %
Beaucoup	58,9 %	59,5 %	67,0 %

Q 30 : Lequel des énoncés suivants décrit le mieux la façon dont ce pasteur forme des leaders ?

	Angola	RCA	Kenya
Mentorat (donne le bon exemple, accompagnement, discipulat)	61,5 %	61,6 %	61,3 %
De manière formelle (éducation à l'école, enseignement, administration)	12,9 %	18,6 %	12,8 %
De manière informelle (stages, séminaires, ateliers)	23,7 %	15,6 %	18,0 %
Parrainage financier/Soutien	0,8 %	3,4 %	3,0 %
Autre	1,2 %	0,8 %	4,8 %

Q 31-33 : Veuillez énumérer trois chrétiens convaincus que vous connaissez (pas un pasteur) et qui, selon vous, font une différence dans votre communauté locale dans un domaine important autre que le ministère pastoral.

[Résultats non diffusés ici]

Q 34 : *Selon vous, lequel de ces trois chrétiens a l'impact le plus important ou le plus stratégique ?*

Les leaders laïcs fréquemment cités et qui ont un certain impact sont cités en raison de la fréquence de la mention de leur nom :

Angola		RCA		Kenya	
Cris Avelino	4	Mme Brigitte Andarra	20	Jeremiah Kianga	14
Fred Barros	6	Mme Marie Paule		Joseph Kimeli	8
Simão Catombela	4	Balezou	11	Alice Kirambi	10
Albino Chicale	9	Mme Chantal Bobo	10	Judge Onesmus Makau	8
Eunice Chiquete	5	Jean Degoto	11	Kenneth Marende	9
Emidio Daniel	5	Joel Diboy	11	Timina Minyikha	9
Ernesto Daniel	4	Evariste Dignito	11	Elijah Munovi	6
Diamantino Doba	17	Louise Dindo	8	Councilor Mumo Mutua	6
Mariano Kusumua	4	Appolinaire		Isaac Mutua	28
Manuel Missas	8	Koyambenguia	9	Jackson Ngovi	7
Mata Mourisca	5	René Maleyombo	14	Patrick Nyachogo	6
Daniel Pinto	5	Prof. Mamadou Nestor		Chief Nyakinyi	6
Sofia Simão	11	Nali	14	John Oino	6
Januário Victor	4	Edouard Ngaisona	9	John Dache Pesa	11
Vasco Zage	4	Edouard Nvouni	8	Margret Simiyu	6
		Honora Yagossa	12	Councilor Irene Wacuka	10
		Mme Marie Louise Yakemba	6		
		Mme Cecile Yakoma	8		

Parlez-nous de cette personne :

Q 35 : *Quel est son genre/sexe ?*

	Angola	RCA	Kenya
Homme	74,9 %	65,3 %	56,5 %
Femme	25,1 %	34,7 %	43,5 %

Q 36 : *Quel âge pensez-vous qu'il ou elle a ?*

	Angola	RCA	Kenya
Moins de 35 ans	30 %	11,7 %	18,1 %
Entre 35 et 44 ans	27,3 %	33,5 %	35,1 %
Entre 45 et 54 ans	26,3 %	35,8 %	29,9 %
Entre 55 et 64 ans	13,4 %	16,8 %	13,3 %
Plus de 64 ans	3,0 %	2,1 %	3,6 %

Q 37 : Quel est son statut marital ?

	Angola	RCA	Kenya
Marié	66,4 %	65,5 %	82,4 %
Célibataire	30,7 %	31,8 %	16,5 %
Autre	2,9 %	2,7 %	1,1 %

Q 38 : Quel est son groupe ethnique ?

Ethnicité des leaders laïcs cités (Ldrs) comparée à la population (Pop) de ce groupe ethnique dans l'ensemble du pays.

Angola	Ldrs	Pop
Bakongo	32,3 %	13 %
Bangala	0,2 %	
Chokwe/Cokwe	1,8 %	5 %
Ganguela	1,4 %	9 %
Kimbundu	4,8 %	25 %
Kwanyama	0,6 %	4 %
Nyaneka-Hmbe	1,6 %	3 %
Ovimbundo	54,4 %	37 %

RCA	Ldrs	Pop
Banda	11,5 %	27 %
Gbaya	15,4 %	33 %
Mandja	13,2 %	13 %
Mboum	1,0 %	7 %
Ngbaka	5,6 %	4 %
Ngbandi	13,3 %	11 %
Sara	3,1 %	10 %
Zande-Nzakara	2,1 %	2 %

Kenya	Ldrs	Pop
Embu	1,0 %	2 %
Kalenjin	10,1 %	12 %
Kamba	16,9 %	11 %
Kikuyu	25,2 %	17 %
Kisii	14,5 %	6 %
Luhya	13,3 %	14 %
Luo	10,2 %	11 %
Maasai	1,5 %	2 %
Meru	2,0 %	6 %

Q 39 : Quel groupe cette personne influence-t-elle LE PLUS ?

	Angola	RCA	Kenya
Les enfants	6,0 %	3,9 %	7,6 %
La jeunesse	29,2 %	18,0 %	28,0 %
Les femmes	8,5 %	13,3 %	12,2 %
Les hommes	5,6 %	4,0 %	2,7 %
Les personnes âgées	1,1 %	3,4 %	2,4 %
Toute la communauté	45,1 %	47,0 %	40,6 %
Toute la nation	2,8 %	9,4 %	5,6 %
Autre	1,7 %	1,0 %	0,8 %

Q 40 : Laquelle des propositions suivantes décrit le mieux le domaine d'influence de cette personne ? [Sélectionnez UNE des meilleures réponses]

	Angola	RCA	Kenya
Les affaires	3,8 %	6,4 %	6,7 %
Développement du leadership d'Église	27,1 %	24,1 %	23,4 %
Communication/média	1,4 %	2,7 %	1,7 %
Résolution de conflit	2,8 %	3,8 %	5,5 %
Éducation	13,2 %	12,1 %	14,6 %
Évangélisation	33,7 %	21,9 %	12,0 %
Agriculture/environnement	1,2 %	3,0 %	4,1 %
Gouvernement/fonction publique	3,3 %	5,1 %	5,5 %
Soins médicaux	6,4 %	3,6 %	4,7 %
Maisons et familles	2,0 %	5,8 %	9,4 %
Musique/divertissement	2,0 %	2,7 %	1,6 %
Réduction de la pauvreté	1,0 %	6,7 %	8,0 %
Autre	2,2 %	2,1 %	2,8 %

Q 41 : Quelle est, selon vous, l'étendue de l'influence de cette personne ?

	Angola	RCA	Kenya
Principalement dans une zone locale	62,1 %	31,6 %	39,5 %
Dans une région du pays	19,0 %	30,7 %	30,1 %
Sur le plan national	17,2 %	31,0 %	23,5 %
Sur le plan international	1,8 %	6,8 %	6,8 %

Q 42 : Dans quelle mesure cette personne contribue-t-elle à développer ou à former d'autres personnes en tant que leaders ?

	Angola	RCA	Kenya
Pas du tout	0,7 %	3,4 %	1,2 %
Un peu	14,9 %	20,3 %	9,0 %
Moyennement	46,4 %	38,6 %	33,9 %
Beaucoup	38,1 %	37,7 %	55,9 %

Q 43 : Lequel des énoncés suivants décrit le mieux la façon dont cette personne forme des leaders ?

	Angola	RCA	Kenya
Mentorat (donner le bon exemple, accompagnement, discipulat)	56,8 %	47,1 %	50,8 %
De manière formelle (éducation à l'école, enseignement, administration)	17,4 %	25,9 %	17,1 %
De manière informelle (stages, séminaires, ateliers	20,3 %	14,0 %	18,1 %
Parrainage financier/Soutien	3,0 %	12,3 %	7,9 %
Autre	2,5 %	0,8 %	6,1 %

Comment évalueriez-vous cette personne en ce qui concerne :

Q 44 : Compétence dans leur travail

	Angola	RCA	Kenya
Pas élevée	2,5 %	2,1 %	2,3 %
Assez élevée	16,4 %	20,1 %	13,8 %
Élevée	48,0 %	43,6 %	51,0 %
Très élevée	33,1 %	34,2 %	32,9 %

Q 45 : Sagesse et connaissance du contexte local

	Angola	RCA	Kenya
Pas élevée	2,1 %	2,2 %	1,7 %
Assez élevée	22,5 %	24,4 %	13,3 %
Élevée	47,0 %	47,8 %	47,7 %
Très élevée	28,4 %	25,6 %	37,2 %

Q 46 : Intégrité éthique

	Angola	RCA	Kenya
Pas élevée	3,8 %	5,6 %	2,7 %
Assez élevée	20,4 %	28,3 %	13,7 %
Élevée	45,3 %	40,8 %	44,7 %
Très élevée	30,5 %	25,4 %	38,9 %

Q 47 : Amour et service des autres

	Angola	RCA	Kenya
Pas élevé	2,1 %	1,5 %	1,0 %
Assez élevé	12,8 %	15,5 %	7,5 %
Élevé	41,3 %	41,6 %	39,8 %
Très élevé	43,8 %	41,4 %	51,7 %

Q 48 : Réputation positive dans la communauté

	Angola	RCA	Kenya
Pas élevée	2,2 %	1,7 %	1,6 %
Assez élevée	14,2 %	16,9 %	9,0 %
Élevée	45,4 %	42,4 %	44,4 %
Très élevée	38,1 %	39,0 %	45,1 %

Q 49 : Inspire le travail d'équipe/mobilise la communauté

	Angola	RCA	Kenya
Pas élevé	3,3 %	2,4 %	2,6 %
Assez élevé	21,0 %	23,1 %	11,6 %
Élevé	41,6 %	42,1 %	42,4 %
Très élevé	34,2 %	32,4 %	43,5 %

Q 50 : Utilise les ressources de manière efficace

	Angola	RCA	Kenya
Pas élevé	8,0 %	4,6 %	2,8 %
Assez élevé	30,9 %	26,2 %	13,5 %
Élevé	36,9 %	42,4 %	41,5 %
Très élevé	24,3 %	26,8 %	42,2 %

Q 51 : Avec quelle agence ou organisation, le cas échéant, cette personne travaille-t-elle ?

[Résultats non diffusés ici]

Q 52 : Veuillez décrire ce que cette personne fait et qui a un impact.

[Résultats non diffusés ici]

Q 53-55 : Veuillez indiquer le nom de trois organisations, programmes ou initiatives chrétiens qui, selon vous, ont un impact positif important dans votre zone ou région locale.

[Résultats non diffusés ici]

Q 56 : Lequel de ces trois éléments a, selon vous, l'impact positif le plus important dans votre zone locale, votre région ou votre pays ?

Les organisations ayant un impact les plus fréquemment citées sont énumérées avec la fréquence de leur mention.

Angola	
Organisation	N
Associação dos Escuteiros de Angola	34
Centro de Formação Profissional da I.E.C.A	11
Conselho de Igrejas Cristãs em Angola (CICA)*	25
Departamento de Assistência Social Estudos e Projectos (DASEP)*	35
EL SHADAI	12
Formação Feminina (FOFE)*	28
Grupo Biblico de Estudantes Cristaos en Angola (GBECA)	10
Hora da Reflexão (Hour of Reflection)	11
Instituto Superior de Teologia Evangélica no Lubango (ISTEL)*	11
Jovens Com Uma Missao (JOCUM) = YWAM	11
Mocidade para Cristo (Youth for Christ)*	57
Mulher da Igreja Evangélica Reformada de Angola (MIERA)*	9
Projecto Ester	27
Projecto Uhayele	12
Promaica	13
Sinta-se	11
Sociedade Média da Igreja Evangélica Congregacional em Angola (IECA)	12
União Cristã Femenina (UCF)	15

RCA	
Organisation	N
Action Chrétienne pour le Développement (ACDL)	10
Adonai Mission International*	110
Ambassade Chrétienne (Radio Évangile Néhémie)*	148
Association centrafricaine pour la Traduction de la Bible et l'Alphabétisation (ACATBA)*	22
Campus pour Christ *	161
Caritas	185
École Théologique Évangélique des Frères	13
Emmaüs	21
Faculté de Théologie Évangélique de Bangui (FATEB)*	186

KENYA	
Organisation	N
Baobab Christian Home	23
Bomaregwa Welfare Association*	6
Cheptebo Rural Development Centre*	10
Christ is the Answer Ministries (CITAM)*	7
Christian Partners Development Agency (CPDA)*	6
Compassion International	55
Daraja La Tumaini*	15
Fariji Sacco	20
FOCUS (Fellowship of Christian Unions) Kenya*	21
Kenya Students' Christian Fellowship (KSCF)*	17
Kwiminia CBO*	13
Magena Youth Group*	16
Mombasa Church Forum*	10
Mothers' Union*	24
Narok Pillar of Development Organization*	11
Nation Council of Churches of Kenya (NCCK)*	10
Croix-Rouge	44
Redeemed Academy*	29
Scripture Union*	32
St. Martin's*	21
Tenwek Community Health and Development (TCHD)*	13
Transform Kenya*	15

Word of Life*	18
World Vision	191

* Des entretiens de suivi et des rapports ont été préparés pour les organisations marquées d'un astérisque. Ces rapports sont disponibles.

Q 57 : Quel groupe est le plus aidé par cette organisation ou cette initiative ?

	Angola	RCA	Kenya
Les enfants	5,5 %	3,7 %	18,0 %
La jeunesse	24,7 %	11,8 %	20,8 %
Les femmes	8,9 %	3,6 %	8,6 %
Les hommes	1,9 %	1,8 %	0,9 %
Les personnes âgées	1,8 %	1,4 %	1,6 %
Toute la communauté	42,5 %	49,5 %	40,0 %
Toute la nation	13,1 %	25,8 %	9,3 %
Autre	1,6 %	2,5 %	0,7 %

Q 58 : Laquelle des propositions suivantes décrit le mieux la zone d'influence de cette organisation ou initiative ?

	Angola	RCA	Kenya
Les affaires	2,9 %	1,7 %	6,8 %
Le leadership d'Église	16,5 %	20,7 %	13,1 %
Communication/média	1,7 %	3,7 %	1,7 %
Résolution des conflits	3,4 %	0,9 %	2,8 %
Éducation	16,1 %	12,6 %	16,3 %
Évangélisation	29,1 %	32,8 %	9,4 %
Agriculture et environnement	1,5 %	7,2 %	7,1 %
Gouvernement/service public	5,1 %	1,0 %	2,9 %
Soin de santé	9,1 %	4,1 %	11,0 %
Logements et familles	6,3 %	3,2 %	11,1 %
Musique et divertissement	0,9 %	0,6 %	0,3 %
Lutte contre la pauvreté	5,0 %	9,0 %	15,2 %
Autre	2,4 %	2,6 %	2,2 %

Q 59 : Quelle est l'ampleur de l'impact de cette initiative ou de cette organisation ?

	Angola	RCA	Kenya
Principalement dans une zone locale	35,0 %	9,1 %	26,0 %
Dans une région du pays	17,5 %	16,0 %	24,3 %
Sur le plan national	32,9 %	47,9 %	33,0 %
Sur le plan international	14,6 %	27,0 %	16,7 %

Q 60 : Dans quelle mesure cette organisation ou initiative contribue-t-elle à développer ou à former des personnes en tant que leaders ?

	Angola	RCA	Kenya
Pas du tout	2,1 %	3,0 %	2,5 %
Un peu	12,8 %	8,6 %	9,2 %
Une bonne mesure	36,3 %	28,5 %	33,3 %
Beaucoup	48,7 %	59,9 %	55,0 %

Si la réponse est « beaucoup », veuillez répondre à la question suivante.

Q 61 : Lequel des énoncés suivants décrit le mieux la façon dont cette organisation ou initiative forme des leaders ?

	Angola	RCA	Kenya
Mentorat (donne le bon exemple, accompagnement, disciptulat)	37,4 %	39,2 %	30,1 %
De manière formelle (éducation à l'école, enseignement, administration)	17,1 %	32,1 %	20,4 %
De façon informelle (stages, séminaires, ateliers)	34,7 %	19,8 %	23,9 %
Parrainage/soutien financier	4,0 %	7,2 %	20,0 %
Autre	6,7 %	1,7 %	5,5 %

Dans quelle mesure les affirmations suivantes sont-elles vraies pour cette organisation ou initiative ?

Q 62 : Elle a une bonne réputation dans la communauté locale.

	Angola	RCA	Kenya
Pas du tout	1,2 %	2,1 %	0,9 %
D'une certaine manière	7,9 %	13,7 %	8,2 %
Un peu	60,4 %	36,4 %	31,3 %
Beaucoup	30,5 %	47,8 %	59,6 %

Q 63 : Les Églises locales lui apportent un soutien important.

	Angola	RCA	Kenya
Pas du tout	7,1 %	19,6 %	7,2 %
D'une certaine manière	14,2 %	34,0 %	18,3 %
Un peu	59,1 %	26,2 %	34,8 %
Beaucoup	19,6 %	20,3 %	39,7 %

Q 64 : Les femmes participent à sa direction.

	Angola	RCA	Kenya
Pas du tout	3,9 %	8,5 %	3,6 %
D'une certaine manière	12,2 %	28,8 %	15,3 %
Un peu	60,7 %	35,0 %	35,3 %
Beaucoup	23,2 %	27,7 %	45,7 %

Q 65 : Elle fonctionne à merveille dans le contexte local.

	Angola	RCA	Kenya
Pas du tout	1,3 %	3,7 %	1,4 %
D'une certaine manière	9,3 %	14,8 %	9,4 %
Un peu	65,5 %	33,5 %	31,6 %
Beaucoup	24,0 %	48,0 %	57,7 %

Q 66 : Veuillez décrire ce que fait cette organisation ou initiative qui a un impact.

[Résultats non diffusés ici]

Q 67 : Veuillez nous donner le nom d'une personne qui travaille à la direction de cette organisation ou initiative.

[Résultats non diffusés ici]

Q 68 : Veuillez nous donner les coordonnées de cette personne (numéro de téléphone et courriel) si vous les avez.

[Résultats non diffusés ici]

Parlez-nous de vous :

	Angola	RCA	Kenya
Homme	65,6 %	65,8 %	57,9 %
Femme	34,4 %	34,2 %	42,1 %

Q 70 : Quel âge avez-vous ?

	Angola	RCA	Kenya
18 à 24 ans	39,7 %	17,4 %	23,6 %
25 à 34 ans	23,4 %	28,2 %	33,4 %
35 à 44 ans	17,5 %	27,1 %	26,4 %
45 à 54 ans	11,8 %	17,8 %	12,1 %
55 à 64 ans	6,2 %	8,0 %	3,7 %
Plus de 64 ans	1,3 %	1,4 %	0,9 %

Q 71 : Quel est votre statut marital ?

	Angola	RCA	Kenya
Marié(e)	37,7 %	35,3 %	54,9 %
Veuf/veuve	2,0 %	4,2 %	8,3 %
Célibataire	59,1 %	57,2 %	36,2 %
Autre	1,3 %	3,3 %	0,6 %

Q 72 : Quel est le plus haut niveau d'éducation que vous avez atteint ?

	Angola	RCA	Kenya
Inférieur au primaire	1,8 %	4,2 %	0,9 %
École primaire	13,5 %	7,2 %	8,6 %
École secondaire	61,3 %	18,4 %	29,2 %
Lycée/université (premier cycle universitaire, BAC)	21,8 %	52,2 %	46,7 %
Master ou doctorat à l'université ou séminaire	1,6 %	18,1 %	14,7 %

Q 73 : En ce moment, je suis...

	Angola	RCA	Kenya
Employé(e)	39,3 %	29,2 %	41,7 %
Indépendant(e)	13,1 %	10,0 %	22,1 %

Sans emploi et à la recherche d'un emploi	15,1 %	18,3 %	10,3 %
Sans emploi, mais pas à la recherche d'emploi	1,4 %	3,9 %	2,0 %
Femme au foyer/aide familiale	1,3 %	10,7 %	3,3 %
Étudiant(e)	28,3 %	24,8 %	19,2 %
Retraité(e)	1,5 %	3,1 %	1,5 %

Q 74 : Si vous travaillez, veuillez décrire votre travail.

	Angola	RCA	Kenya
Pasteur ou employé(e) de l'Église	5,7 %	7,5 %	10,2 %
Employé(e) d'une organisation à but non lucratif ou caritative (ONG)	2,9 %	6,4 %	6,6 %
Employé(e) d'une société à but lucratif ou d'un particulier pour un salaire	6,8 %	8,6 %	13,2 %
Fonctionnaire	26,2 %	13,1 %	11,8 %
Indépendant(e) dans sa propre entreprise, sa propre pratique professionnelle ou sa propre exploitation agricole	13,2 %	6,1 %	16,6 %
Travaille sans rémunération dans une affaire familiale ou ferme	1,2 %	6,8 %	4,5 %
Autre ou aucune réponse	44,0 %	51,6 %	36,9 %

Q 75 : À combien s'élève votre revenu mensuel combiné avec celui de votre époux/épouse si vous êtes marié(e)* ?

	Angola	RCA	Kenya
Moins de 120 $	11,4 %		23,3 %
Moins de 60 $		13,6 %	
60 à 120 $ par mois		11,8 %	
121 à 480 $	14,4 %	15,6 %	27,8 %
481 to 1 200 $	17,0 %	3,5 %	11,2 %
Plus de 1 200 $	8,6 %	1,5 %	3,1 %
Pas de réponse	48,5 %	53,9 %	34,6 %

*Les revenus ont été demandés en unité monétaire locale, mais avec des montants approximativement égaux à ces montants en dollars américains.

Q 76 : *Quel est votre groupe ethnique ?*

(L'ethnicité du répondant comparée à celle de la population globale)

Angola	Rép	Pop
Bakongo	29,8 %	13 %
Bangala	0,1 %	
Chokwe/Cokwe	2,6 %	5 %
Ganguela	1,4 %	9 %
Kimbundu	5,7 %	25 %
Kwanyama	0,9 %	4 %
Nyaneka-Humbe	2,6 %	3 %
Ovimbundo	54,4 %	37 %

République centrafricaine	Rép	Pop
Banda	14,0 %	27 %
Gbaya	18,3 %	33 %
Mandja	14,9 %	13 %
Mboum	2,9 %	7 %
Ngaka	6,5 %	4 %
Ngbandi	17,1 %	11 %
Sara	5,5 %	10 %
Zande-Nzakara	2,7 %	2 %

Kenya	Rép	Pop
Embu	1,3 %	2 %
Kalenjin	10,3 %	12 %
Kamba	15,5 %	11 %
Kikuyu	23,7 %	17 %
Kisii	15,3 %	6 %
Luhya	14,4 %	14 %
Luo	11,0 %	11 %
Maasai	1,0 %	2 %
Meru	2,3 %	6 %

Q 77 : Quelle est votre relation avec votre Église ?

	Angola	RCA	Kenya
Je ne vais pas régulièrement à l'église	7,1 %	13,0 %	8,2 %
Je suis un membre d'église et/ou je la fréquente régulièrement	67,4 %	53,9 %	60,4 %
Je suis un leader laïc dans mon Église	20,8 %	20,4 %	16,2 %
Je travaille en tant que pasteur dans mon Église	4,2 %	9,0 %	13,2 %
Je suis un leader confessionnel (comme évêque, intendant ou modérateur)	0,4 %	3,7 %	2,1 %

Q 78 : Possédez-vous un téléphone portable ?

	Angola	RCA	Kenya
Oui	96,4 %	82,1 %	93,7 %
Non	3,6 %	17,9 %	6,3 %

Q 79 : Avez-vous un ordinateur ?

	Angola	RCA	Kenya
Oui	41,3 %	15,3 %	34,4 %
Non	58,7 %	84,7 %	65,6 %

Q 80 : Avez-vous accès à Internet ?

	Angola	RCA	Kenya
Oui	48,8 %	32,7 %	63,3 %
Non	51,2 %	67,3 %	36,7 %

Si OUI, alors…

Q 81 : Comment accédez-vous à Internet la plupart du temps ? (Pourcentage de ceux qui ont accès à Internet.)

	Angola	RCA	Kenya
Téléphone portable	40,8 %	16,0 %	46,2 %
Ordinateur dans un cybercafé	12,7 %	61,7 %	22,0 %
Ordinateur à la maison	37,6 %	10,2 %	14,6 %
Ordinateur sur le lieu de travail ou à l'école	7,1 %	12,1 %	15,9 %
Tablette	1,8 %	0,0 %	1,3 %

Q 82 : Fréquence d'accès (pourcentage de ceux qui ont accès à Internet)

	Angola	RCA	Kenya
Plusieurs fois par jour	27,2 %	15,9 %	45,1 %
Une fois par jour	15,3 %	20,8 %	17,7 %
Occasionnellement	43,7 %	48,8 %	27,6 %
Rarement	12,6 %	13,5 %	7,5 %
Jamais	1,2 %	1,0 %	2,3 %

Q 83 : Possédez-vous une tablette électronique ? (Comme Kindle, Ipad, Android)

	Angola	RCA	Kenya
Oui	3,9 %	1,0 %	8,7 %
Non	34,8 %	94,4 %	74,8 %
N'ont pas répondu	61,3 %	4,7 %	16,5 %

Q 84 : Combien de livres avez-vous lus au cours des douze derniers mois ?

	Angola	RCA	Kenya
Aucun	7,1 %	18,6 %	7,3 %
1 ou 2	34,3 %	23,0 %	26,9 %
3–5	26,0 %	23,3 %	26,0 %
6–10	14,8 %	14,3 %	16,8 %
Plus de 10	17,8 %	20,8 %	23,0 %

Q 85 : Avez-vous déjà acheté des livres dans une librairie chrétienne ?

	Angola	RCA	Kenya
Non, il n'y a aucune proche de chez moi	29,0 %	30,2 %	13,1 %
Non, bien qu'il y en ait au moins une proche de chez moi	13,5 %	13,0 %	14,9 %
Oui, mais pas souvent	47,8 %	43,0 %	56,9 %
Oui, souvent	9,7 %	13,8 %	15,2 %

À quelle fréquence lisez-vous ce qui suit :

Q 86 : journaux ou magazines

	Angola	RCA	Kenya
Jamais	7,7 %	31,8 %	4,6 %
Moins d'une fois par semaine	40,5 %	30,3 %	12,7 %
Au moins chaque mois	16,3 %	10,9 %	11,1 %
Chaque semaine	22,3 %	13,9 %	32,5 %
Quotidiennement	13,3 %	13,2 %	39,1 %

Q 87 : la Bible

	Angola	RCA	Kenya
Jamais	1,6 %	5,8 %	0,9 %
Moins d'une fois par mois	5,9 %	8,7 %	4,3 %
Au moins une fois par mois	5,1 %	7,0 %	4,9 %
Chaque semaine	27,4 %	19,6 %	25,8 %
Quotidiennement	60,1 %	58,9 %	64,2 %

Q 88 : romans

	Angola	RCA	Kenya
Jamais	54,1 %	56,3 %	31,2 %
Moins d'une fois par mois	27,7 %	22,2 %	30,9 %
Au moins une fois par mois	6,1 %	11,3 %	19,8 %
Chaque semaine	6,7 %	6,1 %	11,9 %
Quotidiennement	5,4 %	4,1 %	6,2 %

Q 89 : autres livres (ouvrages généraux/documentaires)

	Angola	RCA	Kenya
Jamais	17,6 %	31,3 %	23,7 %
Mois d'une fois par semaine	33,1 %	27,7 %	31,6 %

À quelle fréquence lisez-vous les journaux, des articles de magazines ou des livres

Q 90 : sur votre portable ?

	Angola	RCA	Kenya
Jamais	31,2 %	56,5 %	40,9 %
Moins d'une fois par mois	18,2 %	9,1 %	13,3 %
Au moins une fois par mois	9,0 %	4,0 %	8,6 %
Chaque semaine	13,2 %	5,8 %	13,3 %
Quotidiennement	28,4 %	24,6 %	23,9 %

Q 91 : sur l'ordinateur ?

	Angola	RCA	Kenya
Jamais	41,3 %	72,5 %	43,8 %
Moins d'une fois par mois	18,1 %	9,3 %	13,6 %
Au moins une fois par mois	10,5 %	4,4 %	10,2 %
Au moins une fois par semaine	14,7 %	6,5 %	15,7 %
Quotidiennement	15,5 %	7,3 %	16,8 %

Q 92 : sur une tablette électronique ?

	Angola	RCA	Kenya
Jamais	42,2 %	94,3 %	77,8 %
Moins d'une fois par mois	15,3 %	3,2 %	8,1 %
Au moins une fois par mois	9,1 %	0,9 %	4,0 %
Une fois par semaine	11,6 %	1,1 %	4,3 %
Quotidiennement	21,9 %	0,6 %	5,9 %

Q 93 : Si vous avez un auteur favori, quel est son nom ? (Nommez-en trois ou plus)

Angola

Canguimbo Ananas	12	Augusto Cury	9	Fritz Laubach	4
Bambila (Manuel Simão)	4	Billy Graham	9	Silas Malafaia	8
Rebecca Brown	20	Joaquim Hatewa	3	Antunes Manjolo	3
Luis Camões	3	Benny Hinn	3	John Maxwell	24
Cristiano Cardoso	3	Jaime Kemp	4	Lor Mbongo	4
Augusto Chipesse	5	Tim LaHaye	6	Joyce Meyer	4

Mike Murdock 4
António Agostinho Neto 45
Stormie Omartian 3
Pepetela 38

Oscar Ribas 9
Luís « Aires »
  Samakumbi 12
Penelas Santana 8

Irmã Sofia 16
John Stott 3
Rick Warren 5
Wanhenga Xitu 5

RCA
Silas Ali 15
Amadou Hampâté Bâ 17
Henri Blocher 5
Bill Bright 3
Rebecca Brown 5
Albert Camus 9
Dale Carnegie 3
Aimé Fernand David
  Césaire 13
David Yonggi Cho* 7
Bernard Binlin Dadié 4
Birago Diop 3
Emile Durkheim 5
Emmanuel Eni 3
Zacharias Tanee Fomum 26
Étienne Goyémidé 56

Billy Graham 23
Victor Hugo 9
Martin Luther King 9
Léon Kobangue 3
David Koudougueret 3
Ahmadou Kourouma 22
Alfred Kuen 20
Camara Laye 17
Martin Luther 3
Pierre Sammy Mackfoy 60
René Maran 3
Paul Mbunga Mpindi 20
Watchman Nee 4
Jules Marcel Nicole 5
Stormie Omartian 3
Tommy Lee Osborn 7

David Oyedepo 9
Ferdinand Oyono 4
René Pache 4
Derek Prince 5
Jean-Jacques Rousseau 8
Jean-Paul Sartre 3
Ousmane Sembène 17
Léopold Sédar Senghor 14
Socrates 3
Charles Spurgeon 3
John Stott 9
Voltaire 5
Emile Zola 4
*Formerly Paul Yonggi Cho.

Kenya
Chinua Achebe 98
Elechi Amadi 6
Reinhard Bonnke 7
William Booth 30
Dan Brown 3
Rebecca Brown 12
Juanita Bynum 3
Ben Carson 162
John Bairstow Carson 5
Morris Cerrulo 4
William Jefferson Clinton 5
Paulo Coehlo 5
Stephen Covey 11
James Dobson 5
Steve Farrar 3
Mark Finley 4
Marvin Gorman 3
Billy Graham 13
Robert Greene 3
John Grisham 14
John Hagee 4

Kenneth Hagin 12
Dag Heward-Mills 30
Napoleon Hill 5
Benny Hinn 10
Bill Hybels 7
Francis Imbuga 11
T. D. Jakes 50
Joe Kayo 10
Martin Luther King 9
Karen Kingsbury 4
John Kiriamiti 16
Robert Kiyosaki 14
Tim LaHaye 4
C. S. Lewis 9
Max Lucado 10
Robert Ludlum 4
Wangari Muta Maathai 3
Marjorie Oludhe Macgoye 3
John Mason 12
John C. Maxwell 72
Ali Mazrui 4

Kithaka Wa Mberia 5
Simon Mbevi 5
John Mbiti 12
Joyce Meyer 52
Miguna Miguna 14
Pepe Minambo 7
Said Ahmed Mohammed 16
Mbugua Mumbi 4
Myles Munroe 41
Andrew Murray 3
Prof. Makau Mutua 3
Shellomith Nderitu 4
Watchman Nee 4
George Njau 3
Sabina Njeri 3
Clement Ogomo 5
Grace Ogot 5
Assa Okoth 10
Stormie Omartian 3
Erick Opingo 3
Evans Orina 3

Joel Osteen	139	Bill Perkins	3	Francine Rivers	10
Chris Oyakhilome	10	John Piper	4	J. K. Rowlings	3
David Oyedepo	31	Derek Prince	6	Robert H. Schuller	3
James Patterson	7	Leonard Ravenhill	6	William Shakespeare	17

Robin Sharma	4
Sidney Sheldon	24
Charles Spurgeon	5
Danielle Steel	9
John Stott	20
Ngugi Wa Thiong'o	114
Nancy Van Pelt	18
Ken Walibora	18
Wallah Bin Wallah	25
Joyce Wamwea	3
Rick Warren	52
Ellen G. White	50
Philip Yancey	3

Q 94 : Assistants de recherche qui ont collecté les données de l'enquête :

Angola*		RCA		Kenya	
Alberto, Agostinho	29	Boydet, Belin	145	Ananda, Zephaniah	96
Amadeu, Lourenço	30	Codjia, Dzifa	105	Gitau, Wanjiru	165
Arnaldo, Arão	29	Dongobada, Didacien	120	Isolio, Godfrey	209
Bapolo, Araújo	26	Kalemba, Mymy	73	Karanja, Moses	106
Bento, Helder	30	Kongolona, Fatchou	91	Kariuki, Margaret	196
Calufele, Pedro	23	Koyadibert, Max	264	Kiragu, Ruth	201
Cassoma, Edgar	30	Mataya, Viana Mathy	224	Kisyula, Rachel	174
Chissingue, Francisco	29	Mulume, Yves	139	Maina, Ednah C	174
Chitumba, Moises	22	Mushimiyimana, Jean- Claude	90	Malemba, Duncan	216
Cipriano, Enoque	21			Momanyi, Job	174
Domingos, Elias	29	Muteba, Mayambe	325	Mutuku, Alex	174
Fata, Mauricio	30	Elie Mwambazambi, Kalemba	23	Mutuku, Cyrus	198
Gomes, Alberto	25			Mwanza, Sebastian	304
Gomes, Regunaldo	22	Nsamu, Mavutukidi Lopez	99	Njuguna, David	188
Isaac, Antonio	24			Owilla, Hesbon	161
Mauricio, Clarice	24	Nyongona, Franck	82	Owino, Ruth	195
Pedro, Martins	28	Rabariolina, Christopher	62	Tinega, Philip	134
*En Angola 100 asistants de recherche ont collecté les questionnaires Voici la liste de ceux qui en ont collecté 21 ou plus.		Razafimaharo, Frederic	60	Weyama, Angela	213
		Sakalaima, Paul	195		
		Sandoua, Yolande	28		
		Swebolo, Emmanuel	121		
		Tao, Elysee	73		

Q 95a : Les villes dans lesquelles l'enquête a été menée :

Angola		RCA		Kenya*	
Andulo	18	Bangui	1426	Bomet	52
Bailundo	52	Bouar	288	Bungoma	56
Benguela	27	Damara	181	Eldoret	83
Caála	40	Mbaiki	259	Flyover	68
Cacungo	17	Yaloke	130	Githunguri	69
Caluquembe	110			Kagwe	36
Camacupa	13			Kericho	61
Catchiungo	74			Kiambu	56
Caxito	6			Kilifi	37
Chicala	19			Kisii	37
Chinguar	35			Kisumu	41
Chiugengo	30			Malindi	47
Ganda Embango	6			Migori	130
Huambo	79			Mogotio	50
Humpata	9			Mombasa	394
Kuito	198			Nairobi	475
Lobito	32			Nakuru	69
Longonjo	18			Narok	51
Luanda	546			Njoro	37
Lubango	335			Nyahururu	51
Namibe	30			Nyamira	133
Sede	18			Nyeri	99
Sumbe	30			Ukunda	125

* Une liste partielle. Nous avons collecté les données dans plus de 65 villes et villages du Kenya.

Q 95b : Provinces dans lesquelles l'enquête a été administrée (toutes les provinces énumérées) :

Angola		RCA*		Kenya*	
Bengo	29	Bangui	1426	Central	524
Benguela	66	Bamingui-Bangoran	0	Coast	663
Bié	265	Basse-Kotto	0	Eastern	373
Cabinda	0	Haute-Kotto	0	Nairobi	475
Cuando Cubango	1	Haut-Mbomou	0	Northeastern	0
Cuanza Norte	0	Kémo	0	Nyanza	473
Cuanza Sul	30	Lobaye	259	Rift Valley	579
Cunene	0	Mambéré-Kadéi	0	Western	318
Huambo	348	Mbomou	0	Données de province manquantes	559
Huíla	454	Nana-Mambéré	288		

Luanda	546	Ombella-M'Poko	311	
Lunda Norte	0	Ouaka	0	
Lunda Sul	0	Ouham	0	
Malanje	0	Ouham-Pendé	0	
Moxico	0	Vakaga	0	
Namibe	30			
Uíge	0			
Zaire	0			

* La RCA est divisée en 16 préfectures, Bangui étant une commune à part entière, essentiellement une dix-septième préfecture. En RCA, pour des raisons de logistique et de sécurité, nous nous sommes limités à quatre préfectures.

* Nous n'avons pas enquêté dans le nord-est du Kenya pour des raisons logistiques et de sécurité. Au moment de notre enquête, le Kenya était divisé en provinces, une structure gouvernementale qui, en 2013, a été abandonnée et remplacée par quarante-sept comtés.

Annexe C

Étude sur le Leadership en Afrique
Une ressource de base

Page de ressources disponibles : http://www.africaleadershipstudy.org/resources-als/

Forum : http://www.africaleadershipstudy.org/als-forum/

La page des ressources est l'endroit où l'on peut planter les graines recueillies dans le cadre de la recherche sur le leadership en Afrique et où l'on peut célébrer et partager les fruits. La page est organisée autour de sujets d'intérêt suggérés par les membres de l'équipe de l'Étude sur le Leadership en Afrique et leurs amis. Chaque sujet d'intérêt comprend une liste de ressources. Vous avez peut-être des ressources à ajouter. Ceux d'entre vous qui vivent en Afrique ont certainement des informations sur des ressources que nous ne soupçonnons pas. Vous pouvez proposer un sujet.

Certains de ces sujets ont été traités en profondeur dans les chapitres de ce livre. Certaines des ressources énumérées sous les titres des sujets sont fondées sur les résultats de l'Étude sur le Leadership en Afrique. Nous espérons que d'autres personnes se joindront à nous pour continuer à apprendre des données recueillies par l'Étude sur le Leadership en Afrique et à s'en inspirer.

De nombreux autres organismes ont effectué un travail considérable dans le domaine du développement du leadership. Des liens vers ces organisations et leurs ressources sont également inclus par sujet d'intérêt sur la page des ressources. Cette page n'est pas destinée à se concentrer exclusivement sur le travail de l'Étude sur le Leadership en Afrique.

Nous espérons que vous, utilisateurs, pourrez nous aider à enrichir et à développer les ressources que vous trouverez ici. À cette fin, nous avons mis en place un forum avec des discussions liées aux sujets d'intérêt. Vous pourrez utiliser le forum pour suggérer de nouveaux sujets, pour poursuivre les conversations sur les sujets existants et pour suggérer des ressources supplémentaires. Nous avons prévu que les conversations se déroulent en français, en portugais et en anglais. Des ressources peuvent être suggérées pour chaque langue, et elles seront affichées dans cette langue. La Tyndale House Foundation envisage et prie pour que les utilisateurs du site puissent être impliqués dans un processus continu de collecte, de présentation et d'ajout de ressources importantes pour ceux qui sont engagés dans le développement du leadership, l'éducation, la formation, l'écriture et la publication.

Les ressources bibliques répertorient diverses versions de la Bible et des outils d'étude pour ceux qui souhaitent étudier et comprendre les Écritures.

La rubrique prières offre un espace où nous pouvons nous encourager et nous soutenir mutuellement.

Former les leaders présente des ressources qui sont spécifiquement axées sur la formation des individus.

Former les organisations décrit les ressources qui sont spécifiquement axées sur la formation des organisations.

Les femmes dans le leadership offre un espace pour explorer le rôle de leadership stratégique des femmes africaines dans l'Église et la communauté, un rôle qui est souvent méconnu.

Associations chrétiennes en Afrique est un espace où l'on peut découvrir des organisations, des conférences, des événements de formation et des ressources qui ont été développés pour s'adapter au contexte africain.

Formation à l'écriture et l'édition s'adresse en particulier à ceux qui souhaitent développer leurs compétences en matière d'écriture ou d'édition ou publier des documents.

L'association des éditeurs et publications fournit une liste croissante d'éditeurs travaillant actuellement en Afrique, y compris ceux qui proposent des livres d'auteurs africains.

Impression à la demande est un forum permettant de découvrir et de discuter du rôle que jouent les systèmes d'impression à la demande, de plus en plus nombreux en Afrique, dans la disponibilité de livres et de matériels chrétiens à des prix raisonnables. Il s'agit d'un potentiel stratégique en tant que canal de distribution pour les auteurs africains.

Études sur le leadership et l'éducation fournit des liens vers des travaux réalisés dans le domaine du développement du leadership, de la recherche, des meilleures pratiques et du développement de ressources de formation.

Organisations travaillant dans le domaine du développement du leadership fournit des liens vers des groupes ayant un haut niveau d'impact, certains basés en Occident et d'autres en Afrique.

Établissements d'enseignement répertorie les écoles et autres possibilités d'enseignement pour le développement du leadership en Afrique.

Microentreprise, formation professionnelle renvoie à des organisations qui offrent des informations sur les programmes de développement des microentreprises. Certaines d'entre elles peuvent proposer une formation pratique en lien avec la préparation au ministère chrétien.

Formation à la recherche : le modèle de l'Étude sur le Leadership en Afrique est utile pour ceux qui veulent étudier les méthodes de recherche et ceux qui veulent utiliser le matériel ELA dans leurs classes.

Bâtir sur les données de l'Étude sur le Leadership en Afrique : des recherches plus approfondies encouragent et facilitent l'utilisation des données de l'enquête originale et incluent des idées pour des recherches supplémentaires. Les résultats seront publiés sur la page des ressources.

La rubrique « **Fruits de la semence** » rassemblera et célébrera les projets et les recherches qui découlent des Études sur le Leadership en Afrique.

La rubrique « **Réflexions pour les donateurs** » est un lieu où les individus, les Églises, les conseils de mission et autres donateurs peuvent explorer les concepts clés inhérents au travail en Afrique, afin d'apporter le plus grand bénéfice et le plus grand soutien aux dirigeants et organisations indigènes.

Table des matières

Remerciements	ix
Les acronymes	xi
Préface	xiii
Tite Tiénou	
Liste des auteurs	xv

1 Genèse et croissance de l'étude sur le leadership chrétien en Afrique — 1
Robert J. Priest

Contexte de l'Étude sur le Leadership en Afrique	3
Processus de la recherche	12
Les fondements sur lesquels repose ce livre	23
Bref aperçu du livre	27
Références citées	31

2 Les caractéristiques des leaders africains chrétiens influents — 33
David K. Ngaruiya

Qualités des leaders chrétiens africains efficaces	37
Domaines d'influence	43
La formation de dirigeants chrétiens africains	47
Conclusion	50
Références citées	51

3 La formation des dirigeants chrétiens africains : Tendances des données de l'Étude sur le Leadership Africain — 53
Wanjiru M. Gitau

Les parents et la famille élargie	53
Des environnements favorables	55
Des programmes d'enseignement qui permettent de développer les aptitudes à la vie quotidienne	58
Le service non rémunéré à la communauté	60
L'enseignement supérieur	62
Le mentorat	65
Les occasions de diriger	65
Conclusion	67
Références citées	69

4 Le rôle du capital social pour les leaders qui ont de l'impact 71
   Steven D. H. Rasmussen
       Les coûts, avantages sociaux et types de capital social 72
       Le capital social d'attachement 73
       Le capital social d'accointances 76
       Le capital social instrumental 83
       Conclusion 90
       Références citées 92

5 Les réponses des dirigeants aux conflits armés 93
   Elisabet le Roux et Yolande Sandoua
       La dimension religieuse 95
       Conséquences des conflits armés 99
       Les réponses aux conflits armés 100
       Conclusion 108
       Références citées 109

6 Paroles et actes : Modèles d'organisations chrétiennes africaines influentes 111
   Nupanga Weanzana
       L'identité postcoloniale 113
       Une vision élargie de l'épanouissement humain 117
       Conclusion 120
       Références citées 122

7 Les organisations chrétiennes africaines et le développement socioéconomique 123
   Michael Bowen
       Les opportunités et avantages dans le développement socioéconomique 125
       Les domaines d'impact socioéconomiques 131
       La typologie des organisations d'inspiration religieuse 138
       Les tensions et les défis dans le développement socioéconomique 140
       Conclusion 141
       Références citées 143

8 Le leadership des femmes en Afrique : Réalités et possibilités 147
   Truphosa Kwaka-Sumba et Elisabet le Roux
       Les réalités 150
       Les possibilités 158
       Conclusion 164
       Références citées 165

9 Renforcer le leadership : Une nouvelle aube pour le
leadership chrétien africain   169
H. Jurgens Hendriks
    Le leadership au service des autres et une nouvelle ère dans le
        renforcement du leadership   170
    Les outils de l'autonomisation vers un leadership au service des
        autres   171
    Les caractéristiques du leadership au service des autres   178
    Le leadership au service des autres et la capacité à surmonter les défis
        de l'autonomisation   183
    Conclusion : le leadership au service des autres, une nouvelle aube
        porteuse d'espoir   184
    Références citées   186

10 Lire et diriger : Défis pour les dirigeants chrétiens africains   187
Robert J. Priest, Kirimi Barine et Alberto Lucamba Salombongo
    Les chrétiens africains en tant que lecteurs   187
    Les auteurs préférés des chrétiens africains   190
    Les habitudes de lecture dans une société mondialisée   194
    Les contextes des livres des auteurs préférés   194
    Les auteurs chrétiens préférés   197
    Le besoin d'auteurs chrétiens africains   199
    Les facteurs qui contribuent à ces habitudes de lecture   202
    Les implications et les besoins   209
    Références citées   211

11 Développer des leaders transformateurs : Implications des
résultats de l'Étude sur le Leadership en Afrique pour les
programmes d'études   213
John Jusu
    Le rôle de la famille dans le programme d'études des institutions
        éducatives chrétiennes formelles   214
    Les institutions secondaires dans le programme des institutions
        éducatives chrétiennes formelles   215
    Les qualités et les rôles des leaders d'influence dans le programme
        d'études   217
    Le capital social dans le programme des institutions éducatives
        chrétiennes formelles   218
    Équiper les leaders pour les organisations qui ont un impact   221
    L'exemple, le mentorat, l'accompagnement et le discipulat dans le
        développement du leadership   222
    La lecture dans les programmes d'études des institutions de
        formation chrétienne   223

L'écriture dans le programme d'études des établissements d'enseignement chrétiens	224
Les questions de genre dans le programme des institutions d'éducation chrétienne formelles	225
Le leadership en temps de crise et de conflit	227
Former des leaders à l'ère du changement constant	228
Conclusion	229
Références citées	229

12 Engager l'Afrique : L'histoire de la Tyndale House Foundation — 231
Mary Kleine Yehling

Engager l'Afrique	234
Les arguments pour un engagement auprès de l'Étude sur le Leadership en Afrique	235
Pas à pas	237
Des décisions importantes	240
La recherche et les données	241
Les résultats	241
Semer des graines ensemble	242
Comment la Tyndale House Foundation a été aidée	243
La pertinence pour la communauté des bailleurs de fonds	245
La suite de l'histoire	246
Références citées	247

Conclusion : Leçons apprises grâce à l'Étude sur le Leadership en Afrique	249
Annexe A : Déclarations d'objectifs de l'Étude sur le Leadership en Afrique	259
Annexe B : Résultats de l'enquête sur le Leadership en Afrique	261
Annexe C : Étude sur le Leadership en Afrique : Une ressource de base	293
Index	303

Liste des tableaux

Tableau 2.1.	Pasteurs	35
Tableau 2.2.	Leaders laïcs	36
Tableau 3.1.	Les chrétiens qui vous ont le plus influencé (autre que la famille)	57
Tableau 4.1.	Ministère de l'Église auprès des musulmans	81
Tableau 6.1.	Organisations chrétiennes ayant un impact	114
Tableau 7.1.	Services socioéconomiques fournis par chaque organisation d'inspiration religieuse	128
Tableau 8.1.	Possibilités de leadership offertes par les Églises aux femmes	149
Tableau 8.2.	Pourcentage des femmes identifiées comme membres du clergé vs non membres du clergé	154
Tableau 8.3.	Taux d'alphabétisation selon chaque pays (UNESCO, Institut des Statistiques, 2015a)	156
Tableau 8.4.	Taux d'inscriptions (UNESCO, Institut des Statistiques, 2015b)	156
Tableau 8.5.	Les auteurs préférés des femmes interrogées	157
Tableau 10.1.	Auteurs favoris par pays	193
Tableau 10.2.	Pourcentages de lecteurs citant des auteurs préférés en fonction de leur pays d'origine	195
Tableau 10.3.	Quinze auteurs préférés classés par ordre de présence dans les bibliothèques	203
Tableau 10.4.	Les quinze meilleurs auteurs préférés classés par présence en librairie	206

Liste des figures

Figure 1.1.	L'Afrique représentée par langue coloniale et mettant en scène les trois pays recherchés	10
Figure 1.2.	Le Kenya, avec les villes où les recherches ont été effectuées	14
Figure 1.3.	La République centrafricaine, avec les villes où les recherches ont été effectuées	17
Figure 1.4.	Angola, avec les villages et villes où les recherches ont été menées	19
Figure 5.1.	Le pape François aux côtés du Dr Nupanga Weanzana, Président de la FATEB	102
Figure 10.1.	Identité des auteurs favoris des Africains chrétiens	199
Figure 12.1.	Ken et Margaret Taylor avec leurs dix enfants (1957)	232
Figure 12.2.	Le Dr Kenneth Taylor (avec Margaret Taylor) offre au président kenyan Daniel Arap Moi une copie de *Living Bible* et un Nouveau Testament en swahili (1984), d'après le Dr George Kinoti	234

Index

A

Achebe, Chinua 185, 189, 191, 194, 197, 202
Adeyemo, Tokunboh 189
Adkins, Julie 125, 138
Adonaï Missions International (AMI) 94, 99, 101, 103–104, 106, 119
Africa Inland Mission 116
Africa International University 11, 13, 203
Afrique anglophone 9, 256. *Voir aussi* Kenya
Afrique francophone 9, 102, 117, 244, 256. *Voir aussi* République centrafricaine
Afrique lusophone 9, 256. *Voir aussi* Angola
Aglow International 94, 148, 152
Ali, Silas 192
All Africa Conference of Churches (AACC) 127, 137
Allen, Adriana 138
Alliance des missions protestantes 116
Alliance évangélique angolaise 78–79
Allio, J. Robert 159
Al Shabaab (groupe terroriste) 81, 256
Amadi, Elechi 194, 202
Ambassade Chrétienne 59, 119, 134, 136, 138
anglicans 47, 198
Angola
    chrétiens protestants en 9
    démographie 12
    guerre civile 78, 93, 163, 177, 183, 227
    indépendance du Portugal 12, 113
    institutions secondaires 216
    ISTEL, seule école théologique interconfessionnelle 79
    musique et chorales, importance pour le développement du leadership 175–176
    personnes et organisations ayant un impact 33, 57, 111, 250, 253
    population musulmane 81
    recherches sur le terrain 16, 18
    résistance au colonialisme 147
    taux d'alphabétisation 156, 188
    utilisation de la technologie 254
Appadurai, Arjun 41
apprentissage 61, 64
Armée du salut 75, 192
Asamoah-Gyadu, J. Kwabena 192
Association Centrafricaine pour la Traduction de la Bible et l'Alphabétisation (ACATBA) 94, 100–101, 104–105, 108, 119
Association des évangéliques en Afrique (AEA) 78, 235

B

Balezou, Marie Paule 39, 147–148, 156, 158–159, 201
Bangui 13, 16, 23, 63, 94, 97, 100, 102, 104, 106, 109, 174. *Voir aussi* Faculté de Théologie

303

Évangélique de Bangui
  (FATEB)
baptistes
  dirigeant baptiste laïc 60–61
  ethnie Bakongo en tant que
    baptistes 75
  pasteurs baptistes 46, 54, 66, 80,
    94, 188
Barine, Kirimi 6, 30, 159, 210
Bayart, Jean-François 84
Bediako, Kwame 177
Bennett, David 3
Berger, Julia 123
Blocher, Henri 192
Bomaregwa Welfare Association
  (BWA) 74, 124
Bonnke, Reinhard 197, 206
Booth, William 191–192
Bosco, John 34, 39–40, 48, 55, 57,
  66, 82, 87, 172, 175, 177, 180,
  183, 189, 200, 250, 253, 256
Bourdanné, Daniel 6
Bowen, Michael 6, 11, 13, 29, 117,
  221, 236
Bozizé, François 93, 95
Brown, Rebecca 197
Buhere, Kennedy 223
Bunga, José Paulo 6, 12, 18
Bynum, Juanita 191, 206

C
Camões, Luís Vaz de 190–191
Campus pour Christ 57–58, 88, 94,
  99–100, 103–105, 111, 116,
  216, 255
Camus, Albert 191, 203
capital social
  capital social d'accointances 28,
    73, 76–77, 79–80, 82, 85–88,
    90, 219
  capital social d'attachement
    27–28, 72, 74–76, 83, 86,
    89–90, 219
  capital social instrumental 28–29,
    73, 83–91, 219–220

définition 38
développement comme objectif
  clé du programme d'études
  90
importance dans la culture
  africaine 238
importance du 27–28, 71
institutions secondaires,
  développer le capital 216
lien du capital humain avec
  l'éducation 86, 90, 133, 142
OIR, promotion du 131
Caritas 111–112
Carl, Arend 171
Carson, Ben 190, 197, 202, 206, 252
Carter, N. M. 155
Catanha, Adelaide 48, 63, 86, 147,
  152, 156, 158, 163, 173, 176,
  250
catholiques
  adoption du modèle de la TCHD
    133
  Catholic Relief Services,
    travaillant avec Scripture
    Union 59
  conflit de Bangui, opposition 97
  dans les recherches de l'ELA
    15–16, 18
  écoles missionnaires 8
  en Angola, en RCA et au Kenya
    11–12
  gestion de centres de soins en
    Ouganda 131
  habitudes de lecture 198
  membre du COIEPA 78
  taux faible de lecture quotidienne
    de la Bible 251
  travail au-delà des clivages
    ethniques. *Voir aussi* St.
    Martin's Catholic Social
    Apostolate
Césaire, Aimé Fernand David 203
Chakava, Henry 188, 202, 208–210
chapelle Mavuno 41

Cheptebo Rural Development
   Centre 63, 65, 88, 116,
   119–120, 134–135, 137
Chipesse, Augusto 192
Chiquete, Eunice 44, 47, 49, 56, 66,
   77, 87, 147–148, 151–152,
   156, 160, 163, 183, 201, 250
Cho, David Yonggi 192, 197
chorale
   autonomisation par la musique
      175–176
   comme faisant partie de la vie
      africaine 185
   participation des leaders 37,
      46–47, 181
Christian Partners Development
   Agency (CPDA) 131, 133,
   136, 138–139, 148, 152
Christ Is the Answer Ministries
   (CITAM) 61–62, 65, 77,
   79–80, 124
Chukwunonyelum, Ani C. K. 136
Circle of Concerned African Women
   Theologians 148, 210
Clarke, Gerard 123
Clotaire, Rodonne 94, 97, 99,
   105–106
coalition anti-balaka 23, 94
colonialisme 8, 118, 120, 147, 170
Comité interecclésiastique pour la
   paix en Angola (COIEPA) 78
Compassion International 58,
   111–112
Congrès de Lausanne sur
   l'évangélisation mondiale
   (1974) 118
Conseil des Églises chrétiennes
   d'Angola (CICA) 78, 88, 127,
   134
Conseil œcuménique des Églises
   (COE) 88, 127
Covey, Stephen 196, 206
Croix-Rouge 103, 111
Cury, Augusto 190–191

D
Daraja La Tumaini 79, 116, 119, 136
Davila, Julio 138
Daystar University 235
Departamento de Assistência Social,
   Estudos e Projectos (DASEP)
   59, 111, 134
développement socioéconomique
   29, 123, 125, 140
Dictionnaire biographique des
   chrétiens d'Afrique 24
Dignito, Evariste 37, 45, 47, 49, 174,
   177, 189
Diop, Birago 190, 199
dirigeants laïcs 15–16, 37–38, 45,
   60–61, 79, 148, 229, 250, 253,
   256
Djotodia, Michel 93, 96
Doba, Diamantino 42, 49, 176
Dobson, James 196, 206

E
Eagly, Alice 149, 155
écriture et édition
   auteurs préférés 190–192, 194,
      196–198, 202, 252
   éditeurs chrétiens, manque de
      207
   théologiens angolais, incitation à
      écrire des livres 200
éducation sexuelle 25–26, 43–44,
   59, 201
Église adventiste du septième jour
   61, 74, 133
Église presbytérienne 181
Elliott, Edward ix, 4–5, 236
Ellis, Stephen 135
Erikson, Erik 214
Étude sur le Leadership en Afrique
   (ELA)
   centrée sur le contemporain 24
   comme exemple pour d'autres
      organisations 245
   concernant les styles de leadership
      170

conflits, répercussions sur la recherche 93–94, 99, 108
contexte 3–5
défis linguistiques 20
éducation des leaders identifiés 171
étude des organisations chrétiennes africaines influentes 111–113, 116–117
phase 1 de la recherche 12–13, 15–16, 18, 20
phase 2 et 3 de la recherche 20–23
résultats sur le capital social 218–219
résumé de la recherche 249–257
site internet 7, 21–23, 26, 229, 240–242, 246
suggestions de lectures pour les étudiants 216, 227
sur la prière 176
sur l'élaboration des programmes d'études 213, 228–229
sur le leadership au service des autres 170–171, 184–185
sur le mentorat 178
Tyndale House Foundation, partenariat avec 30, 231, 234–246
Eurico, Dinis 33, 42, 47, 63, 173, 182, 188, 250

F
Faculté de Théologie Évangélique de Bangui (FATEB) 98, 102–104, 106–107, 111, 119
  création 78, 117
  impact 94, 255
  refuge pendant le conflit armé 99–100, 102
  travail humanitaire 100–101, 103, 109
  visite du pape François 79, 102
Farrar, Steve 196
Fellowship of Christian Unions (FOCUS) 57, 59, 61–62, 65, 79–80, 88, 117, 201, 216, 220, 251, 254–255
femmes
  inégalités de genre dans l'éducation 157, 225
  les femmes dirigeantes influentes 153
  organisations influentes dédiées aux femmes 148
  possibilités de leadership offertes par les Églises aux femmes 149
femmes dirigeantes
  auteures préférées 158, 196
  comme peu reconnues et peu soutenues 250–251
  FATEB, femmes dirigeantes formées à la 104
  OIR dirigées par des femmes 29
  ordination en tant que question controversée 150
  parcours scolaire et universitaire 156–157
  personnes et organisations ayant un impact 147–149
  programme d'études, questions de genre dans 225–226
  voies alternatives de réussite 162–163, 165
Finley, Mark 191
Fomum, Zacharias Tanee 192
Formação Feminina (FOFE) 119, 134, 149, 153, 216
Frizen, Edwin Jr. (Jack) 233

G
GAPAFOT 94, 100, 103, 105
Gitau, Wanjiru M. 6, 27
Gitonga, Arthur 57
Goody, Jack 134
Gorman, Michael 171
Goyémidé, Étienne 191, 202
Graham, Billy 191–192, 197, 205–206
Grisham, John 191, 196

H

Hackman, Michael 43
Hagee, John 191, 205–206
Hagin, Kenneth 191
Hampâté Bâ, Amadou 190–191, 202
Hatewa, Joaquim 192
Hefferan, Tara 125, 138
Heinemann Publishers 210
Hendriks, Jurgens 6–7, 11, 29, 222
Heward-Mills, Dag 189, 191–192, 197, 204–205, 252
Hinn, Benny 191–192, 197, 205
Hofmann, Pascale 138
Hope FM 206
Hugo, Victor 191, 203
Hunter, Evan ix, 7
Hybels, Bill 191, 196, 206

I

Igreja Evangélica Batista de Angola 75
Igreja Evangélica Congregacional de Angola 63, 75
Igreja Evangélica Reformada de Angola (IERA) 148, 152–153, 163, 176
Ilboudo, Joanna ix, 6
India Leadership Study (ILS) 235
Instituto Superior de Teologia Evangélica no Lubango (ISTEL) 56, 79, 87, 130
International Fellowship of Evangelical Students (IFES) 7, 79
Intervarsity Christian Fellowship (IVCF) 79

J

Jakes, T. D. 9, 191–192, 196–197, 205–206, 208, 252
Jennings, Michael 123
Johnson, Craig E. 43
Jusu, John 6–7, 11, 13, 30

K

Karau, J. Stephen 155
Kayo, Joe 192, 204
Kemp, Jaime 192
Kenya
  auteurs préférés 158, 190–192, 194, 196–198, 202, 252
  capital social et 74, 90
  démographie 11
  diffusion des livres 208
  éducation
    éducation à la politique 256
    éducation sexuelle dans les écoles kenyannes 44, 59
    institutions académiques 6, 11
    taux d'alphabétisation 156, 188
    taux d'inscription des élèves et étudiants 157, 225
  indépendance du Royaume-Uni 11, 113
  institutions secondaires 215
  ministère auprès des jeunes 58, 254
  organisations paraecclésiastiques 79
  personnes et organisations ayant un impact 33, 41, 57, 59, 111, 148–149, 201, 249, 252
  prix Jomo Kenyatta pour la littérature 210
  programmes d'études comprenant des lectures d'auteurs africains 204
  recherches sur le terrain 13, 15, 18, 20
  Redeemed Gospel Church, présence des églises de cette dénomination 172, 180
  secteur de l'édition, état du 207
  télévision chrétienne 205
  tensions entre chrétiens/musulmans 81, 256
  thèses de doctorat centrées sur 9
  toxicomanie 43–44
  utilisation de la technologie 254

violence et conflit 77, 93, 227. *Voir aussi* National Council of Churches of Kenya
Kenya Students Christian Fellowship (KSCF) 57, 59, 216, 251, 254–255
Kette, Julienne 160
Kianga, Jeremiah 38, 48, 54–55, 200, 250
  éducation 49
  enfance 47
  habitudes de lecture 189
  participation à la chorale 45, 176
Kimeli, Joseph 38, 55, 63, 65, 250
King, Martin Luther Jr. 192
Kingsbury, Karen 191, 197
Kirambi, Alice 89, 147–148, 151–152, 163, 200, 250
  éducation 156
  enfance 47
  fondatrice d'une ONG 38, 250
Kiriamiti, John 190
Kitonga, Arthur 66
Klenke, Karin 150
Koudougueret, David 33, 42, 54, 63, 66, 94, 174, 181, 192, 200, 250
  éducation 49
  enfance 47
  participation à la chorale 176
Kourouma, Ahmadou 190–191, 202
Kuen, Alfred 192
Kwaka-Sumba, Truphosa 6, 29, 225
Kwiminia Community-Based Organization (CBO) 133, 138–139

L

LaHaye, Tim 192
Lai, Wilfred 66
Langham Partnership 7, 204, 208, 210
La Semence 45
Laye, Camara 191, 202
leadership au service des autres 170–174, 183–184
  caractéristiques 178–180
  intégrité des leaders 185
  Jésus, sur l'importance du service 169
  manières de le promouvoir 222
leadership chrétien africain
  aptitudes à la vie quotidienne 58–59
  compétences interculturelles 253
  contexte éducatif 48, 62–64, 255
  diriger en temps de crise et de conflit 23, 94, 97–101, 108–109, 227
  domaines d'inflluence 43–46
  enfance et environnement 47, 55–56
  expérience internationale 84–85, 252–253
  expériences de marginalisation et de discrimination 150–151
  formation des dirigeants 50, 67
  institutions secondaires, importance des 215–216
  la lecture comme moyen d'améliorer les compétences en matière de leadership 40, 223–224
  ministère auprès des jeunes. *Voir aussi* mentorat ; leadership au service des autres ; capital social ; femmes dans le leadership
  ministère auprès des musulmans 256
  occasions de diriger 65–66
  pasteurs en tant que leaders chrétiens clés 33–34
  qualités des leaders efficaces 37–42
  rôle de la famille dans le développement des leaders 47, 53–54, 214
  service envers la communauté 60–62

utilisation des réseaux sociaux et de la technologie 254
leaders laïcs. *Voir* dirigeants laïcs
le Roux, Elisabet 6, 11, 16, 28–29, 225, 227
Lewis, C. S. 191, 206
Lindsay, D. Michael 33
Lucado, Max 191, 197, 205–206
Ludlum, Robert 191, 196

M

Maathai, Wangari 147
Macgoye, Marjorie Oludhe 191, 202
Mackfoy, Pierre Sammy 191, 202
Magena Youth Group 61, 74, 117, 216
Maina, Cosmas 38, 82, 200, 256
   adolescence 54
   en tant que fondateur de Teens Watch 43, 250
   habitudes de lecture 189
   ministère auprès des toxicomanes 140
Maisha, Joseph 57, 87, 200, 250, 255
Makau, Onesmus 54–55, 63, 89, 178
Malafaia, Silas 192
Malépou, René 63, 80, 87, 95, 97, 99, 101, 105, 108, 188, 200, 250
   éducation 48
   enfance 54
   participation à la chorale 176
   pasteur influent 46
Manuel, Adelaide Thomas 6, 11, 18
Masibo, Simon 62
Mason, John 191
Mateus, Luisa 147–148, 152, 163, 176
   éducaïon 156
   enfance 47, 55–56
   participation à la chorale 75
Matoulou, pasteur 94, 106–107
Maxwell, John C. 189, 191–192, 196–197, 206, 252
Mazrui, Ali 190, 202

Mbandi, Nzinga 147
Mbevi, Simon 80, 192, 196, 201, 204–206
Mbiti, John 190, 192, 203
Media Associates International 5, 210, 236
mentorat 41, 50, 65, 159–161, 177–179, 222, 226, 251, 255
Meyer, Joyce 9, 191–192, 196, 205–206, 208
Miguna, Miguna 190
Missa, Manuel 37, 46, 173, 176, 184, 250
Mission pour l'Évangélisation et le Salut du Monde (MESM) 94
Mladinic, Antonio 155
mobilité descendante 171, 184–185
Mocidade para Cristo 57, 59, 80, 88, 111, 116, 118, 216
Mohammed, Said Ahmed 191, 202
Mombasa 65, 82, 87, 90, 119, 140–141, 175, 177, 179–180, 182–183, 227, 253
Mombasa Church Forum 82, 88, 117, 119, 252, 256
Mombo, Esther ix, 38, 47–48, 54–55, 63, 147–148, 150, 152, 154, 156–158, 160–162, 165, 172, 178, 180, 183, 201, 210, 250, 255
More than a Mile Deep 7, 222
Mothers' Union 113, 136, 149, 153, 161, 250
Moubarak, Hosni 96
Mpindi, Paul Mbunga 192
Mugambi, Jesse 48, 209
Mulher da Igreja Evangélica Reformada de Angola (MIERA) 148, 153
Munene, Edward 42, 44, 46, 49, 56, 65, 80, 175, 178–179, 181–182, 189
   enfance 48
Munroe, Myles 191–192, 196–197, 205–206, 208, 252

Murdock, Mike 192
Muriu, Oscar 41, 46–49, 64, 71, 77, 79–80, 87, 189, 201, 250, 255
Murray, Andrew 203
musulmans
  à Mombasa 183
  en Angola, en RCA, au Kenya 11
  évangélisation auprès des 81–82, 98–99, 175, 252, 256
  Redeemed Academy, ministère dans des quartiers musulmans 82, 134, 172, 253, 256
  tensions entre chrétiens/musulmans 81, 95–96
Mutua, Isaac 38, 42, 44, 49, 59–60, 63, 65, 201, 250
Mwambazambi, Kalemba 6, 11, 13, 15

N
Nairobi 5, 39, 74, 80, 82, 172, 175, 182, 204, 236
Nairobi Chapel 41, 46, 61–62, 64–65, 72, 77, 79–80, 88, 189
Nairobi Evangelical Graduate School of Theology (NEGST) 78–79, 87, 235
Nali, Nestor Mamadou 38, 45, 48, 63, 174, 177, 201, 250, 255
  enfance 47
  habitudes de lecture 189
Narok Pillar of Development Organization 139
National Council of Churches of Kenya (NCCK) 59, 61, 65, 78–79, 82, 88, 116, 126–127, 134, 136, 252, 256
Nee, Watchman 192
Neto, António Agostinho 190–191, 202
Ngaruiya, David 4, 6, 11, 13, 27, 236
Njoki, Catherine 178, 181
Northhouse, Peter 43
Nouwen, Henri 171

Nvouni, Edouard 37, 54–55, 60, 63, 94, 97, 189, 250
Nyachogo, Patrick 38, 48–49, 56, 189, 201, 250

O
Oasis International 4, 210
Objectifs du Millénaire pour le développement 29, 123
Occhipinti, Laurie 125, 138
Odede, Calisto 79
Ogalo, George 62
Oginde, David 62
Ogot, Grace 191, 197
Okoth, Assa 190
Omartian, Stormie 196–197, 206
Organisation Internationale de la Francophonie (OIF) 60
organisations d'inspiration religieuse (OIR) 29, 124, 132, 134–135, 138–139, 141, 221–222
  définition 123
organisations paraecclésiastiques 78–79, 83, 126, 215, 251
Osborn, Tommy Lee 192
Osei-Mensah, Gottfried 169
Osteen, Joel 9, 189, 191–192, 196–197, 205–206, 208, 252
Ouganda 9, 131, 222
Owilla, Nelly 197
Oyakhilome, Chris 191–192, 197, 204–206, 252
Oyedepo, David 189, 191–192, 197, 204–206, 252

P
pape François 28, 79, 102
Patterson, Archibald 116
paysage technologique 41
pentecôtistes 198, 205, 251
Pepetela (Artur Carlos Maurício, Pestana dos Santos) 191, 202
Perspectives Réformées Internationales 94, 100, 116, 130, 216

Phiri, Isabel Apawo 204
Piper, John 191, 197
Priest, Kersten 154
Priest, Robert
  habitudes de lecture, intérêt pour 30, 159, 223–224
  travail de recherche pour l'ELA 4, 6, 13, 20–22, 236
Prime, J. L. 155
Prince, Derek 192, 206
Programme d'Action de Beijing 135
programme des petites et microentreprises (SMEP) 126, 136
programme d'instruction pastorale (PIP) 59
programmes de stages 41, 61, 64, 117, 134, 220, 255
programmes d'études
  compétences de la vie quotidienne 45, 58
  dans les établissements d'enseignement supérieur chrétien 219
  définition 214
  Kenya Institute of Curriculum Development 202
  programme implicite 222–224
  questions de genre 225–226
  rôle de la famille dans l'enrichissement du programme d'études 214–215
Putnam, Robert D. 38, 72, 77

R
Rabarioelina, Marcelline 104, 106–107
radio chrétienne 94, 100, 103–105, 183, 206
Rasmussen, Steven D. H. 6, 11, 13, 24, 27–29, 117, 218–219
Redeemed Academy 39, 55, 58, 82, 117, 134, 172, 250, 253, 256
Redeemed Gospel Church 57, 66, 134, 172, 180, 192

Reekie, Robert (Bob) 5, 236, 238
République centrafricaine
  auteurs préférés 190–192, 194, 196–198, 202, 252
  conflit violent, comme étant impliquée dans 28, 93–94, 100, 107–108
  dangers de voyage 21
  démographie 11
  division entre les confessions 46, 106
  dynamique religieuse des troubles nationaux 95–98
  éducation
    inégalités des sexes dans l'éducation 157, 225
    programmes d'études comprenant des lectures d'auteurs africains 204
    taux d'alphabétisation 156, 187, 207
  espérance de vie 45
  indépendance de la France 11, 93, 113
  institutions secondaires 215
  la langue sango comme facteur d'unification 75
  ministère auprès des jeunes 58, 254
  personnes et organisations ayant un impact 33, 57, 111, 147, 149, 250, 253
  population musulmane 81, 256
  recherches sur le terrain 15–16
  utilisation de la technologie 254
Ribas, Oscar 191, 202
Rivers, Francine 191, 197
Rousseau, Jean-Jacques 191, 203

S
Salombongo, Alberto Salombongo 6, 16, 18, 30, 159, 223–224
Samakumbi, Luís « Aires » 192
Samaritan's Purse 94, 148, 152

Samba-Panza, Catherine 94, 105, 147
Sana, pasteur 104, 106, 108
Sandoua, Yolande 6, 11, 28, 227
Sanneh, Lamin 170
Santana, Penelas 191
Schuller, Robert 191, 197, 205
Scripture Union 57, 59, 79, 88, 119, 204, 216, 251, 254–255
Séléka, mouvement rebelle 15, 23, 94, 96, 98
Sembène, Ousmane 190–191, 194, 202
Senghor, Léopold Sédar 191, 203
Set the Captives Free 43, 140
Shakespeare, William 191, 202
Shaw, Ian 7
Shaw, Patrick 54
Sheldon, Sidney 191, 196
Short Term Experience in Ministry (STEM) 62
Sirleaf, Ellen Sirleaf 147
Société Biblique 94, 100–101, 104–105, 108
Sofia, Irmã 190
Sonnas, Ron 65, 178
Spurgeon, Charles 192
Stafford, Tim 199
St. Martin's Catholic Social Apostolate 58, 88–89, 119, 126, 136, 216
Stott, John 191–192, 197, 204–206, 208
St. Paul's University 127, 173, 178, 203
Swart, Ignatius (Nass) 170

T
Tanzanie 74, 131
Taylor, Kenneth et Margaret Taylor 232–233
Taylor, Mark 237
Tearfund 103
technologies de l'information et de la communication (TIC) 41

Teens Watch 43, 140
Tenwek Community Health and Development (TCHD) 88–89, 116, 120, 132–133, 138–139
Ter Haar, Gerrie 135
The Living Bible (Taylor) 232, 234
Thiong'o, Ngugi Wa 194, 202, 210
Tompté-Tom, Enoch 94, 99, 102, 107
Transform Kenya 59, 77, 201, 216
Tyndale House Foundation (THF)
  Étude du Leadership en Afrique, financement 24
  fondements pour le financement 3
  Kenneth et Margaret Taylor, fondateurs 232
  partenariat avec l'ELA 30, 232, 234–246

U
ubuntu, idéal africain 120
Union des Soeurs 149
USAID 22, 89, 111, 127

V
Van Pelt, Nancy 192, 196
VIH/SIDA
  éducation 44–45, 60, 201, 251
  prévention et intervention 43, 45, 63, 119
  services proposés par des organisations chrétiennes 119, 126, 132–133
Voix de l'Évangile, station de radio 94, 100, 103–105

W
Walibora, Ken 191, 202
Wallah, Wallah Bin 191, 202
Wanjau, Muriithi 41
Wanje, Elijah 57
Warren, Rick 191–192, 196–197, 206, 252

Weanzana, Nupanga
  comme traumatisé 99
  confiance en Dieu 107
  FATEB et 94, 102, 106
  formation 6
  liens avec des leaders 7
  organisations partenaires,
    reconnaissance pour 104
  paroles et actes, centré sur 28, 228
  participation aux recherches 11,
    13, 15
Welbourne, T. M. 155
Wheaton, déclaration de 1983 118
White, Ellen G. 191
Woodberry, Robert 133
Word of Life 39, 82, 88, 116, 250, 253
World Gospel Mission 113, 116, 132
World Vision 22, 103, 111–112, 127, 136
Wuthnow, Robert 84, 91, 245

X
Xitu, Wanhenga 202

Y
Yakemba, Marie-Louise
  accusations contre 151
  Aglow International, comme étant
    affiliée à 94, 148, 152
  enfance 47, 54–55
  en tant que conseillère nationale
    148, 154
  en tant que personne mentorée
    160
  formation 148, 156
  leadership dans la fonction
    publique et dans des ONG
    162
  participation à la chorale 176, 181
  préférences de lecture 158
  promotion de la paix 98, 105
Yancey, Philip 206
Yehling, Mary Kleine 4–5, 30

Youth for Christ. *Voir* Mocidade
  para Cristo

Langham Literature, et sa branche éditoriale, est un ministère de Langham Partnership.

Langham Partnership est un organisme chrétien international et interdénominationnel qui poursuit la vision reçue de Dieu par son fondateur, John Stott :

> *promouvoir la croissance de l'Église vers la maturité en Christ en relevant la qualité de la prédication et de l'enseignement de la Parole de Dieu.*

Notre vision est de voir des églises équipées pour la mission, croissant en maturité en Christ, par le ministère de pasteurs et de responsables qui croient, qui enseignent et qui vivent la Parole de Dieu.

Notre mission est de renforcer le ministère de la Parole de Dieu de trois manières :
- par la mise en place de mouvements nationaux de formation à la prédication biblique ;
- par la rédaction et la distribution de livres évangéliques ;
- par la formation d'enseignants théologiques évangéliques qualifiés qui formeront ensuite des pasteurs et responsables d'églises dans leurs pays respectifs.

Notre ministère

Langham Preaching collabore avec des responsables nationaux en vue de la création de mouvements de prédication biblique dirigés par les nationaux eux-mêmes. Ces mouvements, qui naissent progressivement un peu partout dans le monde, rassemblent non seulement des pasteurs, mais aussi des laïcs. Nos équipes de formateurs venus de beaucoup de pays différents proposent une formation pratique qui comporte plusieurs niveaux, suivie d'une formation de facilitateurs locaux. La continuité est assurée par des groupes de prédicateurs locaux et par des réseaux régionaux et nationaux. Ainsi nous espérons bâtir des mouvements solides et dynamiques, constitués de prédicateurs entièrement consacrés à la prédication biblique.

Langham Literature fournit des livres évangéliques et des ressources électroniques par la publication et la distribution, par des subventions et des réductions à des leaders et futurs leaders, à des étudiants et bibliothèques de séminaires dans le monde majoritaire. Nous encourageons aussi la rédaction de livres évangéliques originaux dans de nombreuses langues nationales par le biais de bourses pour des écrivains, en soutenant des maisons d'édition évangéliques locales, et en investissant dans quelques projets majeurs comme *le Commentaire Biblique Contemporain*, qui est un commentaire de la Bible en un seul volume rédigé par des auteurs africains pour l'Afrique.

Langham Scholars soutient financièrement des doctorants évangéliques du monde majoritaire dans le but de les voir retourner dans leurs pays d'origine pour former des pasteurs et d'autres chrétiens nationaux en leur proposant un enseignement biblique et théologique solide. Cette branche de Langham cherche donc à équiper ceux qui en équiperont d'autres. Langham Scholars travaille aussi en partenariat avec des séminaires dans le monde majoritaire, afin de renforcer l'éducation théologique évangélique sur place. De ce fait, un nombre croissant de « Langham Scholars » (le nom « Scholars » signifie « boursiers ») peut aujourd'hui suivre des programmes doctoraux de haut niveau au cœur même du monde majoritaire. Une fois leurs études terminées, ces « Langham Scholars » vont non seulement former à leur tour une nouvelle génération de pasteurs, mais exercer une grande influence par leurs écrits et par leur leadership.

Pour plus d'informations, consultez notre site : langham.org.

www.ingramcontent.com/pod-product-compliance
Lightning Source LLC
Chambersburg PA
CBHW051628230426
43669CB00013B/2220